W0088443

Lob des Scheiterns

Methoden- und Geschichtenbuch

zur Erwachsenenbildung an der Universität

von

Erhard Meueler

Schneider Verlag Hohengehren GmbH

Umschlagentwurf: Paul Stein, 56254 Moselkern

Gedruckt auf umweltfreundlichem Papier (chlor- und säurefrei hergestellt).

Die Deutsche Bibliothek – CIP-Einheitsaufnahme

Meueler, Erhard:
Lob des Scheiterns : Methoden- und Geschichtenbuch zur Erwachsenen-
bildung an der Universität / von Erhard Meueler. –
Baltmannsweiler : Schneider-Verl. Hohengehren, 2001
  ISBN 3-89676-423-3

Alle Rechte, insbesondere das Recht der Vervielfältigung sowie der Übersetzung, vorbehalten. Kein Teil des Werkes darf in irgendeiner Form (durch Fotokopie, Mikrofilm
oder ein anderes Verfahren) ohne schriftliche Genehmigung des Verlages reproduziert
werden.
© Schneider Verlag Hohengehren, 2001.
  Printed in Germany – Druckerei Karl Hofmann GmbH & Co., Schorndorf

Inhaltsverzeichnis

1. Lob des Scheiterns

Alles, was uns stört, erlaubt uns, uns selbst
zu definieren. Ohne Verstimmung keine Identität.
Chance und Pech eines bewussten Organismus.
Emile Cioran

„An der Uni kann man niemals scheitern. Sie wissen genau, wie der Hase läuft und immer, wenn es zufälligerweise anders ausgeht, als Sie es sich gedacht und für die anderen vorgesehen haben, können Sie tausend Gründe dafür anführen, warum es eben so und nicht anders ablaufen musste", meinte vor über 20 Jahren der Professor, der neben mir im Schwimmbad einer Darmstädter Sauna Kühlung suchte. — „Was tun Sie dagegen?", fragte ich ihn. — „Ich habe mir eine kleine Landwirtschaft zugelegt. Da scheitere ich immer wieder. Das bringt Aufregung in mein Leben. Als Landwirt muss ich, gewollt oder ungewollt, immer wieder echte Risiken eingehen."

Zwei Jahre später war ich selbst an der Uni Mainz, um fürderhin am Pädagogischen Institut im Diplomstudiengang 'Erziehungswissenschaft' die Studienrichtung „Erwachsenenbildung und außerschulische Jugendbildung" zu vertreten. Ich kam bald dahinter, warum der Darmstädter Kollege das Scheitern gelobt und eigens für sich inszeniert hatte.

In aller pädagogischen Planung wird das erwünschte Handeln Dritter in Verschränkung mit dem eigenen konstruiert. Da aber alle Aneignungsvorgänge, alles Verstehen und Lernen von SchülerInnen, Studierenden und sonstigen Erwachsenen von Dritten nicht verfügbare und erzwingbare Subjektleistungen sind, steht allen pädagogischen Absichten die Unberechenbarkeit des Verhaltens der anzusprechenden Subjekte gegenüber. Mit der gedanklichen Vorwegnahme eines vermeintlich logisch aufgebauten Seminarablaufs ist fast immer Beunruhigung verbunden, die Angst, dass eine Seminarsitzung einfach entgleist und man schutzlos da steht, „bar der Rolle des Wissenden und Steuernden, weil da nichts mehr zu steuern ist" (Rumpf 1976, S. 127). Didaktische Planung behält immer den Charakter eines begonnenenExperiments. Über das Bewährte, dessen Wiederholung als Unterforderung erlebt wird und Gefühle der Langeweile auslöst, hinaus wird das Unverhoffte erhofft, die „Selbsterweiterung nach Vorwärts" (Bloch 1990, S. ff.) gesucht. Ob nun die Playback-Taste gedrückt oder etwas gänzlich Neues ausprobiert wird, das didaktische Handeln bleibt immer hoch störanfällig; dies um so mehr, je selbstbewusster mein Gegenüber ist.

Gäbe es kein phantasiertes und reales Scheitern, gäbe es keinen Fortschritt hin zu mehr Subjektentwicklung aller Beteiligten, kein Streben nach Vervollkommnung bisher nur als unzulänglich erlebter Versuche. Die narzistisch hoch besetzte Erfolgsorientierung gilt unbewusst der Vermeidung des Scheiterns. Um das

Schlimmste, mich als Erwachsener klein und hilflos wie ein Kind zu erleben, zu verhindern, muss ich planerische Vorkehrungen treffen.

Horst Rumpf sah schon vor Jahren (1976) in den gängigen hochschuldidakti-schen Arrangements emotional hoch besetzte „Rituale der Angstabwehr". Es geht um die Abwehr der Angst vor der unübersichtlichen, sich ständig verän-dernden Realität 'Wissenschaft', der gegenüber man sich als Hochschullehrer ebenso wie als Studierender schwach, inkompetent, unzugehörig erfährt und auf die man gleichwohl zur Reproduktion seines Lebens völlig angewiesen ist. Stets sieht man sich in Gefahr, am bedrohlichen Maßstab 'Anspruch der Wissenschaft' gemessen, gewogen und für zu leicht befunden zu werden (Rumpf 1976, S.115).

So ergibt sich *eine dreifache Perspektive potentiell entwicklungsfördernden Scheiterns:*

- Die (unbewusste) Angst, die von mir geplante Zusammenarbeit mit den Semi-nar-TeilnehmerInnen käme nicht zustande, weil ich mehr Hürden aufbaue, denn Wege offeriere, die sie zufälligerweise gerade interessant finden, ist An-sporn für fachorientierte wie sozial-emotionale Erfindungen und ideenvolle didaktische Produktivität. Entsteht ein Rhythmus der Art, dass sich die Span-nung, die *das in der Planungsphase jeweils phantasierte Scheitern* auslöst, in Zufriedenheit mit halbwegs erreichten oder gar übertroffenen Zielen auflöst, erzeugt dies momentane Gefühle der Sicherheit und Gelassenheit. Zugleich werde ich in meiner professionellen Selbsteinschätzung bestärkt, mich auch in Zukunft Situationen mit einem speziellen Schwierigkeitsgrad aussetzen zu wollen.

- Dem während der Planung unbewusst phantasierten Scheitern kann aus vie-lerlei Gründen ein *reales Scheitern in der didaktischen Situation* folgen. Das erlebte Scheitern – sofern es nicht als Zusammenbruch der Lebensbedingun-gen existentiell zerstörerisch ist, indem Ratlosigkeit in Hilflosigkeit umschlägt – beunruhigt mich ungemein, setzt bohrende Fragen frei. Es fordert mich noch stärker als das phantasierte Scheitern als aktiv gestalterisches Subjekt heraus, alles zu tun, damit sich dieses fatale Erlebnis der Bedrohung des Ichs nicht wiederholt und der jetzt erlebte Mangel in Zukunft überwunden wird.

Diese beiden Perspektiven des Scheiterns entsprechen der konventionellen Vorstellung davon, was Hochschullehrer gemäß einer „monarchischen Definition von Wissenschaft und Wissenschaftsdidaktik" (Rumpf 1976, S. 124) zu tun und was sie zu verantworten haben:

Es ist uralte deutsche Universitäts-Tradition, den Hochschullehrer als lonely rider zu sehen, als akademischen Intellektuellen, als verbeamteten Privatge-lehrten, der ganz alleine auf sich gestellt die Wissenschaft in Lehre und For-schung zu repräsentieren hat. Als fachliches und soziales Subjekt seiner Lehr-veranstaltungen ähnelt er in dieser Sicht einem Jongleur, der trainiert und trai-niert. Erst gelingen ihm einfache Figuren der Wissensbeherrschung und Wissenschaftsdidaktik, dann schwierigere, er lernt vor allem aus dem Scheitern und wenn er schließlich ein hochschuldidaktisches Vorhaben fehlerfrei zu Ende bringen kann, wiederholt er die kunstfertige Nummernfolge immer wieder, bis sie zu einem Teil seiner selbst geworden ist.

● Zweifelsohne habe ich als Hochschullehrer, um als Kommunikations-Artist auftreten zu können, meine fachlichen, didaktischen und kommunikativen Kompetenzen ebenso hart zu erarbeiten wie ein Jongleur. Meine Inszenierung von Lehr-Lern-Zusammenhängen hat aber nicht darin zu bestehen, anderen ein faszinierendes Stück Lehrkunst, z. B. in Form einer in Jahren fachlich wie rhetorisch ausgefeilten Vorlesung, vorzuführen, sondern sachlich wie sozial ergiebige Interaktionen in der Gruppe anzuregen. Dies zu können, ist eine das ganze Leben nicht auszulernende Kunst, da ich immer abhängig von der je in der Gruppe entstehenden Dynamik bleibe. Die Studierenden sind nun mal keine Ringe, Bälle, Teller, mit denen ich beliebig spielen kann, sondern Menschen mit Kopf, Herz und Hand, die sich nicht ohne weiteres von mir bewegen lassen. So entsteht zum Beispiel Druck, wenn die Reaktionen der Gruppe in eine Richtung drängen, in die ich selber partout nicht will.

Aus der Falle, Gelingen oder Misslingen nur mir selbst zuzuschreiben, komme ich nur unter einer dritten Perspektive des Scheiterns heraus: Ich gebe es auf, *das* soziale Subjekt des didaktischen Geschehens sein zu wollen und *inszeniere*, anstatt Lehrveranstaltungen abzuhalten, *Lernmöglichkeiten, für deren Gelingen alle am Seminar beteiligten Subjekte gemeinsam verantwortlich sind*. Diese Haltung entspricht der Einsicht des Bauhaus-Architekten W. Gropius, planen heiße nicht festlegen, sondern Möglichkeiten für die Zukunft offen zu halten. Die Aufgabe gemeinsamer Planung und gemeinsam zu treffender inhaltlicher, sozialer und methodischer Entscheidungen (*LEHR-LERN-VERTRAG*) ist für beide Seiten sehr gewöhnungsbedürftig, zu tief sitzt das Modell universitärer Gewaltenteilung in den Knochen. Nimmt der Hochschullehrer die Selbständigkeit und Eigenverantwortlichkeit der Lerngruppe ernst, kann er zwar keineswegs mehr erwarten, dass die eigene Wunschplanung realisiert wird, andererseits gibt es keine Niederlagen mehr, sondern jeweils ein Stück gemeinsam gestalteter und mal als erfolgreich und mal als nicht so befriedigend erlebter Geschichte mit der Gruppe, der Sache, sich selbst. Dazu muss die Behäbigkeit des Gewohnten von Hochschullehrern wie Studierenden verlassen werden und es müssen ungewohnte Wege beschritten, neue Routinen angeeignet werden. Dies ist ein nie abschließbares offenes Projekt, in dem die beiden erst genannten Möglichkeiten des Scheiterns weiter bestehen dürften. Der Preis der Freiheit ist das größere Risiko. Ich muss lernen, die Angst auszuhalten, ich würde mit diesen Experimenten scheitern und das Misslingen würde mir als Seminarleiter zugeschrieben. Nach wie vor ist es ja meine Dienstaufgabe, für die erfolgreiche Aneignung der durch Prüfungs-

und Studienordnung vorgegebenen Wissensbestände und Kompetenzen Sorge zu tragen.

Wie es immer wieder zu Brüchen kam zwischen dem, wie ich mir Seminare vorstellte und dem, was die Studierenden daraus machten, soll in diesem Buch berichtet werden. Es kann deutlich werden, dass das Scheitern in bestimmten Situationen für die eigene professionelle Entwicklung unverzichtbar ist. Wenn es nicht so läuft, wie man es sich vorweg am Schreibtisch vorgestellt hat, ist Improvisation angesagt. Es müssen Risiken eingegangen werden, die didaktische Erfindungen nötig machen.

Ich kann daher im Folgenden kein Lehrbuch „So musst Du an der Uni lehren", sondern allenfalls Stücke aus meiner beruflichen Praxis an der Uni Mainz vorlegen, die den unabschließbaren Prozesses inhaltlicher Vergewisserung und sozialer Experimente verdeutlichen können, in die ich als Erzähler und Berichterstatter eingeschlossen bin. Ich kann die jeweils verhandelten Sachverhalte nicht ‘objektiv’ beschreiben, sondern allenfalls für mich *bedeutsame Perspektiven* schildern, dies *in der Mischung von Gesamtaufrissen einzelner Seminare, von Geschichten und Berichten dazu, auf welche Weise ich im praktischen Vollzug mit meiner Vorausplanung scheiterte, Lernprozesse inklusive.*

Von 1958, als ich beim Abitur durchfiel, bis heute, wo ich dies niederschreibe, sind über 40 Jahre vergangen, 40 Jahre, selbst erwachsen zu werden und es bewusst zu sein. Daher geht es im Folgenden auch um wichtige Stränge meiner Sozialisation.

Praxis zu schildern erweist sich als schwierige Aufgabe. Die je konkrete Beziehungsarbeit entzieht sich weitgehend der Beschreibung. Sie ist verbal nur schwer darstellbar, es sei denn, man nützt die Mittel des Romans oder der Poesie.

Ich habe daher folgenden *Aufbau* gewählt: Jedes Kapitel ist —— mit Ausnahme des abschließenden Küchenlexikons der Methoden und Sozialformen —— einem ausgewählten inhaltlichen Schwerpunkt meiner Arbeit gewidmet. Zu Beginn benenne ich jeweils einige typische fachliche Probleme dieses Feldes, gefolgt von Geschichten über meine eigenen Zugänge zu dieser Thematik. Den Abschluss bilden jeweils Berichte über themenzentrierte Seminare, wobei den didaktischen Absichten jeweils der Realverlauf gegenüber gestellt wird.

Als Lehrer an der Universität gilt es, sich autodidaktisch zum sozialen Dramaturgen zu entwickeln, der mit den Studierenden anständig umgeht, sie nicht verletzt und immer wieder auf's Neue versucht, ihre kreative und konstruktive Potenz zu provozieren, damit sie das Lernen und Verstehen zu ihrer Sache machen und dieser Kraftanstrengung eigene Lichter aufsetzen. Dabei kommen mir als Seminarleiter vielfältige Rollen zu: die der Animation, der Beunruhigung bei all zu viel Selbstgefälligkeit, die der Begleitung, des Lotsen bei schwierigen Wegstrecken, des bereit gestellten Werkzeugkastens, des Kritikers von Inhalt und Form und des sozial-emotionalen Unterstützers. Wie ich diese Verantwortung in einer Reihe von Jahren verstanden und praktisch realisiert habe, wo ich Fehleinschätzungen unterlag, wo es misslang, aber auch ab und zu mal klappte, diesen widersprüchlichen Aspekten rückblickender Selbstvergewisserung gilt mein Interesse in diesem Buch.

In dem beschriebenen Zeitraum haben sich die gesellschaftlichen Bedingungen der Erwachsenenbildung/Weiterbildung (abgekürzt: EB/WB), die Disziplin selbst und ihre Absichten in Forschung und Lehre entscheidend gewandelt. Nach der Restaurationsepoche nach dem Krieg wurde aus der Erwachsenenpädagogik langsam eine eigenständige wissenschaftliche Disziplin, der heute unter der Vorherrschaft betriebswirtschaftlichen Denkens in einer kaum nachzuvollziehenden Geschwindigkeit ihre ethische Grundlegung abhanden kommt. Es ist nicht ausgeschlossen, dass die EB/WB von der Pädagogik zum Fachbereich 'Volkswirtschaftslehre/ Betriebswirtschaftslehre' wechseln wird. Als im April 2000 das WB-Gesetz in Nordrhein-Westfalen novelliert wurde, ging dort die regierungsamtliche Zuständigkeit für den in den letzten 30 Jahren immer wieder beschworenen 'quartären Bildungssektor' vom Ministerium für Schule und Weiterbildung (das jetzt nur noch für die Schule zuständig ist) zum Ministerium für Arbeit, Soziales, Qualifikation und Technologie über. Förderungswürdig sind dem Gesetz nach vor allem berufsbezogene Qualifikationen, „die Vertiefung und Ergänzung vorhandener Qualifikationen als auch der Erwerb von neuen Kenntnissen, Fertigkeiten und Verhaltensweisen" (§ 2, Abs. 2).

Es wird sich zeigen, dass ich 1981/82 anders gearbeitet habe als heute und doch glaube ich, eine Kontinuität im Wechsel erkennen zu können. „Was wir konstruieren können, wenn wir uns Notizen machen (...), sind nachträglicher Einsicht entstammende Berichte über die Verbundenheit von Dingen, die sich anscheinend ereignet haben: zusammengestückelte Musterbildungen im nachhinein" (Geertz 1997, S. 8). Ich versuchte immer wieder einen Doppeldecker zu fliegen:

- Als ich studierte, erlaubten es mir die dort erlernten wissenschaftlichen Fertigkeiten, mich zugleich in einem Nebenberuf, der Reiseleitung bei sogenannten Bildungsreisen, zurechtzufinden. Die auf den Reisen erlernte Selbstsicherheit und die dort erworbenen Spezialkenntnisse wirkten auf mein Studium zurück.

- Ebenso ergeht es mir heute im Nebeneinander und Miteinander von Uni-Lehre und der Fortbildung für Honorarlehrkräfte und hauptamtliche Mitarbeiter der EB/WB unterschiedlicher Träger.

- Ich praktiziere über all die Jahrzehnte EB und versuche sie zu theoretisieren. „Da beides auf verwickelte Weise miteinander verknüpft ist (...), muss es allerdings erörtert werden. Theorie und Praxis sind nicht, wie Idealisten meinen, Ursache und Wirkung. Und sie sind auch nicht, wie Materialisten meinen, Wirkung und Ursache. Sie sind Tätigkeiten in meinem Beruf" (Geertz 1997, S. 114).

Wenn ich im 7. Kapitel ein *Kochbuch der Methoden und Sozialformen* zusammengestellt habe, dann ist es ein Kochbuch der Art: „So könnte man es machen, so habe ich es jedenfalls versucht." *ALLLE IM FORTLAUFENDEN TEXT KURSIV UND IN GROSSBUCHSTABEN ERWÄHNTEN METHODEN UND SOZIALFORMEN SIND DORT KNAPP ERLÄUTERT.*

Jeder Koch hat nicht nur Vorlieben, so z. B. mit möglichst vielen frischen Gemüsen und Kräutern zu kochen, sondern auch ganz bestimmte Prinzipien, bezogen auf das, was zuzubereiten er ablehnt. So lehne ich es z. B. ab, Vorlesungen zu halten (vgl. 5.1); dies nicht nur deshalb, weil diese Form der Weitergabe von Überlieferung seit der Buchdruckerkunst technisch überholt ist. Vor allem lehne ich Vorlesungen als Belehrungsformen des Typs 'Stellvertretende Deutung' ab. Mit ihnen werden die eigenen Suchbewegungen und Aneignungspotentiale der angesprochenen Subjekte missachtet. Ebenso ergeht es mir mit studentischen Referaten als Vorlesungs-Verschnitt, die ich außer ganz spezifischen bestimmten Formen (*SECHS-SÄTZE-REFERAT; VIERZIG-SÄTZE-REFERAT*) in meinem Seminaren nicht einsetze. Vorlesungen und lange Referate zu halten, das ähnelt dem Vorgang, dass Vogeleltern für ihre Jungen die Speise schon im Schnabel präparieren, so dass die Jungen den vorgekauten Nahrungsbrei nur noch zu schlucken brauchen. Junge Erwachsene sind aber nun mal schon lange flügge und können sich ihre Nahrung selbst suchen.

Als *Cantus firmus*, als Hauptmelodie im kontrapunktischen Satz dieses Buches, erscheint mir Folgendes: Ich habe zeitlebens darunter gelitten, dass mich Leute mit Druck belehren wollten. Also habe ich mir immer wieder darüber Gedanken gemacht, wie es gelingen kann, Erwachsene in dem zu bestärken, was sie schon können und sie dazu zu verführen, verschüttete Fähigkeiten, z. B. der Imagination, wieder zu entdecken, vorhandene Fähigkeiten bewusst weiterzuentwickeln und selbst mehr Verfügung über ihre Lebensbedingungen zu erlangen. Anders formuliert: Mir geht es darum, auf vielfältige Weise zur *Bildung der Studierenden* beizutragen. Dabei steht *Bildung als Chiffre für Selbstbildung, Selbstbestimmung, Selbstermächtigung, kurz: Subjektentwicklung.* Hartmut von Hentig (1999, S. 449) formuliert es so: „Eine Form, die mir ein anderer aufprägt, macht mich nicht zum Gebildeten, sondern zu einem Gebilde. Und die Ertüchtigung für eine gesellschaftliche Tätigkeit ist etwas ganz anderes und heißt Ausbildung. Das Sich-bilden geschieht natürlich nicht einsam und von allein, sondern im Umgang mit anderen Menschen, mit der Natur, mit der Geschichte, mit den letzten Fragen – Wichtiges lesend, selber handelnd, verantwortlich entscheidend."

Ich danke den Studierenden in Mainz, die es all die Jahre mit mir ausgehalten haben.

Mein ganz besonderer Dank gilt Ilona und Karlheinz Müller für ihre Unterstützung bei der Reinschrift, vor allem aber meinem Sohn Christof, der sich nicht kleinlich zeigte, im Manuskript-Entwurf sowohl einzelne leer laufende Wörter, als auch ganze Absätze zu streichen.

Alle im Folgenden wiedergegebenen studentischen Texte und Äußerungen sind authentisch. Die Namen wurden verändert.

2. Didaktik

Ihr könnt uns nichts lehren, weil ihr nicht lernen wollt, denn
jedes Lehren erfordert, dass der, der lehrt, auch lernt, und ihr
wollt nicht lernen, ihr wollt nur bestimmen, ihr wollt in feste
Formen gießen, ihr wollt nur herrschen.
Dona Maria da Fé, in: Ribeiro 1989, S. 613

2.1 Grundprobleme

Die Frage nach dem Was

Es ist ein altes Erbe aus den Zeiten der alles beherrschenden Theologie, in Bezug auf Lehre in erster Linie mit Amtsautorität zu entscheiden, *was* gelehrt werden darf und soll. Didaktik ist daher vor allem „Lehre von den zu lehrenden Dingen" (Türcke 1986, S. 8). Sie soll versuchen, „ebenso pragmatisch wie wissenschaftlich Hilfestellung zu leisten, indem sie die verwirrende Fülle des vorhandenen Wissens, Könnens und Meinens, die sogenannten Bildungsinhalte, auf ihren Bildungsgehalt untersucht, d. h. darauf, was sich von ihnen zu wissen und anzuerkennen lohnt, getreu der Regel des Apostels Paulus 'Alles aber prüfet, das Gute behaltet!' (1 Thess 5,21)" (ebd.).

Daher gilt das *schuldidaktische* Denken immer in erster Linie der sachgerechten Auswahl von Kulturinhalten, die als Lerngegenstände jahrgangs- und fachbezogen präpariert werden müssen. Diese Aufgabe ist den SchullehrerInnen im Groben durch detaillierte Lehrpläne, Richtlinien und Curricula abgenommen, denen sie zu folgen haben, so dass sich Entscheidungen über Inhalte in der Regel nur auf die Feinstruktur der vorgeschriebenen Unterrichtsgegenstände zu beziehen haben.

In der *Erwachsenenbildung* gibt es in der Regel keine Curricula, die aus einer wissenschaftlichen Fachsystematik abgeleitet sind. Hier erfolgt die Pogrammplanung in der Ausbalancierung von Angebot und Nachfrage.

Die Frage nach dem Wie

In zweiter Linie gilt das didaktische Nachdenken der Frage, *wie* seitens der Lehrenden die vorgeschriebenen und damit vorgegebenen Lerninhalte möglichst effektiv in unterrichtliche Aufgaben umgewandelt werden, denen sich die Lernenden als Bildungssubjekte zu stellen haben. Es geht um „die Frage nach der Herstellbarkeit und Herstellung der Bedingungen, die es möglich machen, dass im Menschen durch Lehren und Lernen Bildungsprozesse entstehen" (Weinberg 1989, S. 51).

Die bewusste Rede von Bildungs- und Lern<u>subjekten</u> soll im Folgenden erläutert werden.

Die Vermittlung von Subjekt und Objekt

Spricht man im Zusammenhang didaktischen Nachdenkens von *Subjekt* (Bildungs- und Lernsubjekt) und *Objekt* (Lerngegenstände), setzt man deren Gegensätzlichkeit voraus. Dabei wird das Subjekt als bewusste Person dem *Ich* gleichgestellt, das als Zentrum und Quelle von Denkprozessen angesehen wird, als Ort des Willens, bezogen auf das aktive Handeln und die freie Entscheidung (vgl. Biard 1990, S. 474, S. 477).

Im grundsätzlichen Gebrauch der beiden Begriffe 'Subjekt' und 'Objekt' wird unterschieden zwischen dem fühlenden, denkenden, wollenden, handelnden Menschen in seiner konkreten leiblichen Ganzheit einerseits (Subjekt) und der von ihm getrennten Sache andererseits, worauf sich die Akte seiner Wahrnehmung, Vorstellungen, Gefühle, Urteile, Erkenntnisse, des Willens und Handelns richten (Objekt), (vgl. Oehler 1962, S. 451, S. 449).

Ich bin z. B. das Subjekt meiner Lebenserhaltung und eigne mir Lebensmittel an. Sie sind Objekte meiner Ernährungsgewohnheiten wie meiner Begierde. Sie bleiben so lange getrennt von mir, bis ich sie mir einverleibt und sie so zu einem Teil meines Stoffwechsels gemacht habe. Der Körper zieht das Lebensnotwendige an Nährstoffen aus ihnen heraus, das nicht Benötigte scheidet er aus.

Die Form der lebensnotwendigen Ernährung gilt auch für Immaterielles: Ich will z. B. wissen, was in meinem Heimatort und in der Welt geschieht und lese Zeitung. Dabei gehe ich selektiv vor. Ich eigne mir vor allem solche Informationen an, die für mich von Bedeutung sind oder die mir beim flüchtigen Durchblick ins Auge springen. Sie werden, wenn sie mich sehr interessieren, zu einem Teil meines Bewusstseins. Ich verfüge über den Moment der Zeitungslektüre hinaus eine kurze oder längere Zeit über sie. Es hat eine Vermittlung von Subjekt (mir) und Objekten (Nachrichten, Informationen) mit der Konsequenz der Aneignung und des Behaltens stattgefunden.

Diese Vermittlung von Subjekt und Objekt vollzieht sich, angetrieben vom subjektiven Willen, in jedem Erkenntnisakt (vgl. Türcke 1986, S. 87).

Verstehen und Lernen als Aneignung von bislang nicht Verstandenem und bislang nicht Gewusstem stellen unverwechselbare Subjektleistungen dar. Sie können von Dritten allenfalls erbeten oder abgefordert, nicht aber letztlich erzwungen werden. Man denke nur an die Situation, dass der Vater vor seinem Kind steht und immer wieder sagt und fragt „Nun versteh das doch endlich! Warum verstehst Du das denn nicht?"

Geht im Alltag die Aneignungs-Dynamik vom Subjekt aus, das sich im Rahmen seines Bedeutungs-Horizontes wahrnehmend, lernend, besitzergreifend den Objekten seines materiellen wie immateriellen Interesses nähert, so will in der Schule die/der Lehrende als soziales Subjekt der Unterrichts-Situation die Zielrichtung und den Verlauf der Bewegung bestimmen, die das Wahrnehmen, das Denken, die Aneignungsprozesse der SchülerInnen nehmen sollen.

LehrerInnen stehen auf der Seite der zu erlernenden Wissensbestände, Fertigkeiten und Kulturtechniken. Sie werden vom Staat entlohnt, dass sie dafür Sorge tragen, dass die ihnen in Schulklassen anvertrauten SchülerInnen in Curricula und Lehrplänen zusammengefasste, verpflichtende Kulturinhalte erfolgreich und nachprüfbar lernen.

Kurioserweise wird aber in der Alltags-Schul-Sprache nicht von der Subjektleistung der Vermittlung zwischen Subjekt und Objekt her gedacht, sondern von der LehrerInnen-Seite. *Sie* sollen und wollen „Lernstoff *vermitteln*".

„Vermitteln" dieser Begriff ist erkenntnistheoretisch für den Prozess der Aneignung von bislang Fremden, Ungewussten durch das Subjekt besetzt.

Ein Blick auf die Grundbedeutungen des Verbs „vermitteln" (vgl. z. B. Deutsches Wörterbuch 1995, S. 3 691) zeigt, dass es immer um eine Einigung zwischen bislang Getrenntem geht. Wenn ich zwischen streitenden Parteien eine Einigung erzielen will, vermittle ich zwischen Subjekten mit unterschiedlichen Interessen. Wenn ich jemanden, der eine Stelle sucht, mit jemandem in Verbindung bringe, der eine solche zu vergeben hat, entsteht die gleiche Konstellation. Wenn ich jemand eine Wohnung vermittle, trete ich in die Mitte zwischen dem handelnden, eine Wohnung suchenden Subjekt und den Subjekten, die als Eigentümer oder Verwalter eine Wohnung zu vergeben haben. Mich als Mittler zu nutzen, ist für die Wohnungssuchenden nur Mittel zum Zweck, eine Wohnung zu ergattern. Ich als Mittler besitze die Wohnung nicht. Ob ein Mietvertrag zustande kommt, bleibt offen. Wenn die Wohnung den Wohnungssuchenden missfällt, zu teuer oder zu klein ist, bleibt die Vermittlung ohne positives Ergebnis.

Mit so geläufigen Redewendungen wie „Er kann als Lehrer sein Wissen nicht vermitteln" oder „Seine Schilderung vermittelt uns ein genaues Bild der damaligen Zeit" wird suggeriert „ dass Lehrpersonen „Lernstoff" an SchülerInnen weitergeben und auf sie übertragen. Dies bleibt aber nur eine Wunschvorstellung und Absichtserklärung. LehrerInnen können bestimmte Informationen und Einsichten *übermitteln*, d. h. *als Mittler zwischen den potentiellen Lernsubjekten und der zu erlernenden Sache fungieren*, sie können über die Lerngegenstände berichten, sie erklären, sie vorstellen, vorführen, aber *ob* die SchülerInnen die Lerninhalte lernen und verstehen, ob sie sich aktiv und expansiv mit ihnen auseinandersetzen, das ist nicht vorhersehbar, weil es nicht erzwingbar ist. Ob die Angesprochenen die von den LehrerInnen vorgestellten Objekte zum Gegenstand ihres Interesses machen, bleibt völlig offen und ihrer bewussten oder unbewussten Entscheidung vorbehalten. Dass „Gedächtnis, intelligentia und Wille nicht bloß zusammenkommen, sondern so ineinandergreifen, dass der Intellekt auch inhaltlich mit sich und seinen Gegenständen übereinstimmt", also im Erkenntnisakt *vermittelt* werden, konnte sich der Kirchenvater Augustin nur so vorstellen, dass die „Vernunftseele ... vom göttlichen Wahrheitslichte gewissermaßen durchströmt und erleuchtet, nicht mit den Augen des Leibes, sondern mit

ihrem höchsten Vermögen, der Denkkraft der Seele, die Ideen (rationes)"
schaut (Augustin, zit. bei Türcke a. a. O., S. 88). Für Christoph Türcke bestand
Augustins Einsicht darin, „dass die widerspruchsfreie Vereinigung der drei
menschlichen Geisteskräfte ((Gedächtnis, Intelligenz und Wille)) stets glückliches Zusammentreffen ist: kontingent, unerzwingbar, unableitbar. Beim einen
bleibt sie aus, auch wenn alle Vorbedingungen dafür erfüllt scheinen, beim andern stellt sie sich ein plötzlich, wie ein Licht aufleuchtet. Das ist die eine Seite
der augustinischen Erleuchtungsmetapher. Sie bringt zum Ausdruck, dass nir-
gends in der ganzen Schöpfung ein zureichender Grund für wahre Erkenntnis
auffindbar ist. Die Sinnendinge und ihre intelligiblen Strukturen, der Intellekt
und seine Kräfte und Formen all das sind lediglich die Bedingungen, ohne die es
Wahrheit nicht geben kann, niemals aber die Garanten für ihr Eintreten. Dazu
kommt es erst, wenn der Intellekt, man weiß nicht wie, über die Gesamtheit dieser Bedingungen hinausschießt und sich mit seinen Gegenständen wirklich in
Einklang setzt. Sofern die Erleuchtungsmetapher für dies Blitzhafte steht, bezeichnet sie nicht ein Drittes, das den Einzelmenschen mit der Allgemeinheit des
Ideellen vermittelt, sondern steht für *die Abwesenheit* eines solchen Dritten. Sie
fasst die Vermittlung nicht positiv, als ein eigenes Sein neben den Vermittelten,
sondern ausschließlich negativ: als das Unableitbare, Unergründliche, das Moment von Diskontinuität" (Türcke 1986, S. 88 f.).

Aus dem Dilemma heraus, dass die den SchülerInnen abverlangte Subjektleistung der Aneignung ihnen bislang fremden Wissens und bislang nicht beherrsch-
ter Fertigkeiten nicht erzwingbar ist, gibt es Didaktik, „ihr spezifischer Gegenstand ist die *Vermittlung* von Subjekt und Objekt" (Türcke a. a. O., S. 9). In ihr
werden Vorschläge gemacht, wie erfolgreich versucht werden kann, zwischen
den Lernsubjekten und den zum Lernen aufgegebenen Lehrinhalten eine folgenreiche Verbindung herzustellen.

„Dem jungen Menschen erschließt sich im geistig angeeigneten Elementaren der
Zugang zu einem bestimmten Ausschnitt seiner geistigen Wirklichkeit und zu-
gleich erschließt sich der junge Mensch damit selbst für diese Wirklichkeit"
(Klafki 1961, S. 192).

Dass diese wechselseitige Erschließung als Vermittlung zwischen Subjekt und
Objekt von interessierten Dritten (LehrerInnen) grundsätzlich leistbar ist, be-
streitet Christoph Türcke: „Die Vermittlung von Subjekt und Objekt ist ein
Phantom, dem die Didaktik erfolglos nachjagt" (a. a. O., S. 129). Er betont immer wieder, dass die Vermittlung von Einzelnem und Allgemeinem, von Physis
und Geist allein im erkennenden Subjekt geschieht (a. a. O., S. 32 f.) und sich in
jedem Erkenntnisakt vollzieht, angetrieben vom Willen: „Keine Vorstellung,
kein Gedanke, den der Intellekt sich nicht selbst angeeignet, d. h. durch Vergei-
stigung gewonnen hätte" (a. a. O., S. 87).

Gleichwohl erwartet der Staat von den LehrerInnen in allen staatlichen Schulen und Hochschulen, dass sie als verpflichtend aufgegebene Lehrinhalte (Lehrpläne werden von den Ländern „erlassen") so lehren, dass messbare Lerneffekte zustande kommen. Viele Lernzumutungen lösen aber nun einmal keinerlei spontanes Interesse bei den SchülerInnen aus, ja führen sogar zur Verweigerung. Es gilt daher als Ausweis von Professionalität, wenn es LehrerInnen in unablässiger didaktischer und methodischer Bemühung gelingt, so zu Mittlern zwischen den Lernsubjekten und den Lerngegenständen zu werden, dass sich die SchülerInnen für die Sache und die Sache für die SchülerInnen aufschließen lassen. Gelingt dies, wird Didaktik zu Recht als „Kunst", als „Lehrkunst" bezeichnet.

In dem beschriebenen Dilemma spiegelt sich das Problem aller Pädagogik: In die Dienstpflicht genommene oder selbst ernannte LehrerInnen wollen Dritte mit allen nur denkbaren Mittel vom Zwang bis zur raffinierten Verführung dazu bringen, *Lehr*ziele der Lehrenden zu subjektiv gewollten *Lern*zielen zu machen. Je mehr sich jedoch diejenigen, denen das fremdgesteuerte Lernen angesonnen wird, als selbständige Subjekte verstehen und zu erkennen geben, die NEIN sagen können oder sich den Zumutungen so entziehen, dass sie im Unterricht einfach 'abtauchen', desto mehr stößt eine Pädagogik, die sich nicht intensiv um die Realisierung von subjektiven Lernwünschen der Betroffenen und darum kümmert, welche Bedeutung der Sache von den angesprochenen Subjekten zugesprochen oder aberkannt wird, an ihre Grenzen.

Die Vermittlungs-Absicht muss im Wissen darum, etwas zu wollen, was so gar nicht klappt, zunächst einmal als unaufhebbarer Widerspruch stehen gelassen werden. Von ihr geht Spannung aus, die als Druck vom Lehrer erlebt und von ihm gleichfalls in Druck gegenüber den SchülerInnen verwandelt wird, bis hin zur „schwarzen Pädagogik". Manche versuchen, dieses Dilemma unter Einsatz immer raffinierterer Methoden zu lösen, was letztlich aber auch immer nur begrenzt geschehen kann.

Wenn man genauer hinsieht, scheinen nur zwei extrem auseinanderliegende Wege erfolgreich zu sein: härtester Zwang oder größte Freiheit.

Warum also nicht sofort den direkten Weg gehen?

'Vermittlung' aufzugeben, heißt Abschied zu nehmen von uralten pädagogischen Vorstellungen und Machbarkeitsphantasien: davon, andere erziehen zu wollen, im anderen den Zögling zu sehen, seine Defizite als Lehr- und Lernanlässe zu betrachten.

Nehme ich den anderen als selbstverantwortliches Subjekt seines Lebens und seines Lernens, verbietet mir die Achtung vor seiner Würde ein Belehren und Bekehren.

Auf das selbstbestimmte Lernsubjekt zu setzen, heißt den Dialog zu suchen, Freiheit einzuräumen, das Gegenüber freizulassen.

Lasse ich frei, kann ich nichts verlässlich bewirken. Ich kann nur Anregungen geben und Versuche machen, individuelle wie kollektive Kräfte und Ideen freizusetzen, die das Subjekt zum Lernen herauslocken. 'Vermitteln' heißt dann tatsächlich: ein Mittler sein zwischen den Subjekten und den Lerninhalten, ein Wegbereiter, Animateur und Dolmetscher, Provokateur und Fischer im Meer der Möglichkeiten. Es heißt, auf lohnenswerte Zusammenhänge und Einsichten neugierig zu machen, sie als lohnende und spannende Aufgabe zu präsentieren, Horizonte zu entwerfen. Dies erfordert von uns Lehrenden nicht nur immer wieder neue didaktische Phantasie, sondern auch die Aufgabe von Sicherheitsbedürfnissen, die uns am Boden kleben lassen. Von den potentiellen Lernsubjekten fordert es die Bereitschaft, sich ihrer Eigenverantwortlichkeit inne zu werden und diese zu realisieren.

Im Folgenden kann deutlich werden, wie ich in meinen Seminaren an der Uni immer dann scheiterte, wenn ich den Grundkonflikt zwischen Freigeben und Dirigieren nicht offenlegte und wenn ich nicht nach vertraglichen Lösungen suchte, beiden Interessen, denen der potentiellen Lernsubjekte und denen des Lehrers, gerecht zu werden.

In der allgemeinen Erwachsenenbildung, zu deren Veranstaltungen Erwachsene zumeist freiwillig kommen, werden in der Regel von den Lehrenden noch intensivere didaktische Leistungen wie von SchullehrerInnen erwartet, nämlich in zeitlich winzigen Lernepisoden möglichst effektiv den Weg von den Lerngegenständen zu den Lernenden zu suchen.

Je mehr ich die Erwachsenen, die sich hier einfinden, als selbstverantwortliche und selbstbestimmte Subjekte verstehe, desto weniger kann ich sie unter pädagogischer Perspektive betrachten. Der Begriff der Erwachsenen-*Pädagogik* (von grch. paidagogos „Kinder-, Knabenführen; ――zu pais, Gen. paidos „Kind, Knabe" + agogos „führend; Führer" zu agein „führen"; Wahrig 1987, S. 533) ist ebenso unangemessen wie der der *Andragogik* (von grch. aner, Gen. andros „Mensch, Mann" + agein „führen"; Wahrig 1987, S. 54).

Der in der Begrifflichkeit deutlich werdende Anspruch, von LehrerInnenseite Erwachsene führen, lenken, leiten und damit erziehen zu wollen, ist die gängige Sicht, die in der Berufsbezeichnung „ErwachsenenbildnerIn" überdeutlich wird.

Je mehr ich mein Gegenüber, das mir als Gruppe gegenüber sitzt und zahlenmäßig überlegen ist, als Subjekt gelten und seinen Handlungsspielraum selbst bestimmen lasse, desto stärker gerate ich in die Gefahr, mich klein und hilflos zu erleben.

Werfen wir auch noch einen Blick auf die Geschichte des Begriffs 'Didaktik':

Das griechische Ursprungswort von Didaktik „didaskein" verweist zum einen auf die klassische Unterordnung des Lernens unter das Lehren: Im Aktiv heißt *didaskein* „lehren, belehren, unterrichten, dartun, beweisen, vorschreiben", im *Passiv* „unterrichtet werden, sich belehren lassen, lernen".

Didaktik ist demzufolge die Theorie von der Herrschaft der Lehre und der Abhängigkeit des Lernens, Gestalt geworden im Lehrer-Schüler-Verhältnis. Wenn von einem Lernenden gesagt wird, er sei „gelehrig", dann gilt dies als hohes Lob. Die Abhängigkeit des Lernens von der Belehrung scheint für viele so selbstverständlich wie Tag und Nacht, Sommer und Winter.

Nun hat aber das griechische *didaskein* noch eine dritte Grundbedeutung, die eine subjektorientierte Lösung des Zugangs zum Lernen ermöglicht: Im medialen Gebrauch bedeutet es „aus sich selbst lernen, ersinnen, *sich aneignen*". Während für „lehren" und „lernen" kaum Synonyme aufzufinden sind, kommt mit „sich aneignen" im Deutschen ein ganzer Wortschatz in den Blick, der selbständige Verstandes- und Aneignungs-Formen des Lernsubjekts beschreibt: wahrnehmen, bemerken, beobachten, denken, nachdenken, bedenken, erkennen, verstehen, in Betracht ziehen, abwägen, sich bewusst machen, forschen, ausdenken, austüfteln, sich vorstellen, sich erkundigen, sich vergewissern, fragen, sehen, schmecken, fühlen, riechen ... All diese Aneignungsformen nutzt der Erwachsene im Alltagsleben ganz selbstverständlich. Es ist von täglich von autodidaktischen Lernprozessen bestimmt, aktiv selbstgesteuerten Tätigkeiten. Aneignung bedeutet bewusstes, oft auch unbewusstes Tätigwerden, um ein Verhältnis zwischen dem Subjekt und dem Objekt als Gegenstand des Interesses herzustellen und die Trennung von Subjekt und Objekt zu überwinden.

Wenn es unter didaktischer Perspektive darum geht, die Erwachsenen auch in organisierten Lerngelegenheiten zu selbständigen und selbstverantworteten Aneignungsformen anzuregen, dann erfordern diese Wege spezifische Animationsleistungen der LehrerInnen. Der Bezugspunkt sollte jeweils die Eigentätigkeit, die eigenständige, von den Lehrpersonen nur unterstützte Aneignung der Lernobjekte durch die Lernsubjekte sein. Für die didaktische Begleitung heißt dies, die Erwachsenen in dem zu bestätigen, was sie schon wissen, sie neugierig zu machen auf noch nicht Gewusstes, nicht Gekonntes, bislang nicht Verstandenes. Die Voraussetzungen sind günstig: Die Menschen, die sich bilden wollen, sind neugierig darauf, sich zu informieren, etwas zu entdecken. Der Lernprozess gleicht dem Stoffwechselprozess: Aufnahme, Zerkleinerung, Zerstörung, Zergliederung, dem eigenen Organismus Einverleiben.

Didaktische Modelle

Um vor allem BerufsanfängerInnen im Lehramt an Schulen eine systematische Hilfe zur erfolgreichen Planung und Vorbereitung von Unterricht geben zu können, haben akademische Didaktiker, aber auch einige Praktiker eine Reihe von pragmatischen Modellen erarbeitet.

Insbesondere in der angeleiteten und kontrollierten Berufseinführung, dem Referendariat, werden die Ausarbeitung von schriftlichen Unterrichtsvorbereitungen anhand dieser Modelle, deren praktische Realisierung im Unterricht und die kritische Überprüfung des Verhältnisses von Planung und tatsächlichem Unterrichtsverlauf durch Mentoren und Fachleiter zur Dienstpflicht erhoben. Da sich die didaktische Modelle als Kriterien-Katalog sowohl für die Unterrichtsplanung wie für die Erfolgskontrolle eignen, suggeriert ihre Nutzung Sicherheit.

Nach dem Referendariat, wenn die LehrerInnen, gleich welchen Schultyps und welcher Schulstufe, in die pädagogische Freiheit des selbst zu gestaltenden Unterrichts entlassen wird, ist von Didaktik als Zwang zur Formalisierung der Unterrichtsvorbereitung zunehmend weniger die Rede. Die Zeit ist vorbei, in der didaktisches Wissen und Handeln als kontrolliertes Wissen und benotetes Pflichthandeln abverlangt wird. Nun gerät das didaktische Handeln in den Sog, möglichst zeitsparend die im Unterrichten abverlangten Aufgaben vorzubereiten:

- „Der Lehrer geht von einem vagen Vorverständnis aus über das, was er in der Lerngruppe, in der Situation unter Zeitdruck und täglichem Handlungszwang (d. h., er muss ja die Unterrichtsstunde erteilen, weil sie auf dem Stundenplan steht, auch dann, wenn er kein Lernziel und kein dazu geeignetes Material findet) überhaupt realisieren kann.

- Mit diesem Vorverständnis geht er auf die Suche nach geeigneten Materialien (Büchern, Bildern, Karten, Zeitungsausschnitten, Filmen usw.), die ihm kurzfristig verfügbar sind.

- Hat er ein geeignetes Material gefunden, überlegt er sich Lernziele, die er mit diesem Material erreichen könnte, anschließend die Unterrichtsorganisation und die Lernzielkontrollen." (Becker / Haller u. a. 1974, S. 63)

Das Zitat verdeutlicht, dass examinierte LehrerInnen, befreit von den Aufsichtspersonen des Studienseminars (Mentoren, Fachleitern) einen je eigenen Stil entwickeln und sich damit gegen Didaktik als autoritatives Institut wenden:

Alle Didaktik ist konformistisch und wirkt konformistisch. Selbst angepasst an vorgegebene Ziele (Lehrpläne) und etablierte pädagogische Konzepte (klassische didaktische Modelle) bewirkt sie die Anpassung Dritter an die jeweiligen Ziele der LehrerInnen.

Dagegen zu stellen ist eine dialogische Didaktik, in der die Lehrerziele mit den Lernwünschen der Lernenden abgeglichen und die zu realisierenden Lernziele von Lehrenden und potentiell Lernenden gemeinsam ausgehandelt und festgelegt werden (zu solchen *LEHR-LERN-VERTRÄGEN* vgl. Meueler 2/1998, S. 229 ff.)

Autodidaktisch erlernte Didaktik der Erwachsenenbildung

Es gibt viele Wege ErwachsenenlehrerIn zu werden. Da ist die Hausfrau mit Realschulabschluss, die ihr Hobby, das Seidenbatiken, so zur Meisterschaft gebracht hat, dass sie erfolgreich VHS-Kurse anbietet, daneben die arbeitslose Diplom-Psychologin, die sich ebenso wie der promovierte Religionsphilosoph mit Kursen zum erlernten Fachwissen finanziell über Wasser halten.

All diese ErwachsenenlehrerInnen kommen fast nie in den Genuss der institutionalisierten Chancen eines Referendariats, sich wie angehende SchullehrerInnen

mit Theorie und Praxis der Didaktik inklusive Methodik vertraut machen zu
können. Sie müssen sich ohne die bewährten Krücken und Geländer systematisch antrainierter didaktischer Modelle im überaus anstrengenden Rhythmus
von Versuch und Irrtum, erneutem Versuch, erneuten Irritationen und gelegent-
lichem Erfolg in der großen weiten Welt der Erwachsenen behaupten.

Es gibt für diesen Beruf keine festgelegte Ausbildungsordnung, kein vorge-
schriebenes Studium, es gibt keine wissenschaftlich vorbereitete und kritisch begleitete Berufseinführung (Referendariat), damit auch keine Gelegenheit, in einer normativ verpflichtenden Form in didaktisches Denken eingewiesen und
beim probeweisen didaktischen Handeln professionell begleitet zu werden. Es
gibt keine spezifischen didaktischen Muster, wie die als Markenzeichen dekla-
rierten und Gelingen suggerierenden schulpädagogischen Unterrichtsmodelle
von Klafki, der Berliner resp. Hamburger Schule etc. ErwachsenenlehrerInnen
müssen das für ihr je spezifisches Berufshandeln benötigte Handlungswissen,
wie das dahinter stehende pädagogische Wissen selbst ausfindig machen und es
sich autodidaktisch aneignen (vgl. grundsätzlich 3.1). Es gibt keine einheitlichen
Vergütungs- Richtlinien, noch einen Berufsverband, der sich für grundsätzliche
strukturelle Regelungen einsetzen könnte.

Was die Einschätzung der eigenen Professionalität und Kompetenz als Summe
der vorhandenen Fähigkeiten angeht, so wird, das zeigen Gespräche mit Honorarlehrkräften, der eigenen Fachkompetenz Priorität eingeräumt und es wird
nach Wegen gesucht, auf möglichst effektive Weise die vorgegebenen Lerninhalte „rüberzubringen" (Methodenkompetenz). Die Vorstellung, LehrerInnen
„vermittelten Lernstoff", sitzt tief. Zu Beginn der Berufstätigkeit ist man zumeist froh, fachlich fit zu sein, auch wenn diese Selbsteinschätzung immer störanfällig bleibt und oft genug von der bestürzenden Einsicht, zu diesem oder je-
nem Sachverhalt gar nichts oder viel zu wenig zu wissen, abgelöst wird. Erst
wenn sich hier mittels je gründlicher Vorbereitung Gelassenheit einzustellen beginnt, wird Energie frei, sich nicht nur um die Sache, sondern vermehrt auch um
die Bedürfnisse der Gruppe zu kümmern. Erst wenn es einem dämmert, dass
Lernen und Verstehen Subjektleistungen sind und Erwachsenenbildung als Subjektentwicklung von den Lernenden hauptsächlich in der alltäglichen Lebensbewältigung selbst zustande gebracht wird, kann ein grundsätzliches didaktisches
Umdenken in Gang kommen. Mit einem Mal wird es interessant, mit der didaktischen Planung an alltägliche Lernstrategien anzuknüpfen und die Erfahrungen, die die Beteiligten mit selbstgesteuerten Lernaktivitäten und -projekten im
Alltag gemacht haben, wahrzunehmen und konstruktiv zu nutzen. Das von den
Lernenden erarbeitete Wissen, der selbst entdeckte und selbständig beschrittene
Weg, die selbst produzierte Einsicht, dies alles sind ja Ergebnisse bewussten,
selbstverantworteten Suchens, Denkens, Assoziierens, Findens und Interpretie-
rens. Mit den von ErwachsenenlehrerInnen eingesetzten Methoden können

allenfalls Lernprozesse angeregt, beschleunigt und kritisch begleitet, nicht aber hervorgebracht werden. Die entscheidenden Antriebe müssen von den Lernenden selbst ausgehen. Ist erst einmal zur Gewissheit geworden, dass das Lernen eine nicht erzwingbare Subjektleistung ist, die vom Lernenden selbst zu verantworten ist, werden die Aufgaben von LehrerInnen zugleich einfacher und schwieriger: Sie haben zum Lernen anzuregen, problemformulierende sowie aktivierende Arbeitsformen zu entwickeln und die schwierige *Kunst der Begleitung* zu erlernen.

Abgehobene Wissenschaft vom Lernen Erwachsener

Die EB/WB in Deutschland besteht aus unterschiedlichen kulturellen Sektoren, die wie benachbarte Nationalstaaten von einander getrennt sind. ErwachsenenlehrerInnen, die an einer VHS arbeiten, wissen in der Regel wenig von den Praxisbedingungen der KollegInnen bei den anderen Trägern, wie z.B. den Kirchen, Gewerkschaften, den Industrie- und Handelskammern, dem Deutschen Sportbund, einzelnen Unternehmen und umgekehrt.

Der kulturelle Sektor, in dem die Zusammenschau all dieser aus ganz unterschiedlichen institutionellen Interessen heraus installierten, verschieden strukturierten und unterschiedlich gehandhabten EB/WB-Praxis geschehen *könnte*, ist die akademische Disziplin 'Erwachsenenbildung', die es an vielen Universitäten und einigen Fachhochschulen gibt. Doch diese Hoffnung erfüllt sich nicht. Die Disziplin unterliegt einem strukturell vermittelten Atomisierungsdruck. Gestützt durch die grundgesetzlich verbriefte Freiheit von Forschung und Lehre kann jede Kollegin, jeder Kollege die Gegenstände ihrer/seiner Forschung selbst auswählen und sie traktieren, ohne dass es irgendeinen Druck gäbe, dass ihre berufliche Arbeit der Praxis beispielsweise all der zigtausende von Honorarlehrkräften, die zum großen Teil als BildungstagelöhnerInnen arbeiten müssen, zugute kommen müsste. So entsteht der Eindruck, dass die mit dem Lernen Erwachsener beschäftigten WissenschaftlerInnen recht willkürlich ihre Themen auswählen. Dies geschieht oft genug deduktiv, indem z.B. Kollegen über Didaktik schreiben, auch wenn sie über ihre universitären Lehrveranstaltungen hinaus überhaupt keine nennenswerten eigenen Erfahrungen mit kontinuierlichem praktischem didaktischem Handeln in der EB/WB haben.

Mit einer nicht nachvollziehbaren Selbstverständlichkeit wird stellvertretend für die PraktikerInnen formuliert, was EB/WB zu sein hat und was nicht.

Für mich ist heute *Didaktik* nur *als kollegiales Gespräch* denkbar, in dem versuchte Praxis kritisch reflektiert und Ideen für eine denkbare neue Praxis produziert werden.

Geht der an diesem Gespräch Beteiligte mit mehr Selbstachtung aus ihm heraus, mit dem Gefühl, in seiner beruflichen und sozialen Identitätsarbeit gestärkt worden zu sein, dann war dieses Gespräch ergiebig.

2.2 Meine Wege zur Didaktik

Dass im Schulunterricht oder im Studium irgend wann einmal begrifflich oder
gar systematisch von Didaktik gesprochen worden wäre, daran kann ich mich
nicht erinnern.

Blicke ich auf meine berufliche Sozialisation zurück, so wird mir Folgendes deutlich: Meine berufliche Arbeit, sowohl von der Haltung her, mit der ich sie aus-
übe, wie von den favorisierten theoretischen Ansätzen und der sie tragenden
handwerklichen Erfahrung her, ergibt sich aus meiner Lebensgeschichte.

Ablösung von zu Hause

Als ich ganz unerwartet als einziger meines Jahrgangs am Waldbröler Gymnasium durchs Abitur falle, kann ich diesen Schaden zwar nach einem halben Jahr
heilen, bin aber in doppelter Hinsicht erschüttert: zum einen in dem Selbstverständnis eines sorglosen und unbekümmerten Schülers, der grundsätzlich 'klar-
kommt', zum anderen in meinem Vertrauen Lehrern gegenüber.

Im Wehrdienst (1959) verweigere ich die Ausbildung zum Reserveoffizier und
gewinne so die Akzeptanz junger Handwerker, Angestellter und angehender
Kaufleute in meiner Kompanie.

Den Studienort Göttingen wähle ich im Anschluss an den Wehrdienst deshalb,
weil ein Schulfreund dort Theologie studiert und er mir einen Wohnplatz in einer
Baracke der Evangelischen Studentengemeinde besorgen kann. Erst später wird
mir klar, dass ich eine möglichst weite Distanz zum Waldbröler Milieu gewählt
hatte.

Das erste Semester ist in mehrfacher Hinsicht hoch bedeutend:

Ich nehme den Kurs für die Ergänzungsprüfung zum Abitur in Altgriechisch zu
leicht, so dass ich beim ersten Versuch durchfalle.

Bereits im ersten Semester lasse ich mich von W. Strzelewicz in die Erwachsenenbildung einführen. Was ich vor allem behalten habe, sind seine Ausführungen
zum Erwachsensein und dazu, dass der Erwachsene zur Bewältigung seines Lebens nicht auskomme mit dem, was er in Kindheit und Jugend gelernt habe, also
selber ständig weiter lernen müsse, vor allem in politischer Hinsicht.

Ich schreibe eine erste theologische Hausarbeit mit dem Ehrgeiz, dies alleine für
mich hinzukriegen, ohne an dem entsprechenden Proseminar teilzunehmen. Ich
lerne dabei die Universitätsbibliothek nutzen und erfahrene Kommilitonen um
Rat zu fragen.

Ich schließe das Studium für das Höhere Lehramt in den Fächern Deutsch und
Evangelische Theologie mit dem Ersten Staatsexamen ab.

Reiseleitungen

Für meine heutige berufliche Arbeit in der Erwachsenenbildung sind im Rück-
blick nicht die ein oder zwei Hospitationen in der VHS Göttingen während der

Studentenzeit wichtig, die ich, angeregt durch das Strzelewicz-Seminar, verabrede.

Sehr viel nachhaltiger wirken sich meine Erfahrungen mit Reiseleitungen aus, die sich fast automatisch aus der Leitung einer Kinderfreizeit für 10–12jährige Jungen aus dem Ruhrgebiet in Wilhelmshaven (erste Semesterferien 1960), organisiert durch das CVJM-Erholungswerk Köln, ergeben:

Der gleiche Veranstalter beauftragt mich für den Sommer 1961 mit der dreimonatigen Leitung eines Jugendhotels in Santa Marinella in der Nähe von Rom. Die Vergütung: freie Fahrt, Unterkunft, Verpflegung und ein wöchentliches Entgelt von DM 50,—. Santa Marinella ist neben Ostia das bevorzugte Ferienbad der Römer. Nach einer fast 24stündigen Fahrt in einem Zug mit Holzsitzen erreichen wir im Dunkeln unser Ziel. Völlig ermattet beziehe ich mein Zimmer im Turm der „Villa La Torretta". Als ich morgens in völliger Dunkelheit aufwache, weiß ich zuerst nicht, wo ich mich befinde. Ich öffne einen der dicht schließenden Holzverschläge vor den Fenstern und pralle benommen zurück. Da ich noch nie im Süden gewesen war, habe ich dieses azurne Meer und einen solch strahlend blauen Himmel noch nie gesehen. Völlig aufgeregt öffne ich die anderen Turmfenster und steige eine Treppe hoch auf die Zinne des Turms, um die traumhafte Bucht zu überblicken.

Die Villa im toskanischen Stil liegt, 150 Meter vom Strand entfernt, inmitten eines lauschigen Gartens. Allwöchentlich reisen 60 Jugendliche an und bleiben für jeweils 14 Tage. Zweimal wöchentlich muss ich mit ihnen das 60 km entfernte Rom und dessen Umgebung erkunden. Ausflüge per Bahn und Schiff gelten weiter entfernten Zielen wie Neapel, Pompeji und Capri. Für die Rom-Besuche erarbeite ich mir zwei Standardführungen: zum einen an einem Vormittag das Castel Sant' Angelo und nachmittags die Peterskirche, was nach dem mittäglichen Besuch einer Taverne an der Engelsbrücke inklusive Frascati zur Pasta immer ganz beschwingt abgeht. Die zweite Anfahrt pro Woche beinhaltet eine Stadtrundfahrt und eine mehrstündige Besichtigung der Vatikanischen Sammlungen. Ich musste mich inhaltlich fit machen, um eine allgemeine Einführung in die alte römische Geschichte und die Geschichte des Papsttums geben und in den Sammlungen flanierend auf dieses oder jenes hinweisen zu können, was mir aus den vorbereitenden Lektüren vertraut ist.

Ich lerne neben organisatorischer Sicherheit en passant ein wenig Italienisch, gerade so viel, um mich im Infinitiv-Stil verständigen zu können.

Als in diesem Sommer in Berlin die Mauer errichtet wird, schmieden der alte deutsche Koch des Jugendhotels, seine Frau und ich Notfallpläne. Sollte sich das Ganze kriegerisch entwickeln, wollen wir mit seinem alten DKW über die Alpen nach Haus flüchten.

Ostern 1962 schickt mich das CVJM-Erholungswerk für drei Wochen an die italienische Riviera dei fiori, um in der Villa Maria Luisa in San Maurizio-Imperia eine Erholungsfreizeit für junge und ältere Erwachsene zu leiten. Hier sind die ersten Rundreisen mit Führung in mir wieder völlig fremdes Gelände (ins Hinterland, an die französische Riviera, nach Nizza und Monaco) zu bestehen. Als unsere Gruppe auf der Rückreise einen Sonderzug benutzt, der hauptsächlich von dem Reiseunternehmen Dr. Tigges/Wuppertal belegt ist, komme ich ins Gespräch mit deren Reiseleitern und erfahre, dass sie täglich nicht 7,— DM, wie ich beim CVJM, sondern 21,— DM erhalten, Grund genug, um mich kurz nach meiner Rückkehr beim Obmann der Dr. Tigges-Reiseleiter, Dr. Peters, in Wuppertal vorzustellen. Auf Anhieb zeigt der Kunsthistoriker kein Interesse, zu unspezifisch sind meine fachwissenschaftlichen Vorkenntnisse.

Als kurz vor Pfingsten 1962 doch plötzlich ein Telegramm der Firma eintrifft, ich möge eine Dr. Tigges-Gruppe ab Freitag vor Pfingsten für zwei, drei Wochen nach La Mortola, einen Winzigort nahe Ospedaletti an der italienischen Riviera, kurz vor dem französischen Übergang Menton, begleiten, bin ich völlig aufgeregt: „Dies wird Deine Chance!". Der alte Firmenchef Dr. Tigges habe den Parco Delle Vacanze „Floreana" selbst ausgesucht. Dies sei die erste Belegung, erfahre ich telefonisch.

Es regnet in Strömen, als wir nach einer Bahnreise dort ankommen, das Bungalowdorf wirkt abgewirtschaftet und ungepflegt, der unwirtliche Steinstrand ist weit und fast unzugänglich, das Essen kümmerlich, schlechter, als ich es je in den Häusern des CVJM Köln verzehrt habe. Pfingstsamstag stehen 32 zornige Leute vor mir, aufgebracht über die miese Unterkunft und das schlechte Essen. Sie verlangen, sofort in ein Hotel übersiedeln zu können, sonst würden sie alle abreisen und die Firma mit Regress-Ansprüchen überziehen. Was tun? In der Dr. Tigges-Zentrale in Wuppertal ist am Pfingstsamstag niemand zu erreichen, ein Nottelefon existiert noch nicht. Das einzige, was mir greifbar ist, ist die Telefonnummer einer älteren Kollegin, die in Alassio arbeitet. Sie weiß nicht, was zu tun sei, rät mir aber, einen Taxichauffeur mit möglichst guten Deutschkenntnissen zu suchen, der mir bei der Suche nach einem Ausweichquartier behilflich sein könne. Dies gelingt auf Anhieb. Der Mann schlägt mir vor, noch am Pfingstsamstag im benachbarten Ventimiglia einen Anwalt zu engagieren. Mit seiner Hilfe will ich den Scheck über eine Million Lire, den ich dem Besitzer unserer Unterkunft als Vorauszahlung für 1962 schon am Freitagabend ausgehändigt habe, sperren lassen. Dies klappt noch am selben Nachmittag.

Die Aufgaben, die ich jetzt alle gleichzeitig erfüllen muss, überfordern mich und lassen mich zugleich meine Kräfte spielerisch erleben: Bei weiter strömendem Regen muss die maulende Gruppe bei Laune gehalten werden, was mit dem Einsatz von Spielen, die ich als Jungscharhelfer gelernt habe, gelingt. Mit dem italienischen Nothelfer fahre ich die nähere Küste ab. Nach vielen ergebnislosen Besichtigungen stoßen wir am Spätnachmittag des Pfingstsonntag, als gerade einmal kurz die Sonne aufreißt, auf einen Hotelier in Ospedaletti, der malerisch im

Garten in einem großen Rattan-Sessel sitzt, zu seinen Füßen hingegossen eine schöne Frau. Der Hotelier plant, in einem Monat ein bis dahin noch nicht fertiggestelltes Bungalowdorf ganz neu in Betrieb zu nehmen. Ohne jede Rückendeckung seitens der Firma sage ich ihm zu, wir würden sofort umziehen, falls es ihm gelänge, in den nächsten beiden Tagen die Bungalows notdürftig gebrauchsfertig zu machen. Am Pfingstmontag berichte ich der Gruppe draußen unter einem alten Olivenbaum davon, dass unser zukünftiger Gastgeber bereits damit begonnen habe, mit acht Arbeitern einen Weg von der Straße zu seiner Anlage zu graben, dass er Toiletten und Waschbecken einbaue und das Ganze improvisatorisch herrichte, so dass wir am Mittwoch übersiedeln könnten. In diesem Moment schlendert der holländische Besitzer der Bungalow-Anlage heran. Schnell gewarnt, wechsele ich in meiner Rede zur Herstellung von kalt gepresstem Olivenöl über.

Alles geht gut.

Die Gruppe trägt mich auf Händen, liest mir jeden noch kleinen Wunsch von den Lippen ab, mittwochs ziehen wir um. Dienstags gelingt es, einen telefonischen Kontakt mit der Firmenleitung in Wuppertal herzustellen und sie mit vollendeten Tatsachen zu konfrontieren. „Was haben Sie da bloß gemacht? Wer hat sie dazu ermächtigt? Am Donnerstag besucht Sie die Italien-Sachbereichsleiterin."

So geschieht es, dass die angereiste, äußerst misslaunige Dr. Tigges-Italien-Chefin (die noch schnell versucht, der Gruppe jeden Regress-Anspruch abzuhandeln), unser Anwalt, der von uns verlassene Hotelier, sein Anwalt und der Präsident der Ente tourismo, der Tourismusbehörde in Ventimiglia, und ich donnerstags nachmittags zusammensitzen, um über die eine Million Lire Vorauszahlung und den plötzlichen Auszug der Gruppe aus der Feriensiedlung zu verhandeln. Das Gespräch geht vor allem zwischen den Anwälten hart hin und her. Mit einem Mal springt die Dr. Tigges-Kollegin auf: „Mir geht's nicht gut, ich hab Fieber und außerdem habe ich noch nie eine solche Verhandlung geführt!" rennt hinaus und fährt sofort ab. Am selben Abend teile ich der Gruppe mit, dass ich diesen Stress nicht weiter aushalten könne, dass ich der Firma telegrafisch meinen Abgang mitteilen und um einen Ersatz am nächsten Tag bitten würde. Freitags fahre ich nach einer bewegenden Abschiedsszene mit dem Zug nach Hause.

Das Abenteuer hat genau eine Woche gedauert. Ich bin um einige Erfahrungen im Krisenmanagement reicher.

Jahre später berichtet mir der Dr. Tigges-Kollege, der sofort nach meiner Abreise als Ersatz angereist war, folgendes: Die Gruppe wählte einen Sprecher, einen alten Herrn, der schon vor dem Krieg mit der VHS Wuppertal, für die der Firmengründer Dr. Tigges Busfahrten unternahm, verreist war und somit noch die legendären Zeiten erlebt hatte, als Frau Tigges für alle im Bus Butterbrote schmierte. Dieser Reiseveteran ging nach der Rückkehr aus Italien in die Firma und trug Dr. Tigges die Bereitschaft der Gruppe vor, auf alle Regressansprüche zu verzichten, wenn die Firma bereit wäre, sich bei mir zu entschuldigen.

Die Folge: Einige Wochen später erhalte ich einen förmlichen Dank der Firma, die prekäre Situation gemeistert zu haben. Im gleichen Brief bietet man mir an, im Sommer 1962 die 'peregrinatio internationalis juvenum ministrantium roma 1962' (die „Erste Internationale Romwallfahrt der Ministranten Europas") zu begleiten, um täglich nach einer morgendlichen Heiligen Messe ein kunsthistorisches Besichtigungsprogramm in Rom und Umgebung durchzuführen. Der Tagessatz wird leicht erhöht. Die Wallfahrt mit der „Gemeinschaft der Altardiener" im Alter von 13 bis 25 gerät zum Abenteuer. Die Führungen sind nur zum kleineren Teil ein Heimspiel, zum größeren Teil muss Neues (z. B. Assisi) und damit für mich bislang gänzlich Unbekanntes mit dem Habitus des Ortskundigen geführt werden. Das Ganze wird zum Crash-Kurs in intensiver Kurz-Vorbereitung, um Führungen in der Mischung von historischen und politischen Daten, garniert mit Histörchen, zu gestalten und in kenntnislosen Situationen auch mal bluffen zu können.

Im Herbst erreicht mich nach einer gelungenen Rhodos- Reise die Einladung, zu dem Dr. Tigges-Team von insgesamt acht zum Teil promovierten Reiseleitern unter der Leitung von Johannes Hammann zu stoßen, das alljährlich zu Ostern eine Kreuzfahrt in das östliche Mittelmeer als Bildungsreise betreut.

Diese 14-tägige Reise Ostern 1963 auf der TSS Hellas, angekündigt unter dem verheißungsvollen Titel „Die Hochkulturen im ägäischen Raum", stellt mich vor absolut ungewohnte Probleme einer seriösen Vorbereitung: Von den Orten, an denen ich eine Gruppe zu führen habe, kenne ich nur Rhodos, nicht aber Venedig, Olympia, Ephesos, Priene, Pergamon, Istanbul, Troja, Kavalla/Philippi, Berg Athos, Athen und Delphi. Ich habe in den Jahren zuvor gelernt, dass es immer gelte, den Reisenden das neugierige Flanieren und Selbstendecken am fremden Ort zu ermöglichen und sich als Reiseleiter in seinen Erläuterungen recht knapp auf jeweils einen oder zwei grundsätzliche Aspekte zu beschränken, die einen Zugang zur fremden Kultur ermöglichen. Ich bereite daher solche grundsätzlichen Einführungen (z. B. in Olympia: zum Stellenwert des Sports in der griechischen Erziehung und Philosophie; auf Kreta: zur Geschichte der Ausgrabungen und zu den unterschiedlichen Bewertungen der mykenischen Kultur; in Ephesus: Apostel Paulus) zu Hause vor. Sie stellen das Überlebens-Paket dar, zentraler Inhalt der Mappen, die ich mir einzeln für jedes Ziel und die angelaufenen Plätze und Museen zusammenstelle. Jede Mappe enthält Ausgrabungspläne, zentrale Daten und möglichst ergötzliche Geschichten. Im übrigen hoffe ich darauf, dass die erfahrenen Kollegen des Kreuzfahrt-Teams mir an Ort und Stelle helfen und mir zeigen, wo ich was zu suchen und zu finden habe.

Die meisten Sorgen bereitet mir das Archäologische Nationalmuseum in Athen, von dem ich vorher hörte, dass dort viele Säle mit allen nur erdenklichen Exponaten aneinander gereiht sind. Aus der Erfahrung mit den Vatikanischen Sammlungen in Rom komme ich dann auf folgende Idee:

Der Skizze des Nationalmuseums im Blauen Führer entnehme ich, dass links
vom Haupteingang sofort die archaischen Säle beginnen. Ich stelle mir aus der
opulent bebilderten Einführung von Lullies/Hirmer, Griechische Plastik
(München 2/1960) acht markante, leicht erkennbare Exponate zusammen, an
denen sich die Entwicklung der Plastik vom 8. Jahrhundert v. Chr. bis zur helleni-
stischen Porträtplastik beschreiben lässt. Das Konzept ist in sich schlüssig; viel
entscheidender ist aber, dass ich diese Stücke an Ort und Stelle auch finde. Dies
gelingt. Der Rundgang gerät durch die exemplarische Auswahl auf Anhieb zu einer Einübung in Wahrnehmung, was nicht nur der Gruppe, sondern auch mir
selbst gefällt. Durch die gelingende Beschreibung und kunsthistorische Interpretation der Plastiken für Dritte wird mein Vorbereitungs-Wissen zu meinem festen
Besitz. Durch Zufall entdecke ich, dass neben jeder der wichtigen Plastiken eine
Keramik aus der gleichen Epoche steht. An ihrer Bemalung ist deutlich zu erkennen, dass die Keramik-Künstler den Plastikern bei der Eroberung des Raums immer ein Stück voraus waren.

Von 1963 an bin ich bis einschließlich 1968 auf den Oster-Kreuzfahrten mit immer neuen Zielen dabei. Die Kollegen helfen mir zwar aufs freundlichste auf die
Sprünge, aber abends, wenn die Bordkapelle zum Tanz aufspielt, muss ich zum
Pauken in die Kabine verschwinden, ebenso wie ich morgens schon um fünf den
Wecker klingeln lasse, um mich über die Landausflüge am Tag inhaltlich zu vergewissern. Bei Führungen darf man an Hilfsmaterialien allenfalls Ausgrabungspläne, antike Texte oder ähnliches klassisches Material bei sich tragen, aus Rei-
seführern vorzulesen gilt als unprofessionell.

Dann kommt es plötzlich zu Situationen, in denen alle Teammitglieder sich auch
derartiger pragmatischer Hilfsmittel bedienen müssen, weil noch niemand an
diesem Platz gewesen ist, z. B. in den schwebenden Klöstern in Thessalien. Dann
gilt es, Pfadfinderqualitäten zu entwickeln. Aufs genaueste von der Gruppe beobachtet, muss gebluftt werden, was das Zeug hält.

In den Semesterferien in den Sommern der Jahre 1963 bis 1966 bin ich entweder
für zwei Monate auf Rhodos oder mache kombinierte Flug- und Schiffsreisen
zum griechischen Festland und zu den Inseln, steuere aber auch die Türkei, den
Libanon, Syrien und Israel an. Die Beteiligung an der Ministranten-Wallfahrt
hat zur Folge, dass ich von Dr. Tigges auch mit anderen Pilgerfahrten, so z. B.
nach Rom, Assisi und Flüeli, betraut werde.

Mein Repertoire an Orts- und Geschichtskenntnissen wächst, wie meine Sicherheit, sie vorsichtig und nicht rechthaberisch anzuwenden.

Frühbyzantinische Ikonenmalerei

Die von Anfang an immer wiederkehrende Aufgabe, sowohl in Griechenland
wie in der Türkei in Klöstern und Kirchen in die Ikonen-Kunst einführen zu müssen, führt zu einer intensiven Beschäftigung mit Geist und Leben der Ostkirche.

Ich besuche Ikonen-Seminare von Prof. Schäfer in Göttingen, die er regelmäßig für drei, vier Interessierte anbietet. Die theoretische Beschäftigung mit dieser Kultur und deren Interpretation für interessierte Reisende ergänzen sich spiralig, so dass ich die Examensarbeit zum ersten Staatsexamen in Christlicher Archäologie zum Thema „Die frühbyzantinische Ikonenmalerei. Ihre Wurzeln und Motive" verfasse. Das Byzantinische Museum in Athen wird zu einem meiner Lieblingsorte, zu dem ich in Athen fast jede Gruppe verführe. Erst ganz zum Schluss meiner Reiseleitertätigkeit entdecke ich bei einer Pilgerreise 1968 in den Vatikanischen Sammlungen durch Zufall in einem gläsernen Wandschrank ein kleines Kästchen, bemalt mit den wichtigsten der in meiner Staatsarbeit beschriebenen raren Denkmäler frühbyzantinischer Ikonenmalerei. Ich bitte die Gruppe katholische Frauen der Diözese Wuppertal um eine kurze Auszeit im Rundgang, um tief bewegt das kostbare kleine Kästchen betrachten zu können. Diese kleinen Bilder, die ich nur in einer vielfachen Vergrößerung in einem großvolumigen Bildband kennen gelernt hatte, haben mich zuvor ja für Monate beschäftigt.

Ich werde, je erfolgreicher diese Arbeit vonstatten geht, selbstbewusster und meine Niederlage beim Abitur tritt immer weiter zurück.

Von Didaktik und einzusetzenden pädagogischen Methoden ist bei den Vorbereitungen der Reiseleitungen und bei den Gesprächen mit den dort angetroffenen Kollegen nie die Rede. Obwohl die Reisen als „Bildungsreisen" ausgeschrieben werden und die jeweiligen Einführungen vor Ort didaktisches Handeln erfordern, wird dieser Terminus nie benutzt. Es geht darum, die jeweils anstehende „Reiseleitung" organisatorisch wie inhaltlich bewältigen zu können, mit dieser Tätigkeit Geld zu verdienen und zugleich selbst zu verreisen.

In diesem Strang meiner studentischen Aktivitäten entsteht das für meine spätere pädagogische Berufsarbeit zentrale Selbstkonzept, mich als Begleiter von eigenen Entdeckungsprozessen interessierter Erwachsener zu verstehen.

Killy und Konsorten

Da alle Semesterferien mit Reiseleitungen besetzt sind, strukturiert diese Tätigkeit mein Studium in Deutsch und Evangelischer Theologie. In der Vorlesungszeit gehe ich, um meinen Lebensunterhalt und meine Studienkosten alleine bestreiten zu können, noch drei weiteren Beschäftigungen nach:

- Im Studentenwerk Göttingen vertraut man mir vom zweiten Semester bis zum Studienabschluss die Sachbearbeitung zum Studentischen Jugendarbeitsprogramm „Student für Berlin", später „Student für Europa", an. Ich verwaltete den Etat von jährlich 30000 DM und halte wöchentlich eine Sprechstunde ab. Ich verfasse 1962 im Auftrag des Studentenwerks eine erste selbständige pädagogische Schrift „Studentisches Jugendarbeitsprogramm" von 13 Seiten mit einer Auflage von 4000 und illustriere sie mit selbst verfertigten Vignetten.

1965 erstelle ich den ersten kommentierten Studentenwegweiser für das Studentenwerk, der von da ab regelmäßig erscheint.

- Ich bringe seit dem ersten Semester als Bote der Universitäts-Frauenklinik zweimal wöchentlich die Akten der neu geborenen Kinder zum Standesamt und hole sie zweimal wöchentlich wieder ab. Die Akten der unehelichen Kinder müssen zum Einwohnermeldeamt. Dafür darf ich jeden Mittag zusammen mit dem studentischen Leiter des Schwesternchors und zwei Raumpflege-Studenten, die die Holzflure der Klinik bohnern, in einem Vorraum zum Schwesterncasino aufgewärmtes Essen vom Vortag („Präpel") essen.

- Schließlich unterrichte ich noch für einige Semester Schwestern-Vorschülerinnen der Göttinger Friedrich-Zimmer-Klinik in Deutsch und Kunstgeschichte.

Diese vier Tätigkeiten neben meinem Studium gewährleisten, dass ich materiell gut zurecht komme und zwingen mich, mein Studium sehr diszipliniert durchzuorganisieren. Alle Zeit außerhalb der Veranstaltungen bringe ich im Lesesaal der Universitäts-Bibliothek zu, den ich morgens um 9:00 Uhr betrete, mittags kurz zum Essen verlasse, um dann nach dem Mittagessen bis 18:00–19:00 Uhr dort zu arbeiten. Als ich im dritten Semester meine damalige Freundin und jetzige Frau Christiane kennenlerne (Wenigstens einmal im Leben muss man richtig Glück haben!), werden die arbeitsfreien Abende zur Regel. Nachdem ich die Aufsichtskräfte im Lesesaal zu einem kleinen Lichtbildervortrag mit Tee und Gebäck über meine Griechenland-Reisen in meine Studentenbude eingeladen habe, kann ich auf ihre Unterstützung in allen Ausleihfragen, vor allem beim Überschreiten der Ausleih-Quoten für Eilbestellungen, zählen. Da ich zum Studieren so wenig Zeit habe, versage ich mir im Sommer sogar Schwimmbad-Besuche, weiß ich doch, dass ich viele Wochen an griechischen Stränden sein werde. Ich beginne mit Karteikarten zu arbeiten und nutze alle Möglichkeiten der Rationalisierung des Lernens.

Als in den frühen Sechzigern die Studierenden unruhig werden, interessiert mich ein rasches Studium noch mehr als Politik. Ich bleibe dem Göttinger SDS fern, den ich als sehr elitär und geschlossene Gesellschaft erlebe.

Ich engagiere mich in Fragen der Verbesserung der Lehre, die in den Jahren 65–66 unter den Studenten immer heißer diskutiert wird. Zwei Erlebnisse ganz unterschiedlicher Art:

Wir gehen zu zweit zum Neutestamentler Prof. Dr. Conzelmann und schlagen ihm vor, er solle anstelle seiner Assistenten die neutestamentlichen Proseminare selbst abhalten. Die Studienanfänger hätten am meisten davon, wenn Universitätslehrer mit dem größten Überblick und mit der intensivsten methodischen Erfahrung ihnen zeigten, wie sinnvoll studiert werden könne. Ihm leuchtet unsere Argumentation ein und er entspricht fortan unserem Vorschlag.

Der Germanist Walter Killy fordert die Studierenden 1965 in einer großen Vorlesung auf, Kritik an ihm zu üben. Er würde sich freuen, wenn jemand dieser Aufforderung nachkäme. Ich nehme ihm dies ab und verfasse eine siebenseitige deutliche Kritik, die ich ihm in seiner Sprechstunde vorlese. Er geht derweil im Raum auf und ab, betrachtet ihm seit Jahren vertraute Bilder an den Wänden so angelegentlich, als sähe er sie zum ersten Mal und meint, wenn ich irritiert innehalte: „Sprechen Sie ruhig weiter!". In der Mitte des Raums sitzt der Schweizer Schriftsteller Walter Muschg, zu dieser Zeit 'Sonderassistent' bei Killy. Er gibt mir mit Augen und Augenbrauen unmissverständlich zu verstehen, dass ich doch wohl Killys öffentliche Koketterie mit gnadenloser studentischer Kritik gänzlich missverstanden habe. Killy beendet das „Gespräch" mit einer knappen Dankes- und Verabschiedungsfloskel und sieht von Stund an in seinem Oberseminar über Dichter der Romantik durch mich hindurch. Ich kann mich melden wie ein Wilder, ich bin nur Luft für ihn. Dies fällt sogar Kommilitonen auf. Sie raten mir, den Prüfer zu wechseln (Ich habe mich bei Killy zur Prüfung in neuer Germanistik angemeldet). Ich erwäge es und verwerfe den angeratenen Rückzug. Ich vertraue darauf, die Klausur in diesem Fach zu schaffen und lasse es darauf ankommen lassen. Erst am Prüfungsmorgen überfallen mich heftige Angstgefühle. Die Türe zum Prüfungszimmer geht auf und Killys Oberassistent verkündet mir, der große Meister sei leider erkrankt, so dass er ihn vertreten müsse. „Ein kleiner Gottesbeweis?" schießt es mir nachher durch den durch das Theologiestudium schon ungläubig gewordenen Kopf.

Obwohl es zum Ende des Studiums ganz bewusst um hochschuldidaktische Fragen geht, fällt auch hier das Stichwort „Didaktik" nie. Es geht allenfalls darum, effektiv und möglichst selbstbestimmt lernen zu können.

Angeleitete Lehre

Nach dem ersten Staatsexamen im Frühjahr 1966 will ich mich erst einmal belohnen, indem ich für mehrere Monate Reiseleitungen (inzwischen bin ich bei einem Tagessatz von 100,— DM angekommen) übernehme (Griechenland, u. a. eine Kreuzfahrt durch die griechischen Inseln, danach acht Wochen Sardinien). Ich muss mir überlegen, was ich in Zukunft machen will. Für das Promotionsvorhaben bei dem Christlichen Archäologen Carl Andresen, die Bilderprogramme in der römischen Forumskirche Santa Maria Antica zu untersuchen, können wir keine Finanzierungsmöglichkeit entdecken. Auf einer Kreuzfahrt verspricht mir eine Saarbrückener Verlegerfamilie, bei dem mit ihr befreundeten Intendanten des Saarländischen Rundfunks ein Wort für mich einzulegen. Das Versprechen wird eingehalten. Man bietet mir die Stelle des zweiten Redakteurs im Kirchenfunk an. Ich fahre nach Saarbrücken. Nachdem ich mir im Studio fünf Morgenandachten habe vorspielen lassen, ist mir klar, dass ich an diese Art von Verkündigung mein Leben nicht ketten will, sage ab und entschließe mich, noch ins Studienreferendariat zu gehen. Dies geschieht eine Woche nach dem offiziellen Beginn, wodurch ich sofort am ersten Tag Zuhörer und Zuschauer der Lehrprobe einer Referendarin werde. Die Stunde misslingt ihr vollkommen. Ich sehe kei-

nerlei Veranlassung, meinen Verdruss für mich zu behalten, was die Leiterin des
Studienseminars zu folgenden Äußerungen veranlasst: „Da bin ich aber doch
sehr froh, dass Sie, augenscheinlich von der Studentenbewegung beflügelt, mal
frischen Wind ins Seminar bringen. Bislang wurde nämlich von der Möglichkeit,
sich wechselseitig Kritik zu geben, überhaupt kein Gebrauch gemacht. Herzli-
chen Dank, dass Sie jetzt damit begonnen haben ..." Dann schaut sie sich unter
den ReferendarInnen um und meint: „Aber wir sind natürlich jetzt alle sehr gespannt, wie *Sie* Ihre erste Lehrprobe halten. Heftiges Kopfnicken der übrigen.

Zu Hause angekommen, erzähle ich dies meiner Frau. Sie unterrichtet schon
zwei Jahre in der Grundschule und meint: „Entweder hast Du jetzt jeden Tag
Angst, dass die Seminarleitung in Deinen Unterricht kommt oder Du bereitest
jede Stunde so vor, als ob es eine offizielle Lehrprobe wäre."

Ich entscheide mich für den zweiten schwereren Weg, ackere täglich wie ein
Pferd und bin nach einem halben Jahr so fit in den Unterrichtsvorbereitungen
und im Unterrichten, dass ich mich locker genug fühle, auch ausgefallenere Projekte anzugehen: So führe ich im Fach Deutsch eine zehnte Klasse in die moderne Lyrik über die Verknüpfung von eigenen Nonsensproduktionen der SchülerInnen mit der Vorstellung und Bearbeitung dadaistischer Texte und einiger Gedichte von Ernst Jandl ein. Als zu diesem Zeitpunkt eine Klassenarbeit geschrieben werden muss, erbitte ich mir inhaltlich freie Hand bei meinem Mentor und
lasse die Klasse fünf Stunden lang zu 16 von mir vorgegebenen Gedichtanfängen
(z.B.: „Zwei Schweinchen wollten bummeln gehn ...") nach bekannten End-
reim-Schemata wie AA-BB-CC oder ABABCDCD usw. Gedichte schreiben.
Die für eine Klassenarbeit ungewöhnliche Produktionsbedingung ist die, dass je-
de/r, die/der Reime übrig hat, sie den MitschülerInnen anbieten kann. Es
kommt, begleitet von leiser Rockmusik vom Band und mit einer Kiste Sinalco im
Hintergrund, eine ganz beschwingte Arbeitsatmosphäre auf, bestimmt von Gelächter und wechselseitigem Lob. Kreative Reimeschmiede sind zwischen den
Bänken unterwegs, um hier und da mit einem Enddreim auszuhelfen. Die Ergebnisse dieser Klassenarbeit füllen zwar eine Doppelnummer der Schüler-Zeit-
schrift, verhindern aber zugleich, dass der Mentor zum Schuljahrsende die drei
Fünfer, die er für diese Klasse vorgesehen hatte, vergeben kann. „Nie wieder lasse ich einen Referendar alleine eine Klassenarbeit bestreiten!" tönt er durchs
Lehrerzimmer.

Sieben oder acht Jahre später tritt nach einer Podiumsdiskussion über Umwelt-
pädagogik in Hildesheim ein junger Mann auf mich zu: „Kennen Sie mich
noch?" Ich verneine das. „Ich war doch in Ihrer Klasse zehn! Zwei Schweinchen
wollten bummeln gehen! Das war der schönste Tag in meinem Schulleben. Ich
sollte eine Fünf kriegen und habe eine Eins geschrieben. Mein Vater stand vor
mir und sagte immer wieder: Da kannst Du mal sehn, Du kannst es, Du hast in
Deutsch eine Eins geschrieben ...!"

Im Studienseminar arbeiten wir mit einer knappen Handreichung, wie laut Wolfgang Klafki die Sachanalyse, die didaktische Analyse und eine detaillierte Unterrichtsplanung auszusehen haben. In seinen Gesamtentwurf didaktischen Denkens werden wir nicht eingeführt.

Der Fachleiter in Deutsch versucht uns allen Ernstes klar zu machen, dass das Deutsche Lesebuch von 1941 das beste gewesen sei, was es je gegeben habe. Wir besorgen es uns und steigen in einen ergebnislosen langen Disput mit ihm über dieses Nazibuch ein. Erfolglos drängen wir die Schulbehörde in Hannover, den Fachleiter seiner Äußerungen wegen von seinem Amt zu entbinden, alles in allem eine Einübung in das Aushalten und Bearbeiten von Konflikten, was ich körperlich mit einer Gastritis beantworte.

Auf der Suche nach einem Thema und Unterrichtsgegenstand für den Schulversuch zur zweiten „Staatsarbeit" verweist mich mein Fachleiter in Evang. Religion auf Prof. Martin Stallmann in Göttingen. Ich schreibe ihm montags, mittwochs erhalte ich ein Antwortkärtchen: „Kommen Sie Samstag!". Ich besuche ihn. Er meint: „Erzählen Sie mal von sich!". Ich tue dies für eine Stunde am späten Nachmittag im immer dunkler werdenden Zimmer. Dann erhebt er sich, knipst das Licht an und händigt mir seine wichtigsten Schriften aus. Ich möge sie zu Hause einmal daraufhin prüfen, ob sie anregend genug wären, um mit ihm zusammenarbeiten zu wollen. Würden mir seine Überlegungen gefallen, würde er mir Themen für die geplante Arbeit nennen. So geschieht es.

Schreibend lernen

Nach Abschluss meines Referendariats für das Höhere Lehramt holt mich Stallmann 1968 als Pädagogischen/Wissenschaftlichen Assistenten an die Pädagogische Hochschule Göttingen, Abteilung Evangelische Religionspädagogik. Dort will ich in einem ersten didaktischen Vorhaben Konsequenzen aus den Ergebnissen meiner zweiten Staatsarbeit ziehen. Ich plane, die klassischen kontroverstheologischen Unterscheidungslehren des Religionsunterrichts durch eine anders strukturierte Konfessionskunde zu ersetzen. Das klassische Muster der Konfessionskunde ist folgendes: Die zufällige Konfessionszugehörigkeit seit Geburt (Konfession der Eltern etc.) soll durch eine bewusste intellektuelle Entscheidung des Lernenden „Warum ich nicht katholisch/evangelisch bin!" bekräftigt werden. Diesen apologetischen Zugang zur eigenen und fremden Konfession will ich ersetzen. Konfessionskunde soll nicht länger die zänkische Abwertung des konfessionellen Lehrfeindes bieten, sondern ihren Dreh- und Angelpunkt in einer Aufgabendiskussion finden. Es soll danach gefragt werden, vor welchen ungelösten sozialen, politischen und ethischen Aufgaben sich beide Kirchen sehen, ob und wie sie diese konstruktiv angehen und inwieweit sie dabei von ihrem historischen Erbe und ihrer heutigen inhaltlichen wie organisatorischen Struktur behindert bzw. begünstigt werden. Als exemplarischen Fall wähle ich das Aufgabenfeld „Kirchliche Entwicklungshilfe" und führe ein Seminar zur

Geschichte christlicher Barmherzigkeit durch. Dieses Seminar im Sommersemester 1969 hat 48 Teilnehmer, darunter eine Vierergruppe von SDS-Studenten. Sie
meinen schon nach der ersten Sitzung: „Lieber Herr, es ist einfach unsäglich, wie
sie sich vorbereitet haben. Sie haben doch keinen blassen Schimmer. Wir nennen
Ihnen jetzt mal die Bücher, die Sie lesen müssen ...!" Gehorsam lese ich von da
ab Franz Fanon, Pierre Jalée, Andre Gunder Frank, Leo Hubermann und Paul
M. Sweezy. Die Gespräche zwischen uns fünfen, die sich aus den Lektüren im
Seminar ergeben, sind intensiv, lebhaft und aufschlussreich. Zum Semester-
schluss verspreche ich den daran nicht beteiligten Seminarteilnehmern, ich würde ihnen als Entschädigung dafür, sie vernachlässigt zu haben, eine didaktische
Aufarbeitung der Thematik zukommen lassen. Als ich in den Semesterferien
nach 6 Wochen immer noch an diesem Text sitze, ist der Entwurf einer Material-
sammlung für eine Unterrichtsreihe im 9./10. Schuljahr entstanden, die ich im
Herbst 1969 in einer hektographierten Versuchsauflage von 100 Stück unter dem
Titel „Soziale Gerechtigkeit oder Almosen" an die Seminarteilnehmer, Lehrer
aller Schularten und entwicklungspolitische Institutionen verteile.

Aufgrund spontaner Zustimmung aus diesem Kreis entwickele ich daraus bis
zum Herbst 1970 das zweibändige Unterrichtswerk „Soziale Gerechtigkeit"
(Meueler 1971) mit Preisausschreiben, Plakat-Motiven und Kommentaren zu
den bei öffentlichen Medienzentralen verfügbaren Filmen. Der Bundesminister
für wirtschaftliche Zusammenarbeit, Erhard Eppler, entscheidet, 30 000 Schulbücher und weit über 10 000 Lehrerbände durch das Ministerium ankaufen, an interessierte LehrerInnen verteilen zu lassen und ergänzt dies durch den Ankauf
umstrittener Filme wie „Soutane und Pistolentaschen" und „Warum Christen die
Gewalt bejahen", die dazu ausgeliehen werden können. Dieses erste Curriculum
zur politischen Bildung wird ausdrücklich „zur Weiterentwicklung" vorgelegt,
aber nur 0,5 % der Text-Benutzer und nur 0,05 % der Lehrer senden die dazu be-
reitgestellten Rückmeldebögen ein. Ich beschließe daher, eigens eine Schul-
buch-Evaluation durchzuführen, die zur Hälfte vom Ministerium und zur Hälfte
von meiner Frau und mir finanziert wird. So kommt mit 12 distanzierten und
kreativen KritikerInnen aus den unterschiedlichsten Bezugswissenschaften eine
„wissenschafts- und politikbezogene, problemorientierte Curriculumkritik mit
konstruktiv-kritischer Funktion innerhalb einer mittelfristigen Curriculumentwicklung" (Meueler 1972a, S. 17f.) zustande. Die beteiligten WissenschaftlerInnen hauen mir den ersten Schulbuchversuch um die Ohren.

Unter Berücksichtigung der durch sie festgestellten Mängel beginne ich im Dezember 1971 mit den Vorbereitungen für ein Mehr-Medien-System zum Problemfeld „Dritte Welt" für die Sekundarstufe I und II. Die folgende Schulbuch-
Produktion durch eine private Initiativgruppe (21 Personen) muss ohne jeden In-
stitutsrückhalt auskommen, wird aber vom Bundesministerium für wirtschaftliche Zusammenarbeit (BMZ) mit der Gewährung von Reisekosten für die Auto-

rInnen unterstützt. Bereits die erste der sechs geplanten Schulfunksendungen führt ihrer deutlichen Sprache wegen zum Konflikt mit dem Hessischen Rundfunk. Der Sender bricht die Zusammenarbeit mit uns ab und setzt die Senderreihe mit anderen Autoren fort. Die geplante Schulfernsehreihe platzt nach ausführlichen Vorbesprechungen zwischen einer Fernsehanstalt, einer gemeinnützigen Medienzentrale und dem Bundesministerium für wirtschaftliche Zusammenarbeit aus ähnlichen Gründen. Ein Medienpaket, bestehend aus Filmen, audiovisuellen Arbeitsstreifen und Tonbildreihen zu Kolonialgeschichte sowie dem Film-Vorhaben, der Geschichte der USA als Geschichte der Yankees (in Farbe) die verleugnete Geschichte der USA als Geschichte der Indianer (in Schwarz-Weiß) gegenüberzustellen, scheitert an der fehlenden Konfliktbereitschaft des Münchener Instituts für Film und Bild in Wissenschaft und Unterricht.

Wir erstellen in kleinen und größeren Autoren-Gruppen eine Versuchsauflage von zehn Heften im DIN-A-4-Format, die in einem nicht genehmigten Schulversuch bundesweit in 31 Klassen in unterschiedlichen Fächern und Schultypen erprobt und nachher mit den beteiligten AutorInnen, LehrerInnen, SchülerInnen und weiteren Fachleuten ausgewertet wird. Die Arbeit gibt allerlei Probleme auf: Ein schon etablierter Schulbuch-Autor will nur im Alleingang zu dem ihn interessierenden Thema schreiben, ein Autor möchte, um seinen Arbeitsplatz nicht zu gefährden, nur unter einem Pseudonym genannt werden. Der jetzige Bundeskanzler Gerhard Schröder, damals Rechtsreferendar in Göttingen, erklärt sich bereit, zusammen mit einem Frankfurter Journalisten das Thema „Eigentum in der BRD" zu bearbeiten. Er liefert nichts ab und wir trennen uns von ihm. Als die Reihe steht, springt der vorgesehene Schulbuchverlag ab („Politisch zu heikel für das Zulassungsverfahren!"). Der Rowohlt-Verlag lässt uns dagegen mit unserem Vorhaben unzensiert den neuen Buchtyp „Didaktisches Sachbuch" entwickeln, zum Herumschmökern ebenso geeignet wie zum Einsatz in der Bildungsarbeit: „Unterentwicklung. Wem nützt die Armut der Dritten Welt?" (Meueler 1974).

Schulbuch-Analysen und Gegen-Schulbücher

In dieser Zeit übe ich mich in mehrfacher Hinsicht in curriculares Denken ein:

Zum einen führe ich in meinem theologischen Zweitstudium im Rahmen einer Dissertation (Meueler 1972b) eine curriculare Analyse zentraler Dokumente des katholischen Katechismusunterrichts durch und mache mich aufs gründlichste mit curricularen Kategorien vertraut.

Parallel zu dieser Curriculum-Kritik konstruiere ich zusammen mit anderen eigene Curricula zum Lernfeld „Dritte Welt": von 'Soziale Gerechtigkeit' zu 'Unterentwicklung',

Die anfänglichen eher moralischen Motive, dem „fremden Nächsten" als dem hungernden, elenden, kranken und arbeitslosen Bruder helfen zu wollen, gehen in eine immer stärkere Politisierung über, wissenschaftlich ernährt aus der aufmerksamen Lektüre neomarxistischer Autoren der 'Dritten' wie der 'Ersten Welt'. Die von ihnen übernommenen Kategorien erlauben nicht nur eine Analyse der Geschichte und Struktur der 'Dritten Welt', sondern auch der eigenen bundesrepublikanischen Lebenswelt in ihrer Verflechtung mit den Weltmarktstrukturen.

Didaktisch setzen die Projekt-Beteiligten auf die vermutete Allmacht seriöser Information. Wichtige Anstöße gehen von den Mängelanalysen vorhandener Schulbücher (Institut für Sozialforschung 1970) und themenzentrierter Filme (vgl. Meueler / Wember 1971) zu den sog. Entwicklungsländern und ihrer Position in den internationalen Beziehungen aus.

Politische Aufklärung oder praktische Hilfe?

In „Unterentwicklung" (Meueler 1974) formulieren wir als Gesamtziel ausdrücklich, dass es uns nicht darum gehe, „Mitleid für die Armen (zu) erwecken, sondern Ursachen und Nutznießer von Armut, Abhängigkeit und Unterdrückung suchen und benennen" zu wollen.

Wir wollen „zeigen, dass das Elend großer Massen gesellschaftlich bedingt ist, von Menschen gemacht und daher veränderbar ist." Wir wollen „die Interessen benennen, die einer Veränderung zu mehr Gleichheit und Humanität jeweils konkret entgegenstehen." Wir wollen „über die Bedingungen reden, die es gestatten, dass die Interessen weniger noch immer über die Interessen der vielen obsiegen."

Ob sich die Länder der sog. Dritten Welt entwickeln, das ist unserer Meinung nach Sache der jeweiligen nationalen Volkswirtschaften, die sich in der Zwangsjacke historisch übermittelter wie struktureller Abhängigkeit von den wirtschaftlich mächtigen Staaten befinden. Uns interessieren die jeweiligen nationalen Entwicklungsanstrengungen und die Beantwortung der Frage, ob und wie bundesrepublikanische Einflüsse diese Bemühungen hemmen oder fördern.

Da 1972/1973 auf der Basis eines atomaren Gleichgewichts zwischen Ost und West die Weltlage relativ stabil erscheint, schreiben wir den sog. unterentwickelten Länder Entfaltungsmöglichkeiten zu. Abgesehen davon, dass die Erde ökologisch schon mehrfach zusammengebrochen wäre, hätte die ganze Welt den westlichen Lebensstil imitieren können (vgl. Dürr 1991), so haben sich unsere naiven Annahmen nicht erfüllt. Von der Umverteilung gesellschaftlichen und privaten Reichtums ist in der öffentlichen Diskussion heute keine Rede mehr.

2.3 Meine Versuche, 'Didaktik' als Thema universitär zu präsentieren

Als habe es die interessante eigene Lerngeschichte in Sachen 'Didaktik/Curriculum' nie gegeben, bleiben meine ersten Versuche, Lehrveranstaltungen zur Didaktik an der TH Darmstadt (Lehrauftrag) und dann später an der Uni Mainz durchzuführen, ganz im konventionellen Rahmen. Erst allmählich traue ich mich, zu experimentieren.

Der Diplomstudiengang 'Erziehungswissenschaft' ist durch das Dilemma bestimmt, „sich im Handlungsfeld von Theorie für das Handlungsfeld der Praxis ausbilden zu sollen" (Jakob 1994, S. 52). Im „ganzen Studienverlauf ringen Student und Studentin darum, für sich zu klären, welche Bedeutung ihr Lernen von Theorie, Wissenschaft für ihr Berufsziel pädagogischer Praktiker haben soll" (Sturzenhecker 1993, S. 23). Sturzenhecker bezeichnet daher das für den Diplomstudiengang Erziehungswissenschaft reklamierte Modell des „wissenschaftlich ausgebildeten Praktikers"(Lüders 1989) als „Legende" (a.a.O., S. 276).

In diesem widersprüchlichen Handlungsfeld universitärer Lehre befindet sich die Didaktik noch in einem narrativen Stadium, indem darüber gesprochen wird, wie Dritte sich in didaktischen Situationen verhalten sollen. Hier gilt es, sich verantwortlich zu bewegen. Fast der gesamte Instituts-Kontext meiner Veranstaltungen ist theoriebestimmt. Ich selbst versuche einen Mittelweg, indem ich in jedem Semester zwei theoriebezogene Veranstaltungen und zwei Praxis-Einübungen anbiete. Auch in den Theorieveranstaltungen versuche ich einen Bezug zur Praxis herzustellen, nicht zuletzt dadurch, dass ich durchgehend seit 1981 versucht habe, an der Uni nicht nur über EB/WB zu reden, sondern sie in den Seminaren erlebbar zu machen, d.h. die Studierenden neugierig zu machen, nicht nur Theorien Dritter nachzubeten, sondern selbstständig zu denken, quer zu denken, über Grenzen hinaus zu denken und auch mal spielend die Zeit zu vergessen.

Dies erzeugt unablässig Widersprüche:

Die Konstellation ist ja nicht die der allgemeinen Erwachsenenbildung: Dort suchen Erwachsene Veranstaltungen auf, um sich für die Deutung und Bewältigung ganz bestimmter Situationen und Lebensprobleme kundig zu machen und fachkundige Begleitung bei der Bewältigung der eigenen Lebenspraxis zu suchen. Sie sind gänzlich frei, wie sie die dort gemachten Erfahrungen in ihr Leben integrieren. Die Veranstalter der allgemeinen Erwachsenenbildung gewinnen ihre Thematik aus der Lebenswelt der TeilnehmerInnen und machen die Lebenswelt zum Thema distanzierter Betrachtung und wissenschaftsgeleiteter Analyse; dies in der Hoffnung, dass die Lernsubjekte handlungsfähiger als vorher wieder in ihre Lebenspraxis einmünden.

Im Gegensatz dazu durchlaufen die an meinen Veranstaltungen teilnehmenden Studierenden eine Ausbildung gemäß Prüfungsordnung, Studienordnung und Curriculum der Studienrichtung. Die von ihnen zu bewältigenden Situationen sind die gründliche Vorbereitung auf Seminarsitzungen, sind Denk- und Gesprächsleistungen, schriftliche Bekundungen wissenschaftlichen Arbeitens und das erfolgreiche Durchstehen von Prüfungen. Ich bin nicht nur der Arrangeur von Lerngelegenheiten, sondern zugleich Prüfer, der Hausarbeiten und Diplomarbeiten benotet und mündliche Prüfungen zum Examen abnimmt. So ist das soziale Verhältnis gebrochen, aus der Sicht der Studierenden geprägt von Herrschaft und Abhängigkeit vom Seminarleiter, auch wenn ich dieses Herrschaftsverhältnis so weit als möglich aufzulösen versuche.

Im Folgenden reflektiere ich die Anlässe, Formen und Widersprüche meiner *eigenen* Uni-Praxis und lasse das hochschuldidaktische Denken und Ausprobieren der KollegInnen außen vor.

Im Folgenden werden folgende Abkürzungen verwandt:
PS = Proseminar; MS = Mittelseminar; OS = Oberseminar;
SS = Sommersemester; WS = Wintersemester.
Alle Seminare werden 2-stündig angeboten
und 14-täglich an der Uni Mainz abgehalten.

Hermeneutik, Didaktik und Sozialformen der Erwachsenenbildung
PS im SS 82
Ziele / Inhalte
Die Seminarankündigung lautet so:

„In einer offenen Erwachsenenbildung werden Möglichkeiten erschlossen, selbstbestimmt zu lernen und zu leben. Da die Lebenspraxis der Beteiligten zugleich Ausgangspunkt, Antriebskraft, Lerninhalt und Bezugspunkt des Erkennens und Handelns ist, können Einsichten und Erkenntnisse, Gefühle, Wissen und Wollen ein Stück weit das Handeln und damit die Lebenspraxis bestimmen.

In offenen Lerngelegenheiten arbeiten alle Beteiligten gemeinsam ihre Arbeitsbedingungen aus und beschließen, welchen Zielen und Themen ihre Bemühung gelten und wie sie methodisch vonstatten gehen soll.

In dieser Einführung in Hermeneutik, Didaktik und Methodik einer selbstbestimmten Erwachsenenbildung, die als Begleitung zur allgemeinen Lebenspraxis in Anspruch genommen werden kann, soll erlebt werden, wie Alltagserfahrungen mit wissenschaftlich hergestelltem und systematisiertem Wissen so ins Spiel gebracht werden können, dass sich die Innen- und die Außensicht der verhandelten Gegenstände spiralig ergänzen."

Realverlauf

In Auswahl sollen einige typische didaktische Fehleinschätzungen, aber auch gelungene Partien dieses Seminars beschrieben werden:

1. Sitzung

Annäherung an das Thema des Seminars - Organisatorische Fragen

Der Seminarleiter leitet nach der Begrüßung das Seminar so ein, dass er anhand von Tafelbildern die Idee des *LEHR-LERN-VERTRAGS* erläutert. Die Studierenden sammeln in Ad-hoc-Gruppen zu den Beziehungsebenen 'Lernender-Thema, Lehrer-Thema, Ich-Lerngruppe, Lehrer-Lerngruppe, Ich-Lehrer' Assoziationen und formulieren denkbare Themen für das Seminar. „Dies alles", so die Studierenden nachher: „wurde ganz angenehm und kreativ erlebt, doch als der Seminarleiter seinen schon zu Haus vorbereiteten und für alle kopierten Seminarplan verteilte, kippte die eigene Motivation zur Selbststeuerung angesichts der Perfektion seiner Systematik."

2. Sitzung

Verstehen

Der Seminarleiter bringt eine zweiseitig engzeilig beschriebene Sammlung von 10 selbstverfassten längeren Thesen zum Thema „Verstehen und Lernen – Hermeneutik und Didaktik der Erwachsenenbildung, einige Aspekte" mit. Er händigt sie an jede/jeden mit der Bitte aus, sie durchzulesen, dann in 2er oder 3er Gruppen arbeitsteilig je einen der 10 Aspekte zu visualisieren. Dies geschieht mit großem Engagement der Beteiligten, guten, wenn auch z. T. diskutiernotwendigen Ergebnissen.

Die nachfolgende Kritik der Beteiligten lautet: 10 Zeichnungen zu je unterschiedlichen Thesen erzeugen, in Konkurrenz nebeneinander an der Wand präsentiert, von der Fülle der Aspekte her in der allzu kurzen zur Verfügung stehenden Zeit ein Riesen-Durcheinander. Keine einzige Zeichnung kann wirklich gründlich auf 'Richtig oder falsch?' hin diskutiert werden. Meine für diese Situation ausgegebene Regel, nicht die einzelne Zeichnung zu diskutieren, sondern die Zeichnungen erst einmal als subjektive Deutungsversuche stehen zu lassen, erweist sich als wenig hilfreich.

Abschließend bilden sich selbständige Arbeitsgruppen, die von da ab in den Sitzungszeiten unabhängig vom Seminarleiter eigene Arbeitstreffen verabreden.

3. Sitzung

Die Arbeitsgruppen unter sich

Die Arbeitsgruppen arbeiten zeitgleich unabhängig von einander. Sie sammeln Ideen dazu, wie sie die Sitzung, die sie jeweils übernommen und in eigener Regie zu halten haben, gestalten können und entwickeln dazu Pläne. Der Seminar-

leiter steht in der gesamten Sitzungszeit von vier Stunden in seinem Dienstzim-
mer zur Beratung zur Verfügung. Sein Beratungsangebot wird erfreulich lebhaft
von den Arbeitsgruppen in Anspruch genommen, die viele kreative didaktische
und methodische Ideen entwickeln.

4. Sitzung

Alltagsleben und Erwachsenenbildung

1. Eine Arbeitsgruppe hat die Sitzung vorbereitet. Ich selbst habe für den Fall,
   dass aus Krankheits- oder anderen Gründen die verantwortliche Gruppe
   nicht erscheinen sollte, einen Notplan vorbereitet, um gegebenenfalls auch
   selbst die Sitzung durchführen zu können.

2. Die Gruppe erklärt den geplanten Ablauf und lädt als erstes zu einem Kennenlernspiel 'ZIPP-ZAPP' ein. Das Spiel läuft sehr lebhaft ab.

3. Nach der Sozialform der FRANKFURTER FRAUENFOREN wird das
   Oberthema „Uni-Leben" in kleinen Gesprächsgruppen bearbeitet, Unter-
   themen sind möglich. In meiner Gruppe geht es um 'Beziehungen an der
   Uni'. Die Gesprächsarbeit ist intensiv.

4. In einem anschließenden Plenum berichten die einzelnen Gruppen über die
   soeben erlebte Dynamik und die Ergebnisse ihrer Runde.

5. Die Leitungs-Gruppe teilt Thesen aus, die aber auch Zeitgründen nicht mehr
   bearbeitet werden können.

6. Die Verantwortlichen für die nächste Sitzung händigen jeder/m eine höchst
   originelle Einladung aus.

5. Sitzung

1. Die Vorbereitungsgruppe inszeniert eine PODIUMSDISKUSSION im Rollenspiel: je ein(e) VertreterIn der Bildungswerke von DGB, Adenauer-Stif-
   tung, VHS, Katholische Kirche legen ihre Ziele dar. Sie werden vom Publikum sehr lebhaft nach den jeweiligen institutionellen Hintergrund-Interes-
   sen befragt.

Die Macht der einen braucht

die Dummheit der anderen

(D. Bonhoeffer)

(Tafeltext zur freien Assoziation)

2. In der abschließenden Kritik geht es darum, dass schriftlich ausgearbeitete
   Ziel-Kataloge der einzelnen Institutionen hilfreich gewesen wären. Diese
   Dokumente hätten eine Diskussion über das jeweilige institutionelle Interesse an einer Beteiligung an der allgemeinen, öffentlich geförderten EB/WB
   ermöglicht. Die Frage nach dem jeweils geltenden Bildungs-Verständnis wird
   zunächst nicht gestellt, wird aber im Anschluss an die Kritik-Runde, einge-

leitet durch ein spontanes *IMPULSREFERAT* des Seminarleiters, noch bearbeitet.

6. Sitzung

Inhalte des Lernens:

Eigene Erfahrungen und gesellschaftliches Wissen

Da sich sehr viele TeilnehmerInnen zur Vorbereitung dieser Sitzung gemeldet haben, sind Vorbereitungsgruppen entstanden, die *konkurrierend* in zwei getrennten Räumen ihre Konzepte zum Mitmachen anbieten.

Gruppe 1

– Die Gruppe hat schon in der vorherigen Sitzung durch Plakat-Werbung Kaffee und Kuchen angekündigt. Dies wird eingehalten. Alle beginnen sofort zu essen, zwanglos zusammensitzend, während vom Katheder aus eine Studentin einen schwer verständlichen Artikel aus einem psychologischen Lexikon vorträgt. Alle essen, tun dies zwar schweigend, aber keiner scheint wirklich zuzuhören. Die Studentin liest und liest, bis endlich ein Team-Mitglied die Leute anbrüllt: „Warum protestiert denn keiner von Euch?"

Mehrere aus der Gruppe der Esser antworten: „Aber das ist doch das Normale an der Uni, dass jeder mit sich selbst beschäftigt ist und keiner wirklich zuhört …!"

– Es kommt zu einem Erfahrungsaustausch über den typischen Unistil fortwährender Belehrung (Vorlesungen, Referate in Seminaren). Es wird diskutiert, wie der Zusammenhang zwischen dem Alltagswissen und Alltagstheorien der TeilnehmerInnen und dazu thematisch gehörendem gesellschaftlichem Wissen methodisch hergestellt werden kann.

– Abschließend teilt die Gruppe ein Papier mit einer realistischen Fallbeschreibung des Lehrens und Lernens an der Uni aus, das diskutiert wird.

Gruppe 2

Die zweite Vorbereitungsgruppe wirbt zu Beginn mit einem Riesenplakat mit den Verheißungen: „Tee, Eis, Spiele und Musik".

– Sie setzt eine *BILDKARTEI* in der Form ein, dass sich nach einer Warming up-Übung (*ATOMSPIEL*) jeder ein Bild aussuchen darf, das ihr/ihm geeignet erscheint, daran einen Selbsterfahrungsbericht zum Thema „Ablösung vom Elternhaus' anzuknüpfen (themenzentrierte Gruppenarbeit). Danach folgt ein sorgfältig vorbereitetes Referat zum Thema 'Ablösung' aus soziologischer Sicht: von der Gründung der Familie bis zur Neubestimmung der Identität der Eltern in der nachelterlichen Phase. Dieses Referat wird in seinen einzelnen Phasen jeweils mittels eines anschaulichen Tafelbildes illustriert.

Die anschließende Diskussion ergibt folgende Trends:

- Einzelne Gruppenmitglieder bemängeln an dem Referat (= hier: gesellschaftliches Wissen zu 'Ablösung'), dass sie das alles schon gewusst hätten.
- Andere beschweren sich darüber, dass für die inhaltliche Würdigung von Wort und Bild, was in der Kombination als eindringlich erlebt worden sei, zu wenig Zeit zur Verfügung stand und dass zu viel Zeit auf die Klärung der methodischen Streitfrage ('Ablösung' als Beispiel oder Fall) verwandt wurde.

7. Sitzung

Geschlossene und offene Lerngelegenheiten

Die Vorbereitungsgruppe inszeniert in einer ganz entspannten Form eine *OFFENE LERNGELEGENHEIT*. Dies mit folgendem Ablauf:

1. In der Sitzung zuvor hatte es eine Einladung zu dieser Sitzung mit einem dadaistischem Text gegeben.
2. Um kleine Arbeitsgruppen zustande kommen zu lassen, gibt es zu Beginn ein Kennenlernspiel mit *TIERNAMEN*: Jede/jeder erhält ein Kärtchen mit einem Tiernamen. Die 'Tiere' suchen durch spezifische Laute ihresgleichen zu identifizieren.
3. Es wird eine Graphik von Max Ernst ausgeteilt. Die Aufgabe lautet, sie zunächst alleine für sich zu betrachten (Einzelarbeit), um danach zu einem informellen Austausch von Eindrücken und unstrukturierten Assoziationen in den Kleingruppen, die alle im Seminarraum sitzen, zu gelangen.
4. Die Vorbereitungsgruppe öffnet mit einem Mal ein Tafelbild mit folgenden Fragen zur Strukturierung der Bildbetrachtung:

   „– Kann ich mit dem Bild etwas anfangen?
   – Gefällt mir das Bild? Warum? Warum nicht?
   – Löst das Bild Gefühle (z. B. Unruhe, Entspannung) in mir aus?
   – Was stellt das Bild für mich dar?
   – In welcher Zeit könnte das Bild entstanden sein?
   – Welchen Titel würdest Du dem Bild geben?"

5. Jede Kleingruppe einigt sich auf ein oder zwei Antworten zu jeder Frage und schreibt diese in großer Schrift auf DIN-A-4-Blätter, die in einer sehr vielseitigen und reichhaltigen Wandzeitung vereinigt werden.
6. Alle treten vor die *WANDZEITUNG* und SprecherInnen der Kleingruppen erläutern ihre jeweilige Antworten. Die Deutungen sind zum Teil gänzlich gegensätzlich, zum Teil einander bestätigend. Es entsteht eine sehr lebendige Diskussion im Stehen.
7. Die Vorbereitungsgruppe nennt den Titel der Arbeit: „Vogel" (1942 entstanden) und liest einen Text des Künstlers dazu vor, in dem er sich mit einem lebensgeschichtlich prägenden Ereignis beschäftigt, das eine ganze Reihe von

Vogelbildern ausgelöst habe. Der Text von Max Ernst soll nach der intensiven Deutungsarbeit in den Gruppen ausdrücklich nicht als *die* einzig authentische und verbindliche Deutung, sondern als komplementär verstanden werden: Dem Kind Max Ernst verstirbt der geliebte Kakadu. Gleichzeitig wird seine Schwester geboren. Das Kind stellt, um beides verarbeiten zu können, einen okkult-magischen Zusammenhang zwischen beiden Ereignissen her. Der Vogel musste sterben, damit die Schwester geboren werden konnte.

Das Gespräch, das sich hierzu im Plenum anschließt, begeistert die Vorbereitungsgruppe sehr: „Wir hätten nicht erwartet, dass Ihr emotional so intensiv einsteigen würdet!"

8. In den Kleingruppen vom Sitzungsbeginn werden folgende Fragen besprochen:

„– Wenn rückblickend von einer „offenen Lerngelegenheit" gesprochen werden soll, *für was* war die erlebte Lernsituation offen?
   – Wie wäre es in einer gänzlich offenen Situation im Alltag gewesen, wenn einem dieses Bild in einer Zeitschrift oder einem Bildband begegnet wäre?"

9. Den Kleingruppen wird von der studentischen Leitungsgruppe folgender Fragebogen zur Rückmeldung vorgelegt:

„Was war Eure erste Reaktion, als Ihr das Bild gesehen habt?
   – Fühltet Ihr Euch von der Aufgabenstellung überfordert? Wenn ja, wie habt Ihr Euch dabei gefühlt?
   – Welche Hilfestellungen hättet Ihr Euch noch gewünscht?
   – Welche anderen Formen der Beschäftigung mit dem Bild könnt Ihr Euch vorstellen?
   – Welche Formen/Form hättet Ihr Euch gewünscht?
   – Was hättet Ihr von einem einführenden Referat gehalten?"

10. Im Plenum werden auf Bögen (Wandzeitung) die Antworten präsentiert und dazu Gruppenberichte gehört. Es wird die Frage diskutiert, ob es sich eben um eine offene Lernsituation gehandelt habe.

Die dies bejahen, meinen, die Lernsituation sei zwar von der Vorbereitungsgruppe mittels Fragen und Aufgaben strukturiert worden, doch sei die erlebte Lernsituation offen gewesen für Eigenaktivitäten, für einfühlsame Betrachtung, Gefühle, Entdeckungen, Gespräche. Jede/jeder habe Gelegenheit gehabt, sich ohne Leistungsdruck einzubringen.

Andere widersprechen dieser Bewertung: Die Situation sei „formal eingeengt, aber inhaltlich halboffen" gewesen. „In halboffener Form muss ich noch stärker sagen, was ich will!"

Dass der Text des Künstlers nur korrespondierend zu den Deutungen aus den Gruppen, nicht aber als *die* authentische Deutung präsentiert worden sei, wird als souveräne Entscheidung des Leitungsteams gewürdigt.

11. Im Schlussgespräch mache ich noch einige grundsätzliche Anmerkungen zu offenen Lerngelegenheiten. Es gebe kein Medium, keine Methode mit gleichen Auswirkungen auf alle. Es gebe keine Sozialform, die von allen in gleicher Intensität als befriedigend erlebt werde. Offenheit sei kein Wert an sich („Wer für alles offen ist, ist nicht ganz dicht!"), es müsse immer abgeklärt werden, *für was* die Lernsituation geöffnet sein solle. Es gebe Lernanlässe, bei denen geschlossene Curricula vorteilhaft seien, zum Beispiel bei Trainings unter hohem Zeitdruck.

Da in der Diskussion öfters von „Betroffenheit" die Rede gewesen sei, die Pädagogen herzustellen hätten, müsse man sich vergegenwärtigen, dass „betroffen" sprachlich die gleiche Bedeutung wie „getroffen" habe. „Getroffen" – das sei vor allem ein Ausdruck der Kriegs- und Jagdsprache. PädagogInnen sollten sich möglichst zurückhalten, künstlich „Betroffenheit" auszulösen.

Die TeilnehmerInnen äußern sich zu den strukturellen wie persönlichen Bedingungen der erlebten Sozialform: Geschlossene Lernsituationen, ganz geprägt vom Leiter-Willen und der Leiter-Macht, seien bestimmt durch die Sicherheits-Bedürfnisse des Leiters. Offene Lerngelegenheiten zu inszenieren und durchzustehen erfordere demgegenüber von der Leitung neben großer Erfahrung Selbstsicherheit und Risikofreude.

Ein Teilnehmer charakterisiert eine geschlossene Lernsituation mit dem Gefühl, wie ein Hund an der vermeintlich langen, jederzeit aber verkürzbaren Leine des Lehrers zu laufen. Daraufhin meint eine Frau: „Ich habe in der Diskussion gelernt, mich von der Dackelleine zu befreien."

8. Sitzung

Theorie und Praxis ; Auswertung des Seminars

1. Als Vorbereitungslektüre sind folgende Texte aufgegeben worden: Lexikon-Artikel nach eigener Wahl zu diesem Thema, z. B. Kamper 1974 („Theorie-Praxis-Verhältnis") und (ausgeteilt) Hinte 1980, S. 91–8: „Grundlagen des Konzepts einer nicht-direktiven Pädagogik".

2. Mittels des *NASA-SPIELS* lässt das Leitungs-Team dieser Sitzung das Verhältnis von Theorie und Praxis bearbeiten: erst in Zweier-, dann in Vierer-, dann in Achter- schließlich in der Groß-Gruppe. Meinen zufälligen Beobachtungen nach sind die Zweier- und die Achter- Gruppen am engagiertesten bei der Arbeit.

3. Die abschließende Wandzeitung enthält u. a. folgende Punkte, die als günstige Voraussetzungen für selbstbestimmtes Lernen benannt wurden:

- „Kleingruppen von 3–4 Leuten.
- Anwärmspiele
- Sinnliche Arbeitsformen (Spiele, Bilder etc.).
- Gute Vorbereitung der TeilnehmerInnen.
- Leitungsaktivitäten: So wenig wie möglich, so viel wie nötig.
- Eigene Erfahrungen (Subjektivität der TeilnehmerInnen; Subjektivität des Leiters) einbringen.
- Genaue Verabredungen über Handlungskonsequenzen des Gelernten."

Didaktik der Erwachsenenbildung

MS im SS 84

Ziele / Inhalte

Von den Zielen und den zu verhandelnden Inhalten her verbleibe ich mit diesem Seminar auf der schon eingeschlagenen Linie.

In meiner *Vorankündigung im Kommentierten Vorlesungsverzeichnis* heißt es:

„Die Erwachsenenbildung benötigt aus ihrer didaktischen Sondersituation (Freiwilligkeitsprinzip; vorhandene Berufserfahrungen der Teilnehmer) heraus eine der Schul-Pädagogik diametral gegenüberstehende didaktische Theorie. Sie hat auszugehen von einer Hermeneutik des heutigen Erwachsenenlebens und ihre Ziele sowohl an den Lernbedürfnissen der teilnehmenden Erwachsenen wie an gesellschaftlichen Lernerfordernissen auszurichten. Die Alltagserfahrungen der Beteiligten werden mit dem jeweils notwendigen gesellschaftlichen Wissen zusammengebracht, um für das aktuelle wie zukünftige Denken und Handeln einen größtmöglichen praktischen Gewinn zu erzielen. Die Sozialformen der zu verabredenden offenen Lernsituationen sind bestimmt von den Programmbegriffen der 'Entschulung' (der Leiter, der Teilnehmer, der Lernsituationen, der Seminarvorbereitung) und der 'Selbstorganisation und Selbstverantwortung der Lernenden', die aus Teilnehmern zu Veranstaltern des eigenen Lernens werden können. Dem hier skizzierten Ansatz eines selbstbestimmten und selbstverantworteten Lernens Erwachsenen (...) werden nach einer Vorverständigung über den Begriff der Didaktik und didaktisches Handeln in der Schule konkurrierende Konzepte in der Erwachsenenpädagogik in Auswahl gegenübergestellt."

Im Seminarplan wird folgender Aufbau offeriert:

„Konfrontation mit der Thematik

Reorganisation von Gewusstem, von Bewusstseins-Partikeln; dies mit dem Ziel einer gebrauchswertorientierten Ausrichtung des Seminars (1. und 2. Sitzung inkl. Vorbereitungsaufgaben zur 2. Sitzung).

Aneignung 1:

– Gesellschaftl. Bedingungszusammenhang des Lernens Erwachsener
– Curriculumorientierte EB
– Selbstbestimmtes Lernen
– Sozial- und Arbeitsformen: Klärung und Vergewisserung über den Gegenstand anhand von kritischen und vergleichenden Literaturstudien; Entfaltung der neu gerichteten Interessen und des systematisierten Wissens in durch Gruppen vorbereiteten und selbstverantwortlich durchgeführten Seminarsitzungen (4 Wochen Vorbereitungszeit; 3.–5. Sitzung).

Aneignung 2:

– EB-Seminare an der Uni
– Sozial- und Arbeitsformen: Von der Reproduktion von gesellschaftlichem Wissen zur eigenen schöpferischen Umsetzung des Gelernten; neue Zuwendung zur Praxis und Anwendung der erarbeiteten Kategorien auf die eigene Hochschulpraxis.

Literatur und Arbeitsbedingungen

Die Arbeit im Seminar umfasst als Pflichtlektüren Klaus Ottomeyer, Ökonomische Zwänge und menschliche Beziehungen (Reinbek 1977), sowie vervielfältigte Texte zu einzelnen Sitzungen. Es wird die aktive und selbstverantwortliche Mitarbeit in einer Arbeitsgruppe erwartet. Es werden Arbeitsgruppen gebildet, die die Sitzungen 3–5, dann aber auch die 6. Sitzung vorbereiten, durchführen und schriftlich auswerten, sowie Gruppen zur teilnehmenden Beobachtung."

Realverlauf

1. Sitzung

Problemeröffnung; Aneignung 1

1. Nach technischen Vorabsprachen führen die TeilnehmerInnen ein Partner-Interview nach folgendem von mir vorgegebenem Interview-Leitfaden durch:

   Fragen zum Partner-Interview in der 1.Sitzung

   Bitte suchen Sie sich für das Partner-Interview einen möglichst unbekanntes Gegenüber und interviewen Sie bitte an Hand dieses Fragebogens den Partner für eine halbe Stunde, woraufhin auch Sie selbst für eine halbe Stunde interviewt werden. Bitte legen Sie sich über das Gespräch Notizen an:

   A. Name, Fächer, bisheriger Ausbildungsverlauf

   B. Eigene Praxis in der Erwachsenenbildung? Als Teilnehmer oder als Mitarbeiter?

   C. An welchen didaktischen Vorstellungen orientieren sich Deiner Erfahrung nach die meisten Hochschullehrer?

   D. Welches Lernverhalten seitens der Studenten korrespondiert mit den unter C. festgestellten Tendenzen?

E. Welches ist der gesellschaftliche Bedingungszusammenhang zum einen für das Hochschullehrer-Verhalten, zum anderen für das Verhalten der Studenten?

F. Welches sind Deiner Meinung nach die wichtigsten Probleme im Verhältnis von Zielen und Verfahren der Erwachsenenbildung?

G. Was möchtest Du im Hinblick auf das Seminarthema gerne wissen und erarbeiten (Lernwünsche / Lernziele)?

H. Wie denkst Du Dir Dein Lernen in diesem Seminar? Welchen aktiven Anteil willst Du an der inhaltlichen und methodischen Gestaltung dieses Seminars nehmen?

I. Welche (Lehrer-)Funktionen soll Deiner Erwartung nach der Seminarleiter ausfüllen?

J. Wie können Deiner Vorstellung und Erfahrung nach Studenten und Seminarleiter zu einer befriedigenden gemeinsamen Arbeit gelangen?"

2. Die jeweiligen Paare bringen aus dieser Runde eine Fülle von Fragen und Aspekten in das Plenum ein. Unter anderem werden folgende, im Seminar unbedingt zu behandelnde Aspekte genannt:

- die entscheidende Rolle wechselseitiger Anerkennung im Seminar;
- die hierarchische Fixierung auf den Dozenten (Blickkontakt; Eingeschüchtertsein durch dessen Wissen; Kleinheitsgefühle großgewordener Schüler);
- die grundsätzliche Abhängigkeit von Hochschullehrern (Prüfungen);
- die Schutzfunktion von Ritualen, wie z. B. Referat und Diskussion;
- das Selbstverständnis der Dozenten (Hochschullehrer oder Teilnehmer mit besonderen Kompetenzen?).
- Wie kommen die Ziele in der Erwachsenenbildung zustande, elitär von der Leitung vorgegeben oder von allen gemeinsam ermittelt und festgelegt?
- In den meisten Volkshochschulen seien die Themen fest vorgegeben, daran könne nicht gerüttelt werden. Die Vorstellung, bei einer gewerkschaftlichen Veranstaltung könne ein Teilnehmer ein Ziel oder einen Inhalt selbst ernsthaft aushandeln dürfen, wird als gänzlich unrealistisch bewertet;
- die Spannung zwischen Vorausplanung des Leiters und Selbstbestimmungswünschen der TeilnehmerInnen.

Wir versuchen die genannten inhaltlichen Interessen zu ordnen, in ihnen bestimmte Hauptlinien zu erkennen und mit dem von mir vorgelegten denkbaren Seminaraufbau zu harmonisieren. Mein Plan wird in einigen Punkten abgeändert und ergänzt, was bei mir keinerlei ärgerliche Gefühle auslöst.

Ich betone, dass es nicht um die „Vermittlung von Lernstoff", sondern um die Ermöglichung eigener Aneignungserfahrungen der Studierenden gehen soll.

3.–5. Sitzung

1. Diese drei Sitzungen werden von studentischen Kleingruppen vorbereitet, durchgeführt und ausgewertet. Der gründlichen Lektüre von Ottomeyer (1977) verdankt das Seminar eine Einführung in marxistische Wirtschaftstheorie und Gesellschaftskritik, zugleich aber wird auch deutliche Kritik an einigen Vereinfachungen Ottomeyers geübt. Die ökonomischen Zwänge werden insbesondere am Beispiel der Arbeitslosigkeit und an der Situation der nicht berufstätigen und nicht entlohnten Hausfrau verdeutlicht. Es wird heftig diskutiert, ob die Erwachsenenbildung nur eine Funktion im Rahmen der kapitalistischen Qualifikationsentwicklung und Reproduktion hat oder ob in ihr genügend widerständige Kraft gegenüber den entmenschlichenden Bedingungen der Warentauschgesellschaft entwickelt werden kann.

2. Die Beobachtergruppen spiegeln uns immer wieder, dass es sehr oft leider nur zum Zwiegespräch bzw. Dreiergespräch besonders gut vorbereiteter Studierender untereinander oder mit dem Dozenten gekommen sei. Erfreulicherweise sei gleichwohl ab und zu eine sehr angeregte Diskussion unter Beteiligung fast aller aufgekommen.

6. Sitzung

Schlusssitzung: Aneignung des Seminars

Es gibt mehrere Runden kritischer Aneignung des gemeinsam gestalteten Seminars:

Hans Dieter, Rosi, Mark und Nadine notieren folgenden Konflikt:

Die beiden ersten Sitzungen seien in dem von den TeilnehmerInnen gewünschten Rahmen und damit zugleich nach den Zielen des Seminarleiters so abgelaufen, dass ein schmaler Wissenshintergrund zustande gekommen sei. In den drei folgenden, von den Arbeitsgruppen vorbereiteten und selbstverantwortlich durchgeführten Sitzungen, insbesondere aber in der von ihnen vorbereiteten und durchgeführten Sitzung „Curriculum" sei es dann aber zu Problemen gekommen:

> „Ein Thema wie das der 'Didaktik der Erwachsenenbildung' hat an sich einen Spiegelbildcharakter. (…) Wie kann ich eine Sitzung des Seminars 'Didaktik der Erwachsenenbildung' didaktisch so gestalten, dass sie über die herkömmliche Vermittlung von theoretischen Zusammenhängen hinweg geht, d. h. wie kann ich auch über neu erprobte methodische Mittel neue Formen des Lernens über 'Didaktik der Erwachsenenbildung' alternativ vorzeigen? (…)
>
> Die Gruppe (…) wurde (…) jäh von Seiten des Seminarleiters unterbrochen, der das zwar kompakte, aber als Denkanstoß für eine thematische Gruppenarbeit vorgesehene Thesenpapier, das im Sinne der Arbeitsgruppe durchaus für diesen Zweck praktikabel war, abwertete. Er intervenier-

te deutlich nach einer Minute mit der Begründung, dieses Papier sei zu oberflächlich und könne die wichtigsten Inhalte der angesprochenen Theorien und Definitionen nicht verdeutlichen. Er beschloss nach Befragung des Plenums, das nun wohl auch meinte, etwas Wichtiges zu verpassen, das Versäumte in einem 1/2-stündigen Vortrag nachzuholen.

Dem Veranstalter, der Arbeitsgruppe 'Curriculum', wurde damit der stärkste Wind aus dem Segel genommen. Denn damit war auch die geplante Gruppenarbeit, in der die einzelnen Gruppen anhand der 'Denkanstöße' (Titel des Thesenpapiers) mit der Beilage 'Bunte Kritik' ihre eigenen Vorstellungen und Theorien zusammenstellen sollten, vereitelt. Die geplante Zuordnungstätigkeit der auf Plakaten aufgemalten Lernziele im Spektrum 'Offenes Curriculum / geschlossenes Curriculum' verlor damit auch ihren eigentlichen Sinn. Kurzum, die Intervention des Seminarleiters, der wohl fürchtete, vier Stunden 'Oberfläche' mitzuerleben, führte dazu, dass zum einen die verteilten Papiere nicht mehr beachtet, zum anderen die Veranstalter verunsichert wurden, die Teilnehmer ihre Aufmerksamkeit auf den Seminarleiter polarisierten.

Der Seminarleiter, im Nachhinein wohl der Folgen seines Eingreifens bewusst, verhielt sich dann bis kurz vor Ende der Veranstaltung mehr zurückhaltend, entschied jedoch kurz vor Schluss, das Besprechen der Ergebnisse der zweiten Gruppenarbeit 'Eigene und fremde Erfahrungen in Sozialisationsinstanzen wie Kloster, Bundeswehr etc.', die durch Texte erarbeitet wurden, ausfallen zu lassen. So wurde eine selbstverantwortlich und nach gerichteten Interessen der Arbeitsgruppe 'Curriculum' durchgeführte Seminarsitzung in eine Einbahnstraße geleitet.

Es bleibt generell hervorzuheben, dass unsere Arbeitsgruppe im Gegensatz zu den anderen keine Vorwegabsprache mit dem Seminarleiter getroffen hatte, so dass dieser keine Vorstellung über den Verlauf der Sitzung hatte. Ist dies eigentlich notwendig in einem mit diesem Thema versehenen Seminar?

(...) Über die beiden Sitzungen 'Gesellschaftlicher Bedingungszusammenhang des Lernens Erwachsener' und 'Selbstbestimmtes Lernen' wollen wir nichts hinzufügen, über die Pflichtlektüre 'Klaus Ottomeyer: Ökonomische Zwänge und menschliche Beziehungen' gibt es geteilte Meinungen. Bedauernswert ist auch, dass die Gruppe 'Teilnehmende Beobachtung', die in der letzten Sitzung zu Worte kommen sollte, keine Gelegenheit bekam, die gesammelten Eindrücke geordnet vorzustellen und Kritik zu üben. Hier hielt statt dessen der Seminarleiter ein Referat, das rein zeitlich fast doppelt so lange war, als ursprünglich angekündigt wurde.

Nun, ein Seminar dieser Art, das auf Regeln selbstbestimmten Lernens aufbaut, sollte noch mehr Gelegenheiten offenlegen, wo die Teilnehmer bestimmen können, was sie wie und wo lernen. Der Seminarleiter versuchte, so gut es geht, dies zu gewährleisten, scheiterte jedoch manchmal an seinem Mitengagement, an seiner Spontaneität sowie an seinem Willen, etwas 'hinüber bringen zu wollen'."

Zwischenhalt und Richtungsänderung

Der von der Studentengruppe „Curriculum" benannte Konflikt macht mich unruhig. Ich versuche, ihn noch einmal für mich zu rekonstruieren:

Ich habe mich als Seminarleiter sehr gründlich mit dem Thema vertraut gemacht und glaube, in meiner Vorbereitung die elementaren Probleme herausgearbeitet zu haben. Ich habe einer Studentengruppe, die sich für das Thema interessiert, den zu behandelnden Problemzusammenhang als Thema vorgelegt. Die Studentengruppe bereitet das Thema für die Seminarsitzung vor und will die Sitzung selbstverantwortlich gestalten und eigene inhaltliche Akzente setzen.

Ich greife ein, weil sich eine meinem Eindruck nach oberflächlich vorbereitete Gruppe und die übrigen TeilnehmInnen des Seminars mit nach meinen Maßstäben nichtssagenden Ergebnissen zufrieden geben. Sie scheinen elementaren Sachverhalten gar nicht auf die Spur gekommen zu sein und können daher meiner Einschätzung nach wesentliche Einsichten bei den SeminarteilnehmInnen gar nicht ermöglichen. Ich interveniere in der Form, dass ich einige Ergebnisse der Gruppenvorbereitung aufgreife, ihre begrenzte Reichweite erläutere und zusätzliche Informationen gebe, um das Gespräch weiter anzuregen. Die Gruppe erlebt diese sachliche Intervention allem Anschein nach auf der Beziehungsebene: Der Vater lässt die erwachsenen Kinder nicht ausreden, sondern weiß alles besser.

- Bin ich hier automatisch dem tief verinnerlichten Deutungsmuster gefolgt, das Verhältnis von Alt und Jung als Erziehungsverhältnis zu definieren?
- Gibt es wirklich unverzichtbare Bildungsinhalte, so wie ich es in diesem Augenblick empfunden habe?
- Bin ich es den Lernenden schuldig, ihnen mein Wissen zum Thema zugute kommen zu lassen?
- Es entsteht die Frage, ob mit meiner Intervention nicht die propagierte „offene Lerngelegenheit" dahin ist, zur Farce wurde, weil ich den Studierenden nicht genügend vertraute und ihnen daher auch nicht genügend große inhaltliche Spielräume einräumte.

Ins Grundsätzliche gewendet geht es um folgendes Dilemma: Zum einen ist das Seminar ein Teil der von den Studierenden jeweils selbst strukturierten individuellen Studienplanung. Andererseits ist es aus übergeordneter Sicht Teil einer bestimmten Ausbildung, in der es um in Prüfungs- und Studienordnung festgelegte, in der Systematik des Faches elementare Inhalte geht. Diese Ausbildungsinhalte haben ihre Legitimation darin, dass sie der Entwicklung pädagogischer Handlungskompetenz dienen sollen, ohne die die Bewältigung von Situationen und Problemen im pädagogischen Berufsalltags nur schwer vorstellbar erscheint. Diese „objektiven" Lernerfordernisse und Elemente des dazu gehörigen wissenschaftlichen Wissens wollte ich mittels meiner Intervention vertreten, während die Studierenden-Gruppe selbststrukturiert arbeitete und dabei zu ganz anderen für sie bedeutsamen Schwerpunkt-Setzungen kam, als ich es von der Logik der Sache her gerne gesehen hätte. Die Studierenden arbeiteten optimal zusammen. Sie näherten sich ausschließlich informell lernend dem Objekt ihrer Fragen und tauschten sich untereinander über ihre Erkenntnisse aus. Dann das Urteil des Seminarleiters: Gewogen und zu leicht befunden! Hier hätte ein Prozess der Verständigung über die unterschiedlichen Interessen einsetzen müssen.

Meine Einsicht: Anders als dialektisch kann man das Gegenüber von beruflicher Verantwortung des Lehrers und Selbstverantwortung der Lernenden nicht fruchtbar machen. Die klassische Selbsteinschätzung des Hochschullehrers lautet: „Ich bin aufs intensivste mit dem Gegenstand, seiner Struktur und seiner Relevanz für die Bewältigung beruflicher Situationen und Probleme vertraut. Ich habe die berufliche Pflicht, meine Deutung der Dinge zu lehren und dieser Lehre hat das Lernen zu folgen."

Neuere Einsichten zu den erkenntnistheoretischen und systemtheoretischen Bedingungen von Lernen führen zu einer Gegenposition, die Gilbert Probst so markiert: „Jeder konstruiert seine eigene Realität, er findet also interpretativ seine Wirklichkeit. Das muss er konsequenterweise auch den anderen zugestehen. Damit entfällt automatisch so etwas wie *die* objektiv richtige Struktur. Der Gestalter kann also nur den anderen betroffenen Menschen etwas unterschieben, das nach eigenen bislang erfolgreichen Erfahrungen, Plänen, Begründungen, Vorstellungen sinnvoll erscheint. Eine Bestätigung erfährt er jedoch erst durch deren Interpretationen" (Probst 1987, S. 98).

Die Sozialform, mittels derer beide Positionen dialektisch miteinander verschränkt werden können, ist die, *Lehren und Lernen als Erfahrungsaustausch* zu gestalten: Dies ist eine Interaktionsform wechselseitiger Akzeptanz. Ganz selbstverständlich wird davon ausgegangen, dass der Seminarleiter und die Studierenden von unterschiedlich durchlaufener Sozialisation inklusive unterschiedlichen Bedeutungshorizonten her je andere thematische Akzente setzen. Die dabei auftretenden Differenzen werden bewusst nicht als Störungen, sondern als Anregungen erlebt. Didaktik wird hier zur Organisation von Erfahrungsaustausch und verliert ihren hierarchischen und dogmatischen Charakter. Die Freiheit beider Parteien wird dadurch begrenzt, dass es die jeweils andere gibt: Die Freiheit der Sachinterpretation durch die Studierenden besteht darin, dass es einen vom Lehrer fachlich herausgearbeiteten Anspruch der Sache gibt. Die Interpretation der Sache durch den Lehrer wird dadurch begrenzt, dass es eigenständige Interpretationen der Studierenden gibt. Werden in dieser Grenzsituation beider Standpunkte und Interpretationen in Reibung miteinander gebracht, können davon beide Seiten profitieren. Ganz entscheidend ist, wie sich der Lehrer, der sich strukturell in einer ungleich mächtigeren Position als die Studierenden befindet, mit dieser sozialen Möglichkeit umgeht. Führt er den Dialog nur taktisch, anstatt tatsächlich partnerschaftlich, getragen von der Achtung vor dem anderen und dessen Unzulänglichkeiten, ist dies fatal. Er gliche dem Hundehalter, der die moderne Form der Hundeleine benutzt: Man hat eine Hundeleine mit einem Haltegriff, der die Regulierung der Leinenlänge erlaubt. Gibt man Leine, rennt der Hund los, vermeintlich im Besitz der Freiheit, ein plötzlicher Klick und der Herr hat ihn wieder an der kurzen Leine.

Der hier notwendige Dialog als Sozialform subjektorientierter EB/WB gerät immer dann in Gefahr, wenn ich als Seminarleiter zu stark dirigiere. Um das Lernen herauszufordern, muss ich Aufgaben stellen; dies ohne den Habitus, genau zu wissen, wie sie gelöst werden müssen: „Pappi weiß Bescheid!"

Wenn ich auf die Bitte nach Belehrung hin meinerseits Sachverhalte erläutere, die die Studierenden auch selbst hätten abklären können, dann obsiegt im Mischungsverhältnis von Ausbildung und Selbstbildung der Ausbildungsanteil, oft genug in überversorgender Weise praktiziert. Wenn ich mir klar mache und es den Beteiligten zur Aufgabe mache, was sie lesen müssen, bin ich mitten drin im alten pädagogischen Grundkonflikt, durch Erziehung Selbstständigkeit erreichen zu wollen.

Im Ansatz subjektorientierter EB wird dieser Grundwiderspruch bewusst gemacht und ein Weg aus der Falle der Defizitorientierung gesucht. Indem ich als wichtigste Regel diejenige befolge, die Würde des anderen zu achten, ergibt sich notwendigerweise eine ganze andere Herangehensweise an die Projekte gemeinsamen Lernens und Lehrens:

Die Bildungssubjekte sind es, die die zu leistenden Aufgaben zu lösen haben, nicht ich als Lehrer in Stellvertretung. Meine pädagogische Aufgabe besteht allenfalls darin, unverwechselbare fundamentale Probleme zu präsentieren, sie in lösbare Aufgaben umzuwandeln und die Funktion einer kritischen Begleitung bei der Problemlösung wahrzunehmen – mit Hinweisen auf andere als die von ihnen thematisierten Gesichtspunkte und Deutungsmuster, durch provokantes Gegenhalten etc.

Es wird deutlich, dass in der subjektorientierten EB/WB, zumal dann, wenn sie in der gebrochenen Form der Ausbildung praktiziert werden soll, der Umgang mit der eigenen Lehrer-Rolle das größte Problem darstellt. Meine soziale Rolle wird mir zum einen vom Anstellungsträger und komplementär dazu von den Studierenden zugeschrieben. Ich schreibe sie mir zum anderen selbst zu. Das von mehreren Seiten erwartete Rollenverhalten kann ich nicht einfach verweigern, aber ich bin frei darin, es demokratisch zu gestalten.

Ein zweites ist mir deutlich geworden: Ich selbst bin ganz stark involviert in das, was ich als Störung erlebe. Kommt es zu einem Konflikt der Art, dass die Teilnehmenden sagen, diese und jene von mir eingebrachten Themen und Probleme seien für sie nachrangig und sie würden lieber die Themen XY bearbeiten, sagt mir mein Kopf: „Freu Dich, sie verhalten sich als selbstbestimmte Subjekte ihres Lernens!" Mein Bauch aber registriert dies als Störung des von mir gelenkten didaktischen Handelns.

Ich habe es im Seminar leider unterlassen, diese grundsätzlichen und für alle Vertragsabschlüsse zwischen Lehrenden und Lernenden in der EB/WB typischen Konflikte zu thematisieren und im Nachhinein durchzuarbeiten. Ich habe es unterlassen, darüber einen Diskurs zu führen, dass alle Didaktik konformistisch ist und konformistisch wirkt.

Wie will ich mich nun zukünftig verhalten?

Ich handele ganz pragmatisch, gebe meinen elementaren Sicherheits-Bedürfnissen Futter und beschließe, wieder stärker als bisher das Heft in die Hand zu nehmen und meinen Seminarstil in Sachen „Didaktik der EB" in der im Folgenden beschriebenen Weise zu verändern:

Hermeneutik und Didaktik der Erwachsenenbildung

OS im WS 86/87

Ziele/Inhalte

Inhaltliche Schwerpunkte der einzelnen Sitzungen: 1. Sitzung: Organisatorischer und inhaltlicher Einstieg/Lernen und Verstehen   2. Sitzung: Identitäts- und Realitätsarbeit im Erwachsenenleben   3. Sitzung: Verstehen und Lernen in der Schule   4. Sitzung: Erwachsenenbildung als Erwachsenenschule   5. Sitzung: Erwachsenenbildung als Begleitung zur Lebenspraxis/Erwachsenenbildung als Auslegung der Lebenswirklichkeit   6. Sitzung: Selbsterfahrung, Selbstreflexion/politische Bildung und politisches Handeln   7. Sitzung als Beratungs-Möglichkeit für Gruppen, die für die 8. Sitzung eine didaktische Planung vorbereiten 8. Sitzung: Aneignung, Lernen und Verstehen.

Realverlauf

1. Der Seminarleiter erbittet in der 1. Sitzung nach dem üblichen Begrüßungs- und Organisations-Teil ein *PARTNER-INTERVIEW* gemäß folgendem vorgegebenem Katalog von Gesprächsaufgaben und Fragen:
   „A. Synonyme von „Lernen"
   B. Synonyme von „Verstehen"
   C. Wo gehören im Alltag Lernen und Verstehen zusammen (Brainstorming)?
   D. Wo nicht? (Unbewusste und unverstandene Anpassungsvorgänge)
   E. Lernen und Verstehen in Schule und Hochschule (Beobachtungen) und

Kennzeichnung des Beobachteten

F. Versuch, biographisch so etwas wie eine Lebensgeschichte als Lerngeschichte zu rekonstruieren: Wie gestaltete sich in den einzelnen Stationen
das Verhältnis von Verstehen und Lernen?

G. Offene Fragen zum Verhältnis von Hermeneutik und Didaktik der EB"

2. Dieses inhaltlich extrem überladene Partnerinterview bringt so viele offene
Fragen zum Verhältnis von Lernen und Verstehen aufs Tapet, dass sie weder
von der Gesamtgruppe noch von mir in der ersten Sitzung in befriedigender
Weise beantwortet werden können. Auf die naheliegende Idee, in Abänderung meiner Planung von jetzt ab das ganze Seminar auf die gründliche Bearbeitung dieser Fragen zu verwenden, komme ich nicht. Ich bleibe Gefange-
ner meiner Planung und „ziehe" im Folgenden die vorbereiteten Inhaltsblök-
ke „durch". Damit verschiebe ich aber nur das Problem. Im weiteren Seminar staut sich der Druck, diese zentralen Begriffe nicht angemessen bearbeitet zu haben, so an, dass schließlich in Abänderung des Programms die letzte
Sitzung den Schlüsselbegriffen „Lernen, Verstehen, Hermeneutik und Didaktik" gewidmet werden muss. Da die komplexen Begriffe aber nicht in dieser einzigen Sitzung sauber unterschieden werden können, kommt allseits be-
greifliche Unzufriedenheit auf. In jedem Falle gehört die Abklärung dieser
Begriffe an den Anfang eines solchen Seminars, selbst wenn dies mehrere Sitzungen beansprucht.

3. Von den übrigen Sitzungen verdient die vierte Sitzung einer besonderen Erwähnung. Hier wird die Methode *LITERATUR NIMMT GESTALT AN* angewandt:

In der vorangehenden Sitzung verteile ich die Texte von Siegfried Rittershaus
„Wirtschaftliche Möglichkeiten und Grenzen von Curriculumprojekten am
Beispiel der betrieblichen Aus- und Fortbildung" (1975a) und „Curricula und
Curriculumprojekte im Bereich der betrieblichen Aus- und Fortbildung"
(1975b) mit folgender Aufgabenstellung:

A. Heute werden zwei Texte von Siegfried Ritterhaus ausgehändigt. In der
nächsten Sitzung ergibt sich die (fiktive) Gelegenheit, mit dem Autor dieser Texte ein fachliches Gespräch zu führen. Es wird daher eine Aufteilung
in zwei Gruppen stattfinden. Die eine Gruppe hat nächstes Mal kollektiv
den Autor Rittershaus zu mimen, die andere Gruppe seine Kritiker.

B. Gehöre ich zur Gruppe 'Rittershaus', ist meine Aufgabe folgende: Ich
muss mir ganz genau darüber klar werden, wie 'meine Position als Autor'
aussieht und wie ich sie Kritikern gegenüber begründen und gegebenenfalls verteidigen kann. Ich muss schlagkräftige Argumente zusammenstellen.

C. Gehöre ich zur Gruppe der 'Rittershaus-Kritiker', muss ich meine Kritik
an den beiden vorliegenden Texten bündeln, um deren Autor damit inhaltlich herauslocken zu können.

4. In der Sitzung selbst erhalten beide Parteien zu Beginn Gelegenheit, in einer Dreiviertelstunde in Fünfer-Gruppen ihre Argumentation auf den Punkt zu bringen. Ich rate den Rittershaus-Kritikern, in dem Streitgespräch nicht zu moralisieren, sondern sich auf die Struktur der verhandelten Sache zu konzentrieren.

Nach der Vorbereitungszeit nehmen die beiden Gruppen einander gegenüber Platz. Ich begrüße als Seminarleiter (den fiktiven und zugleich kollektiven) Herrn Rittershaus und informiere ihn darüber, dass die SeminarteilnehmerInnen zur Vorbereitung dieses Gesprächs seine beiden Texte von 1975 gelesen haben.

Das Gespräch beginnt. Hatte bei einer früheren „normalen" Besprechung der Rittershaus-Texte die moralische Entrüstung („Wie der Autor mit den Menschen umgeht...! Unmöglich!") jede Sachdebatte verhindert, so kommt diese jetzt mit einer alle überraschenden Dynamik in Gang: Es gelingt dem kollektiven Autor Herr Rittershaus, seine Kritiker „an die Bande und zurück" zu spielen. Zu vertraut und logisch erscheinen allen Rittershaus-Darstellern seine markt- und betriebswirtschaftlichen Argumente, zu wenig systemstrukturelle Kritik können seine Kritiker dagegen mobilisieren.

5. In einem abschließenden Feedback meinen mehrere Rittershaus-Darsteller, auch wenn sie seine Position überhaupt nicht hätten vertreten können, habe es gleichwohl großen Spaß gemacht, wider besseres Wissen seinen Ansatz so offensiv entfaltet zu haben.

Hermeneutik und Didaktik der Erwachsenenbildung

OS im SS 93

Ziele / Inhalte

Im *Seminarplan* heißt es u. a.:

„Absichten mit diesem Seminar

Es soll herausgefunden werden, worin sich das didaktische Denken in der Erwachsenenpädagogik von den schulpädagogischen Didaktik-Modellen zu unterscheiden hat und welche Elemente das bislang offene Projekt einer erwachsenenpädagogischen Didaktik auszeichnen könnten.

Zur Methode

Die besonderen Bedingungen und Formen didaktischer Theorie und Praxis in der Erwachsenenpädagogik können nur herausgefunden werden, wenn alle Beteiligten das Seminar zu ihrer Sache machen und bereit sind, alle erforderlichen Teilaufgaben in der Form von schriftlichen und mündlichen Hausaufgaben zu erledigen.

Es darf nur einmal gefehlt werden."

Realverlauf

1. Sitzung

Inhaltliche Annäherungen an das Thema

– Organisatorische Fragen

1. In der ersten Sitzung biete ich *CARTOONS* zu didaktischen Situationen an und hänge sie gleichzeitig im Flur in einer kleinen Ausstellung aus. Die Studierenden werden aufgefordert, zu einem oder zwei der von ihnen ausgewählten Cartoons unter dem Stichwort 'Didaktik' als erstes für drei Minuten lang aufzuschreiben, was dargestellt ist, dann zu assoziieren und zu deuten (*SCHNELLSCHREIBEN* für sieben Minuten), um abschließend einen entsprechenden Text von einer halben Seite oder ein *ELF-WORTE-GEDICHT* zu schreiben.

   Die Texte und Gedichte werden von deren AutorInnen vorgetragen und alle hören aktiv zu, um das Durchgängige in den Texten festzustellen. Zum Teil kommen ganz tiefgründige Einsichten zum Ausdruck, kontrastiert mit viel einst erlebter Wut und Resignation samt Ängsten vor Drucksituationen in der Schule.

2. Mittels einer *ZETTELLAWINE* sammeln die TeilnehmerInnen jeweils zu dritt oder zu viert Ideen zur Planung von EB-Veranstaltungen auf einer der drei folgenden Ebenen, von denen eine gewählt werden muss:
   - Leitungsebene eines Trägers
   - Regionale Einrichtungsebene
   - Planung einer Einzelveranstaltung

   Im Plenum wird nach den Gruppenberatungen über folgende Projekte berichtet:
   - Planungen auf der Leitungsebene einer Polit. Stiftung
   - Gesamt-Planung der VHS Ludwigshafen
   - Planung eines Kurses in chinesischem Kochen in der VHS

   Die Darstellung der Planungsideen und deren Kritik geschehen sehr angeregt und ideenreich.

3. Anhand meines vorgelegten Planungsentwurfs werden Erwartungen an das Seminar vorgetragen. Alle sind einverstanden. Für die fünfte Sitzung wird eine Ergänzung zum Thema „Erkenntnisprozess und Handlungskonsequenzen" erbeten.

4. Die Hausaufgabe: sich auf die nächste Sitzung so vorbereiten, dass alle sich zum Stichwort 'Didaktik' mittels zugänglicher Lexika informieren (schriftliche Notizen) und dass zwei von drei verteilten schulpädagogischen Didaktikkonzepten aus Gudjons u. a. (6/1991) inklusive *VISUALISIEREN* der Konzepte referiert werden können.

2. Sitzung

Schuldidaktische Konzepte

1. Am Anfang steht ein *BLITZLICHT*: „Wie habe ich die Lektüre der Texte (Didaktische Modelle) erlebt und wie sollen sie heute methodisch behandelt werden?"

   Wir einigen uns darauf, zu den Positionen einzelner Autoren Gruppen zu bilden. Sie sollen jeweils zwei Fragen behandeln:

   A. Was will der Didaktiker?

   B. Was ist zu kritisieren?

   Die meisten melden sich zu W. Klafki, nur wenige zu W. Schultz, niemand zu Ch. Möller.

   Da sich ja alle zu allen drei AutorInnen kundig gemacht haben, erbitte ich eine zahlenmäßige Umverteilung der Gruppen. Dies geschieht. Es kommen drei zahlenmäßig gleich starke Gruppen zustande. Die Gruppen arbeiten für eine Stunde jeweils für sich.

2. Es bleiben in der Sitzung noch anderthalb Zeitstunden Zeit. Wir räumen für die Darstellung jeden Konzepts eine halbe Stunde ein. Eine Gruppe beginnt mit der Darstellung des von ihnen bearbeiteten Konzepts, ergänzt durch die anderen und den Seminarleiter. Ich beteilige mich mit einem eigenen Schaubild zu Klafki, Anmerkungen zu typischen didaktischen Akzenten bei Schultz und historischen Erläuterungen zur Curriculumentwicklung in den USA und den Reibungen, die entstanden, als dieser bildungsökonomische Planungsansatz bei uns mit der Tradition philosophieorientierter Didaktik in Übereinstimmung gebracht werden sollte.

3. Auch wenn wir nicht mehr zur erwachsenendidaktischen Auswertung kommen, kommt doch eine dichte lebhafte und dynamische Sitzung ohne Stimmungsabfall zustande.

3. Sitzung

Erwachsenenpädagogische Didaktik

1. Die TeilnehmerInnen sollten zu Hause die beiden Texte von H.-H.Groothoff (1978) und H. Siebert (1984) unter folgenden Fragen durchsehen:

   - Welche Fragestellungen gelten für Schuldidaktik und Erwachsenendidaktik in gleicher Weise?
   - Welche Probleme in der Arbeit mit Erwachsenen müssen im Vergleich zur Schuldidaktik besonders berücksichtigt werden?
   - Offene Fragen zur Erwachsenendidaktik

2. In der Sitzung selbst stelle ich eingangs folgende Aufgabe:

   In Zweiergruppen sollen Zettel gerissen (*ZETTELLAWINE*) und in drei Päckchen mit den jeweils wichtigsten Antworten auf die Fragestellungen der

Hausaufgabe (vgl. unter 1.) beschriftet werden. Nach einer halben Stunde sollen sich aus den Zweiergruppen Sechsergruppen bilden, die mit offenen Fragen das nachfolgende Plenum vorbereiten sollen.

3. Es klappt, in Zweiergruppen die Fragen abzugleichen. Die Studierenden brauchen freilich über die von mir veranschlagte halbe Stunde hinaus eine weitere halbe Stunde Zeit für die 6er-Gruppen.

Diese intensive Arbeit führt dazu, dass im nachfolgenden Plenum das Interesse an dieser Thematik schon erloschen ist. Außerdem ist es ist viel zu warm und es sind viel zu viele Leute in dem Seminarraum. Mangels Motivation beende ich das Seminar eine 1/2 Stunde früher.

4. Später höre ich, dass eine ganze Reihe von Leuten die Texte zu Hause gar nicht gelesen hatten und daher auch über gar keine Differenzierungen verfügten.

5. Ich nehme mir vor, in der vierten Sitzung anzumerken, dass diejenigen, die den Text nicht gelesen haben, ihre Zeit besser anderswo verbringen sollten.

Zum Gesamten

1. Die Teilnehmerinnen haben sich für die didaktischen Konzepte erwärmt und haben deren Stärken und Schwächen ansatzweise herausgearbeitet.

2. Wir kommen im Seminar zu der Einsicht, dass das Interesse für Didaktik, um sich entwickeln zu können, vorgängige eigene Praxis benötigt.

3. Abschließend wird folgende Kritik geäußert:
   – Es wird die Forderung gestellt, Praxiserfahrungen zur Voraussetzung zu machen.
   – Das Selbstverständnis des Lehrers sollte stärker thematisiert werden.
   – Neben der allgemeinen EB sollten auch andere Felder berücksichtigt werden, so z. B. die Berufliche Erwachsenenbildung, die ganz anders strukturiert ist.

4. Ruth merkt in ihrer Hausarbeit „Das Problem der Planung in der Erwachsenenbildung" im letzten Satz an, dass es in Anbetracht der höchst mannigfaltigen Formen von Erwachsenenbildung mit ihren unterschiedlichen Veranstaltungsformen, Themen, Intentionen und Adressatenkreisen kein Patentrezept geben könne. Es gehe immer um einen Balanceakt zwischen Planung und Offenheit.

„Uns drängt sich (...) die Frage auf, inwieweit diese Ansätze in der Praxis tatsächlich verwirklicht werden können. Angesichts widersprüchlicher Anforderungen und Interessen, Organisationsproblematiken und unterschiedlicher finanzieller Situationen sehen wir die Erwachsenenbildung in einem ständigen Kampf mit ihren eigenen Ansprüchen. Uns scheint eine generelle Idealform der Erwachsenenbildung nur schwer realisierbar" (Meyke/Reinhold/Ulrich in ihrer Hausarbeit).

Zur künftigen Behandlung dieser Thematik

Ich werde in Zukunft das Seminar anders benennen: 'Didaktik der EB' oder 'Didaktische Planung'. Hermeneutik und die Verstehensprobleme inkl. Konstruktivismus könnten zu Unterthemen werden. Es wird wahrscheinlich nicht mehr so stark um die Metadiskussion über Didaktik gehen, sondern um die praktische Erfindung didaktischer Situationen mit allen Aspekten der Planung, des Einsatzes von Lehr-Lern-Verträgen und des konkreten Verhaltens in der Dynamik von Interaktionen: Wo greife ich aktiv ein, wo warte ich ab?

Didaktische Planung als Thema, das bedeutet, früher als bisher mit dem Ausarbeiten von Konzepten einzusteigen und Raum zum didaktischen Probehandeln zu geben, dazu die Möglichkeit eigener Themen-Wahl mit vorgegebenen Zeiträumen (z. B. Wochenendseminar) einzuräumen. Dies mit der Auflage, eine beliebige Sequenz der in Gruppen durchgeführten Modell-Planung im Seminar vorzustellen und damit für dieses Publikum erlebbar zu machen.

Der Einsatz wissenschaftlicher Texte könnte dieser fortlaufenden Konzeptionsarbeit untergeordnet werden. Nur so erhalten die Beteiligten die Chance, ihre didaktische Urteilskraft und ihr soziales Handeln in und mit Gruppen zu erproben und zu vervollkommnen.

Mir ist deutlich geworden, dass in allen organisierten Bildungsveranstaltungen, selbst unter dem vorrangigen Ziel größtmöglicher Selbstbestimmung der TeilnehmerInnen, strukturell bedingt, Formen der Selbst- und Fremdsteuerung immer in Mischung auftreten. Das jeweilige Mischungsverhältnis gilt es systemisch offen zu legen und mit den Teilnehmenden nach Möglichkeit einvernehmlich zu gestalten. Um dies zu ermöglichen, werde ich meine wissenschaftlichen und didaktischen Interessen noch stärker als bisher offen legen und die übrigen Beteiligten bitten, ebenso zu verfahren.

Es gibt eine Reihe von Widersprüchen, die zu bearbeiten sind:

- Die Studierenden äußern oft Ansprüche wie kleine Kinder: „Sag's mir, gib mir's, wohlverpackt!" Dann wieder verweigern sie sich vollständig. Was tun?
- Es gibt bestimmte „Schlüssel", um sie aufzuschließen, sie für die Sache zu interessieren. Diese Schlüssel passen aber nicht zu allen Schlössern und manchmal passt kein einziger Schlüssel, den ich bei mir trage oder eigens neu erfinde.
- Stellenweise leite ich zum selbstgesteuerten Lernen an, stellenweise halte ich Unterricht ab.

3. Aufgaben und Selbstverständnis von ErwachsenenlehrerInnen

> *Ich habe keine Lehre, sondern ich führe ein Gespräch.*
>
> *Martin Buber*

3.1 ErwachsenenlehrerInnen als AutodidaktInnen

Das in der Praxis gängige Verständnis von Erwachsenenbildung/Weiterbildung (EB/WB) ist das der Formung Erwachsener. Dementsprechend ist der „Erwachsenen*bildner*" derjenige, der andere Erwachsene „bildet" . Er soll und will sie prägen, ihnen „etwas beibringen", sie „befähigen".

Im Folgenden wird (Erwachsenen-)Bildung, wie in 2.1 entwickelt, als Subjektleistung verstanden.

Bildung kann zustandekommen in der alltäglichen privaten Lebensbewältigung, auf berufliche Anforderungen hin, aber auch im Gefolge eigens arrangierter Lerngelegenheiten, die nicht wie Schulunterricht organisiert sind.

Diejenigen, die zu Erwachsenenbildung als Subjektleistung in diesem Sinne anregen, sie herausfordern, begleiten, unterstützen und sich z. T. im älteren Verständnis als Erwachsenenerzieher verstehen, werden im Folgenden als ErwachsenenlehrerInnen bezeichnet.

Da es im Gegensatz zu SchullehrerInnen aller Schulformen und Schulstufen für hauptamtliche pädagogische MitarbeiterInnen der EB/WB und die Lehrkräfte auf Honorarbasis keine professionell betreute Berufseinführung (Referendariat) gibt, sehen sie sich gezwungen, sich die in der Lehrpraxis benötigten Fähigkeiten und Fertigkeiten nicht nur fachlicher, sondern vor allem didaktischer und methodischer Art selbst zu beschaffen. KursleiterInnen betonen in Gesprächen, wenn man sie auf ihre spezifische Ausbildung anspricht, in erster Linie ihre Fachkompetenz, während sie ihre Sozialkompetenz und Methodenkompetenz als entwicklungsbedürftig bezeichnen.

Lernt man die Praxis der Honorarlehrkräfte kennen, erlebt man lauter Demonstrationen von Einmaligkeit, eine begeisternde Vielfalt hausgemachter didaktischer Arbeit. Man stößt auf unzählige didaktische und methodische Ideen und Erfindungen. Sie müssen ihre Arbeit selbständig gestalten. Der Handlungsspielraum der Honorarlehrkräfte in dem ihnen vom Anstellungsträger eröffneten Feld ist im einen Fall relativ schmal, im anderen Fall groß und unbestimmt. Sie müssen ihre Arbeit als Dienstleistung verstehen, die sie verkaufen müssen, um ihren Lebensunterhalt zu sichern. Als „Tagelöhnerinnen im Bildungsbereich" leben sie vom Tausch ihrer Leistungen gegen ein geringes Entgelt (32 und 36 DM brutto pro Unterrichtseinheit; wovon sie 19,3 Prozent an die Rentenversicherung bezahlen sollen). In der unbezahlten Arbeitszeit müssen sie sich Arbeitsmaterial besorgen, Lehrwerke analysieren, Stunden vor- und nachbereiten, neue Auftraggeber auftun, den Stundenplan koordinieren, Rechnungen für die wechselnden Auftraggeber schreiben und sich mit den Co-LehrerInnen absprechen (Poljak / Pulz 2000, S. 27). Das, was sie anbieten, muss Interesse finden und es muss so angeboten werden, dass man selbst als Kurs-LeiterIn fachlich und sozial überzeugend wirkt. Sie müssen als einzelne Marktanteile im Dienstleistungssektor 'Erwachsenenbildung/Weiterbildung' erringen und zu behalten versuchen. Da sie nie im Rahmen einer professionellen Berufseinführung in richtunggebende Traditionen des sozialen Verhaltens in der Arbeit mit Erwachsenen eingeführt wurden, muss diese Leerstelle mittels eigener Orientierungsleistungen gefüllt werden. Die Gestaltung der eigenen Biographie als ErwachsenenlehrerIn wird zur Daueraufgabe, bestimmt von immer wieder neu zu bewältigenden unerwarteten Situationen. Sie sehen sich gezwungen, das eigene Empfinden zu deuten und alleine darüber zu entscheiden, was als sachangemessene Handeln gelten soll. Da es an Möglichkeiten zu einem befriedigenden kollegialen Erfahrungsaustausch fehlt, müssen die Konsequenzen selbstverantwortlich getroffener Entscheidungen vom einzelnen selbst ausgebadet werden. Sie sehen sich gezwungen, sich nicht nur selbst zum Zentrum aller Planungs- und Realisierungs-Entscheidungen machen, sondern auch alle 'Pannen' und Irritationen selbst psychisch abfangen und alleine verarbeiten zu müssen.

Schullehrer können nur mittels normierter und in allen Bundesländern vergleichbarer Ausbildungsverläufe (erstes und zweites Staatsexamen) an Arbeitsverträge für pädagogisches Berufshandeln gelangen. In dem „irregulären Beruf" (Franz Pöggeler) der EB/WB gibt es weder allgemein gültige Ausbildungsverordnungen, noch verbindliche Honorarrichtlinien oder einen Berufsverband, der sich für die Professionalisierung dieses Handlungsfeldes verantwortlich sähe. Für ErwachsenenlehrerInnen gibt es so viele unterschiedliche Zugangswege zur EB/WB-Praxis, wie es in der EB/WB tätige Personen gibt. Honorarlehrkräfte werden ohne geregelte und vergleichbare pädagogische Ausbildung in Dienst genommen: ob ihres aktuell nachweislichen Fachwissens und Könnens und/oder aufgrund ihrer Erfahrung im sozialen und emotionalen Umgang mit Erwachsenen, die etwas Neues lernen wollen oder lernen müssen.

Korrekturen des Handelns ergeben sich nach dem Prinzip von Versuch und Irrtum, durch eigene Selbstreflexion über diese Praxis, durch Misserfolge, offensichtliche Fehleinschätzungen, gelegentliche Lektüren, Beratung mit Kolleginnen und anderes mehr. Das Handlungsgesetz aber ist und bleibt das des Pragmatismus: „Gut ist, was erfolgreich ist, mich nicht verunsichert und den TeilnehmerInnen gefällt."

Im Nachvollzug dessen, was sie als SchülerInnen selbst erlebt haben, haben die meisten das Selbstverständnis, in einer Schule für Erwachsene zu arbeiten und Unterricht zu geben. Sie sehen die Veranstaltungen als *Lehr*-Veranstaltungen und weniger als *Lern*-Gelegenheiten, in denen es gelten würde, die Übermacht der Lehre bewusst abzubauen und statt dessen ganz gezielt *Lern*-Impulse auszusenden.

Schuldidaktiken und an sie angelehnte Didaktiken der Erwachsenenbildung in Form von Normtexten, heiligen Büchern sind in der Regel weder bekannt, noch werden sie als notwendiger Legitimationsrahmen für das eigene berufliche Handeln gesehen. Daher sollte eventuell der rein schulpädagogisch geprägte und dort normativ praktizierte Begriff der Didaktik für die selbstgesteuert erlernte und selbstverantwortlich praktizierte Kunst der Erwachsenenpädagogik verlassen und durch eine andere Terminologie ersetzt werden.

Jeder autodidaktisch vorbereitete Erwachsenenlehrer hat in der Alltagsbewältigung von klein auf Erfahrungen damit gesammelt, wie man jemand anderem etwas berichtet, erläutert und wie man jemand anderen zum Lernen animiert. Jeder hat in seiner Schulzeit und in der nachfolgenden Ausbildung Vorstellungen vom idealen Lehrer in sich ausgebildet. Niemand möchte als Lehrer gerne hinter seinem Lehrer-Ideal zurückbleiben, und doch scheint Professionalität im erwachsenenpädagogischen Handeln einem Regenbogen zu gleichen, der, selten in seiner ganzen Farbigkeit sichtbar, nie zu fassen ist. Je mehr man sich ihm nähert, desto weiter rückt das optische Ereignis weg. Trotz solcher Erfahrungen bemüht sich der autodidaktisch vorbereitete Erwachsenenlehrer um Professionalität. Er verfügt über berufliches und systematisches Fach-Wissen. Er macht die Erfahrung, dass in der erwachsenenpädagogischen Veranstaltung, die für ihn ungewohnt und mitunter mit Versagensängsten besetzt ist, für die lernenden Erwachsenen seine eigene fachliche Versiertheit von großer Wichtigkeit ist. In den LehrerInnen beobachten sie Personen, die in der Regel ihre Sache verstehen. Sie trauen ihnen einiges zu und vertrauen ihnen.

Autodidaktisch ausgebildete ErwachsenenlehrerInnen sehen sich meiner Beobachtung nach viel stärker als ihre SchulkollegInnen auf das große Potential an breitgefächerten intuitiven Kräften angewiesen, das jeder von uns besitzt, aber zumeist wenig nützt. Der eine ist von seinen lebensgeschichtlichen Prägungen und bisherigen sozialen Erfahrungen her frei genug, methodisch zu experimentieren. Der/die andere nimmt stärker auf ihre/seine Sicherheitsbedürfnisse Rücksicht und vermeidet allzu offene soziale Situationen. Sie alle aber können als TheoretikerInnen des praktischen Wissens jederzeit ihre Arbeit erläutern und die getroffenen Entscheidungen begründen, auch wenn dies nur selten in didaktischen Fach-Begriffen formuliert wird. Auch wenn sie im Vollzug ihrer Arbeit autark zu sein scheinen, bleibt doch die Praxis der Erwachsenenbildung eine nie auszulernende Kunst. Die Rahmenbedingungen verändern sich immer wieder. Irritationen gibts zuhauf, Widersprüche müssen ausgehalten werden.

In dieser Kunst gibt es keine Fortschritte, wenn sich die hier tätigen LehrerInnen nicht in einer selbstinstruktiven Fortbildung immer wieder bewusst mit den Erfahrungen und Einsichten anderer Fachleute auseinander setzen. Sie sind auf wissenschaftliche Begleitung angewiesen, um etwas über die unverwechselbaren eigenen Person-Anteile und all die übrigen historisch entstandenen und strukturell bedingten Faktoren, die das Lernen Erwachsener in unserer Kultur bedingen, herauszufinden und um oft durch nichts als Gewohnheit legitimierte Arbeitsformen weiterzuentwickeln. Dazu werden seitens der Träger von EB / WB in ganz unterschiedlicher Güte gelegentlich Fortbildungs-Veranstaltungen angeboten, die mal kostenlos sind, mal Geld kosten. Da es weder eine allseits anerkannte Theorie von EB / WB, noch allseits akzeptierte didaktische Konzepte gibt, weisen diese Fortbildungs-Veranstaltungen ganz unterschiedliche inhaltliche Standards auf.

Für eine ergiebige Selbstreflexion, in der nicht nur das immer schon bekannte alte Material an Alltagstheorien und Alltagswissen zu dieser beruflichen Praxis bewegt wird, bedarf es fremder Fragen von außen, anderer Kategorien als derjenigen, die die eigene tägliche Veranstaltungs-Planung und -realisierung bestimmen. Aber da liegt die Crux:

Autodidaktisch erworbenes Wissen lässt auf der einen Seite ein Interesse daran entstehen, es ständig zu erweitern und anzureichern. Auf der anderen Seite schlägt dieses Weiterlernen-Wollen sehr schnell in Verweigerung um, wenn andere mit dem Anspruch selbsternannter ExpertInnen einen darüber belehren wollen, auf was es denn in Wirklichkeit ankomme. Um das Selbstkonzept und die mühsam erworbenen beruflichen Gewissheiten zu schützen, verschließt sich der versierte Autodidakt vor weitschweifigen sondersprachlichen Analysen und idealtypischer Anleitungs-Literatur von WissenschaftlerInnen. Dies vor allem wohl aufgrund der Phantasie, dass sich angesichts der einem hier entgegen gehaltenen theoretischen Maßstäbe die eigene handgestrickte Praxis als unzureichend, wenn nicht sogar als fehlerhaft erweisen könnte. Das didaktische Denken und Handeln in der Alltagspraxis bedarf der wissenschaftlichen Fundierung, aber die zwischen PraktikerInnen und didaktischen ExpertInnen hin und her laufenden wechselseitigen Zuschreibungen verhindern zumeist den Erfahrungsaustausch.

Während die Volkshochschulen zumeist als Markt fungieren, auf dem sich Bildungs-Nachfrage und -Angebote regulieren, wirken sich bei den meisten anderen Anbietern deren institutionelle Interessen häufig normierend auf didaktisches Denken und Handeln aus. Ebenso, wie im betrieblichen Qualifikationslernen die Ziele und Inhalte durch die jeweiligen Betriebsziele bestimmt sind, achten die Leitungsgremien z. B. der Kirchen und Gewerkschaften, für die Erwachsenenbildung ein wichtiges Funktionselement institutioneller Selbsterhaltung ist, darauf, dass sich die für sie tätigen ErwachsenenlehrerInnen in ihren Ziel- und Inhaltsentscheidungen an den institutionellen Zielen ausrichten – ergänzt durch die Schere im Kopf der abhängig Beschäftigten.

3.2 Wie ich Erwachsenenlehrer und Hochschullehrer wurde

Als meine Mutter im Frühsommer 2000 stirbt, gehe ich mit meiner Frau noch einmal einige wichtige Orte meiner Kindheit und Jugend in Waldbröl ab: den Garten meines Elternhauses, der durch einen Neubau völlig verunstaltet worden ist, die Bäckerei Ulbrich, wo ich als Kind immer das Brot hole und oft genug den noch warmen Kanten anknabbere, das Gelände der Adolf-Hitler-Schule, wo ein fünf Jahre älterer Nachbarjunge und ich, beide von zu Hause bei Strafe auf den Gottesdienst-Besuch verpflichtet, während dieses Zeitraums jeweils spazieren gehen, um uns zum Schluss des Gottesdienstes unter die Besucher zu mischen, die unter den mächtigen Linden ihre Verwandten und Bekannten von den kleinen Dörfern ringsum treffen. Völlig überrascht entdecke ich, dass der CVJM-Schaukasten an der evangelischen Kirche noch am gleichen Ort hängt, in der gleichen Aufmachung wie vor bald 50 Jahren, als ich als Jungscharhelfer für die Gestaltung dieses Kastens verantwortlich bin. Mit Buntstiften, Buntpapier und Fotos aus der Zeitung betreibe ich in dieser Zeit für mehrere Jahre die PR-Arbeit des CVJM und lauere nach jeder neuen Installation hinter der nächsten Hausekke, ob sich jemand für mein Werk interessiert.

Die langjährige Mitarbeit als Jungscharhelfer ist neben der Schule meine erste Lehrzeit. Von ihr profitiere ich in meiner zweiten Lehrzeit als studentischer Reiseleiter für die Dr. Tigges-Fahrten. Hier lerne ich, bezogen auf die pädagogische Arbeit mit Erwachsenen und meinen heutigen Beruf, Folgendes:

- Keine Angst vor Gruppen zu haben, auch wenn ich bis heute neuen Gruppen immer wieder mit Lampenfieber entgegen sehe;
- die Organisation von Lerngelegenheiten;
- die Disziplin, mich so gründlich als möglich inhaltlich vorzubereiten und dabei didaktische Phantasie zu entwickeln,
- die Freiheit, Leute loszulassen, so dass sie sich fremde Kulturen selbst erschließen können; die vorsichtige Unterstützung ihrer Entdeckungen in Form von gezielten elementaren Instruktionen und Einführungen;
- die Gelassenheit, Pausen zu machen;
- die Einsicht in die Notwendigkeit, Wissen auch unterhaltsam darbieten zu können.

Mein Referendariat für das Höhere Schulamt von 1966–1968 ist die dritte Lehrzeit, gefolgt von ersten selbständigen Bewährungsproben, als ich ab 1970 erst zögerlich, dann immer entschiedener den von mir neu entdeckten und von 1968 bis 1974 ganztägig und ausschließlich bearbeiteten Problembereich „Unterentwicklung/Entwicklung" in vielfältigen Formen in der außerschulischen Jugendarbeit, vor allem bei der Katholischen Landjugendbewegung, aber auch mit Schülern und Erwachsenen pädagogisch durcharbeite. In dieser Zeit werde ich immer häufiger gebeten, bei Informations- und Fortbildungsveranstaltungen zum

Thema „Dritte Welt" als Referent oder Moderator aufzutreten. Ich decke mich mit methodischer Literatur ein und versuche immer wieder neue methodische Arrangements, die zu mir passen, vorgefundene Methoden weiter zu entwickeln und neue zu erfinden. Immer wieder ergeben sich Konstellationen, die mich verwirren und deren nachträgliche Interpretation sie dann aber zu Schlüsselerlebnissen meiner Lerngeschichte hin zum Erwachsenenlehrer und Hochschullehrer werden lässt. Zwei Beispiele:

Vor 30 Jahren ist mein erstes selbständig durchgeführtes Erwachsenenbildungs-Seminar in einer Kleinstadt mit zehn Kurs-Doppelstunden angesetzt. Das Thema: „„Entfremdung unter wirtschaftlichem, politischem und sozialem Aspekt". Ich verteile zu Beginn einen minutiösen Arbeitsplan auf drei Seiten. Je länger ich ihn erläutere, desto weniger rede ich mich frei. Nur zwei der 14 Teilnehmer (13 junge Leute, eine ältere Dame) scheinen mir noch zuzuhören.

Ich kürze ab, fasse zusammen und bemerke mit einem Mal dankbar eine Wortmeldung. Ein junger Mann: Er sei nicht hierher gekommen, um mit aus Büchern besorgtem Wissen überschüttet zu werden. Er wolle hier gerne mit anderen über alltägliche Erfahrungen mit Entfremdung reden. Er habe als Soldat gestern etwas Typisches auf dem Kasernenhof erlebt. Ob er das einmal erzählen dürfe . . .

Er erzählt. Die anderen hören gebannt zu. Ein weiterer junger Mann assoziiert eine eigene Erfahrung. Ich bin verwirrt; habe ich mir doch solche Berichte ebenfalls als Beispiele für zu bearbeitende Theorien vorgestellt, nicht aber als problemeröffnende Fälle, die für sich ernstgenommen und bearbeitet werden müssen.

Doch was hilft es? Die Widerspruchsfülle der vorgetragenen Erlebnisse muss geordnet, meine Wissenschafts-Verwaltung muss aufgegeben werden. Ich teile meine Ängste mit. Die jungen Leute beruhigen mich. Ich sei doch anscheinend glänzend vorbereitet und es wäre toll, wenn ich meine sozialwissenschaftlichen Einsichten immer dann einbrächte, wenn es nötig sei. Ich lasse mich, mit aller Bangigkeit, auf die Wünsche der Teilnehmer ein.

Wir verlassen das sterile Klassenzimmer der Schule und treffen uns reihum bei den Teilnehmern zu Hause.

Aus der geplanten, durch Bücher vermittelten Weitergabe des Wissens Dritter wird ein Gesprächskreis über Alltagserfahrungen mit Entfremdung in unterschiedlichen Lebensräumen. Die Teilnehmer bestimmen, in welche Richtung die Gespräche gehen sollen und was sie mit Hilfe des „Studierten" herausfinden wollen. Diejenigen, die die Gruppe in ihrem Lernen wirklich weiterbringen, wechseln als „Wissende" des Augenblicks einander ab.

Dieser Kurs wird für mich zum Schlüsselerlebnis: Mir kommt „meine" Veranstaltung abhanden und zugleich finde ich meinen künftigen Stil. Ich habe vorbereitend alles (die Teilnehmer, die Lerngegenstände, das Lernen der Gruppe, die gemeinsam verbrachte Zeit, die Formen der Kommunikation) zum Objekt meiner

Planung gemacht. Die Gruppe nimmt das Thema ernst und erweist sich als handelndes Subjekt der Veranstaltung. Warum soll, wie immer bisher, ihr Lernen von verordneter Belehrung abhängig bleiben? Sie wollen ihre eigene Kraft ausprobieren und erweitern. Sie selbst wollen die Ziele bestimmen, das Tempo angeben, die Lernorte auswählen und ihre eigenen Erfahrungen als Untersuchungsmaterial ernstnehmen. Mir ordnen sie mit Notwendigkeit die *Rolle des wissenschaftlichen Begleiters und Gesprächspartners* zu.

5 Jahre später:

Ich habe Ehefrauen von Pfarrern zu einem Wochenendseminar in den Taunus eingeladen. Am Freitagnachmittag beginnen wir mit Paarinterviews, in denen sich jeweils zwei Frauen mit einander bekannt machen und sich erzählen, wie sie stets hilfsbereit und unentgeltlich in tausenderlei Dingen ihren pfarrherrlichen Ehemännern zur Seite zu stehen haben. Die Frauen arbeiten in diesem Gespräch heraus, was sie an diesem Wochenende inhaltlich in der Gruppe besprechen wollen und wie dies wie methodisch vonstatten gehen soll. Die beiden Gesprächspartnerinnen notieren jeweils die wichtigsten inhaltlichen Erwartungen auf DIN-A-4-Blättern und heften diese an eine Wand. Wir treten alle vor die Notizen und Botschaften, ordnen sie nach thematischen Schwerpunkten und bewerten mit Klebepunkten, welche dieser Probleme und Fragen an erster Stelle, welche an zweiter Stelle usw. behandelt werden sollen. In einer ersten verbindlichen Verabredung verteilen wir die ermittelten Arbeitsschwerpunkte auf die zur Verfügung stehenden Zeiteinheiten. Das alles geschieht zügig und einleuchtend. Vor der ersten Pause meine ich – eher kokettierend – ich sei nun mal der einzige Mann in dieser Runde und ich hätte den Eindruck, dass sie mich fortan nicht mehr benötigten „So ist es doch!", ruft eine Frau, was allgemeine Zustimmung findet.

Was bleibt mir übrig, als mich zurückzuziehen? Allein in meinem Zimmer dehnt sich die Zeit bis zum Sonntagmittag endlos. Ich habe nichts zu lesen mit. Mitten im warmen Sommer nützt mir ohne Badehose auch das örtliche Schwimmbad nichts. Vor allem aber ballt sich in mir mit ziemlicher Sprengkraft das gesammelte inhaltliche und methodische Wissen, was ich gerade in dieser Gruppe loswerden wollte. Ich reise nicht ab, um nicht die beleidigte Leberwurst zu spielen. Ich bleibe da und hoffe inständig, irgendwann einmal inhaltlich oder methodisch zu Hilfe gerufen zu werden. Die Frauen benötigen mich kein einziges Mal. Sie beschließen zum Abschluss des Wochenendes, weiterhin als Gruppe zusammen zu bleiben.

Sie haben sich aus *Teilnehmerinnen* zu *Subjekten ihres eigenen Lernens* entwickelt.

Enttäuschung und Gewinn zugleich

Und da er schrie, redeten sieben Donner ihre Stimmen. Und da die sieben Don-
ner ihre Stimmen geredet hatten, wollte ich sie schreiben. Da hörte ich eine Stim-
me vom Himmel sagen zu mir: Versiegle, was die sieben Donner geredet haben;
schreibe es nicht!   *Offenbarung 10, 3f.*

Ich schreibe es doch:

Sieben Donner, das sind meine sieben Jahre in der Kirchenverwaltung der
EKHN von 1974–1981.

Im Dezember 1973 erreicht mich auf dem Umweg über K. F. Schade/epd-Ent-
wicklungspolitik eine Anfrage des Oberkirchenrats Dr. K.-M. Beckmann, ob ich
ein Referat auf der Konferenz der Kirchen am Rhein über die Entwicklungsthe-
matik als pädagogisches Thema halten könnte. So geschieht es Anfang Mai 1974
auf dem Liebfrauenberg im Elsass. An der Konferenz nehmen cirka 40 Vertreter
der Kirchen der Schweiz, Österreichs, Frankreichs, Hollands und Westdeutsch-
lands teil.

In der Diskussion nach meinem Referat unterstützen mich die holländischen und
französischen Teilnehmer inhaltlich, süddeutsche Prälaten sind dagegen empört,
zu deftig fällt meine Kritik an der kirchlichen Entwicklungshilfe aus. Ich rette
mich in den Garten, wohin mir K.-M. Beckmann folgt: „Wollen Sie nicht Oberkirchenrat in Darmstadt werden?" „Für was?" „Für Erwachsenenbildung. Wir
organisieren das zur Zeit neu."

Wieder zu Hause angekommen, signalisiere ich K.-M. Beckmann mein grundsätzliches Interesse, worauf er mich fürsorglich darauf hinweist, in dem besprochenen Bereich werde sich nur mühsam Kreativität entfalten lassen. Ich dagegen
verbinde mit der Evangelischen Kirche Hessen und Nassau (EKHN) Zuschreibungen wie *M. Niemöller* und *Anti-Rassismus-Programm des Ökumenischen*
Rates und bleibe interessiert. Im Oktober 1974 werde ich zu einem Vorstellungs-
gespräch eingeladen. Eine zweite Überprüfung findet dergestalt statt, dass ich in
„einem Kreis von rd. 40 Personen" (worin sich, das wird mir aber nicht vorweg
mitgeteilt, alle Referenten der Kirchenverwaltung, Mitglieder der Kirchenleitung und der Synodalleitung verbergen) demonstrieren solle, wie ich mit Erwachsenen arbeite. Nach gelungenem „Probeunterricht" fragt mich der neuge-
wählte Personalreferent, wo ich denn „weltanschaulich" stände. Ich antworte
ihm, dass ich gerne bereit sei, irgendwann einmal über meinen Glaubensstand zu
plaudern, doch nicht jetzt und hier in dieser Situation eines besonderen Gewalt-
verhältnisses, in dem sich 40 „Seminarteilnehmer" mit einem Mal in Prüfer verwandelt hätten.

Zum 1.12.1974 beruft mich die Kirchenleitung in das Doppelamt eines Leiters
des Referats für Erwachsenenbildung und des Leiters der neu zu konstituieren-
den Arbeitsstelle für Erwachsenenbildung. Als ich den Arbeitsvertrag unter-
schreibe, vergesse ich, die Dauer der vorgesehenen Probezeit zu verabreden.

In den ersten Februartagen 1975 fällt mir dies ein, ich frage schriftlich nach, doch die Kirchenleitung lässt mich im Ungewissen. Erst Jahre später erfahre ich den Hauptgrund für die zögerliche Reaktion: Im November 1974 sind bei Rowohlt die von mir herausgegebenen Bände „Unterentwicklung. Wem nützt die Armut der Dritten Welt?", erschienen. Auf der Rückseite der Taschenbücher steht: „Die Einsicht in Vorgänge und Zusammenhänge, die außerhalb unseres unmittelbaren Erfahrungsbereichs liegen, soll nicht nur für menschenunwürdige Lebensverhältnisse sensibilisieren und zur praktischen Parteinahme für unterdrückte Völker auffordern, sondern zugleich auch in die Grundbegriffe *marxistischer Wirtschaftstheorie und Gesellschaftskritik* einführen." (Hervorhebung: E.M.).

Wen hatte man sich da ins Nest gesetzt?

Die Schreiben, die über die feste Anstellung des Kirchenbeamten auf Probe zwischen Personalreferat, Kirchenleitung, Leitendem Geistlichem Amt und Kirchensynodalvorstand hin und herlaufen, füllen von 1975 bis 1981 zwei dicke Mehle-Ordner (meine Personalakte).

Ich starte im Dezember 1974 mit großer Unbekümmertheit, mit langer Erfahrung in der Erwachsenenbildung, zwei abgeschlossenen Studien im Rücken, in Theologie promoviert, nach sechs Jahren lebhaftester Arbeit in der Entwicklungspädagogik im Selbstbewusstsein ungebrochen, weil mein Gegenschulbuch zur Dritten Welt „Soziale Gerechtigkeit" als erstes Curriculum zur politischen Bildung 1971 eine Diskussion ausgelöst hat. Ich werfe mich mit großem Spaß in die Arbeit, um einen uralten, aber schon lange verkümmerten kirchlichen Arbeitszweig mit zu rekonstruieren, die Erwachsenenbildung. In den Jahren 1975 und 1976 bin ich ständig in Gemeinden unterwegs, starte neue Projekte, wie z.B. die Schriftenreihe „Organisationsmodelle kirchlicher Erwachsenenbildung" (OKE) und arbeite diese Praxis theoretisch auf. Jeden Abend, jedes Wochenende verbringe ich in meinem Arbeitszimmer, lesend, schreibend.

Dem Antrag des Gießener Krankenhausseelsorgers an die Kirchenleitung, ich möge aus dem Dienst entfernt werden, weil ich bei der Einweihung der dortigen Familienbildungsstätte als Redner keine Krawatte getragen und keinen „evangelischen Ansatz in der Anthropologie" habe erkennen lassen, folgen bald weitere Signale: *Hoppla Freundchen, nicht so heftig! Hier wird mit Kandare geritten. Schön im Schritt, wenn überhaupt im Galopp, dann nur auf Anweisung der Kirchenleitung oder des Triumvirats (von Kirchenpräsident, dessen Stellvertreter und dem Leiter der Kirchenverwaltung)!*

Ich nehme das erst einmal nicht weiter ernst, sondern bleibe zunächst einmal bei meinem blauäugigen Optimismus, Erwachsenenbildung müsse von den kirchenleitenden Gremien als Chance für Kirchenmitglieder und andere gesehen werden, auf lebendige und kreative Weise an der Entwicklung brachliegender Fähigkeiten und der Überwindung kirchlich vermittelter Sprachlosigkeit zu arbeiten.

Zugleich wird aber die beharrliche Weigerung der Kirchenleitung, den lebhaft experimentierenden Mitarbeiter auf Dauer anzustellen, von mir immer stärker als starke narzisstische Kränkung erlebt. Meinem massiven Arbeitseinsatz mit Kopf, Herz und Hand steht eine eher ängstliche Kirchenleitung gegenüber, die sich nicht an meine Seite stellen will.

Ich somatisiere die erlebte Zurückweisung aus und entwickle eine massive Neurose mit frei flotierenden Ängsten und ganz plötzlich einsetzenden Panikattacken.

Als mich die Landessynode im Spätherbst 1978 doch zum „Oberkirchenrat auf Lebenszeit" wählt, interpretiere ich die bis dahin verflossenen vier Jahre, die Weigerung des Benennungsausschusses der Synode, ein zustimmendes Votum abzugeben und die Kommentare führender Kirchenleute als deutliche Botschaft: *Reiß Dich endlich mal zusammen und passe Dich an! Diese fast vier Jahre, in denen wir Dich ein wenig aus dem Fenster gehalten haben, sind nur ein kleiner Vorgeschmack dessen, wie brüderlich wir mit denen umgehen, die nicht in der bei uns üblichen engen Spur laufen!*

Die gewonnene materielle Sicherheit, Oberkirchenrat auf Lebenszeit zu sein, verunsichert mich. Ich mache immer wieder kleine Fehler. Meine Beschwerden verschlimmern sich, zumal in der AG für Erwachsenenbildung der Slogan ausgegeben wird: „Der M. wird auf Eis gelegt!" Mehr und mehr habe ich das Gefühl der Entfremdung von dem, was ich hier konzeptionell (Entwicklung aus eigener Kraft – Selbstverantwortetes Lernen) will. Im Schnittpunkt von eigenen Gestaltungswünschen und dem, was die dienstliche Umwelt (vor allem die landeskirchliche AG für EB) mir gestattet, sinne ich mehr und mehr über die Frage nach, die den Schweizer Regisseur Yves Yersin in seinem Film „Kleine Fluchten" beschäftigte: Wie kann es gelingen, ein richtiges Leben im falschen zu führen? Wie sein Held, der alte Landarbeiter Pepe, breche ich aus, in

- die Arbeit mit Sinti und Roma, die im „Musikfest der Zigeuner" 1979 ihren Anfang nimmt und in dieser Veranstaltung zugleich für mich einen wirklichen Höhepunkt findet,
- einen Krimi, den ich zusammen mit meiner Frau schreibe,
- die Abkehr von dem Lebensstil, alle Abende und Wochenenden im Arbeitszimmer zu verbringen,
- die Wiederentdeckung des Klavierspiels.

Ich lese viel und führe mit Freunden Gespräche darüber, was ich in der kirchlichen Arbeit erlebe und was mich kolossal beschwert:

- die vielen Intrigen, wie ich so weder vorher, noch nachher an irgendeinem Arbeitsplatz erlebt habe,
- der Untergang der eigenen Praxis vor Ort, überschwemmt von unendlichen langen Sitzungen, mit denen überspielt wird, dass vielen kirchlichen Mitarbei-

terInnen die theologischen Inhalte wie Asche zwischen den Fingern zerbröselt
sind,

- das kaum glaubliche Maß an Bürokratisierung, das in mir die Phantasie auslöst, die MitarbeiterInnen der Kirchenverwaltung würden es gar nicht merken, wenn die Kirchengemeinden auf Beschluss des heiligen Geistes von einem Tag auf den anderen zu existieren aufhörten, weil sie viel zu sehr mit dem
Hin- und Herschicken von Akten im eigenen Haus beschäftigt sind,

- Beratung als Bedrohung und Nötigung,

- die Angst der Dienstvorgesetzten inklusive Kirchenleitung vor politischen
Konflikten und die daraus resultierenden Versuche, sich in Fällen nicht zu um-
gehender Parteinahme sozusagen die Füße zu waschen und dabei die Socken
anzubehalten,

- Konkurrenzdruck und Kollegenneid.

Dagegen stehen:

- ganz intensive soziale und emotionale Erlebnisse mit Sinti und Roma, ihrer
seit 1979 begonnenen erfolgreichen Bürgerrechtsarbeit, ihrer überströmen-
den Herzlichkeit und Zärtlichkeit,

- Lernprozesse noch und noch, zum Guten wie zum Schlechten; lebhafte Kommunikation in der eigenen praktischen Arbeit in Gemeinden und Dekanaten,

- so viele Angebote zur Zusammenarbeit mit kirchlichen und außerkirchlichen
Einrichtungen, Einzelpersonen und Verbänden, dass ich gar nicht nachkom-
men kann.

Als nach dem Synodenbeschluß über meine Festanstellung auf Lebenszeit meine
massiven körperlichen Beschwerden weiter anhalten, setze ich mir eine Frist von
zwei Jahren, den Arbeitsplatz Kirchenverwaltung zu verlassen.

Seit 1981 ist mein neuer Arbeitsplatz die Universität Mainz. Die körperlichen
Beschwerden halten noch bis 1984 an.

Sieben Jahre in der Kirchenverwaltung, von K.-M. Beckmann angezettelt: Sie
waren fett an Arbeits- und Entwicklungsmöglichkeiten, an Gelegenheiten, alte
Erfahrungen zu überdenken und neue Erfahrungen zu machen, aber wie in Pha-
raos Traum fraßen in meiner Erinnerung die sieben mageren Kühe die sieben fet-
ten Kühe auf. Diese sieben Jahre waren sehr abwechslungsreich, mitunter
schwer erträglich. Ich habe viele Fehler gemacht und viel gelernt. Die dort aus-
gelöste Krise möchte ich in meinem Leben nicht missen!

Ich bin in dieser Zeit endlich erwachsen geworden.

Als Erwachsenenlehrer an der Hochschule

Als ich 12 Jahre alt bin, will ich gerne Schiffskoch werden: immer unterwegs und
immer gut zu essen. 1960, 10 Jahre später, scheint es auf den Deutsch- und Religi-
onslehrer im Gymnasium hinzulaufen. Da liegt aber alles noch in weiter Ferne.

Ich beginne erst einmal mein Studium. Die zweimal abgeleistete Abiturprüfung noch krisenhaft im Nacken, misslingt der Versuch, nach dem ersten Semester die abgeforderte Ergänzungsprüfung zum Abitur in Altgriechisch erfolgreich abzulegen, gründlich.

Nach weiteren 10 Jahren bin ich schon seit zwei Jahren Assistent an der Pädagogischen Hochschule Göttingen. Die Arbeit mit den Studierenden geht mir gut von der Hand. Als aber mein Lehrer Martin Stallmann in diesem Jahr wegen einer schweren Erkrankung seiner Frau aus der PH ausscheidet, gehe ich auch, weil mich keiner der verbliebenen Professoren als Vorgesetzter reizt.

10 Jahre später regen mich mitten in meiner Krise als Oberkirchenrat zwei Mainzer Kollegen an, mich auf die Stelle einer neu geschaffenen Professur für Erwachsenenbildung zu bewerben.

An der Uni befinde ich mich von Anfang an in dem Dilemma, mich einerseits in die hier abgeforderten Rollen hinein denken und hinein finden zu müssen, andererseits den inzwischen erlernten Arbeitsstil nicht aufzugeben. Ich will *nicht über Erwachsenenbildung reden, sondern sie in meinen Seminaren erlebbar machen.* Das bedeutet zum einen, dass ich Vorlesungen und deren kleine Variante, studentische Referate mit Diskussion, ablehne, und ganz auf das induktive Konzept, *Interaktion plus Theorie,* setze. Da die im Pädagogik-Studium dargebotene Theorie in vielen Fällen ihrer realen Bedingungen entkleidet ist, will ich soweit als möglich reale Handlungskontexte inszenieren. Dabei kommen manchmal aus Zeitgründen die theoretische Durchdringung der gemeinsamen Aktivitäten und die harte Arbeit am Begriff etwas zu kurz. Die Entscheidung, keine Referate (eine/r hat sich intensiv mit einem Text / einem Thema beschäftigt, die Zuhörerschaft nicht, was geduldiges bis gequältes Anhören ohne eigene Anteilnahme bedeutet) halten zu lassen, bedeutet eine Verschiebung hin zu verpflichtenden Lektüren. Das eine Problem wird durch ein anderes ersetzt, wenn die aufgegebenen Texte nicht gelesen werden.

Die Parallelität von weiterlaufender eigener außeruniversitärer Praxis (vor allem in der Fortbildung der unterschiedlichsten Träger von Studienseminaren, Schulverwaltungen, Kirchen, Unternehmen über Gewerkschaften, Greenpeace bis hin zu selbstorganisierten Gruppen) und universitärer Lehre hat viele sich wechselseitig befruchtende Konsequenzen:

- Ich profitiere in der Arbeit mit Studierenden von den politischen und sozialen Erfahrungen mit den unterschiedlichsten Trägern von Erwachsenenbildung, vor allem von dem Umstand, in einer evangelischen Landeskirche sieben Jahre lang für die Organisation von deren Erwachsenenbildung verantwortlich gewesen zu sein.

- Ich will in beiden Feldern keine *Lehr*veranstaltungen durchführen, sondern *Lern*gelegenheiten inszenieren und setze dabei von Anfang an auf die Kraft der Leute, ihren Erfindungsreichtum, ihren Grips und ihre Emotionen. Ich bevorzuge in beiden Feldern didaktische Konzepte und Methoden, mit denen diese Kräfte und Reichtümer zur Darstellung gelangen und sozial genutzt werden können.

- Die außeruniversitäre praktische Erwachsenenbildung und Fortbildung bereichert meine Uni-Veranstaltungen, wie andererseits dort angeregte theoretische Vergewisserungen in Form von Forschung, daraus resultierenden Aufsätzen und Büchern wiederum der außeruniversitären Praxis zugute kommen.

Die Arbeit in beiden Feldern fasziniert und beflügelt mich, so dass ich bis heute nicht ausgebrannt bin. Mein Interesse besteht darin, mit meiner subjektorientierten Lehre als Lernunterstützung (Leitung als Begleitung) die Hochschulkultur wenigstens in meinen eigenen Veranstaltungen zu verändern. Damit verändere ich nicht das ganze System, trage aber dazu bei, dass einige Studierende einen eigenen anspruchsvollen Maßstab an andere Lehr-Lern-Veranstaltungen der Uni herantragen.

Zugleich erlebe ich meine Praxis in beiden Handlungsfeldern als widersprüchlich:

- Ich weiß, dass ich angesichts des unübersehbaren großen Handlungsfeldes Erwachsenenbildung/Weiterbildung/Fortbildung und der dazu notwendigen Forschungsarbeiten nicht mehr als ein bemühter Dilettant sein kann. Gleichwohl habe ich fast durchgehend das Gefühl, für meine Uni-Veranstaltungen fachlich-inhaltlich nicht genügend vorbereitet zu sein. Bereite ich mich andererseits auf eine bestimmte Veranstaltung sehr gründlich vor, stellt sich manchmal Sicherheit, sehr oft aber eher Unsicherheit ein, weil sich Wege auftun, die in der zur Verfügung stehenden Zeit niemals abgeschritten werden können. Zudem steht dann oft das, was quantitativ, aber auch qualitativ mit den Studierenden oder denjenigen, die eine Fortbildung machen, thematisiert werden kann, in keinem Verhältnis zum Umfang und zur Gründlichkeit der Vorbereitung. Ich sehe mich zu starken Vereinfachungen gezwungen, die für mich selbst ein Quintessenz des Gelesenen und dabei Verstandenen darstellen, auf die ZuhörerInnen aber eher plakativ wirken müssen.

- Die Sicherheitsbedürfnisse der Lehrenden sind eine wenig thematisierte Größe im beruflichen Handeln. Sie müssen in der Vorbereitung Futter bekommen. Spannend und aufregend ist ein mittleres Maß von Unsicherheit, die Aussicht auf eine mittlere Erfolgsrate, bei der der Erfolg also weder zu gewiss, noch zu ungewiss ist. „Wenn der Erfolg zu gewiss ist, macht die ganze Geschichte keinen Spaß. Und wenn der Erfolg überhaupt nicht eintritt, so ist das Ganze zu frustrierend" (Dörner 1992, S. 91). So habe ich mit der Zeit gelernt, mich in bestimmten Gruppen, z.B. in Uni-Seminaren, gewerkschaftlichen und kirchlichen Fortbildungskursen, sicher zu bewegen. Gleichwohl kann es aus heiterem Himmel zu einem plötzlichen Blackout kommen, in dem ich nicht mehr weiß, wie das Seminar weitergehen soll. Ich sitze dann mit über 130

Pulsschlägen in der Minute da, schwitzend und unfähig, mein Methodenwissen nach hier und jetzt erfolgreichen Auswegen durchzukämmen. Ich muss mich dann an die Gruppe wenden und meine Verlegenheit erklären; dies mit der Bitte, gemeinsam über den als nächstes einzuschlagenden Schritt nachzudenken. Das führt dann auch zum Erfolg.

- Um mir das Leben zu erleichtern, wiederhole ich Veranstaltungen. Dieser entlastende Automatismus legt sich von dem immer wieder neu zu erfüllenden universitären Curriculum her nahe, aber ich ertappe mich dabei, wie ich aus Gründen der Arbeitserleichterung gerne die Playback-Taste drücke, anstatt Seminare ganz neu und ganz anders zu entwerfen. Es kommt vor allem bei Methoden-Trainings zur schlichten Wiederholung einer bewährten Schrittfolge, die sich einmal oder mehrere Male als erfolgreich erwiesen hat. So lasse ich bei Fortbildungsseminaren sehr gerne zu Beginn mit einer Suite von mehreren Verfahren die Beteiligten untereinander auf witzige und ungewohnt unterhaltsame in Kontakt treten, um dann, wenn der Kontakt da ist und die Leute sich sichtlich wohl zufühlen beginnen, eine Vertragsverhandlung über die denkbare gemeinsame Arbeit folgen zu lassen. Schon Napoleon empfahl: „On s'engage et puis on voit!", was Dietrich Dörner (1992, S. 245) so übersetzt: „Man fängt einfach mal an, und dann sieht man schon, was man machen kann!" Der Gewinn besteht zwar in einer deutlichen „Kapazitätsentlastung" (Dörner 1992, S. 255), aber der Preis für ein derart ritualisiertes und konservatives Wiederholungs-Handeln ist häufig genug das Gefühl der Langeweile als Widerspiegelung von intellektueller und sozialer Unterforderung.

3.3 Meine Versuche, „Aufgaben und Selbstverständnis von ErwachsenenlehrerInnen" zum Seminarthema zu machen

„Aufgaben und Selbstverständnis von ErwachsenenlehrerInnen" dieses Thema gehe ich zu Beginn der Arbeit an der Uni zunächst unter dem engeren Seminartitel „Kunst der Begleitung" an, später in der erweiterten Form.

Von Anfang an will ich einen *DOPPELDECKER FLIEGEN*. Damit sei das Bemühen umschrieben, die Beteiligten eine möglichst selbstbestimmte Erwachsenenbildung im Seminar selbst erleben zu lassen. Dies trotz der behindernden Universitäts-Bedingungen: kleinen Räumen, zeitlicher Beschränkung, Zwang zur Benotung (Scheine). Dieser Flug führt freilich in unbekanntes Gelände – ein Abenteuer mit ungewissem Ausgang.

Kunst der Begleitung I: Hochschuldidaktik und Erwachsenenbildung

OS im SS 82

<u>Ziele</u>

In der *Ankündigung im Kommentierten Vorlesungsverzeichnis* wird einleitend Paulo Freire zitiert (1971, S. 200): „Gegenüber der mythizierenden Praxis der herrschenden Eliten erfordert die dialogische Theorie, dass die Welt enthüllt wird. Es kann jedoch keiner die Welt für einen anderen enthüllen. Obwohl ein Subjekt den Vorgang des Enthüllens für andere einleiten kann, müssen doch auch die anderen zu Subjekten dieses Vorgangs werden."

Weiter heißt es: „Es soll in diesem Seminar um eine Neubestimmung von Rolle und Funktion derjenigen Fachleute gehen, die als Pädagogen oder pädagogisch interessierte Sach-Experten institutionelle oder außerinstitutionelle Lernangebote für Erwachsene präparieren. In einem ersten Durchgang soll ermittelt werden, was Fachleute als Begleiter selbstbestimmter und damit auch selbstverantworteter Lernprozesse Erwachsener zum einen in Lehr-Lern-Zusammenhängen der Hochschule, zum anderen in der allgemeinen Erwachsenenbildung zu tun und was sie zu unterlassen haben. Da es zu diesem Aspekt (Leitung als Begleitung) bislang weder systematische Arbeiten, noch gründlich reflektierte Erfahrungsberichte gibt, sollen sich die SeminarteilnehmerInnen selbst auf Suchwege in die eigene Erfahrungswelt und die vorhandene Literatur machen, um herauszufinden, worin die Kunst der Begleitung praktisch zu bestehen habe.

Zum zweiten soll ansatzweise direkt erlebt werden, wie sich die 'Kunst der Begleitung' praktisch auswirken kann."

<u>Planung</u>

Geplant sind acht Sitzungen, die zum größten Teil von studentischen Teamern durchgeführt werden sollen.

<u>Realverlauf</u>

<u>1. Sitzung</u>

Die einleitende Vorstellung der Fragestellung des Seminars durch den Seminarleiter geschieht viel zu knapp. Er bittet anschließend die SeminarteilnehmerInnen, in einem *SCHREIBSPIEL* aufzuschreiben, wo und wie sie 'Begleitung' als Leitungsverhalten in der Hochschule und in der EB erlebt haben. In Kleingruppen werden diese Notizen gesichtet und auf die wichtigsten reduziert. Damit soll einerseits die Auswahl der im Seminar weiterhin zu verhandelnden Probleme in studentischen Gesprächsgruppen getroffen werden, andererseits teile ich – worüber ich mich im Nachhinein sehr ärgere – als Seminarleiter zusätzlich einen Katalog denkbarer Einzelthemen aus. Daraufhin explodiert eine Studentin: Ihre Motivation sei nun zum Teufel. Mein Fragen-Katalog lasse ihre eigene Sucharbeit als Farce erscheinen.

Die TeilnehmerInnen bitten den Seminarleiter abschließend, in der zweiten Sitzung darzutun, was „Kunst der Begleitung" sein könne und sein solle.

2. Sitzung

Ich entspreche einleitend der in der letzten Sitzung geäußerten Bitte und erkläre, dieses Seminar solle sich von der Praxis der Belehrung, wie sie überall in Schule und HochschuleSCHULE, von Lehrern und HochschulLEHRERN praktiziert werde, absetzen.

Die 'Kunst der Begleitung' sei gerichtet auf selbständige Aneignung neuen Wissens, neuer Erkenntnisse und Erfahrungen durch die SeminarteilnehmerInnen.

Da ich mich als Begleiter verstehe, wolle *ich* nicht vorweg für die SeminarteilnehmerInnen stellvertretend definieren, wie 'Begleitung' in den vor uns liegenden Interaktionen konkret zustande komme oder verhindert werde.

Die Chiffre 'Begleitung' stehe für die Ermunterung zu selbstbestimmtem Lernen und dessen Unterstützung. Der Hochschullehrer sehe seine Aufgabe darin, Lerngelegenheiten zu präparieren und die Studierenden zur eigenständiger Aneignung bislang fremder Wissensgebiete und bislang unerprobter Fertigkeiten anzustiften. Darin wolle er sie wie auf einer Wanderung zu einem gemeinsam festzulegenden Ziel begleiten. Das Sozialprinzip der Begleitung unterliege als soziales Verhältnis immer der aktuellen Definition, Kritik und Verbesserung durch alle Beteiligten.

In diesem Sinne wolle ich heute den Arbeitsanstoß geben, alleine oder in Zweiergruppen Begriffsgruppen/Wortfelder (aus: Wehrle-Eggers, 1961) zu 'Belehrung/Lernen /Aneignung' zu *VISUALISIEREN*.

Dies geschieht sehr engagiert, ideenvoll und ertragreich. Es entstehen 12 großformatige Plakate. Nacheinander erläutern die Gruppen ihre Bilder. Es entsteht eine sehr dichte Arbeitsatmosphäre mit differenzierten Erläuterungen der dargestellten Begriffe.

Abschließend werden Arbeitsverabredungen für das weitere Seminar getroffen, wobei sich eine Beobachtungs- und eine eigene Auswertungs-Gruppe bilden.

3. Sitzung

Die für die weiteren Sitzungen verantwortlichen Gruppen konstituieren und beraten sich. Es geht sehr lebhaft zu. Fast niemand nimmt mich als Berater in Anspruch.

4. Sitzung

In dieser Sitzung soll es um das 'Subjekt-Objekt-Verhältnis von Lehren und Lernen' gehen.

Das zweiköpfige Vorbereitungsteam erscheint um 50 Prozent dezimiert (Nasenbeinbruch eines Teamers).

Der alleingelassene Einzelteamer formuliert sofort zu Beginn seine Kapitulation vor dem Thema. Er wisse nicht, wo es hingeheb und was herauskommen könne. Sein Vorschlag, in Kleingruppen den Begriff 'Didaktik' abzuklären, wird zwar aufgenommen, das nachfolgende Plenum verheddert sich aber in Banalitäten. Der Teamer weiß nicht mehr weiter. Es entsteht Spannung. Einige TeilnehmerInnen mit hohen Versorgungsansprüchen äußern deutlich ihren Unmut. Sie erwarten etwas für die hier verwandte Zeit. Sie formulieren die Erwartung, dass der Seminarleiter intervenieren und als deus ex machina die Sitzung retten solle. Ich verweigere mich. Inhaltliche und methodische Arbeitsvorschlägen aus der Seminar-Gruppe werden nicht angenommen. In der heftigen Diskussion über die entstandene Lage platzt Hans Dieter der Kragen: „Ihr schwingt immer ganz schön elitär und zustimmend die Fahne 'Offene Lerngelegenheit'. Entsteht dann mal eine, wie jetzt, dann seid ihr unfähig, sie zu strukturieren. Dann wartet ihr auf den Lehrer, den Anführer, der Euch zeigt, wo es hinausgehen soll."

5. Sitzung

Die fünfte Sitzung zu „Wissenschaft-Populärwissenschaft-Alltagswissen" ist von einer Kleingruppe inhaltlich wie methodisch (*ROLLENSPIEL, AQUARIUM, ARBEITSGRUPPEN, ARBEITSBLÄTTER)* so gründlich und vielseitig vorbereitet worden, dass ihre Planung aus Zeitmangel bei weitem nicht realisiert werden kann. Bereits die Rollenspiele verschlingen wesentlich mehr Zeit als angenommen. Das Bedürfnis nach nicht-theoretischer, sondern praktischer und personenbezogener Erprobung von Lernstilen der EB ist groß, ebenso die Abneigung gegen ein Lehren und Lernen im herkömmlichen universitären Stil. Es wird eine deutliche Abneigung gegenüber den sonst üblichen Referaten, wissenschaftlichen Zitaten, Expertenmeinungen aktiviert. Das Leitungsteam möchte ausdrücklich Arbeitsformen ausprobieren, die eine „Konstitution des Wissens aus dem Handeln der Seminarteilnehmer ermöglichen" können. Offen bleibt bei aller interessanten Dynamik, wo im einzelnen die Bezüge zum Seminarthema liegen.

6. Sitzung

Die Leitung dieser Sitzung bittet einleitend darum, in Kleingruppen das Thema 'Soziale Macht und Herrschaftswissen' anhand eines Textes aus „Pappi, Charlie hat gesagt" zu reflektieren. Die Arbeitsgruppen bringen ihre Ergebnisse ein. Es kommt aber keine begriffliche Klarheit zustande. Vor allem gelingt es nicht, den Bezug zum Seminarthema herzustellen. Der Unmut der Gesamtgruppe entlädt sich in dem Antrag, die 7. Sitzung für eine Zwischenauswertung zu nutzen. Dieser Antrag wird mit 16 zu 15 Stimmen angenommen.

7. Sitzung

In einem *ZWISCHEN-BLITZLICHT* werden unter anderem folgende Wünsche geäußert:

- Das Plenum muss sich wirklich auf die studentischen Arbeitsgruppen, die die Sitzungen vorbereitet haben, einlassen.
- Alle Seminarteilnehmer müssen Verantwortung für das Seminar übernehmen.
- Der Seminarleiter möge seine Theorie von der „Kunst der Begleitung" vorstellen, dann deduktiv an Themen abhandeln. Der bis jetzt von studentischen Teams traktierte Themenkatalog sei inhaltlich zu schwierig.
- Die Funktion der Einzelthemen werde nicht deutlich. Themen dürften in den zukünftigen Sitzungen des Seminars nur noch im Hinblick auf das übergreifende Seminarthema abgehandelt werden.
- Das angekündigte Fest solle nicht zum Schluss, sondern mittendrin stattfinden.
- Der *LEHR-LERN-VERTRAG* solle detailliert zu Beginn ausgehandelt, dann aber auch wirklich eingehalten werden.
- Die ersten Wochen des Seminars sollen als „Quarantänezeit, zur Gewöhnung an das Chaos" genutzt werden. Dies mit starker Einweisung und praktischer Einübung.
- Das zu große Plenum solle geviertelt werden.
- Es müssen verbindliche Kommunikationsregeln für das Plenum gelten. Die Benachteiligung der Frauen muss aufgehoben werden.
- Weniger Themen, die aber intensiv bearbeitet.

8. Sitzung

Das Vorbereitungsteam lädt zu einem inhaltlich wie dramaturgisch, rational wie emotional-sozial überzeugenden Lehrstück ein. Unter Beteiligung aller wird der Problembereich 'Sicherheitsbedürfnisse und Rituale der Angstabwehr' szenisch gekonnt zur Anschauung und Sprache gebracht. Nach einer Kleingruppenphase verläuft das Abschlussgespräch im Plenum diszipliniert und unter höchster Anspannung und Anteilnahme aller Beteiligten.

9. Sitzung

Das Thema 'Selbstbetroffenheit und gesellschaftliches Wissen' wird über zwei Einstiege hintereinander (*KURZFILM; TALK-SHOW* im Fernsehen als Sketch) präsentiert. Die anschließende Kleingruppenarbeit scheint ergiebig, erbringt aber keine abschließenden Stellungnahmen, die zu Thesen zusammengefasst werden könnten.

Die Gruppe 'Teilnehmende Beobachtung' beschränkt sich auf die Feststellung, dass in den Kleingruppen wie im Plenum die Diskussion von älteren männlichen Teilnehmern bestimmt werde.

Die *SCHLUSSAUSWERTUNG* komplettiert eine Reihe von langen und kürzeren Zwischen-Feedbacks in Form von Selbstbeurteilungen. Aus ihnen geht durchgängig hervor, dass selbständige Aneignung erst gelernt werden muss und die Kunst der Begleitung nur greifen kann, wenn sich der Begleitete selbst auf den Weg macht.

Da dieses Seminar in meinem ersten Hochschulvollsemester nach 12 Jahren außeruniversitärer beruflicher Arbeit stattfindet, bitte ich die Studierenden um Hinweise darauf, was ich im nächsten Semester unbedingt beachten, beibehalten, verändern, verbessern solle. Die Auswertungs-Gruppe sammelt in der Schlussauswertung folgende Erwartungen:

- „Jeder sollte stärker an der Vorbereitung beteiligt werden und sich selbst auch stärker beteiligen.
- Am Anfang sollten die unterschiedlichen Erwartungen geklärt werden. Die Arbeit sollte insgesamt überschaubarer sein.
- Eine Fortsetzung des Seminars sollte angestrebt werden, da sich genügend Punkte für die Weiterarbeit ergeben.
- Zu Beginn des Seminars sollte ein gemeinsames Wochenende durchgeführt werden. Ein gemeinsam erstellter Reader könnte das Vor- und Nachbereiten der Sitzungen erleichtern. Er sollte Hinweise zur eigenen Weiterarbeit enthalten.
- Die Funktion des Lehr-Lern-Vertrages ist nicht klar geworden.
- Das Seminar war überfüllt, somit wurden Absprachen erschwert. Der Scheinerwerb setzte Grenzen.
- Die Sprachlosigkeit im Plenum muss aufgelöst werden.“

Die letzte Sitzung „Wissenschaft und Erfahrung/Alltagswissen" wird so kommentiert:

- „Themen sollten nicht nur gesammelt werden, sondern auch verarbeitet sein.
- In jeder Sitzung sollte es teilnehmende Beobachter geben, die am Ende kurz ihre Beobachtungen schildern könnte.
- Die Diskussionen müssten stärker geleitet und strukturiert werden.
- Was passiert mit den Studenten, wenn sich die Rolle des Professors ändert?
- Das Nachsimulieren von Situationen in der Erwachsenenbildung ist an der Uni nicht möglich.
  Dieses Seminar war aber ein Stück Praxis der Erwachsenenbildung.
- Wieso machen wir keine richtige Praxis, sondern nur die simulierte hier an der Uni?
- Je offener die Sitzungen gestaltet werden, um so größer ist das Risiko für den Leiter.
- Auch die Offenheit kommt nicht ohne Vorgaben und Strukturen aus, Offenheit muss verabredet werden.
- Selbstbestimmtes Lernen im Rahmen dieses Seminars mit vierzig Teilnehmern ist kaum möglich. Nicht jeder kann sich hier nach seinen Möglichkeiten einbringen.

- Seminare sollten in Kleingruppen durchgeführt werden, die sich nur dreimal im Semester im Plenum treffen.
- Die Arbeitsgruppen sollten mehr in Form von Selbsthilfegruppen gestaltet werden."

Zum Gesamten

Die in der Vorankündigung des Seminars genannten Absichten mögen zwar ehrenwert gewesen sein, sie einzulösen überfordert aber augenscheinlich alle Beteiligten, was stichwortartig angedeutet werden soll:

Zu viele Teilnehmer; starke Versorgungstendenzen; kein gründlich ausgearbeiteter Lehr-Lern-Vertrag (Arbeitsbündnis) zu Beginn, daher Rollen und Erwartungs-Konfusion; Erwartungen an Interventionen des Begleiters, wenn es zu Engpässen, als Pannen empfundenen normalen Problemsituationen und Widersprüchen kommt; viel zu viele Einzelthemen; zu vollmundiges Versprechen, die Kunst der Begleitung sei im Arbeitsverhalten des Hochschullehrers in diesem Seminar direkt erlebbar. Gleichwohl ein überaus spannendes lebhaftes Seminar, in dem die TeilnehmerInnen die thematischen Schwerpunkte alleine und in Gruppen bearbeiten können, die ihnen wichtig sind. Sowohl die schriftlichen Ausarbeitungen, wie die Sitzungsprotokolle und die Ergebnisse der Auswertungsgruppe zeugen von großem inhaltlichem Engagement aller Beteiligten.

Aufgaben und Selbstverständnis des Erwachsenenpädagogen

OS im WS 89/ 90

Ziele

Im *Seminarplan* werden folgende Absichten mit diesem Seminar genannt:

„Es geht um berufsvorbereitendes Handeln, um selbständige und weitgehend selbst-organisierte Lernprozesse, die sowohl auf inhaltlich-rationaler, als auch auf sozial-emotionaler Ebene (Zusammenarbeit in Gruppen) verlaufen.

Die Seminarteilnehmer sollen (...) Aufgaben, Rollenzuschreibungen, Selbstverständnis des Erwachsenenpädagogen samt auftretenden Konflikten durch Literatur-Studium und Gespräche mit Praktikern herausarbeiten.

Sie sollen die gewonnenen Ergebnisse zusammenfassen, interpretieren und abschließend offene Fragen zusammenstellen, deren dringlichste während der abschließenden Arbeitseinheiten zum Semesterende gemeinsam beantwortet werden sollen."

Planung

Im Seminarplan finden die TeilnehmerInnen ein ausführlich kommentiertes Suchschema zur Literatur-Auswertung und Gesprächs-Strukturierung zu folgenden Aspekten:

„1. Aufgaben des Erwachsenenpädagogen
 2. Rollenerwartungen an den Erwachsenenpädagogen
 3. Vergleich mit den Rollenzuschreibungen an den Lehrer in der Schule
 4. Zusammenstellung der wichtigsten Rollenkonflikte und Probleme, nach Schwere und Grad der Auswirkungen geordnet
 5. Persönliche Bewertung
 6. Qualifizierung des EB-/WB-Personals
 7. Offene Fragen an die Seminargruppe und den Hochschullehrer, nach Dringlichkeit geordnet"

Das *geplante methodische Vorgehen* wird folgendermaßen skizziert:

„In der ersten Sitzung soll in die Gesamtproblematik eingeführt werden. Es sollen sich verbindlich Arbeitsgruppen zwischen zwei und fünf Personen bilden, die dann in den kommenden Wochen bis zu den abschließenden Arbeitseinheiten die (...) genannten Aspekte des Themas komplett bearbeiten.

Es empfiehlt sich, die Einarbeitung allgemeiner und generalisierbarer Einsichten mit Recherchen in einem ganz bestimmten Handlungsfeld der Erwachsenenbildung/Weiterbildung zu verbinden. Die Ergebnisse der Erkundungen (...) sollen in Form einer schriftlichen Hausarbeit dokumentiert werden, die pro Teilnehmer 10 Schreibmaschinenseiten nach allgemeinem wissenschaftlichem Standard (Zitierweise etc.) umfassen muss. In dieser Hausarbeit müssen pro Teilnehmer mindestens vier Veröffentlichungen verarbeitet sein (...)

Die dringlichsten offenen Fragen werden in den abschließenden Arbeitseinheiten gemeinsam diskutiert.

Während der Erkundungszeit steht der Seminarleiter zu bestimmten Zeiten zu Gesprächen mit den einzelnen Gruppen zur Verfügung."

Realverlauf

Die Arbeitsgruppen, die sich in der Eröffnungs-Sitzung konstituieren, arbeiten ganz selbständig, wobei wohl aus Gründen der Authenzität den Auskünften der interviewten PraktikerInnen großes Gewicht beigemessen wird. Die durch den Seminarleiter als Begleitung angebotene Beratung wird von einigen sehr intensiv genutzt, wobei es zu langen und tiefergehenden Gesprächen kommt, von anderen aber gar nicht in Anspruch genommen.

Die beiden abschließenden Arbeitseinheiten geraten sehr dicht. Alle systematischen Anliegen des Seminarleiters, die im Seminarplan vermerkt sind, werden andiskutiert.

Die einzelnen Arbeitsgruppen schildern ihre Ergebnisse, die ermittelten Widersprüche und Konfliktlinien, die durch Nachfragen der übrigen ausdifferenziert werden. Jede Gruppe hat ein bis anderthalb Zeitstunden zur Verfügung. Im Anschluss daran werden Einzelprobleme diskutiert. Der Seminarleiter fungiert als Gesprächsleiter und Kommentator, der aus der gründlichen Kenntnis der Untersuchung von Wiltrud Gieseke zum „Habitus von Erwachsenenbildnern" (1989) heraus solche Ergebnisse der Oldenburger Untersuchung referieren kann, die entweder mit den eigenen Ergebnissen der SeminarteilnehmerInnen kontrastieren oder diese unterstreichen.

Unter anderem werden folgende Einsichten, Probleme und Fragen diskutiert:

- „Die Arbeitsvorgabe durch den Seminarleiter war zu eng und zu streng, manchmal sogar hinderlich.

- Die Aufforderung, sich selbständig in dem zu erkundenden Feld zu bewegen, wurde zum einen durch das vom Seminarleiter vorgegebene Suchschema, zum anderen durch die ausführliche Literatur-Liste *konter*kariert.

- Die EB ist ein so großes und unübersichtliches Handlungsfeld, so dass institutionelle Einzelbereiche nur sehr schwer mit anderen verglichen werden können. Daher gibt es *die* erwachsenenpädagogische Professionalität nicht, eher viele unterschiedliche Grade beruflicher Versiertheit.

- Eine teilnehmende Psychologin (freie Mitarbeiterin der VHS) versteht sich nicht als Erwachsenenpädagogin. Für sie entsteht persönliche Entwicklung nur, wenn der Lernende tätig wird. Die in der VHS von ihr angetroffenen Personen erwarten aber von ihr, dass sie von ihr angeleitet werden: „Wie erreiche ich es, dass mein Gegenüber selbständig arbeitet, obwohl er/sie nicht selbständig arbeiten will?"

- Interviews mit Honorarlehrkräften der VHS lassen die labilen und ungeschützten Arbeitsbedingungen dieser BildungstagelöhnerInnen sichtbar werden: Sie müssen der VHS Themen und Konzepte anbieten, wobei es ganz bei der VHS liegt, ob sie die vorgeschlagenen Kurse in ihr Programm aufnimmt oder nicht. Urlaub, Krankheit, Sozial- und Krankenversicherung werden nicht bezahlt. Das Honorar für einen Kurs wird oft erst nach zwei Monaten von der VHS überwiesen, Abschlagszahlungen sind nicht möglich. Sie werden an der Willensbildung in der Einrichtung nicht beteiligt. Sie werden angeworben für ein Fachgebiet. Kommen im Kurs genügend Teilnehmer zusammen, läuft die Arbeit und gibt es ein Honorar; bleiben sie aus, gibt es keinerlei Verdienst. Die VHS-Leitung kümmere sich nicht im geringsten darum, ob der Kurs erwachsenengerecht abgehalten worden sei oder nicht – es sei denn, dass es seitens der KursteilnehmerInnen zu Beschwerden kommt.

- Die befragten Honorarlehrkräfte sehen sich ungern in einer dem Schullehrer vergleichbaren Führungsrolle, wohingegen die TeilnehmerInnen sehr oft gerade dieses Rollenhandeln von ihnen erwarten.

- Im Diplomstudiengang Erziehungswissenschaft wird das Übermaß an theoriebezogenen Veranstaltungen gerügt. „Wie soll man nach dem Examen in der Praxis zurechtkommen, wenn man vorher nicht gründlich in sie eingeübt wurde?"

Aufgaben und Selbstverständnis des Erwachsenenpädagogen

OS im WS 92/93

Ziele

Die Ziele und die inhaltliche Strukturierung entsprechen denen des letzten Versuchs mit dem Seminarthema im WS 89/90.

Planung

In der Planung rücke ich von der Gruppenarbeit ab und lasse alle einzelnen Arbeitsschritte für das Plenum, das ich selbst leite, vorbereiten und im Plenum bearbeiten, was gut ankommt. Alle TeilnehmerInnen sind von Anfang bis Ende dabei, obwohl keine Anwesenheitslisten geführt werden. Im Folgenden seien die Varianten zum letzten Versuch erwähnt.

Realablauf

1. Sitzung

In der ersten Sitzung lasse ich die TeilnehmerInnen als erstes denkbare Seminarstrategien zum vorgegebenen Seminarthema formulieren: „Wie würde ich selbst an dieses Thema herangehen?"

Fast alle möchten über Rollenerwartungen und eigene Rollenkonzepte der ErwachsenenpädagogInnen arbeiten, was meinem Plan entspricht.

Dann lasse ich mittels 10 unterschiedlicher Formen des *KREATIVEN SCHREIBENS* Aufgaben und Selbstverständnis

– von HochschullehrerInnen,
– von GrundschulehrerInnen,
– von ErwachsenenpädagogInnen

hintereinander im Vergleich bestimmen. Dies für 45 Minuten.

Anschließend werden die entstandenen Texte vorgelesen, es wird Durchgängiges und Unterschiedliches festgestellt.

Zur zweiten Sitzung sollen die TeilnehmerInnen in jeweils drei *KONZENTRISCHEN KREISEN* in den mittleren Kreis die wichtigsten Aufgaben eintragen, in den zweit-größeren Kreis unterstützende Aufgaben und in den Außenkreis angrenzende Aufgaben, dies bezogen entweder auf

– den/die LeiterIn einer EB-Einrichtung oder auf
– eine(n) Mitarbeiter/in einer Einrichtung oder
– eine Honorarlehrkraft einer Einrichtung.

Diese Zuschreibungen sollen sie mit Aufgabenkatalogen vergleichen, die ich der Literatur entnommen und ihnen ausgehändigt habe.

Des weiteren sollen sie erste Fragen für einen Interview-Leitfaden notieren, mit dem sie das Gespräch mit einer/einem PraktikerIn führen sollen.

3. Sitzung

Zur Vorbereitung sollten die Teilnehmerinnen in sozialwissenschaftlichen Wörterbüchern den Rollenbegriff abklären. Von schätzungsweise 20 Teilnehmern haben dies 18 getan. Dies erfahre ich zu Beginn in einem *ANFANGS-BLITZ-LICHT;* jede/r sagt, wie er/sie sich auf die heutige Sitzung vorbereitet hat und was er/sie als Methode vorschlägt, die Vorbereitung aufs Beste zu nutzen.

Einige TeilnehmerInnen können als Haupt- und NebenfachstudentInnen der Soziologie einander ergänzend an der Tafel sowohl die Nützlichkeit des Terminus 'Rolle' zur Beschreibung der Vermittlung von Individuum und Gesellschaft beschreiben, als auch Widersprüche der Rollentheorie, die zur Ausbildung von Identitätstheorien geführt haben, benennen.

Nach der Pause wenden wir das Gelernte an.

Ein Teilnehmer, hauptamtlicher Mitarbeiter der kath. EB, skizziert spontan die Grundidee eines *ROLLENSPIELS.* Er hat ein Seminar zu „500 Jahre Amerika/las Casas" gehalten, für das sich nun alle Teilnehmer-Rollen und Positionen ausdenken, die sie auf DIN-A-4-Blättern, mit Tesakrepp an die Brust geheftet, den anderen bekannt geben.

Die 'TeilnehmerInnen' äußern sich jeweils mit einer knappen Selbstvorstellung zu ihrer je eigenen fiktiven Lebenswelt und daraus resultierenden Deutungsmustern im Hinblick auf das Thema, um daraus ihre Erwartungen an dieses kirchliche Seminar und den Seminarleiter abzuleiten. Dieser reagiert jeweils direkt darauf.

Hinter dem Seminarleiter stehend vertreten zwei Rollenträger die Bildungseinrichtung: Als 'Bischof' und 'als für die EB zuständiger Ordinariatsrat' äußern sie sehr deutlich die institutionellen Interessen der katholischen Kirche an katholischer EB überhaupt und dieser Veranstaltung im Besonderen. Auch ihnen antwortet der Leiter, der zwischendurch zur Seite gesprochen die Bemerkung macht, er spiele schon gar keine Rolle als Schauspieler mehr, sondern verhalte sich so, wie er es selber getan habe oder zu tun pflege.

Dies alles ist geprägt von Witz und Schlagfertigkeit, zumal in der zweiten Hälfte dieses Sets alle normalerweise nicht geäußerten Erwartungen und Wünsche als vom *INNEREN ICH* gesprochen zur Sprache kommen können.

4. Sitzung

Zu Beginn der Sitzung werden auf den Tischen im Seminarraum und den ganzen Flur entlang in mehreren Reihen 300 Schwarz-Weiß-Fotos einer *BILDKARTEI* im DIN-A-4-Format ausgelegt. Sie zeigen alle möglichen Alltagssituationen. Jede(r) soll sich unter den beiden folgenden Perspektiven für zwei Fotos entscheiden und diese mit ins Seminar bringen:

– Ich als ErwachenenpädagogIn stelle mir einerseits Freiräume und Entfaltungsmöglichkeiten, andererseits von Zwängen bestimmte Arbeitsbedingungen in der kirchlichen EB vor.

Wir stellen als neues Setting ein Auditorium her. Vorne wird ein Stuhl aufgestellt. Der/die jeweilige SprecherIn nimmt Platz, um von den Projektionen, die die beiden ausgewählten Fotos bei ihm/ihr ausgelöst haben, zu berichten. Dies geschieht in geschützter Form: Niemand darf zurückfragen, kommentieren, sich einklinken.

Das Publikum hört aktiv zu und macht sich Notizen unter der Suchfrage: Was ist in allen Berichten durchgängig?

Nachdem alle berichtet haben, wird diese Frage im Hinblick auf die beiden vorgegebenen Such-Perspektiven ausgewertet. Es ergeben sich – grob gesehen – zwei Stränge in den Äußerungen:

- *„Die positiv aufgeschlossene Perspektive:* Spirituelle Überhöhung des Alltags – Veränderung verkrusteter Strukturen durch Widerstand Sich einfach die Freiheit herausnehmen Gemeinsames Singen als befriedigende Kommunikation Gemeinschaft erleben Drei Generationen-Gemeinschaft denkbar Freiräume zum Gespräch und zur Begegnung Herde als etwas Geborgenes In der Kirche können sich ganz unterschiedliche Menschen mit ganz unterschiedlichen Interessen treffen Kirche als Aktion und Attraktion, z. B. in Form von Kirchentagen Hilfe geben können – Gemeinsam etwas entdecken; in jedem Erwachsenen das großgewordene Kind beachten Unterwegs sein.“

- *„Die kritisch abwehrende Perspektive*: Ausgabe genormter Häppchen Tabus Glaube als Vorbedingung und Grenze pädagogischer Arbeit; Jesus Christus im Vordergrund Enge der Kirche: Wohnzimmer-Katholizismus Kirche als Festung Die Erstkommunion: Der schrecklichste Tag meines Lebens Was immer so war, bleibt auch so Reglementierung – Spießbürgermentalität Geistige Freiheit wird dadurch eingeschränkt, dass Bekenntnisse abgefordert werden Auf Gleichklang ausgerichtet Überalterung Die Kirche lässt einen allein Gleichförmigkeit Druck auf die Mitarbeiter, gläubig sein zu müssen Monologe, Monologe Der Bezug zu Gott wird durch tausenderlei Sachen und ein Riesendrumherum versperrt Die Zukunft der Welt hängt nicht von der Metaphysik ab, sondern von der Politik. Ich als Frau habe keinen rechten Platz in der Kirche Alle Antworten sind schon vorgegeben, auch wenn es keine neuen Fragen gibt, die solche Antworten nötig machten Überwacht werden.“

Anschließend kommt es ansatzweise zu strukturellen und milieubezogenen Analysen von durchgängig festgestellten Erfahrungen und Phantasien.

Nach der *PAUSE* wenden wir uns der Besprechung der Hausaufgabe zu: Die TeilnehmerInnen haben je eine schriftliche Textkritik zu den „Leitlinien für Qualifikation und Einstellung von hauptberuflichen pädagogischen Mitarbeiterinnen und Mitarbeitern in der katholischen Erwachsenenbildung", herausgegeben von der Katholischen Bundesarbeitsgemeinschaft für Erwachsenenbildung (1992), verfasst. Wir hören unter Beteiligung des dazu eigens eingeladenen Direktors des Katholischen Bildungswerks Mainz die Textkritiken unter je doppelter Perspektive an: zum einen mit der Bereitschaft zu destruktiver Kritik, zum zweiten mit dem Interesse, eine konstruktiv weiterführende Kritik üben zu wollen (*DESTRUKTIVE UND KONSTRUKTIVE KRITIK*). Wir besprechen die Kritikpunkte. Abschließend senden wir seitens des Seminars die erstellten Kritiken an die Katholische Bundes-AG, was deren Vorsitzender angesichts der geballten Kritik an den „Leitlinien" nur mit einer zweizeiligen formalen Bestätigung des Erhalts beantwortet.

7. Sitzung

Die letzte Sitzung wird in drei Zeitstunden als kleine *ZUKUNFTSWERK-STATT* zum Thema 'Herstellung von Professionalität im Diplom-Studiengang Erziehungswissenschaft in Mainz' organisiert. In der ersten Phase, der Klage-Phase, *CLUSTERN* die Studierenden für 6 Minuten, um dann in 20 Minuten einen kurzen Text aus dem assoziierten Material zu verfassen. Die Texte werden verlesen. Am Diplomstudium in Erziehungswissenschaft in Mainz wird Folgendes bemängelt:

„Es besteht ein Abgrund zur Praxis Es wird vorgedachtes Wissen angeboten Zu viel Schulpädagogik Es besteht eher ein Schüler-Lehrer-Verhältnis als ein Zusammenspiel erwachsener Menschen Man müsste mehr über die Organisation der Bildungsarbeit erfahren können Die Uni bildet für die Uni aus Studieren lernen müsste ein eigenes Fach sein Fremden Theorien dürfen keine eigenen theoretischen Annahmen entgegengestellt werden Der Maurer-Lehrling lernt nicht nur das Mauern, sondern auch das Maurer-Sein."

Diese Klagen werden auf DIN-A-4- Blätter geschrieben und als Wandzeitung zusammengestellt.

In der zweiten Phase der Werkstatt, der Phantasiephase, werden in drei Gruppen die wichtigsten Klagen in Wünsche umgewandelt.

Die Ergebnisse, insgesamt fünf großformatige Illustrationen, werden auf Zeitungsendrollen präsentiert, was wiederum Rückfragen der übrigen Beteiligten ergibt. Es entsteht eine lebhafte Diskussion darüber, was am Pädagogischen Institut tatsächlich realisierbar ist (Realisierungsphase als dritte Werkstatt-Phase).

Es wird gefordert: „Eine stärkere Verknüpfung von Theorie und Praxis, die u. a. in der Form von Fällen präsentiert werden soll Nachspielen von praktischen Konfliktsituationen und strukturelle Analyse des Bedingungszusammenhangs Mehr Freiraum für eigenverantwortliches Handeln, z. B. in Form von Projektarbeit Zusammenarbeit mit der VHS und anderen Trägern, mit denen Gesprächsgruppen gebildet werden sollten Berufssimulation in der Form von didaktischen Trainingsseminaren Supervision mit Gruppen, die zur Hälfte aus Studierenden, zur Hälfte aus PraktikerInnen der Region bestehen Eigene Erprobung erlernter Methoden bei den regionalen Anbietern der EB unter Begleitung von Hochschullehrern."

Die Sitzung verläuft sehr kreativ und entspannt. Es kommt ein „flow" zustande, ein „Fließen", das innerlich wie äußerlich als hoch befriedigend erlebt wird. Nach Csikszentmihalyi (1985, 75 ff.) bereiten solche Aktivitäten, in denen sich angesichts einer optimalen Herausforderung die Beteiligten im spielerischen Gebrauch ihrer Kräfte und Fähigkeiten als kompetent erleben und die Trennung von „Ich" und „den anderen" verwischt, Freude. Ein flow vermittelt das Gefühl kreativen Entdeckens, des Bewältigens von Anforderungen, des Lösens von Schwierigkeiten. 20 Minuten nach dem offiziellen Veranstaltungsende müssen wir unter großem Bedauern aller abbrechen, weil uns eine nachfolgende Kollegin drängt, sie in diesem Seminarraum doch nun endlich mit Verspätung ihr Seminar beginnen zu lassen.

4. Selbstgesteuertes und selbstbestimmtes Lernen

*Menschliches Denken ist durch und durch mit
Sprache verknüpft, die ihrerseits wiederum eine direkte
Konsequenz eines gemeinsamen Lebens ist –
der menschlichen Lebensweise
und keine Maschine wird je dazu befähigt sein,
an dieser Lebensform teilzuhaben, einfach,
weil sie eine Maschine ist.*
Ludwig Wittgenstein

*Das Wichtigste, was wir Menschen besitzen: unsere
Zeit auf dieser Erde. Sie ist begrenzt. Und wir
verschwenden sie, sitzen herum, surfen durchs
Netz und klick, klick, klick, sind fünf Stunden vergangen.
Das geht Ihnen doch genau so, wenn sie lange
online waren: Am Ende sitzt man da und fragt sich,
was es einem gebracht hat. Bin ich ein besserer Mensch
geworden? Hat es meine Persönlichkeit vertieft?
Verstehe ich besser, was die Welt im Innersten
zusammenhält? Nein. Ich bin bloß fünf Stunden
älter geworden.*
Clifford Stoll

„Selbstgesteuertes Lernen" – so lautet die Verheißung, mit der die Nutzung von Informations- und Kommunikations-(IuK)-Medien propagiert wird. 1999 gibt es schon 700 Titel zu diesem Thema.

Da „selbstgesteuertes Lernen" selbstbestimmtes Lernen suggeriert, sollen zunächst einmal die Bedeutungen ähnlich lautender Begriffe, die in der Praxis zumeist miteinander vermengt und synonym genutzt werden, von einander abgegrenzt werden. Auch wenn noch nicht abzusehen ist, wohin das gegenwärtige Experimentieren mit den „Neuen Medien in der Bildung", vor allem mit computer based trainings (CBT) und Internet, führt, sollen unter dem Aspekt möglichst selbstbestimmten Lernens doch einige erste Einschätzungen zu dieser digitalen Variante des Lernens versucht werden.

4.1 Begriffsklärung

In einer *ersten Gruppe* von Wortzusammensetzungen mit „selbst" geht es um Tätigkeiten, die auf das sich seiner selbst bewusste Ich gerichtet sind: z. B. „Selbsterkenntnis" als Selbsteinschätzung.

Das Präfix „Selbst" in einer *zweiten Gruppe* von Wort-Zusammensetzungen, die im Folgenden vor allem interessieren soll, ist fast immer durch den betonten

Gegensatz zu „fremd", „von anderen bewirkt" etc. gekennzeichnet: z. B. „Selbstbedienung" als Form des Einkaufs, bei der der Kunde die Ware nicht vom Verkäufer ausgehändigt bekommt, sondern sie selbst aus dem Regal nimmt.

Dementsprechend liegt die Betonung in der zweiten Gruppe von Wortzusammensetzungen mit Lernen auf dem Ich als „Intentionalitätszentrum" des Handelns (Holzkamp 1993, S. 21). Laut Klaus Holzkamp (vgl. 6.1) müssen in der „Sprache *subjektiver Handlungsbegründungen*" die Gründe für das Handeln stets „*je meine Gründe*", quasi „*erster Person*" (Holzkamp 1993, S. 23) und eindeutig nicht von außen bestimmt sein.

Selbsttätigkeit und Selbständigkeit im Lernen

In der *Umgangssprache* steht das Adjektiv „selbsttätig" vor allem für den Vorgang, dass ein Gerät ohne menschliche Bedienung automatisch funktioniert, dass sich z. B. etwas öffnet oder schließt.

Der allgemeine Wortgebrauch „unabhängig von anderen sein, ohne fremde Hilfe stehen können" kommt vor allem in der reflexiven Wendung „sich selbständig machen" im Sinne von „eine eigene Existenz gründen" als dem „wirtschaftlich Unabhängig-werden" zur Geltung.

In der Pädagogik ist der pädagogische Vorsatz, *Selbsttätigkeit als Selbstbetätigung der Lernenden* anzustreben, ein altes didaktisches Prinzip. Selbsttätigkeit gilt als Königsweg, um Selbständigkeit zu erlangen.

In der Ideengeschichte der Selbsttätigkeit sind Rousseau, Pestalozzi und Schleiermacher exponierte Verfechter. In der Arbeitsschulbewegung wurde das Selbsttätigkeitsprinzip praktisch umgesetzt, dies mit dem Ziel, dass sich die Schüler als Subjekte ihres Handelns erleben sollten. Durch das Erlernen und selbständige Anwenden von Arbeitstechniken sollten sie sich möglichst unabhängig vom Lehrer machen. Dies wird in der neueren Didaktik- Geschichte in mehreren Konzepten aufgenommen, wobei stets die dazu notwendige Zurückhaltung des Lehrers betont wird.

Der Schweizer Psychologe Hans Aebli äußert sich kritisch gegenüber dem Prinzip der Selbsttätigkeit. Der kompetente Lehrer sei unentbehrlich. Die Theoretiker der Arbeitsschule hätten „selbständige Anwendungen gelernter Arbeitsformen (...) als 'freie geistige Schularbeit' (Gaudigs Begriff)" gedeutet (Aebli 10/ 1998, S. 361).

Entdeckendes Lernen

1961 propagierte der amerikanische Psychologe und Pädagoge Jerome Seymour Bruner (1981, S. 15–29) im Rückgriff auf anthropologische und vor allem kognitionspsychologische Untersuchungen das „Lernen durch eigene Entdeckung" als ein durch viele Vorteile gekennzeichnetes Lernprinzip. Es schließe „fast alle Formen des Wissenserwerbs mit Hilfe des eigenen Verstandes ein: Wenn „man das Entdecken beim Lernen betont, so wirkt sich das auf den Lernenden gerade so aus, dass aus ihm ein Konstrukteur wird (...) Die Übung im Selbstentdecken lehrt einen, Informationen so zu erwerben, dass sie für das Problemlösen weitaus fruchtbarer sind" (a.a.O., S. 21). Dies wird Anfang der 80er Jahre heftig bestritten. Die effektivste Methode sei die des rezeptiven Lernens. Der Mensch lerne das meiste nicht durch eigene Entdeckungen, sondern ziehe es aus Entdeckungen anderer: „Das meiste von dem, was jemand *wirklich* weiß, besteht aus Einsichten, die von *anderen* entdeckt und ihm in sinnvoller Weise übermittelt worden sind" (Ausubel u.a. 1981, S. 31). „Würde man von den Schülern verlangen, jeden Lehrsatz, der ihnen von ihren Lehrern übermittelt wird, erst selbst zu prüfen, bevor sie ihn annehmen, könnten sie in keinem Fach jemals über die ersten Grundlagen hinauskommen"(a.a.O., S. 39). Ausubel u.a. bezeichnen die Auffassung der Vertreter des entdeckenden Lernens „*Jedes Kind sollte ein kreativer und kritischer Denker sein*" als „unglaubliche Ansicht" (a.a.O., S. 37), deren Realisierung „nur für ein einziges Kind von hundert Kindern oder von einer Million Kinder geeignet" sei (a.a.O., S. 38).

In der jüngeren Zeit hat Klaus Holzkamp Bruners pädagogisch-psychologischen Ansatz des „entdeckenden Lernens" kritisch kommentiert (1993, S. 419ff.)und die „Problematik des Entdeckungslernens" auf die Formel gebracht: „gelenkte Spontaneität mit vorgegebenem Unterrichtsziel unter fremdgesetzten Lehrlernbedingungen" (a.a.O., S. 473). „Die im Entdeckungsprozess liegenden Freiheitsgrade werden ... den Schülerinnen/Schüler nach didaktischen Gesichtspunkten gezielt vom Lehrer *zugestanden*" (a.a.O., S. 420). Bruner erkenne nicht an, dass die Schülerinnen/Schüler „die vom Lehrer vorgegebenen Entdeckungsanlässe erst einmal zu *ihrer* Lernproblematik machen müssen, ehe mit diesen oder jenen Lehreffekten zu rechnen ist" (a.a.O., S. 421). Eine weitere Widersprüchlichkeit rühre gerade bei der entdeckenden Methode aus dem Umstand her, „dass das, was die Schülerinnen/Schüler in dem vom Lehrer dafür hergestellten Arrangement *erst noch entdecken* sollen, der Lehrer selbst ja *notwendigerweise schon kennt*.(...) So gewinnt das Lehren hier u.U. gerade jenen manipulativen Einschlag, den Bruner durch das Konzept des 'entdeckenden Lernens' gerade doch vermindern wollte" (ebd.).

Selbstorganisiertes und selbstverantwortetes Lernen

Die hier diskutierten Formeln der mit „selbst" zusammengesetzten Kennzeichnungen von Lernen gewinnen ihr Profil alle aus dem bewusst gewählten Gegenüber zum Normalfall des von anderen organisierten Lernens:

- Zur Vorbereitung des Examens findet sich eine Gruppe von Studierenden zusammen. Sie definieren ohne Beteiligung von Lehrern die in der Prüfungs- und Studienordnung beschriebenen Lernaufgaben. Sie beschaffen sich entsprechende Daten. Sie bearbeiten sie und kontrollieren sich wechselseitig, ob und mit welchem Sicherheitsgrad sie über die in der Prüfung darzustellenden wissenschaftlichen Probleme und die in der Literatur vorfindlichen Problemlösungen verfügen.

- In den USA wird an vielen Schulen und Colleges „contract learning" praktiziert (vgl. Asselmeyer 1981): Der Schüler/Studierende fixiert „seine selbständig festgelegten Lernpläne" zunächst für sich selbst, dann erst geht er mit einer Institution einen Lernvertrag ein. Die darin getroffenen Vereinbarungen
über Ziele, Inhalte, Arbeitsschritte und Evaluationskriterien sind Ausdruck
des Willens nach selbständigem Studium„ (Asselmeyer 1989, S. 1365).

Autodidaktisches Lernen

Das autodidaktische Lernen kann als Spielart des selbstorganisierten Lernens
gesehen werden, wobei hier die Selbstverantwortung für das Zustandekommen
der Ergebnisse noch stärker betont ist. Die Basis der gesamten Do it yourself-
Bewegung ist die positive Erfahrung, dass ich als einzelner auf der Basis bestimmter Bildungsvoraussetzungen und schon erworbener Lernstrategien in der
Lage bin, mir ohne bestallte LehrerInnen und Berater bestimmte Kenntnisse zu
beschaffen, benötigte Fertigkeiten zu erwerben und diese erfolgreich anzuwenden (learning by doing). Es gibt keine Fremdkontrolle. Ob das Lernen erfolgreich war, hängt von meiner eigenen Einschätzung ab.

Autonomes bzw. selbstbestimmtes Lernen

Unter all den programmatischen Begriffen mit der Vorsilbe 'Selbst' genießt die
Selbstbestimmung (Autonomie) als Unabhängigkeit vom Einfluss anderer und
als Gegenbegriff zur Fremdbestimmung einen hohen Rang. Im Zusammenhang
pädagogischen Denkens wird der Begriff vor allem benutzt, um den Gegensatz
zu einer von autoritärer Erziehung und Sozialstruktur bestimmten Lebenssitua-
tion zu kennzeichnen.

Die deutschen Übersetzungen des griechischen Wortes *autonomia*, nämlich
«Selbstbestimmung, Selbstgesetzgebung und Eigengesetzlichkeit», sind direkt
auf den Wortgebrauch in der griechischen Antike, in der der Begriff eine zentrale
politische Kategorie war, bezogen. So forderten die griechischen Stadtstaaten etwa seit der Mitte des 5. Jahrhunderts Autonomie als politische Selbständigkeit
und insbesondere als das Recht, über ihre inneren Angelegenheiten unabhängig
von einer anderen Macht zu bestimmen.

In der Neuzeit gewann der Autonomie-Begriff insbesondere in der Philosophie
Immanuel Kants eine zentrale Bedeutung: Hier steht er für die Möglichkeit und
Aufgabe des Menschen, sich durch sich selbst in der Eigenschaft eines Vernunfts-
wesens zu bestimmen. Der Autonomie-Gedanke – Selbstgesetzgebung durch
Vernunft – richtet sich bei ihm als Aufgabe und Programm gegen jede Art gesell-
schaftlicher Fremdbestimmung:

Wenn Soziologen heute von personaler Autonomie im Sinne von Individualität,
Spontaneität, persönlicher Selbstbestimmung usw. sprechen, dann diskutieren
sie diesen Begriff vorwiegend vor dem Hintergrund ihrer Bedrohung durch gesellschaftliche Zwänge. H. P. Dreitzel (1972) spricht von einem grundsätzlichen

Widerspruch der modernen Gesellschaft: Sie mute dem einzelnen Anpassung und Autonomie zugleich zu. Autonomie meine nicht die Allmachtsvorstellung, mit jeder Situation fertig werden zu können. Solle der Begriff einen Sinn haben, dann müsse er mit dem Selbstbewußtsein zugleich auch kritisches Bewußtsein umfassen.

Zum Kritiker des traditionellen Autonomie-Verständnisses wird der amerikanische Sozialwissenschaftler Richard Sennett (1985). Er macht deutlich, dass zwar in den Naturwissenschaften Autonomie soviel wie autark (unabhängig) sein bedeute, dass es eine solche Autarkie jedoch im gesellschaftlichen Leben nicht gebe.

Unter der Perspektive der Subjekt-Objekt-Dialektik (der Mensch als Zweiheit in der Einheit – Objekt und Subjekt zugleich) erscheint Autonomie als normativer Wert, der in reiner Vollendung nie erreicht werden kann. Das lateinische Adjektiv „subiectus" bedeutet „unterworfen, unterlegen, untertan". Von dieser Tradition her ist das Subjekt stets das Unterliegende, das Preisgegebene. Das Unterworfensein der äußeren Natur (genetische Vorgaben; Sterblichkeit), der inneren Natur (Triebängste und Triebwünsche) und der sozialen Welt (Anpassungsdruck) gegenüber ist und bleibt nicht total. Der Mensch widersetzt sich der bedrückenden Welt des Vorgegebenen. Er ist erkenntnis- und handlungsfähig, unterworfen und doch frei: Die Freiheit, die er sich handelnd nimmt, ist Ergebnis seiner Selbstreflexivität und der sie bestimmenden *Bildung*. Dem traditionellen Verständnis von Bildung als Formen, Gestalten, Erziehen wird hier die aufklärerische Tradition entgegengesetzt, Bildung als Selbstdenken und Selbstschöpfung zu verstehen. Beide Traditionen des Bildungsbegriffs stehen in Wechselwirkung. Kindern und Jugendlichen ist Erziehung geschuldet, um sie zur eigenständigen Entwicklung auszurüsten. Bildung als Subjektentwicklung kommt vor allem im nicht nachlassenden Versuch zustande, lebenslang lernend die Fähigkeit zur Selbststeuerung auf- und auszubauen.

Autonomes Lernen, so könnte eine Arbeitsformel lauten, meint eine größtmögliche Selbstbestimmung im Hinblick auf die Ziele, Inhalte, Lernwege und Sozialformen unter den je geltenden Bedingungen.

Da Lernen als subjektiv regulierter Vorgang begriffen wird und sich der Aspekt der Selbstbestimmung eher auf Planungs- und Entscheidungsprozesse bezieht (vgl. Dulisch 1986, S. 275), muss es in einer *Didaktik der subjektorientierten Erwachsenenbildung* nicht nur darum gehen, selbständige Aneignung inklusive Verantwortung für den eigenen Lernprozess zu ermöglichen, sie herauszufordern und in vielfältigen Rollen (als Animateur, Lotse, LehrerIn) zu begleiten, sondern als Lehrender mit der Gruppe zu einer gemeinsamen Entscheidung über alle didaktisch und methodisch relevanten Faktoren zu kommen. Dabei ist freilich der Grad der Vertrautheit mit dem neu zu Erlernenden entscheidend. Wenn es sich bei dem neu zu Erlernenden um ein für die Lerngruppe gänzlich unbekanntes Terrain handelt, ist die Gruppe auf Vorschläge zu vorläufigen Zielen durch Fachleute und LehrerInnen angewiesen. Kommt diese Einigung (*LEHR-LERNVERTRAG*; vgl. Meueler 2/1998, S. 229ff.) zur Zufriedenheit aller zustande, handelt die Gruppe autonom, indem sie als Subjekt selbst die Arbeitsbedingungen und damit das Gesetz des Handelns bestimmt, dem sie sich fortan verpflichtet fühlt. Selbstbestimmung realisiert sich in dem persönlichen Umgang der Gruppe mit den an sie herangetragenen inhaltlichen wie methodischen Vorschlägen als Handlungsimpulsen. Alle organisierten Lehr-Lern-Zusammenhänge enthalten zwar immer zugleich fremdbestimmte und selbstgesteuerte Elemente, doch geht es um die größtmögliche Selbstständigkeit aller Beteiligten.

Selbststrukturiertes Lernen

Im selbststrukturierten Lernen sind die entscheidenden didaktischen Rahmenbedingungen (Ziele, Inhalte, Erfolgskriterien) vorgegeben. Die einzige Freiheit besteht darin, sich die aufgegebenen Inhalte und die zu ihrer Aneignung notwendigen Lernschritte nach eigenem Ermessen strukturieren zu können, z.B. bei der Vorbereitung auf eine mündliche Prüfung.

Selbstgesteuertes Lernen

Der Erziehungswissenschaftler Christoph Scheilke (1982, 5., S. 49f.) definiert Lernen so: „Lernen ist ein Prozess der Aneignung von Wissen und Fertigkeiten, Einstellungen und Haltungen in aktiver Auseinandersetzung mit der eigenen Erfahrung: Weder übernimmt man Gedanken von außen, verleibt sie sich einfach ein, noch passt sich ein Individuum einfach an die äußeren Verhältnisse an. Lernen ist nicht einmal nur der wechselseitige Prozess von Übernahme und Anpassung, sondern ein aktives Neuproduzieren von Verarbeitungsmustern und Ergebnis."

Folgt man Scheilkes Definition, so ist alles Lernen, ob es nun im alltäglichen Lebensvollzug außerhalb der Berufstätigkeit oder innerhalb der beruflichen Arbeit geschieht, zu einem beträchtlichen Teil selbstgesteuert.

Schon vor fast 20 Jahren beklagte F. E. Weinert (1982, S. 99), dass der Begriff „selbstgesteuertes Lernen ständig in Gefahr sei, „zu einem vieldeutigen, schillernden und ideologieanfälligen Schlagwort zu werden". Er selbst will diese Bezeichnung nur dann zulassen, wenn in der Lernsituation Spielräume für die selbständige Festlegung von Lernzielen, Lernzeiten und Lernmethoden vorhanden oder erschließbar sind, der Lernende sich dieser Möglichkeiten bedient, folgenreiche Entscheidungen im Hinblick auf das eigene Lernen trifft und diese wenigstens teilweise handelnd realisiert. Für Weinert ist unabdingbar, dass der Lernende sich selbst zum Lehrer wird, indem er z.B. den Lernvorgang eigenständig plant, seine Lernfortschritte überprüft und sich die benötigten Informationen beschafft, dies alles im subjektiven Bewusstsein, lernrelevante Entscheidungen selbst gewollt und Lernaktivitäten persönlich verursacht zu haben. (Weinert 1982, S. 102f.; vgl. Dulisch 1986, S. 264).

In keinem anderen Ausbildungsverlauf hängt dessen Erfolg so sehr vom selbstgesteuerten Lernen ab wie an der Hochschule.

Holzkamp verwirft das Konzept einer möglichst weitgehenden „Selbststeuerung
bzw. -regulierung des Lernens". Es handele sich dabei um „ein strategisches
Konzept *in der Hand des Lehrers* (...), der den Schülerinnen/Schülern die
Selbststeuerung/Selbstregulierung ihres Lernens zur Optimierung seiner Lehr-
aktivitäten gewährt und damit prinzipiell *wieder zurücknimmt*" (Holzkamp
1993, S. 416).

Cirka ab 1998 wird der Programmbegriff „Selbstgesteuertes Lernen" mit seinem
Flair von Selbstbestimmung wieder aus der Versenkung geholt, jetzt als General-
formel für alles computergestützte Lernen. Bei dieser zur Zeit wie eine Heilsleh-
re propagierten „Neuen Lernkultur" geht es im Kern um „Selbstinstruktion"
(Schäffter 1999, S. 162) mittels der Neuen Medien (wie z.B. computer based
trainings oder Internet); dies im Zusammenhang von organisierten Qualifizie-
rungsprozessen, aber auch im informellen Lernen im Alltag. Die Machtlinie verläuft im Zusammenhang betrieblicher Weiterbildung so, wie von Holzkamp beschrieben: Qualifizierungsziele, Inhalte und Ergebnisse der auferlegten Selbstinstruktion sind hier vorgeschrieben. Selbststeuerung kommt zumeist nur in der
Wahl von Ort und Zeit (vor und nach der Arbeitszeit) zustande. In den übrigen
Zusammenhängen computerunterstützten Lernens (in Internet-Cafés; in vielfältigen Experimentalformen in der allgemeinen EB/WB) sind die Übergänge zum
selbstbestimmten Lernen im Alltag fließend.

„Selbstinstruktion" via Internet kann nicht automatisch mit erfolgreichem Lernen als nachhaltiger Aneignung gleichgesetzt werden. Sie ist allenfalls *ein* Element in diesem Prozess, vermindert um den Faktor menschlicher Begegnung.
Der Umfang dessen, was umfassend durch Selbstinstruktion erfahren werden
kann, ist begrenzt. So gibt es z.B. in der Mathematik unumstrittene wissenschaftliche Sätze, ob es sich nun um natürliche Zahlen, Wahrscheinlichkeitsrech-
nung, Algebra oder euklidische Geometrie handelt. Sie sind verfasst in einer eigenen Sprache, die auf der ganzen Welt akzeptiert ist. Diese Wissenschaft selbstgesteuert lernen zu wollen, ist unmöglich, wie es auch undenkbar erscheint, dass
Juristen, Chirurgen, Fußballspieler usw. per Internet ausgebildet werden
können.

Die alten Damen und Herren, die im August 2000 in den Doppeldeckerbus auf
dem Darmstädter Luisenplatz drängen, in dem ihnen „Schnupperkurse rund
ums Internet" angeboten werden, sind an solchen komplexen Lernvorhaben
nicht interessiert. Sie wollen das Chatten lernen, per Internet eine Reise nach
Honolulu buchen und dem Enkel eine e-mail schicken (Darmstädter Echo vom
29. August 2000, S. 11).

4.2 Lernen via Internet als selbstgesteuertes Lernen

Lernen am Computer, Bildung via Internet – davon hängt die Zukunft unserer „Wissensgesellschaft" ab!

Dass dieses Bekenntnis landauf, landab von Wirtschaft, Regierung und Wissenschaft in seltener Eintracht verkündet wird, macht misstrauisch. Im Folgenden soll dieses Misstrauen, bezogen auf das Handlungsfeld 'Erwachsenenbildung/ Weiterbildung' (EB/WB), begründet werden.

Die Ausgangslage

Zurzeit sind verschiedene sich wechselseitig verstärkende Trends zu beobachten:

Siegeszug des Internet

Der *Markt der Informations- und Kommunikations-Medien (IuK-Medien)* boomt mit ungewöhnlichen Zuwachsraten. Seit vier Jahren wird von immer mehr Personen das *Internet* als unerschöpfliche Quelle von Information und Unterhaltung genutzt. Diese Form der Kommunikation ist von Zeit und Ort unabhängig. Personen außerhalb des eigenen Bekanntenkreises und Arbeitszusammenhangs können weltweit erreicht und in Diskussionen einbezogen werden.

Ryszard Kapuscinski, der zum polnischen Reporter des Jahrhunderts gewählt wurde, merkt in einem Interview im August 2000 zum Internet an: „Wir werden gerade Zeugen eines machtvollen Versuchs des großen Kapitals, der großen Medien-Netzwerke, einen neuen Mythos zu schaffen: Es ist die Utopie einer Revolution durch die neuen elektronischen Kommunikationsmittel. Ihr Inhalt ist der Glaube, mit den neuen technischen Mitteln die sozialen Probleme der Menschheit lösen zu können. Und weil es so einen starken Druck und so viele Mittel der Manipulation gibt, glauben das auch viele Menschen" (Kapuscinski 2000, S. 4).

Wandel der Arbeit und der betrieblichen Weiterbildung

Die Arbeit und die Arbeitsgesellschaft haben sich gewandelt. Nach André Gorz (2000, S. 609 ff.) gilt unmittelbare, abstrakte Arbeit nicht mehr als Quelle des Reichtums oder der Wertschöpfung. Seiner Einschätzung nach ist sie als entscheidende Produktivkraft vom 'Wissen' abgelöst worden. Dies ist sowohl das in Computern angehäufte, sofort und allerorts abrufbare, prinzipiell zugängliche tote Wissen, wie auch das lebendige Wissen der Menschen, einschließlich des Forschungsstandes der Wissenschaft. Die Anwendung des Wissens kann als Arbeit gelten, sein Umfang und die Fähigkeit, es anzuwenden, können als fixes Kapital angesehen werden. Es ist praktisch unmöglich zu bestimmen, wo die Arbeit anfängt und wo sie aufhört, was zu ihr gehört und was zur Nicht-Arbeitszeit. Die Zeit, die wir brauchen, um Wissen und Kenntnisse zu erwerben und zu erweitern, unsere Fähigkeiten möglichst allseitig zu entfalten, kann als 'mittelbare' Arbeit gelten, da sie ja für die Produktivität der unmittelbaren Arbeit ausschlaggebend ist und sogenanntes 'menschliches Kapital' – Wissenskapital, das mit fixem

Kapital gleichgesetzt werden kann – herstellt. Tendenziell befinden wir uns alle in der Lage von Künstlern, die für die Einübung und Vorbereitung ihrer bezahlten öffentlichen Aufführungen viel mehr Zeit brauchen als für diese selbst. Dass Wissen, *knowledge*, und nicht mehr unmittelbare Arbeit zur wichtigsten Form des fixen Kapitals wird, hat die Konsequenz, dass die Arbeiter mit dem 'nicht-greifbaren Kapital' ihres Wissens zu 'Selbstunternehmern', 'Selbstvermarktern' werden.

Luc Boltanski und Ève Chiapello (2000) beobachten, dass der Kapitalismus in seinen aktuellen Formen dazu tendiert, *Autonomie* in der Form einzugrenzen und zurückzunehmen, dass sie nicht mehr als Chance oder als Recht dargestellt wird. Sie wird den Beschäftigten heute vielmehr *abverlangt*. Diese Form der Autonomie ist eine erzwungene, keine selbstgewählte und kann daher kaum als Ausweis von Freiheit gelten. Wenn aus Lohnempfängern frischgebackene Unternehmer (z. B. aus Werks-Fahrern selbstverantwortliche Subunternehmer) werden, bleibt doch die Unterordnung erhalten. Sie wird durch das Hinüberwechseln vom Arbeitsrecht ins Handelsrecht lediglich verschleiert. Die Tatsache, dass die Autonomie im Austausch gegen die Übernahme erhöhter Verantwortlichkeit oder im Kontext einer allgemeinen Umgestaltung der Arbeitsformen zugestanden wird, führt zu dem Paradox, dass die Lohnabhängigen *gleichzeitig größere Autonomie und vermehrte Zwänge* erfahren.

All diese Entwicklungen samt den sich verstärkenden Risiken wirtschaftlicher Globalisierung wirken sich auf die *betriebliche Fort- und Weiterbildung* aus.

Für 1998 wurden z. B. 34,3 Milliarden Mark an Kosten für die betriebliche WB seitens der deutschen Wirtschaft angegeben, knapp eine halbe Milliarde mehr als 1995 (vgl. Buschek 2000, S. 28). Ununterbrochen wird daran getüftelt, wie diese Kosten zu senken sind und gleichzeitig der Qualifikationsstandard gehalten und noch gesteigert werden kann. Die verstärkte Nutzung von 'Bildungssoftware' zur „selbstgesteuerten Nutzung" durch die Arbeitnehmer scheint des Rätsels Lösung zu sein. Die bislang betrieblich verantwortete Fortbildung wird zur ureigensten Privatangelegenheit der Lohnabhängigen erklärt, womit sich die Lohnabhängigen wie Künstler behandelt sehen, die für ihre bezahlten Auftritte unentwegt üben und Neues dazu lernen müssen. Die arbeitsfreie Zeit verwandelt sich zur Qualifizierungszeit im Selbststudium, *selbstorganisiertes Lernen wird abverlangt*. „Weiterbildung wird immer mehr als eine Bringschuld des Arbeitnehmers (...) angesehen" (Weiß 1999, S. 305f.).

Damit gilt für Gerhard Fischer von der University of Colorado, Boulder, die Unterscheidung zwischen Arbeiten und Lernen als aufgelöst: „Wir lernen, indem wir versuchen etwas zu erledigen und dann stecken bleiben. Um zu lernen, müssen wir wirklich stecken bleiben, und wenn wir stecken bleiben, sind wir dazu bereit, die entscheidende Information aufzunehmen". Daher sei „selbstgesteuertes Lernen" als Reaktion auf Zusammenbrüche am Arbeitsplatz („Breakdowns") das vielversprechendste Modell, um den Anforderungen des lebenslangen Lernens gerecht zu werden (Fischer 1999, S. 108 f.)

Um das schwer erreichbare Ziel einer im Wissensstand und in der Kompetenzentwicklung sich ständig den betrieblichen Notwendigkeiten selbst anpassenden Mitarbeiterschaft zu erreichen, müssen technische Möglichkeiten zur *Selbstinstruktion* entwickelt und auf dem neusten Stand gehalten werden. Bislang (Mitte 2001) sind es nur einige Protagonisten unter den Unternehmen, Banken etc., die in breiterem Umfang *IuK-Medien in der betrieblichen WB* einsetzen. So hat z. B. die Volkswagen Wolfsburg AG in einer eigens ausgegliederten neuen Gesellschaft, der Volkswagen Coaching GmbH in Wolfsburg, alle Fort- und Weiterbildungsmaßnahmen der VWAG konzentriert. Schon 1992 wurde im Hauptwerk in Wolfsburg ein „Selbstlernzentrum" mit 22 Arbeitsplätzen in vier Räumen installiert, dem 1996 weitere in den Werken Kassel und Hannover folgten. Die beliebtesten Lernprogramme sind solche zu PC-Anwendungen, zu Grundlagen der Betriebswirtschaftslehre, zu Teamführung und Arbeitstechniken. Jeder Mitarbeiter der VWAG kann diese Einrichtung kostenfrei nutzen, jedoch *nur vor oder nach der Arbeitszeit*. Soll dies während der Arbeitszeit geschehen, ist die Genehmigung durch den direkten Vorgesetzten vonnöten. In den Lernzentren sind durchgehend „Lerncoaches" anwesend, die offene Fragen beantworten. Neben diesen „Lernzentren", die durch ein „Qualimobil", einen Transporter mit Computern und interaktiven Multimediasystemen, ergänzt werden, läuft der normale Fortbildungs-Betrieb mit Seminaren und Vorträgen, der auf Dauer ungleich teurer kommt, weiter. „Vergleichbare Schulungen mit PC-Programmen kosten nur knapp die Hälfte von Präsenzkursen", meint Lothar Peter, Manager der Volkswagen Coaching GmbH (com!online 8/2000, S. 28). Auch in anderen Großunternehmen gibt es eine Fülle computergestützter Qualifizierungsprogramme, die meiner Beobachtung nach alle darauf abgestellt sind, dass der einzelne Lohnabhängige die ihm vom Betrieb je nach Produktionsstand abverlangten Kompetenzen in selbständiger Organisation erwirbt. Man kann von einer regelrechten Bewirtschaftung des Arbeitsvermögens sprechen, wenn sich der einzelne Arbeitnehmer in kurzen Abständen immer wieder formalisierten Verfahren der Selbsteinschätzung und korrespondierender Fremdeinschätzung des je aktuellen betriebsrelevanten Wissens unterziehen muss, um die aus dem Vergleich von „Ist-Zustand" und „Soll-Zustand" ermittelte Lücke an Wissen und Fertigkeiten („skillgap") mittels maßgeschneiderter computerunterstützter Lernprogramme dann so schnell wie möglich aus eigener Anstrengung zu schließen.

Regierung als Markttreiberin

Die derzeitige *neoliberale Regierung* setzt ganz bewusst auf die neuen IuK-Technologien, insbesondere das globale Massenmedium 'Internet'. Der Ehrgeiz scheint darin zu bestehen, sowohl in der Produktion, wie im Vertrieb und vor allem in der Nutzung der neuen Medien mit den Ranglisten-Ersten gleichzuziehen. So wurde in der Koalitionsvereinbarung vom 20.10.1998 ausdrücklich festgelegt, die „Nutzung und Verbreitung moderner Informations- und Kommunikationstechnologie in der Gesellschaft" fördern zu wollen.

Im Rahmen des Aktionsprogramms der Bundesregierung „Innovation und Arbeitsplätze in der Informationsgesellschaft des 21. Jahrhunderts" konkretisiert das Bundesministerium für Bildung, Wissenschaft, Forschung und Technologie die Koalitions-Vereinbarung folgendermaßen: „Das BMBF verfolgt im Rahmen des Programms 'Neue Medien in der Bildung' das Ziel, dass Deutschland bis zum Jahr 2005 eine weltweite Spitzenposition bei der Nutzung von Bildungssoftware erreicht."(Bundesministerium für Bildung und Forschung 2000, S. 1). Die Bundesministerin für Bildung und Wissenschaft, Edelgard Buhlmann: „Die Ausbildung via Internet wird in Zukunft normal sein (...) Deswegen müssen wir die Lehr- und Lernmethoden an Schulen und Universitäten an die Möglichkeiten des schnellen Netzes anpassen." Die Bundesregierung wolle daher, hieß es in einer Verfügung, bis 2005 insgesamt 400 Millionen DM für die Entwicklung von Lern-Software bereitstellen (vgl. Buschek 2000, S. 28).

Ohne dass bislang irgendwelche einleuchtenden pädagogischen Konzepte für den Computer-Einsatz in der pädagogischen Arbeit im Blick wären, legt Anfang August 2000 die Bundesministerin noch einmal nach: Mit der Forderung, jeder der zehn Millionen deutschen Schüler solle bis zum Jahr 2006 über einen eigenen Laptop verfügen, verbindet sie die Ankündigung, bis 2004 werde die Regierung im Rahmen ihrer „Informationstechnischen Offensive für Bildung" zugunsten von Schulen, Universitäten und der beruflichen Weiterbildung insgesamt nicht nur 400, sondern 750 Millionen Mark investieren (vgl. Darmstädter Echo vom 10.8.2000, S. 1). Die Ministerin schlägt angesichts der Kosten von rund 88 Milliarden Mark, die für die Ausrüstung von rund 10 Millionen Kindern und Jugendlichen in Deutschland mit Laptops benötigt würden, eine 'Public-Private-Partnership', eine finanzielle Zusammenarbeit zwischen der Industrie und Staat bzw. Kommunen, vor (die tageszeitung vom 10.8.2000, S. 6).

Die Absicht der Bundesregierung, möglichst große Bevölkerungsschichten an das Internet heranzuführen (so die Bundesministerin am 9. August 2000 in Berlin), der hohe Einsatz von Steuermitteln, das regierungsamtliche Drängen, dass Schulen, Hochschulen, die Betriebe und die Träger öffentlicher EB/WB Computer akzeptieren, kaufen und Modelle eines halbwegs sinnvollen Einsatzes in der Bildungsarbeit ersinnen, kann als massive Intervention in der „stetigen Angleichung des pädagogischen an den Produktionssektor im entwickelten Kapitalismus" (McLaren 2000, S. 48) bezeichnet werden.

Das Bundesministerium für Bildung und Forschung lässt seine Unterstützungskampagne für die Produktion, Anschaffung und gezielte Verwendung der neuen Medien vor allem im Bereich der betrieblichen Weiterbildung, aber auch der all-

gemeinen EB/WB als Teil einer wirtschaftspolitischen Strategie unter dem vermeintlich emanzipatorischen Titel *„Selbstgesteuertes Lernen"* laufen. Die Kampagne wird als Innovation proklamiert, unterstützt von einer ganzen Reihe von
Wissenschaftlern, die sich an Universitäten, Fachhochschulen und privaten Insti-
tuten mit dem Lernen von Erwachsenen beschäftigen. Sie kritisieren nicht die
bewusste neoliberale Umdeutung klassischer Kategorien der Selbstbestimmung,
sondern behaupten, mit dieser „neuen Lernkultur" würden alte Träume nach
mehr *Selbstbestimmung der Lernenden* realisiert. Sie bemühen sich erfolgreich
um Projektmittel für Begleitforschung der vom Bundesministerium geförderten
Projekte und für eigene Experimente in diesem zukunftsorientierten Sektor.

Viele *Institutionen der allgemeinen EB/WB* steigen bereitwillig auf die saftigen
Unterstützungs-Angebote des Ministeriums ein, um angesichts ständig schwin-
dender öffentlicher Zuschüsse ein möglichst großes Stück vom dargereichten
Kuchen zu ergattern. Sie versprechen die Umwandlung herkömmlicher Bil-
dungseinrichtungen in „Selbstlernzentren", „Kompetenzzentren", mögen diese
Bezeichnungen auch noch so marktschreierisch klingen wie inhaltlich unerfüll-
bar sein.

Diffamierung der herkömmlichen Erwachsenenbildung

Günther Dohmen hat bislang für das Bundesministerium für Wissenschaft und
Bildung die ersten großen Konferenzen der Kampagne „Selbstgesteuertes Lernen" geleitet und ministerielle Dokumentationen federführend herausgegeben.
Er hat sich an vielen Orten zu diesem Thema geäußert; dies leider auch so, dass
er die herkömmliche EB/WB, aus der er selbst kommt, massiv herabsetzt: „Ein
latentes Misstrauen gegen die von unklaren fremden Interessen bestimmten Ver-
mittlungen und Deutungen und gegen fremdgesteuerte Lernangebote führt zum
eigenen Nachfragen, zum stärker selbstgesteuerten Lernen" (Dohmen 1999,
S. 64). Er unterstellt den Weiterbildungsinstitutionen „vorgegebene lineare
Lernwege" (a. a. O. S. 65), spricht von „systematisch-linearen schrittweise wei-
terführenden Ex-cathedra-Darlegungen", „Meinungsvermittlung" und von
„wachsenden, nicht immer klar bewussten und bisher von Pädagogen und An-
dragogen oft vernachlässigten Zweifel(n) mündiger Erwachsener an den ihnen
vorgesetzten Lehren, Meinungen, Programmen und Handlungsrezepten"
(a. a. O. S. 66). Es gelte, „das Selbstvertrauen der Lerner und Lernerinnen gegen professionelle Bedenkenträger zu stärken" (a. a. O. S. 67). Mit dem Pathos
eines Erlösers verkündet er, auf dieser neuen „Stufe der Emanzipation des Menschen" werde „eine Monopolstellung vorgesetzter Autoritäten und eine entmün-
digende Abhängigkeit der Laien und 'Ungebildeten' aufgebrochen".(a. a. O.
S. 78). Heute erweise sich grundsätzlich „ein Wandel vom betreuenden zum
mehr aktivierenden Staat als notwendig". Das bedeute für die Weiterbildung
„die Notwendigkeit einer Schwerpunktverlagerung von der Konsumentenver-
sorgung zur Aktivierung der Menschen zum Selbstlernen", um dann sofort das

Gesagte leicht einzuschränken: Das Lernen solle beileibe „nicht von den Lernenden ganz unabhängig selbst gestaltet werden (...), – das würde zu viele Menschen überfordern –, sondern die Lernenden ((sollten)) gezielt dazu motiviert und befähigt werden, ihre Lernprozesse und die Einbeziehung organisierter Lernangebote, Medien und Lernhilfen im Hinblick auf ihre Ziele und Bedürfnisse bewusster selbst zu 'steuern'" (a. a. O. S. 79).

Detailskizze: Selbstgesteuertes Lernen in Selbstlernzentren

Die bislang erprobten und veröffentlichten Modelle „selbstgesteuerten Lernens" kommen nicht ohne *AnleiterInnen*, die zumeist als „*LernberaterInnen*" bezeichnet werden, aus. In „Selbstlernzentren mit LernberaterInnen", verstanden als eigens organisierte Lerngelegenheiten, werden den Internet-NutzerInnen wie den LernberaterInnen neue situationsspezifische Rollen, die asymmetrisch verteilt sind, und neu zu erlernende Handlungsmuster zugeschrieben. Die hier zu bewältigenden Situationen erfordern ein Regelsystem, auf das sich die Beteiligten zu einigen haben und das so klar und allen bewusst sein muss, dass sie ihr wechselseitiges Handeln daran orientieren können.

Die jetzt schon erkennbaren *strukturellen Widersprüche des Modells „Selbstlernzentren mit Lernberaterinnen"* seien im Folgenden benannt:

Beratung – ein vollmundiges Versprechen

Nach heutigem Verständnis ist die uns allen vertraute Interaktionsform 'Beratung' eine Form hilfreicher Kommunikation, mit anderen zusammen zu überlegen, was zu tun ist, jemanden mit spezifischer Lebenserfahrung oder bestimmten Kenntnissen um Rat zu fragen, aber auch selbst auf Bitten Dritter einen Rat zu erteilen.

Die/derjenige, die/der in einem solchen „Selbstlernzentrum" (welch ein unsinniger Begriff, da doch *alles* Lernen „Selbstlernen" ist) oder einem „Internet-Café" nach Informationen sucht, kommt aus ganz unterschiedlichen Gründen, die von erlebter Einsamkeit, Neugierde über Orientierungsprobleme bis zu einer individuellen Notlage reichen können. In jedem Falle soll zur Bewältigung der Ratlosigkeit fremdes Wissen in Anspruch genommen werden. Beratung kommt nur zustande, wenn sich der/die Ratsuchende ohne Mitwirkung der LernberaterIn nicht in der Lage sieht, entweder technisch und/oder inhaltlich das Medium 'Internet' oder vorhandene CD-Roms zufriedenstellend zu nutzen.

Die LernberaterInnen stehen in einem „Selbstlernzentrum", ausgestattet mit einigen PCs mit Internet-Anschluss, als Service-Kräfte zur Verfügung. Sie beraten die potenziellen Internet-NutzerInnen je nach Bedarf als Internet-ExpertInnen. Sie erklären ihnen technische Abläufe, Möglichkeiten und Begrenzungen dieser Form von Informationsbeschaffung. Sie sprechen bestimmte Empfehlungen aus, die sich als zweckdienlich ergeben haben.

Zum anderen wollen sich die Internet-NutzerInnen aber auch mit den BeraterInnen gemeinsam über offene inhaltliche Fragen beraten.

Sollen die „LernberaterInnen" ihre Funktionsbezeichnung zu Recht tragen, ist ihrerseits eine breit gefächerte Handlungskompetenz vonnöten: Sie müssten verfügen über unabdingbare und selbstverständliche Grundhaltungen bestimmten Problemkonstellationen gegenüber, über soziologische Phantasie und ein ganzes Repertoire konkreter Beratungsmethoden.

Beratungs-Kompetenz in sozial-emotionaler Hinsicht inklusive Erfahrungen damit, wie ein Beratungsgespräch zu führen ist, muss schon vor dieser Tätigkeit bei den LernberaterInnen als ganz selbstverständlich gehandhabte Alltags-Kompetenz gewachsen sein; durch Crash-Kurse an zwei, drei Wochenenden ist sie nicht erlernbar. Der Respekt vor der Autonomie des Ratsuchenden als erkennendem und fühlendem Subjekt sollte selbstverständlich sein und die Zielrichtung der hier stattfindenden Interaktion sollte allgemein als 'Hilfe zur Selbsthilfe' beschrieben werden.

Die Inhalte der Beratung wechseln. Zumeist geht es wohl um *technische Fragen der Bedienung des Computers*, um den Einstieg in das Internet, die Benutzung von Suchmaschinen, das Herunterladen verfügbarer Informationen etc. Vor allem aber geht es um die *Glaubwürdigkeit und die Interpretation der aufgefundenen Texte und Daten*. In beiden Fällen geht es um informationsgestützte Beratung: Während im ersten Fall die benötigten technischen Informationen in ihrem Umfang abschätzbar und in etwa gleichbleibend sind, so dass die BeraterInnen ein Ensemble immer wieder kehrender Ratschläge und Regeln entwickeln können, geht es im zweiten Fall um ein risikoreiches Einhandsegeln über den weiten Ozean aller nur denkbaren Themen, deren Aufbereitung in den aufgefundenen Texten von den NutzerInnen wie den BeraterInnen verstanden oder auch missverstanden werden können.

Hier liegt die entscheidende Schwachstelle des Konzepts „Lernzentren mit LernberaterInnen". Sicherlich können die LernberaterInnen hier und da mal inhaltlich ein wenig improvisieren und bluffen, aber aufs Ganze gesehen sind professionelle fachliche Voraussetzungen und Erfahrungen unabdingbar. Die erwartet man ja auch, wenn man Immobilienberater oder EheberaterInnen aufsucht.

Informationen als Rohstoff

Im Normalfall eines zu Hause anhand von Literatur vorbereiteten traditionellen EB-Seminars hat der/die ErwachsenenlehrerIn über das zugrundeliegende Problem bzw. die Fragestellung gründlich nachgedacht, hat sich dazu kundig gemacht und aus der nicht begrenzbaren Fülle vorhandenen Wissens und vorhandener Erkenntnisse eine Auswahl getroffen, was zur Erschließung des Sachverhalts sowohl als elementar wie auch als fundamental erscheint. Diese Reduktion der Komplexität des Gegenstandes ist die eigentliche professionelle systematische Leistung. Er/sie hat, falls ein Text als hilfreiches Medium der gemeinsamen Arbeit sinnvoll erscheint, diesen gründlich gelesen und didaktisch reflektiert.

Jetzt ist die Lehr-Lern-Situation eine ganz andere. Der Kompetenzvorsprung der/des BeraterIn hat sich verengt auf eine allenfalls – falls überhaupt je in befriedigender Form erreichbare – technische Medienkompetenz. Die Gestaltungshoheit liegt nicht mehr bei der Fachfrau/dem Fachmann, sondern bei den NutzerInnen des Internet, was die Komplexität des Beratungshandelns ansteigen lässt. Die Komplexität der Wirklichkeit, notdürftig und oft eher zufällig systematisiert im gesellschaftlichen Wissen, ist nicht mehr von einer kundigen Mittlerin für Kopf, Herz und Hand einer je spezifischen Gruppe reduziert und zugänglich gemacht, sondern bietet sich in der Zufälligkeit und Beschränktheit der Texte und Informationen dar, die von irgendwem mit einer im einzelnen schwer einschätzbaren Güte zu der ausgewählten Thematik ins Netz gestellt worden sind. Mit der über Internet erhältlichen Information, auch dann, wenn sie heruntergeladen werden kann, ist längst noch kein eigener Lernfortschritt zu verzeichnen. „Mit Suchmaschinen allein fällt Surfern das Lernen so leicht wie Schülern, die man in eine Bibliothek einsperrt" (Buschek 2000, S. 29). Clifford Stoll, einer der berühmtesten Internet-Pioniere: „Das Internet verwandelt unsere Kinder in Leute, die glauben, dass mit dem Zugang zu Informationen automatisch das Verstehen der Dinge einhergeht" (Stoll 1999, S. 304).

Überforderungs-Erlebnisse

Um fachlich seriös beraten zu können, müssten die LernberaterInnen die von den NuterInnen aufgefundenen Informationen kritisch prüfen können und zu verstehen versuchen. Dies ist sowohl aus zeitlichen wie inhaltlichen Gründen kaum zu schaffen. Wie in jedem Präsenz-Seminar oder einem traditionellen Beratungsgespräch müsste das Verstehenwollen sowohl auf den/die Ratsuchende(n) und sein/ihr zu lösendes Problem wie auf die im Internet gefundenen Informationen gerichtet sein. Sowohl das verstehende Zuhören wie auch das Mitlesen der aufgefundenen Texte bliebe bei allem Engagement gleichwohl immer selektiv, womit die/der BeraterIn mit den eigenen Deutungsmustern bewusst oder unbewusst zum aktiv modellierenden MitgestalterIn der angestrebten Verstehensvorgänge würde.

Das Projekt „Selbstlernzentren mit LernberaterInnen" ist m. E. zum Scheitern verurteilt, wenn nicht eine *ganz bewusste Begrenzung der Rollenanforderungen* vorgenommen wird.

Robert Musil beschrieb eine vergleichbare Situation in seinem Fragment gebliebenen Hauptwerk „Der Mann ohne Eigenschaften" (1940–43, 3 Bde.): General Stumm besorgt sich einen „Eintrittsschein" zur Wiener Hofbibliothek und geht mit dem Bibliothekar die Bestände ab. Des Generals Idee, dort jeden Tag ein Buch zu lesen, um mit dem so erworbenen Wissen „dann eine gewisse Position im Geistesleben ((zu)) beanspruchen", erweist sich als undurchführbar, denn er erfährt, dass die Bibliothek dreieinhalb Millionen Bände enthält, womit sein Vorhaben zehntausend Jahre beanspruchen würde. Der General fragt den Bibliothekar, wie er es schaffe, in diesem unendlichen Bücherschatz immer das richtige Buch zu finden. Daraufhin der Bibliothekar, „was der General denn zu wissen wünsche". Der nennt eine Fülle von Leseinteressen, woraufhin ihn der Bibliothekar ins Katalogzimmer führt, um ihn dort allein bibliographieren zu lassen. Dem General wird bei dieser Vorstellung unheimlich. Er packt den Fachmann am Jackett: „ Herr Bibliothekar, (…) Sie dürfen mich nicht verlassen, ohne mir das Geheimnis verraten zu haben, wie Sie sich in diesem (…) Tollhaus von Büchern selbst zurechtfinden." – „Herr General (…), Sie wollen wissen, wieso ich jedes Buch kenne? Das kann ich Ihnen nun allerdings sagen: Weil ich keins lese! (…) Wer sich auf den Inhalt einlässt, ist als Bibliothekar verloren! (…) Er wird niemals einen Überblick gewinnen!" (…) Der General fragt ihn atemlos: „Sie lesen also niemals eines von den Büchern?" —— „Nie; mit Ausnahme der Kataloge." (Musil 2/1981, S. 460–462)

Man stelle sich eine(n) Professor/in vor, die/der lediglich wüsste, wie man in der Instituts- oder Uni-Bibliothek Bücher und Aufsätze findet, sich aber zu keinem der aufgestöberten Inhalte fachlich seriös äußern könnte. Sie/er wäre untragbar. Von LernberaterInnen, die aus den beschriebenen Gründen nur technische Auskünfte zur Internet- und CD-Rom-Nutzung geben können, wird dagegen in vielen Veröffentlichungen leichtfertigerweise behauptet, dass sie die professionelle Seite zukünftiger EB/WB repräsentieren.

Die Vorstellung, mit solchen „Selbstlernzentren" die Sozialformen der traditionellen EB/WB abzulösen, bleibt also pures Wunschdenken von Technokraten.

Um die hier beschriebene Funktion ausüben zu können, ist ein Pädagogik-Studium im klassischen Sinne entbehrlich. Würde sich die Erwachsenenpädagogik ganz auf die Neuen Medien kaprizieren, würde sie mit dieser „fetischhaften Bevorzugung instrumenteller und digitalisierter Verfahren" (Heinrichs 2000) ihre eigenen Ressourcen des Wissens um die komplizierten Bedingungen des Lernens Erwachsener zerstören und in Kauf nehmen, dass die Wissenschaft vom Lernen und von der Bildung Erwachsener verschwindet.

Lernberaterinnen als lebendes Zubehör zum PC

Ebenso, wie die von den bisherigen Bildungsinstitutionen jetzt mit hohen Kosten eingerichtete Medien-Räume überflüssig werden, sobald die Internet- InteressentInnen alle einen PC mit Internet-Anschluss zu Hause installiert haben und dort nutzen, kommen die LernberaterInnen nur solange ins Spiel, solange die an der Computer-Nutzung Interessierten am bislang noch bestehenden institutionellen Ort des „Selbstlernzentrums" aus eigenen Kräften nicht weiter wissen. Solange fungieren die LernberaterInnen als lebendes Zubehör zu den benutzten Maschinen. Sie müssen Fragen beantworten, vor allem der folgenden Art:

Wie komme ich ins Internet und wie wieder heraus?

Was bedeuten all die rätselhaften englischen wie deutschen Begriffe und Buchstaben des Cyber Slang?

Wie schreibe, versende und empfange ich „e-mails"?

Wie klappt „Vernetzung" technisch?

Wie gehe ich mit „Hypertexten" um?

Wie klappen „interaktive Programme" im Gegensatz zu „linearen Programmen"?

Wie richte ich „chat-rooms" ein?

Die als Autonomiegewinn verkaufte Individualisierung des Lernens via Internet in „Selbstlernzentren" führt zu einem *massiven Widerspruch*: Autonomes Lernen bedarf eines intensiven Vorlaufs an Kompetenzentwicklung, die sich nicht einfach im Ausprobieren nach dem Versuch- und Irrtum-Prinzip entwickelt, sondern zu deren Aneignung professionelle Unterstützung, ja sogar die Anleitung durch erfahrene LehrerInnen nötig ist. Die mit dem Internet technisch gegebene Steigerung von Optionsmöglichkeiten macht unsicher, macht fachlich-inhaltliche Beratung nötig. Diese kann aber von den sog. LernberaterInnen nicht geleistet werden, es sei denn, sie bieten ganz bestimmte inhaltliche Recherchier- Kurse zum Internet an, die sie inhaltlich wie ein traditionelles EB-Seminar organisieren; nur, dass hier der inhaltliche Verlauf und der Ausgang gänzlich im Ungewissen bleiben können.

Mit der ihm/ihr eventuell von den Internet-NutzerInnen zugeschriebenen Allround-Kompetenz, zu allen nur denkbaren Themen zufriedenstellend Auskunft geben zu können, kann der/die LernberaterIn neuen Stils nicht aufwarten und steht damit für eine fachliche Auseinandersetzung außer auf ihrem zufälligerweise biographisch erworbenen eigenen Fachgebiet nicht zur Verfügung.

Die wichtigste Aufgabe, die LernberaterInnen zu leisten hätten, wäre, dazu anzuleiten, die Glaubwürdigkeit und Qualität von Informationen aus dem Internet erkennen zu können.

Sie müssten freilich Hypergelehrte sein, um sich in allen inhaltlichen Sätteln firm zu erweisen. Mit der Aufgabe, Interessierten zu zeigen, wie man ins Internet gelangt, dürften sie andererseits auf Dauer unterfordert sein. Dies können viele Zehnjährige besser als sie.

Mangel an Begegnung

Vor Jahren berichtete Walter Jens unter dem Pseudonym 'momos' in der Wochenzeitung „Die Zeit" folgendes: Eine unveröffentlichte Untersuchung des Deutschen VHS- Verbandes habe ergeben, dass über die Hälfte der Befragten nicht um der Erweiterung ihres Wissens willen die VHS besuche, sondern um dort neue soziale und emotional befriedigende Erfahrungen zu machen.

Dies ist nicht weiter verwunderlich. Subjektivität ist ohne Verhältnis zu anderen nicht denkbar. Sie ist ein soziales Ereignis. Die Realität wird durch Beziehungen vermittelt und gedeutet. Menschliche Grundbedürfnisse zielen auf Gemeinschaft, direkt erlebte Anerkennung und Anteilnahme an eigenem Leid und eigener Freude, darauf, den eigenen Namen zu hören, zielen auf gemeinsames Essen und Trinken, Tanz und Gesang, dies alles in verlässlicher Dauer und ohne Hast. Wer geht schon gerne alleine ins Kino? Wer sieht sich gerne alleine Ausstellungen und fremde Städte an? Wer verreist gerne solo?

Menschliche Bedürfnisse sind immer als Forderungen an andere gerichtet. Über PCs kann man sich zweifelsohne auf technisch neuartige Weise mittels *e-mails* und eigens eingerichteten *chat-rooms* mit anderen unterhalten, doch das wirklich befriedigende produktive Gespräch lebt meiner Erfahrung nach von der wechselseitigen Anerkennung des anwesenden anderen, der allseits eingebrachten Themen. Es lebt von der beobachtbaren Mimik, den Gesten der Beteiligten, die gedeutet werden und vielfach noch wichtiger als die ausgetauschten Wörter sind.

Subjekthaftigkeit realisiert sich stets nur in der Dialektik von angestrebter Selbstbestimmung und Angewiesensein auf andere. Kommunikation gehört zum menschlichen Lernen unabdinglich dazu. Das Lernen alleine und nur für sich, so wie es im Internet möglich ist, stellt eine Sonderform dar: „Der einzelne setzt sich mit einem Buch oder einer Situation auseinander, er denkt nach und schreibt auf. Er braucht weder Regeln noch Hilfsmittel. Aber er lernt erst wirklich, wenn er das Ergebnis mit anderen diskutiert, mit der gesammelten menschlichen Erfahrung abstimmt." „Ein einzelner kann die anderen durch Bücher oder längere Reden belehren; wirklich lernen die anderen nur, wenn sie alle Aussagen in eigene Worte, seien es Fragen oder Taten, seien es Fehler, kleiden ..." (Siefkes 1993, S. 25).

Für die je inhaltlich beliebige Kommunikation daran Interessierter gibt es im Internet *chat-rooms* und *e-mails*. In den *chat-rooms* geht es anonym zu. Die Beteiligten können jede Rolle annehmen, womit die Kommunikation ihre Verbindlichkeit, die Identitätsarbeit ihre realen sinnlichen Anknüpfungspunkte verliert und zum artifiziellen Spiel wird.

Gepriesen werden der „Informationsvorsprung", den man sich mit der Internet-Nutzung vor anderen sichere, das „just in time knowledge", also eine größere und je aktuelle Ansammlung von Informationen und der schnellere Zugriff auf Datenbestände. Wenn bloß die zeitraubende Klickerei nicht wäre ...

Wenn jetzt das Bundesministerium für Bildung, Wissenschaft, Forschung und Technologie den Trägern öffentlicher EB/WB „Selbstlernzentren" als Räumlichkeiten mit mehreren PCs samt Internet-Anschluss für ein je isoliertes Surfen im Netz und/oder als Betriebsstation zur medialen Kommunikation mit Unbekannten über e-mails und in chat-rooms abfordert, wird ein bislang ebenso selbstverständliches wie unscheinbares Element herkömmlicher EB/WB mit einem Mal zur Kostbarkeit: die sozial-emotionalen Gemeinschaftserlebnisse in der Gruppe:

- Beim Abruf von Informationen im Internet geht es immer um schon sprachlich gestaltete Ergebnisse von Nachdenken, während im Gruppenprozess gerade die Entwicklung der Gedanken beim Sprechen fasziniert.

- Bei der Kommunikation via Internet handelt sich um eine parasoziale Interaktion, da der Interaktionspartner nicht sinnlich als unmittelbares Gegenüber erlebt wird. Die Mehrfachspiegelung durch die sichtbar anwesende Gruppe und die fachlich versierte Gesprächs-Leitung fehlen.

- Was in all den seitens des Bundesministeriums veröffentlichten Erfolgsberichten zum „Selbstgesteuerten Lernen" mit „Neuen Medien" fehlt, ist das kollektiv erzeugte sozial-emotionale Vergnügen, das es bereitet, in einer Gruppe in gleicher Weise Interessierter zu arbeiten, mit denen man auch Interaktionen durchführt, die ganz alleine dem Vergnügen dienen (Vergnügen ist pure Energie!); ganz davon zu schweigen, dass man abends nach getaner Arbeit jederzeit mit den KollegInnen noch ein Bier trinken gehen kann.

Ausblick

Sich problemlos des Computers und des Internets bedienen zu können, dürfte in Zukunft zu den erforderlichen Alltagskompetenzen gehören. Von der neuen Netzwirtschaft profitiert freilich nur eine Minderheit. Der amerikanische Wirtschaftswissenschaftler Jeremy Rifkin, Gründer und Vorsitzender der „Foundation on Economic Trends" in Washington: „Es gibt einen unglaublichen Hype ((„Schwindel" E. M.)) um E-Commerce. Die Realität ist: 52 Prozent der Weltbevölkerung haben noch nie einen Telefonanruf gemacht, 40 Prozent der Menschen haben keinen Stromanschluss. Diese Wirtschaft ist für die oberen 25 Prozent der Welt maßgeschneidert." (Rifkin 2000)

Für Joseph Weizenbaum, Veteran in Sachen Künstlicher Intelligenz, ist das Internet nur ein Werkzeug. Es komme darauf an, wie man dieses Arbeitsmittel nutzt. Nach seiner Beobachtung benutzen wir es schlecht. Das ursprünglich anarchistische Netz sei heute nur ein weiterer Markt, der ständig nach neuen Feldern abgegrast werde (Dauerer 2000).

Mit der Geschwindigkeit, mit der in den letzten Jahren „multimedial ausgereizte Lernsysteme" entwickelt wurden, kommt die Entwicklung entsprechender bildungspolitischer Konzeptionen überhaupt nicht mit. Diese Beobachtung bringt Martin Jürgen Klein nach Interviews mit Produzenten und Anwendern neuer Medien zu der „These, dass der eingeschlagene Kurs sich nicht nach pädagogisch durchdachten Konzepten richtet, sondern durch technische Potenziale und einen Zwang zur Innovation bestimmt wird" (Klein 2000, S. 2). Im Umfeld des Diskurses, *wie* der Computer in der Bildungsarbeit eingesetzt werden könne, werde oft die Fragestellung übergangen, *ob* er überhaupt und wenn ja, *wo* er wirklich von Nutzen sein könne.

Im Zuge der zur Zeit beobachtbaren Modernisierung in Sachen IuK-Technologien als Kapitalisierung aller Lebensbereiche werden viele Ideen und Werte untergehen. Wohin die Reise geht, bleibt offen. Es ist unabdingbar, das Neue kennen zu lernen, ohne das Alte zu vergessen.

Die EB/WB der herkömmlichen Art mag durch die bewusst verstärkte Nutzung des Mediums 'Internet' in vielerlei Hinsicht relativiert werden, doch scheint sie andererseits nötiger denn je zu sein. Geht es in der Erwachsenenbildung um *Bildung zum Subjekt*, dann steht der Subjektbegriff als Chiffre für Widerständigkeit, Selbstbewusstheit und Selbstermächtigung, gerichtet gegen die ausschließliche Funktionalisierung des Menschen für die Belange des Marktes . Bildung zum Subjekt erfolgt dann, wenn es zum Wachstum all jener Kräfte, Fähigkeiten und Fertigkeiten, zur Zunahme von Kenntnissen, Einsichten und Einstellungen kommt, die die bloße Funktionalität übersteigen (Meueler 2/1998, S. 8. u. 157). Dies schließt die Kritik an Macht und Herrschaft und den Widerspruch gegen Herrschaft ein (Scherr 1991, S. 4 u. 6).

4.3 Meine eigenen Zugänge zum selbstbestimmten Lernen

Dass die Widersprüche in der landauf landab verkündeten „neuen Lernkultur" des computergestützten Lernens bei mir so viel Zorn auslösen, hat mit meiner Lebensgeschichte zu tun.

Als im Frühjahr 1978 in der Landessynode der Evangelischen Kirche in Hessen und Nassau meine Wahl zum Oberkirchenrat auf Lebenszeit ansteht, spricht mich in der Pause vor der Wahl der Frankfurter Pfarrer Zeiss, ein charismatischer Prediger, an:

„Ich habe gehört, dass Sie nie in die Kirche gehen. Das ist für einen Oberkirchenrat, zu dem wir Sie gleich wählen sollen, absolut ungewöhnlich. Was ist los? Könnten Sie mir das einmal erklären?" — „Das ist leicht erklärt. Ich habe bis zu meinem 20. Lebensjahr, als ich mein Elternhaus verließ, um zu studieren, so oft an Kindergottesdiensten, Gottesdienste, Bibelstunden mit und ohne Gebetsgemeinschaft, CVJM- Stunden mit gelegentlicher Gebetsgemeinschaft, Freizeiten, CVJM-Zeltlagern, Evangelisationswochen, Missionsfesten und Posaunenfesten teilgenommen, dass dieser Vorrat bei einem normalen Frömmigkeitsrhythmus bis zum 44. Lebensjahr reichen dürfte." — „Und wie alt sind Sie jetzt?" — „40". — Der Pfarrer: „Das hat Logik. Ich werde Sie gleich wählen. Aber wenn Sie 44 sind, werde ich Sie wieder darauf ansprechen."

Dies kommt nicht zustande, da ich dann schon in Mainz arbeite.

In dieser kleinen Geschichte ist alles enthalten: mein entscheidendes Lebensmotiv, möglichst selbstbestimmt denken und handeln zu wollen, und Lebensbedingungen, die dem entgegenstanden.

Ich wuchs in einem pietistischen Elternhaus inmitten einer ebenso gesinnten Verwandtschaft auf, eingebettet in ein reges Gemeindeleben in Waldbröl und Umgebung – was Chancen für vielfältige Erfahrungen bot und gleichzeitig massive Kontrolle beinhaltete. So war es z. B. undenkbar, den sonntäglichen Kirchgang zu versäumen. Der Besuch der Kirmes am Sonntag war verboten. Als ich eines Sonntagnachmittags mit einem von der Gottesdienstkollekte (zwei Groschen) abgezweigten Groschen auf der Kirmes ein Los kaufte und unter stürmischem Läuten der großen Glocke auf dem Podest der Losbude als Hauptgewinn eine Riesenvase, die mir bis zur Hüfte reichte, entgegennehmen durfte, war ich stolz wie Oskar. Diese Genugtuung hielt aber nur wenige Minuten an. Ich stieg von dem Podest hinab und wurde schon nach zehn, zwölf Schritten von der jähen Einsicht überfallen, dass ich meinen Eltern diesen ansehnlichen Hauptgewinn nicht würde schmackhaft machen können. Kurz entschlossen zerschmetterte ich die Vase hinter dem Café Althoff, das an den Kirmesplatz angrenzte.

Besuche im Kino mussten verheimlicht werden, wobei mich mein älterer Bruder oft genug deckte, indem wir nach offizieller Lesart am Mittwochabend gemeinsam zum CVJM- Basketball gingen.

Einerseits wuchs ich in großer Freiheit auf, durfte als Kind spielen, wo, was und mit wem ich wollte, zugleich aber war es für meine Eltern selbstverständlich, dass ich jeden kleinen oder größeren Erfolg dem HERRN zu verdanken hätte. Misserfolge musste ich mir selbst zurechnen, wenn sie denn nicht vom HERRN als Strafe oder Prüfung verhängt wurden.

Als Gegenwelt entwickelte sich die Freundschaft mit dem zwei Jahre älteren Klaus Projahn, dessen für die Nachkriegsverhältnisse luxuriöses Elternhaus einen starken Kontrast zu meinem Elternhaus darstellte. Wir gingen mit dem Vater, der die größte Fabrik unseres Kleinstädtchens besaß, zur Jagd und fuhren 1951 mit der eigenen Motoryacht für 14 Tage auf dem Rhein und Neckar spazieren, wobei vor allem die Abendessen in alten Hotels am Fluss, die mühsam nach dem Krieg wieder ihr Geschäft in Gang brachten, ein Leben lang anhaltende Erinnerungen an gebratene und gekochte Flussfische, an Spiegeleier mit krossen Bratkartoffeln und den Maßstab, dass für Erwachsene zu einem schönen Abendessen nun mal eine Flasche Wein gehört, hinterließen.

Klaus und ich bildeten einen zweiköpfigen Indianerstamm. Er war selbstverständlich der Häuptling namens Winnetou, weil er einen in der Lehrlingswerkstatt des väterlichen Betriebs eigens geschmiedeten Tomahawk besaß. Da ich nur mit einem Tau zum Fesseln und zum Erklettern der Bäume aufwarten konnte, war ich, Falkenauge, der einzige gemeine Indianer dieses Stamms.

Mit Klaus war ich, sobald er den Führerschein hatte, im offenen weißen Triumph-Sportwagen seiner Mutter jeden Samstagabend und Sonntag unterwegs, um auf der Suche nach hübschen Mädchen ländliche Tanzböden abzuklappern.

Wie ich zu studieren begann und insbesondere durch die Reiseleitungen aus der engen Perspektive der Waldbröler Verhältnisse hinaus kam, habe ich bereits erzählt (vgl. 2.2). Entscheidend war in dieser Lebensphase, dass ich meine Frau Christiane kennen lernte, die aus einem ganz anderen Milieu stammte, einen entschiedenen Gegenpart im Denken, Fühlen und Verhalten bildete und mich in vielen entscheidenden Punkten beeinflusste. Sehr viele Impulse und Korrekturen gingen später – bis heute – von meinen beiden Söhnen Christof und Niels aus, so dass man von einem Kulturaustausch sprechen kann.

Dass ich zweimal Theologie studierte, zunächst für das Höhere Lehramt und dann noch einmal als Vollstudium mit dem akademischen Abschluss der theologischen Promotion, hatte mehrere Gründe: Zum einen standen in meinem Elternhaus nur der Lehrer- oder der Pfarrer-Beruf zur Wahl. Zum anderen wollte ich herausfinden, woher die Zwiespältigkeit rührte, die den Erziehungsstil meiner Eltern prägte. Sie waren beide selbstbewusst, weil sie ihr Leben von ihrem fest verwurzelten Glaubens verstanden und sich von daher sehr sicher fühlten:

So musste mein Vater als Winzigbeamter des Waldbröler Katasteramts (Obersekretär) nach der Machtübernahme der Nazis auf dem Hof des Bürogebäudes antreten, um gemeinsam mit den Kollegen den feierlichen Eintritt in die NSDAP zu vollziehen. In der Nacht darauf konnte er kein Auge zu tun, zu sehr beschäftigte ihn, dass Hitler als der zweite Heiland gefeiert wurde. Am nächsten Morgen trat er wieder aus der Partei aus. Dies führte dazu, dass er in den 12 Jahren bis zum Kriegsende nicht befördert wurde und nach der Kapitulation der einzige Nicht-Parteigenosse in der Kreisverwaltung des Oberbergischen Kreises war, der für alle die Entnazifizierungs-Papiere abzuzeichnen hatte.

Meine Mutter war, obwohl wir mit fünf Geschwistern und dem kleinen Gehalt meines Vaters nur mit Ach und Krach finanziell über die Runden kamen, ihr Leben lang von absoluter Gastfreundschaft und Freigebigkeit.

Zugleich waren beide Eltern, bezogen auf ihre Frömmigkeit und die ihrer Kinder, ganz rigide. Sie erteilten kein Lob, um keine Hoffart heranzuzüchten. Sie handelten, auf mich angewandt, nach dem alttestamentlichen Gebot: „Wer sein Kind lieb hat, der hält es unter der Rute" (Sir. 30,1).

Beide Studien als aufeinander folgende und aufeinander bezogene Phasen der wissenschaftlichen Auseinandersetzung mit theologischen Fragen und die späteren sieben Berufsjahre in der Kirchenverwaltung der EKHN ließen meine Ablösung von den Waldbröler Ursprüngen ein immer schnelleres Tempo gewinnen. Ich gab schon sehr zeitig die Gebete bei Tisch auf, ging nicht mehr zur Kirche, mein Kinderglaube verflüchtigte sich und ich entwickelte ein eher intellektuelles Interesse an theologischen Fragen. Von meiner religiösen Sozialisation zeugen noch solche Spurenelemente wie das, dass ich gerne am Sonntagmorgen geistliche Musik höre, vornehmlich von Johann Sebastian Bach.

Trotz der bewusst voran getriebenen Emanzipation von meiner Waldbröler Kindheit und Jugend ist ein 'Waldbröler Über-Ich' geblieben. Es lässt mir Freiheit, zu experimentieren, es lässt mich bei für mich wichtigen politischen Vorhaben einen langen Atem haben, aber es beschert mir auch gelegentlich Konflikte, die sich in heftigem Unwohlsein und depressiven Schüben äußern.

In der Rückschau stelle ich fest, dass sich, augenscheinlich ausgelöst durch eine zu rigide religiöse Erziehung, durch all meine politischen und pädagogischen Projekte ein roter Faden zieht, den ich als 'Auseinandersetzung mit autoritären, nicht demokratischen Strukturen' bezeichnen möchte. Dies gilt für meine vielen didaktischen Projekte zum Problembereich 'Unterentwicklung', für meine langjährige Zusammenarbeit mit den deutschen Sinti und Roma und für die Entwicklung eines subjektorientierten Konzepts der Erwachsenenbildung als Begleitung zur alltäglichen Lebenspraxis. Es gilt für mein Verständnis von Didaktik als Organisation von Erfahrungen und als Soziallehre, auf demokratische und ihrer Würde angemessene Art mit Erwachsenen umzugehen.

Aus dieser Tradition möchte die Grundabsicht meiner Arbeit an der Uni mit dem in Gesprächen zwischen Walter Benjamin und Bert Brecht (vgl. Wizisla 1992, S. 283) entstandenen Programmbegriff des „eingreifenden Denkens" überschreiben. Es geht um „die Schwierigkeit des Eingreifens: es muss sich den Tatsachen beugen und sie zugleich ändern" (Braun 1976, S. 58).

4.4 Meine Versuche, „Selbstbestimmtes Lernen Erwachsener" zu thematisieren und ansatzweise erlebbar zu machen

Selbstverantwortetes Lernen Erwachsener

OS im SS 90

Ziele

Im *Kommentierten Vorlesungsverzeichnis* heißt es:

„Die institutionelle Erwachsenenbildung/Weiterbildung (insbesondere in den Betrieben) ist immer noch sehr stark von der sozialen Grundfigur bestimmt, dass sich die Erwachsenen-Lehrer gänzlich verantwortlich für das Lernen der Beteiligten und als Subjekt der Lernprozesse der Lerngruppen verstehen.

In diesem Oberseminar sollen zum einen Ziele, Inhalte, Methoden und Organisationsformen selbstorganisierten Lernens von Erwachsenen außerhalb und innerhalb der Bildungsinstitutionen erkundet und kritisch betrachtet werden. Zum anderen soll danach gefragt werden, in welchen Situationen und in welchem Umfang auch das selbstverantwortete Lernen fremder Unterstützung bedarf."

Im *Seminarplan* wird die methodische Vorgehensweise erläutert:

„*Methodisch* soll es so gehen, dass in Zweierteams recherchiert wird, dass die gewonnenen Ergebnisse zu zweit systematisiert, bewertet und dem Seminar präsentiert werden (...)

Denkbarer Ablauf

- Erste und zweite Sitzung: Inhaltliche und methodische Einführung; Abschluß eines Lehr-Lern-Vertrags; Bildung von Arbeits-Teams; erste wechselseitige Befragung zu Lernprojekten im Alltag.
- Dritte Sitzung: Selbstverantwortete Lernprojekte im Alltag. Vierte Sitzung: Selbstorganisiertes kollektives Lernen in Selbsthilfegruppen.
- Fünfte und sechste Sitzung: Selbstverantwortetes Lernen in der institutionellen Erwachsenenbildung; methodische Anregungen zur subjektorientierten EB."

Realverlauf

1. Sitzung: Inhaltliche und methodische Einführung

Nach der Begrüßung und der Verfertigung von *NAMENSSCHILDERN AUF TESAKREPP* entnimmt jede/r der ausgelegten *BILDKARTEI* zwei Fotos zu der Frage: „Welche Vorstellungen verknüpfe ich visuell und ideell positiv wie negativ mit den Formulierungen 'Selbstverantwortetes Lernen' und 'Selbstverantwortliche EB'? Die TeilnehmerInnen äußern sich zu den jeweils ausgewählten Fotos und stellen sich als Personen mit ihren inhaltlichen wie methodischen Erwartungen an das Seminar vor. Zum *LEHR-LERN-VERTRAG* werden erste Ideen geäußert. Er soll in der zweiten Sitzung endgültig abgeschlossen werden.

Im zweiten Teil der Sitzung schreiben die TeilnehmerInnen jeweils zu zweit für 45 Minuten einander gegenüber sitzend in einem *OFFENEN SCHREIBGESPRÄCH* zum Thema: „Von wem ich am meisten in meinem Leben gelernt habe"; dies ohne zu reden.

Die Hausaufgabe lautet, zur nächsten Sitzung meinen Text „Vom Teilnehmer zum Subjekt" (4/90) auf unser Seminarthema hin durchzuarbeiten.

2. Sitzung

Wir besprechen den Text und diskutieren einen von mir vorgelegten Entwurf zu einem *Interview-Leitfaden*, der curricular strukturiert ist. Es gehe darum, bei den Befragten wichtige Aufgaben und Probleme in Beruf, Familie und den sonstigen Lebensbereichen festzustellen, die im letzten Jahr zu bewältigen waren und die Projekte selbst initiierten und selbstverantworteten Lernens ausgelöst hätten. Bezogen auf diese Lernprojekte im Alltag sollen die sich aus den zu bewältigenden Aufgaben ergebenen Lern-Erfordernisse, zusätzliche Lernwünsche, Lernziele als Bewältigungsformen, die erforderliche Zeit, die soziale Anbindung, die eingeschlagenen Wege, die Erfolgsmarge und die aufgetretenen Probleme erhoben werden.

Zur nächsten Sitzung soll jeder mit fünf Personen anhand des Leitfadens Interviews durchführen und sich in einer Selbstbefragung auch selbst diese Fragen stellen.

3. Sitzung

Die *Interviews in der häuslichen Umwelt* ergeben eine Fülle selbstinitiierter Lernprojekte im Alltag:

Computerschreiben – Regalbau – Weinkeltern und Wein herstellen (Apfelwein) – Italienisch lernen – Rauchen abgewöhnen – Laufen beginnen – Fotografieren erlernen – Kochkurs – Tapezieren erlernen – Abhalten eines Elternabends – Führerschein – Oboe erlernen – Ernährungsprobleme lösen – Heißluftballons bauen – Segelkurs – Wen-do-Kurs – Vorbereitung auf Gerichtsverhandlung ohne Verteidiger – ein neues Land kennenlernen – Lernen in der Schwangerschaft – Beziehungslernen – Heirat, Geburt – Diplom-Arbeit schreiben – Haushaltsführung – Vater sein –Herzinfakt mit 55 ohne Beruf, Umstellung auf Haushaltstätigkeit und Vorbereitung auf das Sterben – Fotografieren lernen – Lehrer zu sein – Vorbereitung eines Gottesdienstes mit politischen Akzenten (Umweltschutz) – Volleyball spielen, Aufstieg in die Oberliga – Rettungssanitäter werden – Im Radsportverein mitmachen, bis hin zum Triathlon – Eine Therapie beginnen – Einen Rhetorikkurs besuchen etc.

Wir teilen uns nun in kleine Gruppen auf, die sich wechselseitig die jeweils erhobenen Lernprojekte vorstellen. Diese Arbeit dauert etwas über eine Stunde.

Im abschließenden Plenum gibt es neben Verbesserungsvorschlägen im Hinblick auf den Interview-Leitfaden folgende Statements:

– Es gebe viele Lernprojekte im Sorgebereich der Alltagsbewältigung gebe. Dabei komme es auf die Selbsteinschätzung erlebter Abhängigkeit beziehungsweise Unabhängigkeit an. Die sich hier eher als unabhängig erleben, haben sich bis jetzt schon erfolgreich in der Sorgestruktur bewegt.

– Bei allen erhobenen Lernprojekten gehen festgestellte Lernerfordernisse und Lernwünsche ineinander über, dies meist in der Form, dass die erfolgreiche Reaktion auf ein Lernerfordernis ein Glücksgefühl auslöste, das neue Lernwünsche entstehen ließ.

– Durchgängig wird festgestellt, dass das Neuerlernte wieder in Routine übergeht. Es erscheint einem, nachdem es gelungen ist, nur noch als einfach und selbstverständlich, obgleich ein Stück Professionalität erworben wurde. Dies scheint der Rhythmus der Alltagsbewältigung zu sein.

– Wichtig erschien bei allen Lernprojekten, dass keine Prüfungen am Ende standen, sondern dass die Eigenbewertung des Erfolgs, innerlich persönlich weitergekommen zu sein, sich nachher besser zu fühlen, als ausreichend erlebt wurde. In der Gruppe wurde der Begriff der 'Prüfung' daraufhin erweitert: Das neu Erlernte hat sich in sozialen Situationen, die vorher als nicht bewältigbar erschienen, zu bewähren.

– In allen Lernprojekten, die Sprachen galten, wurden die Sprachen autodidaktisch erlernt. Die dazu benötigten Arbeitsmittel (Kassetten, Lehrbücher etc.) wurden selbst besorgt.

– Im Bereich der Ziele erschien es als Problem, dass die Ziele oft zu hoch gesteckt waren.

– Viele Lernprojekte entstanden aus der Auseinandersetzung mit dem Partner.

– In der Schule gibt es begrenzte Lernzeiten. Nach diesen Zeiten ist das Lernen, abgesehen von den Hausaufgaben, zu Ende. Das wird als angenehm erlebt. Lernprojekte im Alltag beanspruchen unter Umständen den ganzen Tag und auch noch die Nacht (Wachliegen; Traumarbeit).

– Als Erfolg wurde gewertet, wenn sich die personelle Umwelt an dem Lernprojekt zu beteiligen beginnt.

Abschließend wird die *Hausaufgabe zur nächsten Sitzung* verabredet: alleine oder zu zweit mit dem gleichen Fragebogen wie bisher eine Selbsthilfegruppe auf kollektives Lernen hin zu befragen.

4. Sitzung

Den Anfang bildet ein kurzer Erfahrungsaustausch über die durchgeführten Interviews. Es kommt durchgängig folgendes Bild der befragten *Selbsthilfe*gruppen zustande:

– Die Mitglieder sind materiell gut gestellt.

– Sie verfügen meistens über einen Realschulabschluß.

– Die menschliche Betroffenheit ist durchgängig.

– In den Gruppen sind Gruppenhierarchien anzutreffen.

Das weitere Gespräch gilt der Art und Weise, wie die InterviewerInnen die Selbsthilfeprojekte aufgesucht und befragt haben und den dabei zustande gekommenen sozialen und emotionalen Erlebnissen.

In der nächsten Runde führen wir ein *STRUKTURIERTES BRAINSTORMING* durch: Unter welchen Fragestellungen und Kategorien wünsche ich mir einen Erfahrungsaustausch mit den anderen?

Von den vielen Anliegen, die zusammen kommen, werden die folgenden als die wichtigsten gekennzeichnet:

– Frage danach, welche typische Personen aus welchen Motiven heraus in Selbsthilfegruppen gehen und welches typische Erscheinungsbild Selbsthilfegruppen haben.

– Die Bereitschaft, Lernwünsche zu äußern, kollidiert mit der Angst vor Offenheit.

– Was führte jeweils zur Entstehung der Selbsthilfegruppe?

– Gab es deutliche Erwartungen der Interviewten an den Interviewer?

Wir bilden kleinere Gruppen, die die drei wichtigsten dieser Fragen besprechen sollen. Die kleinen Gruppen, die im Seminarraum zurückbleiben, schließen sich zu einer großen Gesprächsrunde zusammen. Ich gehe mit einer Gruppe von 6 Leuten in mein Arbeitszimmer. Wir haben 55 Minuten Zeit und kommen in dem Gespräch nicht sehr weit. Ich selbst strukturiere nicht stark und empfinde dies nachher als Mangel. Nach einer Stunde kehren wir zurück in das Plenum und ich bitte um einen Austausch über die offengebliebenen Fragen. Die Seminarteil-nehmerInnen wollen aber stattdessen eine grundsätzliche Kritik am Seminar üben. Sie kritisieren folgendes:

– Die Lernprojekt-Interviews wurden als sehr umfangreich und zeitraubend er-lebt.

– Das gleiche Erlebnis hatte man bei den Interviews mit den Selbsthilfegruppen.

– Einige äußern die pragmatische Erwartung, dass alleine schon diese Arbeit (Interviews) ausreichen würde, um einen Oberseminarschein zu erhalten.

– Ich halte dagegen meine im Seminarplan formulierte Erwartung, dass wie ver-abredet, eine zehnseitige Selbstvergewisserung angefertigt werde, zu der die Interviews als Rohmaterial hinzugegeben werden oder aber in einer Selbstver-gewisserung über den Seminarablauf verarbeitet werden können. Ich betonte die Notwendigkeit, eine solche Arbeitserfahrung mit durchgeführten Inter-views zu verobjektivieren. Diese Meinung wird von einigen Teilnehmern sehr lebhaft unterstützt. Wir verabreden, dass zur Beginn der nächsten Sitzung eine endgültige Verabredung über die Studienleistung, für die es einen Schein gibt, getroffen werden soll.

Die Kritiker haben in einigen Punkten sehr wohl recht: Die Untersuchungspro-jekte waren zu umfänglich angelegt. Es ist zu viel Material zusammen gekom-men, das wir in der Kürze des Seminars nicht gründlich genug systematisieren können. Es ist bei einigen Teilnehmern die Sorge aufgekommen, dass sie dieses Material bis zum Semester-Ende nicht bearbeiten könnten. Sie klagen darüber, dass sie in Anbetracht des parallelen Besuchs anderer Seminare inklusive der dort zu haltenden Referate nicht über die Zeit verfügten, die für eine befriedi-gende Bearbeitung der hier anstehenden Aufgaben nötig wäre.

Deutlich wird, dass die Studierenden eine stärkere Strukturierung vom Seminar-leiter erwartet hätten. Dies weise ich mit guten Gründen zurück, was wiederum von einigen Teilnehmern sehr kräftig und einleuchtend unterstützt wird.

Ein Student wendet sich kritisch an die Meinungsführer der Kritiker und meint, es gehe nicht an, im Nachhinein einfach die Seminarbedingungen verändern zu wollen.

Zum Gesamten

Im Folgenden werden keine inhaltlichen Ergebnisse der Interviews wiedergege-ben, die die TeilnehmerInnen in sehr ausführlicher Form in ihren abschließenden

Hausarbeiten dokumentiert und kommentiert haben, sondern es werden zwei Rückblicke auf das Seminar zitiert:

„selbstbestimmung/und ihre grenzen/mein thema/für eine diplomarbeit/zufall oder zu-fall/die hauptsache/an der selbstbestimmmung/und/eine neue frage/ meueler/setzte mich/auf eine fährte/auf seine spur/vom lernen/erwachsener/ und lud mich ein/zu seinem/seminar nach mainz/spannende sache/meine gedanken/meine erfahrungen/meine ideen/mal wieder/wissenschaftlich/zu durchdenken/zu reflektieren/zu formulieren/und/gefordert zu sein/infrage gestellt zu werden/von anderen zu lernen/

ich komme wieder/das war klar/doch schon bald/war der fluss/das interesse/ das engagement/der studentInnen/im seminar gestört/diskussion/über arbeit/ über seminarschein/über selbstvergewisserung/und angesagt/und nötig/da war's wieder/mein thema/selbstbestimmung/und/ihre grenzen/an der uni/wie/ in der kirche/wie/im leben/vielleicht/sollten wir versuchen/innerhalb dieser grenzen/selbstbestimmung/in fülle/möglich zu machen/und/immer wieder/ schritte/zur/grenzüberschreitung/wagen/wenn wir es wollen!“

(Christine)

„Sehr positiv erlebte ich die erste Sitzung. In der Wahl der Methoden zum Einstieg wurde klar, dass die Seminarteilnehmer nicht nur Studenten, sondern eben auch Erwachsene sind. Dem Forschungsgegenstand des Seminars, nämlich das selbstverantwortete Lernen Erwachsener, wurde so Rechnung getragen. Das Grunddilemma vieler Bildungsveranstaltungen, auch am pädagogischen Fachbereich, Mündigkeit in einer entmündigenden Form anzugehen, trat somit zunächst in den Hintergrund. Erst später – und da für alle Beteiligten gleichermaßen lästig – schlug die endlose Diskussion um zu erbringende qualifizierende Leistungen genau in diese Kerbe.“

(Matthias)

Lehr-Forschungs-Seminar: Lernprojekte im Alltag
MS im SS 95

Ziele/Inhalte

Im *Seminarplan* heißt es:

„*1. Absichten mit diesem Seminar*

Es soll *inhaltlich* darum gehen, mittels eigener Forschungs-Recherchen der Seminarteilnehmerlnnen herauszufinden,

– mit welchen Absichten und Zielen selbstinitiierte Lern-Aktivitäten im Alltag als dem durchschnittlichen Dasein begonnen werden und wie hier der Ausbruch aus dem Vorgefundenen, dem Vorgegebenen als dem Immerwiederkehrenden der vorbewussten Routineabläufe im Arbeitsleben, in der Familie und im sonstigen Freizeitbereich gesucht wird; (…)

2. Zur Methode

Es wird von den TeilnehmerInnen an diesem Seminar erwartet, dass sie nach einer inhaltlichen Einführung in den Arbeitszusammenhang und einer Einführung in die Methode narrativer Interviews gemeinsam im Seminar Forschungsfragen und Themenkreise für die nachfolgende Befragung festlegen, dass sie jeweils zu zweit Interviews durchführen und gemeinsam auswerten. (...)

4. Zum denkbaren Ablauf

Erste und zweite Sitzung:

Inhaltliche und methodische Einführung; Organisationsfragen

Dritte bis siebte Sitzung:

Vorbereitung, Durchführung und Auswertung von Interviews

Realverlauf

Zum Gesamten

Das Seminar läuft gut an, indem ich in der <u>ersten Sitzung</u> zum 'Alltag' mittels *SELBSTAUFSCHREIBUNG* erheben lasse, wie ein normaler Wochentag bei jedem Einzelnen verläuft. Wir stellen fest, dass vor allem der morgendliche Beginn (Waschen, Frühstücken) hoch ritualisiert ist.

Zur <u>zweiten Sitzung</u> werden zwei Texte aus Flick u. a.: 'Handbuch Qualitative Sozialforschung' (2/1995, S. 150–166, 170–173) mit Betonung der „Stationen des qualitativen Forschungsprozess(es)" (S. 172) durchgearbeitet und in der Sitzung besprochen.

Auf dieser Basis werden in Gruppen Entwürfe für einen Interview-Leitfaden erarbeitet. Wir müssen uns in der Seminargestaltung für einen der beiden folgenden Wege entscheiden:

– Möglichkeit A: Der Schwerpunkt liegt auf dem Erlernen der Methoden qualitativer Sozialforschung. Inhalte werden nur als Spielmaterial benutzt.

– Möglichkeit B: Wir lassen uns stärker auf die in den Interviews verhandelten Inhalte ein und vernachlässigen die ständige methodologische Reflexion.

Wir einigen uns auf die Möglichkeit B. Da keine Einigung auf einen für alle verbindlichen Interview-Leitfaden zustande kommt, arbeiten alle mit eigenen Varianten, führen Probe-Interviews durch, die wir im Seminar auswerten. Es folgt ein zweites Probeinterview, weil sonst kein Vertrautwerden mit dem methodischen Setting qualitativer Forschung zustande zu kommen scheint. Was den Inhalt der Interviews angeht, so hat sich eine Zielverschiebung hin zum beiläufigen Lernen im Alltag ergeben.

So weit so gut, doch ich selbst bin hoch unzufrieden mit mir selbst. Dies vor allem aus zwei Gründen:

– Die didaktische Idee eines Forschungslehr-Seminars ist im zeitlich so knapp bemessenen Sommer-Semester nur unzureichend realisierbar.

– Ich bin miserabel vorbereitet, zu sehr habe ich mich anscheinend darauf verlassen, dass ich das Seminar diesen Typs schon zweimal durchgeführt habe.

Ein sich mit zwei Teilnehmern, Niklas und Peter, anbahnender Konflikt nimmt eine interessante Wendung: Sie wollen anscheinend nur über methodologische Möglichkeiten informiert werden wollen. Sie setzen sich betont von allen pragmatischen Versuchen ab, innerhalb der Gruppe zu einem Kompromiss über den Leitfaden zu kommen. Sie führen ständig Seitengespräche und fühlen sich anscheinend über den so gänzlich unprofessionellen Verlauf des Seminars erhaben. Über ein Probeinterview kommen sie nicht hinaus. Ich lade sie in meine Sprechstunde ein. Wir führen ein langes und intensives *KONFLIKTGESPRÄCH*, das mit Klagen beginnt und in konstruktiven Folgerungen endet.

Wir verabreden, dass sie als Hausarbeit ein Gegenseminar entwerfen, das als methodologisches Training ausgerichtet sein soll. Sie schlagen das Thema vor: „Wie eine Meinung im Kopf entsteht. Politisches Lernen im Alltag". Dieser Gegenentwurf gefällt mir so gut, dass ich mit ihnen verabrede, dies im SS 96 als Seminar anzubieten. Mit 16 Studierenden führen sie sehr erfolgreich eine kleine qualitative Studie zur politischen Sozialisation durch. Die aus diesem Seminar entstehenden Hausarbeiten korrigiere und bewerte ich. Die beiden veröffentlichen später über ihr Seminar einen Zeitschriftenaufsatz.

Beratung und Begleitung in der Erwachsenenbildung, untersucht im Projekt: 'Autodidaktisches Studium I'

MS im WS 95/96

Ziele/Inhalte

Im *Vorlesungsverzeichnis* wird diese Veranstaltung unter dem Titel „Beratung und Begleitung in der Erwachsenenbildung" angekündigt. Im *Kommentierten Vorlesungsverzeichnis* heißt es dementsprechend:

„In der Sozialform soll das Seminar den inhaltlichen Anliegen entsprechen: In kleinen Arbeitsgruppen soll der Frage nach der Übertragbarkeit von Beratungs-Elementen aus der Sozialarbeitl/Sozialpädagogik in die Erwachsenenbildungs-Praxis nachgegangen werden. Der Hochschullehrer berät und begleitet diese Studiengruppen bei ihrer selbst-verantworteten Arbeit. Die erzielten Ergebnisse werden im Rahmen des Gesamtseminars ausgewertet."

Im *Seminarplan* wird dann eine Zieländerung bekannt gegeben:

„1. Vorbemerkung

Die Veranstaltung wird gegenüber der Vorankündigung im Komm. Vorlesungsverzeichnis folgenden Schwerpunkt haben: Der Bezugspunkt aller theoretischen Recherchen soll das von den Teilnehmenden selbst praktizierte autodidaktische Studium sein.(...)

2. Absichten mit diesem Seminar

In Form eines Projekts soll die Verzahnung von autodidaktischem Studium und benötigter Beratung und Begleitung von Hochschullehrerseite von zwei Seiten her untersucht werden: aus der Sicht der autodidaktisch Studierenden und unter den Perspektiven theoretischer wie praktischer Beratung und Begleitung seitens der Hochschule.

Die Beteiligten sollen bewusst erleben können, was es einbringt, wenn sie sich zunächst einmal als Einzelne unter bestimmten Fragestellungen mit Situationen und Büchern auseinandersetzen, darüber nachdenken, sich dazu Notizen machen, diese strukturieren nach Ergebnissicherung und Interpretation.

Sie sollen den Lernfortschritt erleben, der darin liegt, wenn sie ihre Ergebnisse mit anderen diskutieren.

Sie sollen bewusst und methodisch reflektiert erleben können, dass in der Sozialform einer kleinen Arbeitsgruppe, in der nur einfache Mittel und lockere Regeln verabredet sind, am besten gelehrt und gelernt wird (vgl. Dirk Siefkes, Formale Methoden und kleine Systeme. Braunschweig Wiesbaden 1993, S. 27).

3. Zu leistende Aufgaben / Zu erbringende schriftliche Leistungen

Wahlmöglichkeit A

Die Studierenden ermitteln selbständig in Bibliotheken und sonst wo Beratungskonzepte in Sozialpädagogik / Sozialarbeit und Erwachsenenbildung und überprüfen sie daraufhin, ob und inwieweit von einer selbständigen Lebensgestaltung durch die Ratsuchenden ausgegangen wird. Sie versuchen, empfehlenswerte Haltungen und Kommunikationsformen derjenigen, die beraten/begleiten, auf die Konstellation 'Autodidaktisches Studium und benötigte Beratung und Begleitung durch *HochschullehrerInnen*' zu übertragen.

Wahlmöglichkeit B

Die Studierenden ermitteln selbständig in Bibliotheken und sonst wo Konzepte autodidaktischen und selbstverantwortlichen Lernens in Alltag und Wissenschaft und prüfen konstruktiv handhabbare Möglichkeiten, die ermittelten Haltungen, Arbeitsstile und Lerntechniken auf *ihre Studiersituation* zu übertragen. Sie überlegen systematisch, welche Einstellungen und welche Verhaltens- und Kommunikationsformen zur Beratung und Begleitung von Hochschullehrer-Seite für die ermittelten Formen von autodidaktischem Studium vonnöten sind.

C Aufgaben, die für alle (A und B) verpflichtend sind

– Alle sollten eine *SEMINARKLADDE* führen, in der sie sich schriftlich Gedanken machen über auftretende Probleme und Irritationen, in der sie offene Fragen für die Beratung mit den Kommilitonen und dem Hochschullehrer notieren.

– Alle müssen lernen, sich zu Beginn des Semesters in einer Kleingruppe von mindestens drei Personen zu organisieren, um ein angemessen kleines soziales System mit hoher Kommunikationsdichte herzustellen, in dem alle aufeinander hören und mit dem sie sich nach außen hin als Einheit präsentieren können, ausgewiesen durch eine spezifische Arbeitsweise, spezifische Leistungen, durch eine gemeinsam erstellte Arbeit, durch ein gemeinsam erarbeitetes Selbstverständnis (vgl. Siefkes 1993, S. 40): 'Qualität ist nichts Angenehmes; das Leben in kleinen Systemen ist härter als in großen. Aber das leitende Prinzip ist 'miteinander', nicht 'nebeneinander' und nicht 'gegeneinander'. Auch die Aggressionen im Wolfsrudel machen das Leben im Rudel erst möglich. (a. a. O., S. 49).

– Die Gruppenbildung, die dabei unvermeidlich auftretenden kleinen und größeren Reibungen sind als zu lösende und eigens zu beschreibende Aufgaben zu verstehen. Sie sind zu beobachten, zu protokollieren (*SEMINARKLADDE*) und damit zu einem eigenen Forschungsgegenstand zu machen.

Jede/r Seminarteilnehmerln hat bis zu den Schlusssitzungen einen ca. 10-seitigen Arbeitsbericht anzufertigen. Bei Gruppenberichten vervielfältigt sich die zu erwartende Seitenzahl entsprechend.

– Der Schwerpunkt der schriftlich zu erstellenden dreiteiligen Berichte (1. zu den ermittelten Inhalten, 2. zu den selbst erlebten Gruppenprozessen, 3. zu der selbst erlebten, falls in Anspruch genommenen Beratung/Begleitung durch den Hochschullehrer) soll auf den erlebten Prozessen liegen; z. B. kann darüber berichtet werden:

• wie die Aufgabenstellung individuell aufgenommen wurde,

• wie recherchiert wurde,

• welche Dynamik sich in der Arbeitsgruppe entfaltete.

• Es kann darum gehen, für sich alleine und in der Gruppe zu überlegen, wie in Auswertung der positiven und der negativen Erfahrungen mit diesem Versuch das wissenschaftlich begleitete autodidaktische Studium noch verbessert werden kann. 'Nur was ich ändern kann, ergibt Sinn, macht Spaß' (Siefkes 1993, S. 110).

– Für die Schlusssitzungen sollen sich die einzelnen Arbeitsgruppen überlegen, wie sie in einer sozial verträglichen bis unterhaltsamen Form wichtige Arbeitsergebnisse und/oder Gruppenerfahrungen und/oder konstruktive Vorschläge zur Weiterentwicklung dieses Vorhabens ausschnittweise präsentieren und zur Diskussion stellen wollen. Es wäre ideal, wenn es gelänge, dass die an dem Projekt Beteiligten eine Theorie des autodidaktischen Studiums erstellten, in die ihre eigenen Begriffe, ihre an sich selbst wahrgenommenen Fähigkeiten, ihre erlebten Irritationen, ihre Vorlieben, Zweifel und Abneigungen, ihre selbst gewonnenen Einsichten eingingen. Es wäre ideal, wenn alle Beteiligten ihre Vorstellungen, ihre Visionen vom autodidaktischen Studium in kleinen sozialen Systemen so sichtbar machen könnten, wie es Künstler tun: Wenn die im Projekt erlebten Prozesse formuliert werden, muss dies nicht unbedingt in Worten geschehen. Welche Möglichkeiten gibt es noch? (vgl. Siefkes 1993, S. 90, 92, 107).

4. Zur Kommunikation im Projekt

Die Arbeit an diesen Aufgaben aktiviert Prozesse in allen Beteiligten. Versuchen Sie, die in Ihnen ausgelösten, positiv wie negativ erlebte Dynamik zur bewussten Erfahrung zu machen, indem Sie eine *SEMINARKLADDE* als Arbeits-Tagebuch führen.

Durchgängiges Prinzip dieser Projektarbeit soll es sein, kommunizierend zu arbeiten, z. B. so, dass Sie

– sich einen Gesprächspartner denken, wenn keiner vorhanden ist (Briefe in die Kladde schreiben);

– in der Gruppe und nachher in den Schlusssitzungen versuchen, anderen Ihre Visionen von einem gelingenden selbstbestimmten Studium sichtbar zu machen und im Gegenzug deren Visionen kennen zu lernen. 'Wir verstehen Tätigkeiten, weil wir sie selbst tun können oder uns vorstellen, wir könnten es.' (Siefkes 1993, S. 114);

– in Gesprächen mit anderen Studierenden die hier praktizierte Arbeitsweise den sonst abgeforderten Studienformen kritisch gegenüberstellen, sich das Gehörte (Bemerkungen über Lernlust und Frust, Ausdauer und Konzentration, Wut und Glücksgefühle im Seminaralltag) in der *SEMINARKLADDE* notieren.

5. Zur Funktion des Hochschullehrers

Der Hochschullehrer steht zu den im folgenden Zeitplan genannten Terminen ((alle zwei Wochen vierstündig E. M.)) zur Beratung und zur Einzeldiskussion den Arbeitsgruppen und einzelnen zur Verfügung."

Realverlauf

Es seien zwei Sitzungen, das Zwischentreffen und die ganztägige Schlusssitzung, beschrieben:

Das Zwischentreffen

Geplant:

1. Gruppen beschreiben ihren Arbeitsstand
2. Offene Probleme

Nummer 1 wird realisiert. Nummer 2 nur angedeutet.

1. Suchprojekt 'Christian Keimann'

„Gekrönter Dichter und bedeutender Pädagoge" im 19. Jahrhundert.

Jens berichtet über folgende Suchbewegungen:

– Staatsbibliothek München; erste Funde;

– Landesbibliothek Wiesbaden; eine Dissertation von Christian Keimann in einem Verzeichnis 'Pfarrer in der Oberlausitz'; stellt sich später als Namensvetter jüngeren Datums heraus;

– Deutsches Bibliographisches Archiv;

– Adressen vom Seminarleiter;

– Besuch beim Kollegen Prof. Dr. Peege, der ihn an das Schulmuseum in Zittau verweist. Der Museumsleiter meint zunächst, es gäbe nichts, dann entdeckt er eine Fülle von Materialien und lädt Jens ein, nach Zittau zu kommen;

– Institut für Gesangbuchforschung.

2. Gruppe 'Bronzene Sonne'

Arbeitsvorhaben: Sozialpädagogische Beratungskonzepte durchzusehen auf die Möglichkeit der Übertragbarkeit auf das Handeln von Hochschullehrern im Rahmen eines autodidaktischen Studiums.

– Beim 1. Treffen: 5 Teilnehmer sind auf 2 geschrumpft;

– Beratungsbesuch beim Seminarleiter;

– Fragestellungen entwickelt, was unter Beratung zu verstehen sei;

– Ein Mitglied der Kleingruppe übernimmt Rogers, ein weiteres Mitglied einen anderen Autor. Die beiden empfinden ihre Suche bis jetzt noch als Überforderung.

3. Gruppe 'Mix'

4 Personen.

– Die Gruppe untersucht 3 Praxisprojekte:

  A) ein autodidaktisches Projekt an der TH Darmstadt;

  B) ein autodidaktisches Projekt der Süddeutschen Metallgenossenschaft zur Ausbildung von technischen Aufsichtsbeamten;

  C) einen Fernkurs für Erzieherinnen zur externen Erzieherinnenprüfung, ein Projekt der katholischen Erwachsenenbildung in Rheinland-Pfalz.

– Die Gruppe will herausbekommen: 'Was ist allen Projekten gemeinsam, was sind durchgängige Schwierigkeiten?'.

– Der einzige Mann in der Gruppe beschreibt den Verlauf und die entstandene Dynamik. Er beschreibt die Frühstücke und Arbeitstreffen in allen Details. Er beschreibt, wie die drei deutschen Frauen sich verhalten, dies aus der Sicht eines Südamerikaners. Er benennt seine eigenen Empfindungen den drei Frauen gegenüber. Er verliere in Deutschland zunehmend seine Spontaneität. Auf

die Rückfrage, worin sie denn bestehe, meint er z. B., bei Rot über die Ampel
zu gehen.

4. Gruppe 'Malstube'

Der Student Martin, etwa in meinem Alter, ist völlig frustriert aus seinem Beruf
als Lehrer ausgeschieden ist:

Martin will in 10 Tagen ein „Kreatop", eine Malstube, eröffnen. In ihr will er
Ausdrucksmalerei begleiten. Er hat herausgefunden, dass seine frühere Lehrerin T. E. in Zürich ein maltherapeutisches Institut gegründet habe, unter anderem mit folgenden Angeboten: 'Begleitetes Malen', 'Lösungsorientiertes Malen'. Es sei für ihn faszinierend, rückwärts zu studieren und jetzt Versäumtes
nachzuholen. Ihn habe es in der ersten Sitzung und der Eingangssituation emotional sehr berührt, dass sich für ihn und sein Projekt junge Leute, Mitstudenten,
eine Frau und ein Mann, interessiert hätten. Er erlebe Empathie in einem kleinen System. Er, der seine Kinder sozusagen verloren habe, erlebe jetzt eine
Tochter und einen Sohn, ohne dass sie zu seinen Kindern würden, sondern als
junge Erwachsene, die ihm in der kurzen Zeit schon sehr ans Herz gewachsen
seien. Erst habe er gedacht, es würde nichts draus, es sei eine zeitlang Betriebs-
stille gewesen, dann habe ein dicker Briefumschlag mit einer Fülle von Recher-
che-Ergebnissen von Isabel im Briefkasten gelegen.

Dann äußert sich Isabel: Am Anfang habe sie ziemliche Angst gehabt, es komme
zu einem Ausweichmanöver von einem Wissenden (Meueler) zu einem anderen
Wissenden (Martin). Diese Ängste hätten sich aber in der Realität nicht bewahrheitet. Inzwischen kenne sie nach den ihr zugemuteten eigenständigen Recherchen die Institutsbibliothek wie ihre Westentasche. Sie habe dort insbesondere
den Zeitschriften-Katalog und die Zeitungsabteilung entdeckt und habe festgestellt, dass knappe Zeitungsartikel sehr ergiebig sein könnten, dass in ihnen oft
mehr stehe und man sich so viel schneller informieren könne als mittels dicker
Bücher. Sie habe öffentliche Bibliotheken kennen gelernt und schätzen gelernt:
'Dort sitzen Menschen, die weiterhelfen.'

Der dritte Teilnehmer ist krank.

5. Gruppe 'Wühlmäuse'

Ausgangspunkt: Autodidaktisches Studium

- Erster Ansatzpunkt: Geschichte des autodidaktischen Lernens.
- Zweiter Ansatzpunkt: Chancen und Gefahren des autodidaktischen Studiums
  ausarbeiten.
- Anlaufstelle Landesbibliothek Wiesbaden
- Anlaufstelle Stadtbibliothek Wiesbaden
- Ein argentinischer Student berichtet, was ihn fasziniere, sei der absolute
  Reichtum an Informationsmöglichkeiten in Deutschland. In Argentinien müs-

sten sehr oft fünf Personen mit einem Buch auskommen. Erst lese es der erste, dann der zweite, dann der dritte usw.

– Er erzählt davon, dass in Argentinien ständig Lieder gesungen werden und dass viele Gedichte aufsagen könnten. Dies sei alles in der Bundesrepublik nicht der Fall. Als er nun mit meinem für das Seminar als Sonderaufgabe formulierten Wunsch des Seminarleiters, dass jeder drei Gedichte lernen müsse, in seine Wohngemeinschaft in Wiesbaden gekommen sei, habe es ein großes Gelächter und Hallo gegeben. Nachdem sich dies beruhigt habe, hätten alle Wohngemeinschafts-Mitglieder nach Gedichtbänden gekramt, ja sogar auf dem Speicher danach gesucht, bis sie fündig geworden wären. Jetzt würden sie sich in der WG Gedichte vorlesen.

– Bericht über ein Treffen in der Cafeteria: Alle TeilnehmerInnen waren glänzend präpariert, alle hatten gelesen und recherchiert, alle waren voll von Ideen und Suchergebnissen.

Fazit

Eine mich faszinierende und alle sehr bewegende Sitzung, die den Reichtum aufzeigt, der dann zu Tage treten kann, wenn sich die Studierenden als Subjekte forschenden Lernens erleben können.

Die Schlusssitzung

Es ist äußerst misslich, dass wir nur diesen Samstag von 9.30 Uhr bis 16.30 Uhr zur Verfügung haben, da der ebenfalls vorgesehene Dienstag für die Schlusssitzung eines aus Krankheitsgründen verschobenen Oberseminars herhalten muss.

Was mir gefällt: Alle sind an Deck, zwei Krankmeldungen.

Alle haben Berge von selbst hergestelltem feinem Essen mit gebracht.

Die Projekt-Mitglieder berichten über ihre Ergebnisse und die Dynamik der Zusammenarbeit in der Gruppe in ganz unterschiedlichen Präsentationsformen: in der Form systematischer Begriffsklärungen, mittels szenischer Darstellungen, in bildunterstützten Kurzreferaten, Rollenspielen, mittels großer Poster und einem sarkastischen Gemälde.

Die durchgängige Einsicht: Autodidaktisches Studium läuft nach den von den Gruppen selbst gesetzten Regeln ab, gerät auf ganz andere Wege, als der Hochschullehrer vorgesehen hat, sonst wäre es ja gar kein autonomes Studium mehr und das muss toleriert werden.

Das hat für die *Hausarbeit* folgende von meinem Seminarplan abweichende Konsequenz: Die Studierenden erstellen eine Hausarbeit nach einem selbst gesetzten Maßstab wissenschaftlicher Seriosität.

Was unbefriedigend bleibt:

Das „Abschlußtreffen" ist im Grunde auch nur ein Zwischentreffen, weil die Arbeiten zum großen Teil noch gar nicht abgeschlossen sind, geschweige denn ein vorzeigbarer systematischer Ertrag zustande gekommen ist.

Selbstgesteuertes Lernen

OS im SS 2000

Ziele / Inhalte

Der Seminarplan beginnt mit folgendem Text:

„*1. Absichten mit diesem Seminar*

Zur Zeit gibt es im Bildungswesen, insbesondere in der betrieblichen Weiterbildung, einen Boom des „selbstgesteuerten Lernens", worunter „ein nicht primär von anderen geleitetes und gesteuertes Lernen" verstanden wird (Dohmen 1999, S. 16) (…)

In seiner puren Form findet ein solches Lernen eigentlich nur in der Bewältigung des Alltagslebens statt. Das Bundesministerium für Bildung und Forschung, das (…) das „selbstgesteuerte Lernen" massiv unterstützt, ist am bloßen Alltagslernen nicht interessiert. Es geht ihm um organisiertes Lernen vor allem im Rahmen der betrieblichen Weiterbildung in einem je wechselnden Mischungsverhältnis von Fremdbestimmung und Selbstbestimmung. Die rasante Entwicklung von Informations-und Kommunikationstechnologien, wie zum Beispiel des Internets, spielt dabei eine entscheidende Rolle.

In diesem Seminar geht es darum, unter vorgegebenen Fragen des Seminarleiters selbstgesteuert in kleinen Arbeitsgruppen dieses dynamische Feld zu überprüfen, die Ergebnisse zu systematisieren und ebenso kreative wie konkret-pragmatische Überlegungen dazu anzustellen, ob und inwieweit das Pädagogikstudium in Mainz um Elemente des 'selbstgesteuerten Lernens' bereichert werden kann.

2. Zu leistende Aufgaben

Der Seminarleiter stellt zwei Veröffentlichungen des Bundesministeriums für Bildung und Wissenschaft zum selbstgesteuerten Lernen zur Verfügung.

Diese gilt es in Fünfer-Gruppen unter folgenden *Fragen* durchzuarbeiten:

1. Welche Haupttypen des hier propagierten selbstgesteuerten Lernens sind in der Mischung von Fremd- und Selbststeuerung erkennbar (wobei man nicht unbedingt nur der Typisierung der Autoren dieser Schriften folgen sollte)?

2. Welche Interessen verfolgen jeweils diejenigen, die diese Konzepte entwickelt haben und auf deren Anwendung drängen (eigene Interpretation)?

3. Wie werden jeweils die Lern-Interessen, -Wünsche und -Bedürfnisse der Lernsubjekte berücksichtigt?

4. Wenn Sie bitte die Brainstorming-Methode der *DESTRUKTIVEN UND KONSTRUKTIVEN KRITIK* anwenden, was ist dann bei den von Ihnen herausgearbeiteten Projekt-Typen unter beiden Blickwinkeln jeweils festzustellen, zum einen unter dem Aspekt scharfer Kritik, zum anderen unter dem Aspekt wohlwollender Anerkennung?

Über dieses Material hinaus sollten Sie sich weitere Quellen zur Informationsbeschaffung zum Komplex 'Selbstgesteuertes Lernen' erschließen: durch Telefonate mit Trägern von EB/WB, der Industrie- und Handelskammer, Mainzer Betrieben, dem VHS-Verband, den Landesorganisationen der Evangelischen und Katholischen EB, durch Surfen im Internet etc.

In einem zweiten Arbeitsschritt werden die Fünfer-Gruppen gebeten, die gewonnenen Perspektiven unter folgenden Fragen auf das *Pädagogik-Studium in Mainz* anzuwenden:

5. Ist es möglich, unter den Rahmenbedingungen der jetzt geltenden Prüfungs- und Studienordnung möglichst selbstbestimmt und selbstgesteuert Pädagogik zu studieren? Wenn ja, wie?

6. Welche Bedingungen von Prüfungs- und Studienordnung müssten verändert werden, um möglichst selbstbestimmt und selbstgesteuert Pädagogik zu studieren?

Die Ergebnisse der Gruppenarbeit sollen am abschließenden Arbeitstag und gegebenenfalls in der letzten Sitzung vorgestellt und vom Gesamt-Seminar destruktiv und konstruktiv kritisiert werden. Die Vorstellung der Arbeitsergebnisse sollte in einer ebenso inhaltsreichen wie sozial verträglichen bis unterhaltsamen Form geschehen. Dabei sollte auch über die *Kommunikation in der Gruppe während der Projekt-Arbeit* berichtet werden."

Realverlauf

Als ich das Seminar ausschreibe, habe ich mich noch nicht so intensiv eingelesen, dass ich mich als 'bestens informiert' bezeichnen möchte. Infolgedessen treffen die von mir gestellten erkenntnisleitenden Fragen nicht so richtig ins Schwarze. Meine Idee ist die, dass die Studierenden einerseits und ich andererseits bei den Recherchen zum Boom des „Selbstgesteuerten Lernens" fast mit den gleichen Voraussetzungen starten, um dann zum Abschluss des Semesters/Seminars zu sehen, was wir alle zusammen herausgefunden haben.

Von 64 Erstanmeldern arbeiten bis zum Schluss in Arbeitsgruppen 50 Studierende mit.

In der ersten Sitzung lasse ich nach der Methode des *SCHNELLSCHREIBENS* hintereinander den Zentralbegriff „Selbstgesteuertes Lernen" samt allen Nebenbegriffen jeweils für 6 Minuten bearbeiten. Dann grenzen wir die einzelnen Begriffe im Plenum im *ENRICHMENT-VERFAHREN* von einander ab.

Nach der ersten Sitzung treffen alle erst wieder zur ersten Schlusssitzung (ganzer Tag 10–16 Uhr) und zur zweiten Schlusssitzung (Dienstag drauf 10–14 Uhr) zusammen. Es wird bedauert, dass es zwischendrin keine Zwischensitzung zum methodischen Abgleich der Gruppen und zur Verständigung über Schwerpunkte gegeben habe.

Mein Beratungsangebot alle zwei Wochen dienstags 10–14 Uhr wird vor allem in der zweiten Hälfte des Semesters sehr lebhaft genutzt. Die Themen der Beratung: Alle haben Probleme damit, wie viel Zeit es für die Präsentation der Gruppen-Ergebnisse geben würde. Dies lösen wir so, dass eine Gruppe am Arbeitstag mit einer ersten großen Präsentation (inklusive einem Videofilm über die einzelnen Phasen der Gruppenarbeit) beginnt, in die sie die anderen Gruppen einzubauen versucht. Dies gelingt im Großen und Ganzen auch ganz gut, doch sehen sich einige Gruppen letztlich um ihre spezifisch eigene Präsentation und damit um die Chance, mit ihren Ergebnissen von den anderen und dem Seminarleiter anerkannt zu werden, geprellt.

Der Arbeitsteil „Selbstgesteuertes Lernen im Studium" wird in den vier Stunden am Dienstag abgehandelt und dort sehr fachkundig und professionell (mit farbigen Folien etc.) von den Studierenden eingeführt und lebhaft diskutiert. Es bildet sich eine AG von Studierenden zu diesem Thema, die über das Seminar hinaus dieses Problemfeld praxisorientiert behandeln will. Ich verspreche dieser Gruppe und allen SeminarteilnehmerInnen, im WS 2000/01 ein Instituts-Kolloquium zum Thema „Selbstgesteuertes Lernen im erziehungswissenschaftlichen Studium" anzusetzen, auf der die Arbeitsgruppe ihre Vorschläge präsentieren soll.

Die in den Hausarbeiten von allen Gruppen präsentierten Arbeits-Ergebnisse fallen so gründlich und materialreich aus, dass sie eigentlich in einer eigenständigen Veröffentlichung vorgestellt werden müssten.

5. Kreatives Schreiben

> *Noch einmal: Schreiben heisst, sich der*
> *magischen Macht der Wörter zu*
> *überlassen und dabei doch eine gewisse*
> *Kontrolle über die Geste zu bewahren.*
> Vilém Flusser
> *Schreiben heißt, die Würze der Welt sammeln.*
> Edouard Glissant

5.1 Schreiben an der Universität

In jedem Wintersemester gibt es seitens des Pädagogischen Instituts der Uni Mainz eine Ringvorlesung zur Einführung in das Studium der Pädagogik. Am 2.11.1999 beginne ich die Ringvorlesung, die von mehreren KollegInnen des Instituts bestritten wird, mit einem Vortrag und einer Selbsterfahrungsübung zum Themenkomplex „Zäsuren, Brüche, Krisen".

Am 1.2.2000 soll ich als letzter der Serie das Ganze mit einer zweistündigen Vorlesung zum Thema „Hochschulsozialisation" abschließen. Ich kombiniere diesen Vortrag mit Schreibübungen und fordere die TeilnehmerInnen (von den anfänglich 120 ZuhörerInnen der Ringvorlesung sind noch 26 übrig geblieben) auf, sich als erstes an der Interaktion *DIE UNI AUFSAGEN* zu beteiligen.

Danach stelle ich die eben gemachte gemeinsame Erfahrung auf ein breiteres systematisches Fundament:

Was wir hier gerade gemacht haben, war eine Interaktionsübung, ein Interaktionsspiel. Ein Interaktionsspiel kann *pädagogisch* so definiert werden:

„Besonderes Merkmal der Interaktionsspiele ist die Reproduktion von Realität, die jedoch nur ausschnittsweise betrachtet wird, wobei wesentliche Elemente isoliert und mit Spielregeln in einen künstlichen Kontext gesetzt werden. So ist die Konzentration der TeilnehmerInnen auf einen Brennpunkt gerichtet und dieser wird bearbeitet. Dies erleichtert das Verständnis für Strukturen und strukturelle Zusammenhänge im Gegensatz zu einer eher unüberschaubaren Wirklichkeit. Außerdem kann neues, verändertes oder altes Verhalten in risikofreien Situationen geübt werden, dessen Scheitern nicht gleich in einer Katastrophe endet. Da sich in diesem Schonraum der Gruppensituation die Als-ob Elemente und Ernsthaftigkeit der Erfahrungen miteinander abwechseln, findet eine Ermutigung zum Hinterfragen des eigenen Verhaltens statt" (Reiners 1993, S. 13).

Ich spiegele von dieser Definition her das, wir eben gemacht haben: „Sie sitzen in einer Vorlesung, die so angekündigt wurde, dass ein Professor über 'Hochschulsozialisation' sprechen wird. Den Erwartungen gemäß sollte ich stellvertretend für Sie beschreiben und deuten, was die Universität mit Ihnen macht und wie Sie sich in Anpassung und Widerstand mit den hier vorgefundenen ideellen und strukturellen Bedingungen auseinandersetzen.

Stattdessen haben Sie selbst Feststellungen zur Uni getroffen. Sie haben nach einer Vorbereitung von nur wenigen Minuten gemeinsam eine solche Vielzahl von Sichten und Erfahrungen mit der Uni formuliert, wie sie ein einzelner Dozent gar nicht so schnell hätte zusammenbringen können.

Wenn Frau Reiners in ihrer Interpretation sagt, in einem „Interaktionsspiel" könne neues und verändertes Verhalten in risikofreien Situationen geübt werden, dann traf dies eben zu. Das veränderte Verhalten war das, dass Sie, aufgrund Ihrer eigenen Erfahrungen, unterstützt durch Spontaneität und mit Lust an einer kleinen Inszenierung das übliche Ritual durchbrochen haben, dass in einer Vorlesung ein Professor selbst ausgewählte Fragen vorträgt und sie stellvertretend für die gesamte Zuhörerschaft beantwortet. "

Dann berichte ich darüber, dass der *Soziologe* Dieter Geulen ebenfalls den Begriff des „Interaktionsspiels" benutzt: „'Ein Interaktionsspiel kann ... definiert werden als ein intersubjektiv geteiltes und akzeptiertes System von Regeln, das bestimmte Weisen der Operation mit bestimmten Verhaltenseinheiten einschließlich der sprachlichen vorschreibt und als Ganzes mit einem bestimmten, intersubjektiv geteilten Sinn verbunden ist' (Geulen 1989, S. 256).

Für Geulen besteht das „gesamte alltägliche Interaktionshandeln (...) aus Partizipation an Interaktionsspielen" (ebd.). Mit 'Spiel' meint er das fest etablierte Regelsystem alltäglicher Handlungen, an dem mehrere Personen beteiligt sind, z.B. „zusammen eine Arbeit verrichten', 'sexuelle Intimität', 'öffentliche Diskussion', 'etwas kaufen', 'über etwas verhandeln', 'eine Korrespondenz führen' 'Lehren', 'in einem Restaurant essen', 'Plaudern', 'Stimmung machen', 'über etwas herziehen', 'jemanden examinieren', 'jemanden auf den Arm nehmen'" etc. (ebd.)

Die mittels dieser Handlungen zu bewältigenden jeweiligen Situationen sind nach Geulen „jeweils wesentlich durch ein Regelsystem (Spiel) bestimmt, auf das sich mehrere Beteiligte in einem Feld geeinigt haben bzw. an dem sie ihr gegenseitiges Handeln faktisch orientieren" (a. a. O., S. 258), indem sie die jeweils geltenden Spielregeln erlernen und einzuhalten versuchen.

Sozialisation

Dass es dem jeweiligen Neuling/Anfänger gelingt, sich einem bis dahin unbekannten Regelsystem anzupassen, in einem Interaktionsspiel mitzuspielen, die hier geltenden Spielregeln zu erlernen und erfolgreich anzuwenden, ist Ergebnis seiner bislang durchlaufenen Sozialisation. Auch wenn es keinen allgemein anerkannten Sozialisationsbegriff und keine allgemein anerkannte Sozialisationstheorie gibt, ist den unterschiedlichen Vorstellungen darüber, was mit Sozialisation gemeint ist, doch gemeinsam, dass es um jene Vorgänge geht, durch die Personen, die neu in eine Gruppe eintreten, zu deren tüchtigen und anerkannten Mitgliedern werden. Solche Neu-Ankömmlinge sind nicht nur Kinder, die in eine bestimmte Gesellschaft hineingeboren werden, sondern „Menschen jeden Alters, sofern sie neu in eine vorhandene Gruppe eintreten und deren gruppenspezifische Erlebnis- und Verhaltensbereitschaften erwerben müssen, um in ihr handlungsfähig zu werden. Bei diesem Gebrauch des Wortes 'S.'(ozialisation) wird also nicht an das Werden von Gruppen gedacht, sondern an das 'Sozialwerden' der Person im Rahmen einer bereits vorhandenen Gruppe, an die Entstehung des 'vergesellschafteten Subjekts' oder des 'sozialisierten Menschen' (Geulen 1989). Es handelt sich um Vorgänge, durch die sich Personen so ändern, dass sie zur Kultur ihrer Gruppe passen." (Brezinka 1995, Sp. 1 162).

In dieser Sicht wird die/der einzelne vor allem als derjenige gesehen, der sich an neue Umweltbedingungen- und anforderungen anpasst.

Warum sich aber unterschiedliche Menschen unter den gleichen Umweltbedingungen ganz unterschiedlich entwickeln können, wie sie sich selbst verändern, indem sie ihre Lebensbedingungen bewusst zu gestalten versuchen (vgl. Bullens 1990, S. 728), das kommt unter dieser Perspektive der Sozialisationsforschung nicht in den Blick.

Hochschulsozialisation

Hochschulsozialisation bedeutet grob gesprochen für Sie, dass Sie sich als StudienanfängerInnen mit dem Eintritt in die Hochschule von einem auf den anderen Tag dem Druck ausgesetzt sahen, sich mit den Regeln, die hier gelten, vertraut zu machen, neue Erlebnis- und Verhaltensbereitschaften zu erwerben, ihr Selbstbild umzuorganisieren und eventuell neu zu definieren. Dies wird gelernt durch Teilnahme an den von Geulen so genannten Interaktionsspielen der Uni.

Diese Regelsysteme – und ich beziehe mich im Folgenden nur auf mein Fach Pädagogik – bestanden schon vor Ihrem Eintritt in die Universität.

Sie finden ihren rechtlichen Ausdruck im Hochschulgesetz, in der Prüfungsordnung und der gerade fertig gestellten Studienordnung für den Diplomstudiengang in Erziehungswissenschaft. In diesen Ordnungen wird definiert, wie „das organisierte Lernen wissenschaftlicher Grundkenntnisse" (Huber 1991, S. 418) in diesem Fach auszusehen hat.

Ihren sozialen und emotionalen Ausdruck finden die Regelsysteme in der Art und Weise, wie hier im Fach miteinander gearbeitet wird. Diese Regelsysteme sind hierarchisch geordnet. In ihnen spielen die Professoren, die in allen Universitäts-Gremien die Mehrheit haben, und abgeleitet von deren sozialem Rang, auch die übrigen Lehrenden, die entscheidende Rolle. Sie repräsentieren die in dieser Institution geltenden Normen und Regeln mit einem erheblichen Machtgefälle zu Ihnen hin. *Sie* als die Studierenden erleben sich von ihnen als PrüferInnen abhängig (Bewertung von Referaten, Hausarbeiten, Prüfungen). Die HochschullehrerInnen machen Ihnen in verpflichtender Form Arbeits-Angebote, eröffnen Ihnen Handlungsmöglichkeiten, stellen Anforderungen und bewerten Ihre daraufhin erbrachten Leistungen. Sie erwarten von Ihnen die Übernahme sozialer Rollen und die Verinnerlichung ihrer Erwartungen an Sie, die Anfänger. Nur wenn Sie diesen Erwartungen grundsätzlich entsprechen, können sich soziale Beziehungen ausbilden, die dann in der Regel auch funktionieren. Die einzelnen Lehrenden pflegen ganz unterschiedliche Stile. Alle aber erwarten von Ihnen die selbstverständliche Akzeptanz des universitären Regelsystems, das sie als so selbstverständlich wie Tag und Nacht, Regen und Sonnenschein erachten.

Sie als die Neuankömmlinge setzen sich Ihrerseits mit den an Sie herangetragenen Anforderungen und den darin zum Ausdruck kommenden Verhaltensnormen und Handlungsmustern auf unterschiedliche Weise auseinander: zum einen so, dass Sie sich das von Ihnen erwartete Verhalten aneignen, sich also anpassen oder aber so, dass Sie sich den Erwartungen entziehen und das von Ihnen erwartete Rollenverhalten nach Ihren eigenen Vorstellungen abwandeln und umgestalten. In dieser Dynamik, dass Sie gemäß Ihren je unterschiedlichen, lebensgeschichtlich erworbenen Verarbeitungsstilen in einer je persönlichen Form in der subjektiven Interpretation dieser Erwartungen und in individuellen Rollenabweichungen ihren eigenen Stil entwickeln und ganz bewusst Ihr Studium selbst gestalten, vollzieht sich das, was oft als *Hochschulsozialisation* beschrieben wird. Hier geht es um ein Lernen durch Vertrautwerden, durch schlichte Gewöhnung, durch unbewusste Nachahmung der Handlungen anderer, ein Lernen, bei dem der Lernende unmerklich und unbewusst die Grundzüge von universitärer 'Lebenskunst' erwirbt (Bourdieu 1993, S. 138; Schaeper 1997, S. 210).

Kritik an der Rede von 'Hochschulsozialisation'

Wenn die einen ausdrücklich von Hochschulsozialisation sprechen, dann steht im Hintergrund die Beobachtung, dass die Hochschule nach wie vor den Zugang zur Kaste der Akademiker und damit zu bestimmten Berufen darstellt und sich das Studieren mit all seinen Anpassungsleistungen von anderen Lebensverläufen qualitativ zu unterscheiden scheint.

Andere meinen, der Begriff '*Hochschul*sozialisation' sei irreführend: Versteht man unter 'Sozialisation' „den Prozess, in dem sich der Mensch als gesellschaftlich handlungsfähiges Subjekt in tätiger Auseinandersetzung mit der sozialen Umwelt entwickelt" (Huber 1991, S. 417), dann sind in der Zeit an der Hochschule entscheidende Faktoren nicht nur die hier aufeinandertreffenden Personen, also die HochschullehrerInnen auf der einen Seite, die Forderungen stellen und Angebote machen, und Sie auf der anderen Seite, die sich anpassen oder Widerstand leisten, sondern es gibt noch eine Reihe weiterer wichtiger Faktoren, Kräfte, Mächte, Konstellationen, von denen Ihre persönliche und soziale Entwicklung während der Zeit an der Hochschule abhängt:

Da sind u. a. Ihre von Person zu Person unterschiedlichen angeborenen und von Ihnen bislang weiter ausgebildeten bzw. vernachlässigten Fähigkeiten, Ihre hierher mitgebrachten Wissensbestände, Ihre Einstellungen, Kompetenzen, Erfahrungen, der Grad des Zutrauens in Ihr eigenes Vermögen und Ihre Belastbarkeit, sowie Wahrnehmungsraster, die Sie als einzelne aus der bisherigen Lebensgeschichte mitbringen.

Es beeinflusst Sie, auf welche Erfolgserfahrungen in der Schulzeit Sie zurückblicken können und ob und inwieweit sich die/der einzelne als PendlerIn noch vor allem über sein Zuhause, seine Familie, seine alten Freunde, kurz das vertraute Sozialmilieu zu Hause definiert oder in der Universitätsstadt wohnt, sich mit neuen Leuten trifft, ganz neue Freundschaften entwickelt. Es ist von erheblichem Einfluss, ob und wie stark die/der einzelne finanziell ganz stark auf sich selbst geworfen ist, unentwegt jobben muss und von daher das Studium nur so nebenbei betreiben kann oder ob das Studium voll von den Eltern finanziert wird und man sich daher ganz intensiv auf das Studium einlassen kann, um es zur Hauptsache ihres/seines Lebens zu machen und ganz bewusst Strukturen der sozialen Zusammenarbeit mit anderen herzustellen.

Sie sind in Ihrer derzeitigen Entwicklung davon bestimmt, ob die Ablösung von zu Hause schon abgeschlossen ist oder sich zur Zeit ereignet, ob Sie noch mit Ihrer Ursprungsfamilie oder aber alleine für sich, mit einem Partner, mit StudienkollegInnen in einer Wohngemeinschaft zusammenwohnen, ob die Eltern zusammenleben oder geschieden sind. Ihre Wohnungsprobleme und Ihre Formen der Freizeitgestaltung sind von Bedeutung. Hinzu kommen eventuell Ängste vor Prüfungen und die Sorge, im jeweiligen Semester nicht alle angepeilten 'Scheine' zu schaffen, überhaupt: richtig mitzukommen.

Jedweder Sozialisationsprozess als Prozess des Vertrautwerdens mit Neuem und des Gewöhnens an bislang unbekannte soziale Muster, zugleich aber auch ein Prozess des Sich-Ärgerns und Sich-Wehrens ist, immer *einzigartig* (Persönlichkeitsentwicklung; Herausbildung der persönlichen Identität) und *allgemein* zugleich (Vergesellschaftung; Bildung der sozialen Identität)" (Griese 1991, S. 4).

Subjektentwicklung an der Hochschule

Mich interessiert insbesondere die Frage, welche Rolle *Sie als die Subjekte Ihrer eigenen Hochschul-Sozialisation* spielen wollen und können, ob Sie sich vor allem als Objekte erleben, fremdbestimmt von einer Fülle äußerer Zwänge, oder ob es Ihnen gelingt, als erlebende, verstehende und handelnde Subjekte ihrer Lebensgeschichte Ihr Studium und die mit ihm verbundenen gesellschaftlichen Beziehungen entsprechend Ihren Interessen kontrollieren und gestalten zu können (vgl. Jung 1990, S. 695).

Welche Handlungskompetenzen Ihnen abgefordert, welche abgewöhnt oder sogar gänzlich missachtet werden, sei im Folgenden an den 'Interaktionsspielen'

'Vorlesung' und 'Wissenschaftliches Schreiben' verdeutlicht, also an Arbeitsformen, auf denen Interaktionen zwischen Lehrenden und Studierenden beruhen.

Mit den Interaktionsspielen, die an der Universität unter dem Stichwort 'Lehre' laufen, wird Ihnen vielfach ein Schritt zurück hinter die sozialen Errungenschaften Ihrer Schulzeit zugemutet.

Interaktionsspiel 'Vorlesung'

An zentraler Stelle steht die Vorlesung, die zu halten Vorrecht der Professorinnen ist.

Ich selbst halte keine Vorlesungen.

Wieso nicht?

Die Vorlesung war sicherlich über Jahrhunderte eine angemessene Form mündlicher Überlieferung, hat aber m. E. mit der Erfindung des Buchdrucks mit völlig gleichen, beweglichen und damit auswechselbaren Metalllettern durch den Mainzer Johann Gensfleisch zur Laden, genannt Gutenberg, Mitte des 15. Jahrhunderts ihre Berechtigung verloren.

Die Vorlesung kann zur Einführung in ein größeres, weit verzweigtes Gebiet, wie beispielsweise hier im Rahmen der Ringvorlesung in das Fach 'Pädagogik', mal von Nutzen sein, hat aber als Kommunikationsform eine Reihe ganz erheblicher Schwächen:

- ProfessorInnen und Studierende treffen in HÖRsälen zusammen, die von ihrem architektonischen Aufbau und der festen Bestuhlung nur Vorträge, aber keine demokratische Zusammenarbeit aller, kein lebhaftes Hin und Her des Gesprächs zwischen allen Beteiligten erlauben. Die Studierenden werden als Auditorium verstanden und als Lernsubjekte nicht genügend ernst genommen. Nicht *Ihre*, der ZuhörerInnen Fragen, Lernwünsche und Lernbedürfnisse bestimmen Struktur und Aufbau der Vorlesung.

- Stellvertretend für Sie deutet der Professor die vorgetragenen Sachverhalte. Dabei kann aber jeder von uns nur für sich selbst verstehen und alle von Experten vorgetragene Wissenschaft kann, ohne eigenes Fragen und Suchen der Zuhörer, allenfalls ein 'Verstehen auf Pump' ermöglichen (vgl. Wagenschein 1982).

Gemäß lernpsychologischen Studien beträgt die Wahrscheinlichkeit, etwas zu behalten, allenfalls 10–20%, wenn ich nur etwas höre, dagegen schon an die 50%, wenn die gesprochenen Informationen durch Visualisierung intensiviert werden, 80% hingegen, wenn ich als Lernsubjekt selbst etwas erarbeite und entdecke (vgl. Czichos 1993, S. 131). Lernen ergibt sich nicht automatisch daraus, dass irgend etwas gelehrt wird.

- Der Berliner Informatiker Dirk Siefkes (1993) hat sich damit beschäftigt, welchen Bedingungen soziale Systeme an der Universität genügen müssen, um leistungsfähig zu sein:

– Das Lernen alleine betrachtet Siefkes als Sonderform: „Der einzelne setzt sich mit einem Buch oder einer Situation auseinander, er denkt nach und schreibt auf. Er braucht weder Regeln noch Hilfsmittel. Aber er lernt erst wirklich, wenn er das Ergebnis mit anderen diskutiert, mit der gesammelten menschlichen Erfahrung abstimmt" (1993, S. 25).

– Eine Gruppe von bis zu fünf Personen kommuniziert hauptsächlich im Gespräch oder in anderem gemeinsamen Tun. Hier gibt es keine eindeutige Lehrperson. „Ein einzelner kann die anderen durch Bücher oder längere Reden belehren; wirklich lernen die anderen nur, wenn sie alle Aussagen in eigene Worte, seien es Fragen oder Taten, seien es Fehler, kleiden; wirklich lehrt der einzelne nur, wenn er dabei lernt" (ebd.).

– „Ab etwa 5 Teilnehmer(n) strukturiert sich die Gruppe, oder sie zerfällt; Hilfsmittel werden wichtig: Ein Lehrer tritt hervor, unter Umständen mehrere; die Arbeit wird geplant, vorbereitet, durchgeführt, nachbereitet, bewertet; einzelne tragen vor; man braucht eine Wandtafel, Plakatwände, Schaubilder; es bilden sich Untergruppen, die vor und nach der Lehrveranstaltung gemeinsam arbeiten." (ebd., S. 25f.).

– „Ab 15–20 Teilnehmern bleibt nur noch der Frontalunterricht, die Vorlesung, in der Stoff vermittelt, aber kaum verarbeitet wird. Der Lehrer sieht die Zuhörer nicht lernen; die Zuhörer erleben nicht, wie der Vortragende auf Unverständnis reagiert, sich entwickelt, sie reden nicht miteinander. Beide Seiten werden durch Katheder und (gar aufsteigende) Sitzreihen, durch Mikrofone und Overheadprojektor noch mehr getrennt. Je mehr Teilnehmer es sind, desto genauer werden sie durch Scheinkriterien und Prüfungen, durch feste Sprechstunden und Anwesenheitspflichten gemaßregelt. Bei bis zu 50 Teilnehmern können sich Lernende und Lehrende in einer gewissen Zeit wenigstens ein wenig kennen lernen; bei mehr Teilnehmern ist kaum noch ein Unterschied zum Lernen von der Konserve. (…) Wenn ich viele anspreche, sage ich nicht mehr; im Gegenteil: ich muss allgemeiner reden, kann mich nicht an den einzelnen wenden. Je mehr zuhören, desto weniger kommt beim einzelnen an; er kann nicht antworten, um das Verständnis weiter zu bringen; er hat kaum Zeit mitzudenken" (Siefkes 1993, S. 26). „Der Dozent weiß genau, wie die Veranstaltung ablaufen wird; aber er weiß fast gar nichts über die Studenten. Diese wissen wenig über den Ablauf oder gar über die Gründe dafür; aber sie kennen die Sprechweise des Dozenten und die Art seiner Witze nur zu gut. So kann der Dozent auf die Studenten nicht eingehen, sie können auf ihn nicht einwirken. Beides, Ahnungslosigkeit und gesichertes Wissen, schirmen die Teilnehmer voneinander ab, schwächen die Kommunikation" (ebd., S. 27).

Siefkes hat herausgefunden, dass die Mitglieder in einer kleinen Arbeitsgruppe mit einfachen Mitteln und lockeren Regeln am meisten lernen. „Da geschieht dauernd etwas; auch das Schweigen hat Bedeutung. (...) Die Mitglieder einer kleineren Gruppe sind sich schnell vertraut. Wenn sie einander vertrauen, können sie ungeplant lernen, den jeweiligen Bedürfnissen entsprechend. (...) Nur aus freiem Willen handele ich spontan, nur in der kleinen Umgebung bin ich kreativ", „... nur in einem kleinen System ist die Kommunikation dicht genug, um etwas Neues entstehen zu lassen, das zusammenhält und nach außen als Einheit wirkt" (1993, S. 27 u. 40). „Der kleine Rahmen verlangt dauernd etwas von mir, eigenständig." (ebd., S. 41).

- Die meisten ProfessorInnen und DozentInnen bemühen sich anfänglich, in irgendeiner Form die ZuhörerInnen einzubeziehen, indem sie zu Fragen und Kommentaren ermutigen und Diskussionsmöglichkeiten anbieten. Dies findet jedoch, wie empirische Untersuchungen ergeben haben, so wenig Resonanz, dass sich die meisten der Lehrenden in Vorlesungen zunehmend und dann meistens für immer in der Position von AlleinunterhalterInnen wiederfinden (vgl. Schaeper 1997, S. 198f.). Dies ist nicht moralisch dem Unvermögen und der Nullbock-Stimmung der Studierenden zuzuschreiben, sondern hat seine objektiven Gründe in den systemischen Bedingungen, die Siefkes beschrieben hat. Hinzu treten solche negativen Verstärkungen wie die, dass viele Lehrende, um überhaupt irgendeine Rückmeldung aus der Zuhörerschaft zu erhalten, an sie inhaltlich nur ganz eng gehaltene Fragen stellen, deren Antworten den Lehrenden als Fragestellern längst bekannt sind. Dies wissen die Zuhörer und verweigern sich, dem Lehrenden nur Antworten zu geben, die er für richtig hält und hören will (Schaeper 1997, S. 199).

Das zweite Interaktionsspiel, auf das ich kurz eingehen will, lautet 'Wissenschaftliches Schreiben an der Uni'.

Interaktionsspiel 'Wissenschaftliches Schreiben'

In der akademischen Welt müssen fast alle Leistungsnachweise über schriftliche Arbeiten erbracht werden, sei es durch die schriftliche Abfassung von Referaten oder durch schriftliche Hausarbeiten zu den einzelnen Seminaren, durch schriftliche Klausuren zum Vordiplom und Diplom, vor allem durch die abschließende große Hausarbeit, die sog. Diplomarbeit.

Ob Sie gerne und gut wissenschaftlich schreiben, hängt entscheidend von Ihrer bisherigen Schreibgeschichte ab.

In der Schule mussten in Referaten nicht nur einfach Zusammenfassungen von gelesenen Texten verschriftlicht werden, sondern es galt auch, diese Texte eigenständig zu interpretieren und begründet zu bewerten.

In der Mehrzahl der Fälle, von denen ich in unserem Fach weiß, fallen diejenigen, die Referate halten müssen, fast automatisch wieder hinter den auf der Schule schon früher erreichten Standard zurück. Sie werden hier in der Regel weder in die Kunst, ein knappes und fesselndes Referat zu entwickeln und vorzutragen, eingeführt, noch werden bei der Besprechung Ihres Referats im Seminar Bewertungs-Regeln angewandt, die immer Geltung haben. Da nur Sie als ReferentIn sich auf das Thema vorbereitet haben, die ZuhörerInnen nicht, kommt es zu kleinen Vorlesungen mit all den üblen Begleiterscheinungen und Kommunikations-Atörungen, die ich eben beschrieben habe.

Zwar ist das Interaktionsklima in Seminaren intensiver als in Vorlesungen, aber auch hier dominieren die Lehrenden durchschnittlich mit einem Interaktionsanteil von mehr als 50% das Lehr-Lern-Geschehen (Schaeper 1997, S. 198). Im Mittelpunkt steht zumeist nur der gerade verhandelte wissenschaftliche Inhalt, über den die DozentInnen, sonst könnten sie diesen Beruf ja gar nicht ausüben, zumeist mehr als Studierende wissen und dies unverhohlen zum Ausdruck bringen.

Um ein Bild zu gebrauchen: Wenn in eine Flussschleuse nur ein dickes Frachtschiff mit tausenden von Bruttoregistertonnen hineinfährt, haben viele kleine Boote keinen Platz. D. h. die DozentInnen müssten ihre Interaktionsanteile verkleinern, um den anderen wirklich Raum zu geben.

Auch wenn Untersuchungen ergaben, dass Lehrende der Pädagogik sich stärker als KollegInnen anderer Fächer um studentische Beteiligung bemühen und erfahrungsorientierte, die Eigenaktivität der Studierenden fördernde Lehr- Lernformen einsetzen (vgl. Schaeper 1997, S. 205 f.), gibt es doch nur in wenigen Fällen eine intensive und durchgängige Bemühung um starke soziale Nähe, wie z. B. darum, dass alle Studierende mit ihren Namen präsent sind und dementsprechend persönlich angesprochen werden können.

Hausarbeiten werden nur von wenigen DozentInnen gründlich mit ihnen, bezogen auf inhaltliche und formale Schwächen und Stärken, durchgesprochen. Das ist umso erstaunlicher, als das wissenschaftliche Schreiben als Ausweis eigener Güte einen so hohen Stellenwert im Selbstverständnis der WissenschaftlerInnen spielt. Nach wie vor hängt die akademische Karriere an der deutschen Universität neben formalen Qualifikationen (Examen, Promotion, Habilitation) völlig vom erfolgreichen wissenschaftlichen Schreiben, von der Zahl und Qualität produzierter wissenschaftlicher Texte (Schriftenverzeichnis als *der* Leistungsnachweis) ab. Vielleicht spielt bei den erfahrenen Lehrenden auch ganz unbewusst das Motto 'sink or swim' eine Rolle: 'Mir hat es auch niemand gezeigt, wie das wissenschaftliche Schreiben funktioniert. Dieses Geheimwissen muss man sich selbst erarbeiten. Da muss sich jeder alleine durchfinden. Bei mir hat es ja auch geklappt …'

Rückt die Ihr Studium abschließende Diplomarbeit heran, kulminieren die Versäumnisse, in das wissenschaftliche Schreiben im Studium nicht gründlich eingeführt und im wissenschaftlichen Schreiben nicht kritisch und sachkundig begleitet eingeübt worden zu sein, sehr oft in erheblichen Versagensängsten und Einbrüchen des Selbstbewusstseins.

12 verschiedene Weisen, über die Hochschule zu schreiben

Aus dem Schreibprogramm meines Mittelseminars 'Kreatives Schreiben', das ich in jedem Wintersemester in zwei parallelen Gruppen für die dritten und vierten Semester im Diplomstudiengang anbiete, können wir jetzt gemeinsam einige Techniken zum Thema 'Ich und die Universität' in der Form anwenden, dass ich Ihnen eine Auswahlliste mit 12 verschiedenen Schreibformen aushändige und diese erläutere. Sie können dann für 15 Minuten nach einer Technik schreiben; falls noch Zeit bleibt, auch noch eine zweite ausprobieren. Danach lesen diejenigen, die ihren Text vorlesen wollen, vor. Sie selbst tun auf diese Weise kund, wie im ersten Semester Ihre Hochschul-Sozialisation verlaufen ist.

Soweit meine Vorlesung.

Ich gebe dann folgende Liste von Schreibtechniken und zugeordneten Inhalten sowie die überarbeitete und ergänzte Fassung einer Schreibanleitung von Lutz von Werder (1994b) zur Auswahl aus:

Schreibtechniken und Themen

1. 7 Minuten *SCHNELLSCHREIBEN*; dann aus den interessantesten Einfällen ein Elf-*WORTE-GEDICHT* oder eine *PYRAMIDE* schreiben
   (Thema: Ideen zum idealen Studium)

2. *REIH-UM-TEXT, JEDER EINEN SATZ*
   (Thema: Körpererfahrungen an der Hochschule)

3. *NUR IN FARBEN, NUR IN GEFÜHLEN*
   (Thema: Meine Hochschule)

4. *TAGESABLAUF: FAKTEN UND GEFÜHLE*
   (Thema: Mein Tagesablauf im Studium)

5. *FIKTIVER DIALOG*
   (Thema: Professorin und Student, Student und Student/in)

6. *WERBEZETTEL/ANZEIGENTEXT*
   (Thema: Die Leistungen der Uni Mainz)

7. *SZENE*
   (Thema: Besprechung einer Hausarbeit mit der/dem Professor/in)

8. *7 Minuten CLUSTERN*, daraus einen *INNEREN MONOLOG* erstellen
   (Thema: Ein/e StudentIn erlebt ein bestimmtes Seminar, eine Vorlesung)

8. *OFFENES SCHREIBGESPRÄCH* zu zweit:
   (Thema: Mein schönstes Studienerlebnis)

9. *SERIELLE PROSA*
   (Thema: Mein erstes Semester: 'Ich erinnere mich, dass . . .')

10. *IN ZWEI RUBRIKEN SCHREIBEN: ALLE LÜGEN, ALLE WAHRHEITEN*
    (Thema: Alle Lügen, alle Wahrheiten über das Studium in Mainz)

11. *BRIEF AN DIE BEWOHNER EINES ANDEREN STERNS*
    (Thema: Studieren an der Universität)

Nicht alle Techniken (z. B. das Offene Schreibgespräch) können an diesem Morgen angewandt werden, weil den Studierenden leider nur noch 15 Minuten für das Kreative Schreiben zur Verfügung stehen.

Danach lesen diejenigen, die vorlesen möchten, vor. Es kommen seitens der „Erstsemester" für die Kürze der Produktionszeit erstaunliche Texte zum Vortrag, in denen 'Hochschulsozialisation' aus der Sicht der Betroffenen mal ernst, mal sehr sarkastisch thematisiert wird.

Das geplante *SCHLUSS-BLITZLICHT* „Wie ich mich jetzt fühle. Wie ich mich selbst und wie ich die anderen beim Schreiben und Vorlesen erlebt habe" kann aus Zeitgründen nicht mehr durchgeführt werden.

5.2 Kreatives Schreiben in Wissenschaft und Erwachsenenbildung

Hier kann keine grundsätzliche Einführung in das Kreative Schreiben gegeben werden. Dazu liegen eine ganze Reihe von Anleitungen vor: Beyer 1993 – Böseke/Land 1989 – Bundesvereinigung Kulturelle Jugendbildung 1986 – Ermert 1987 – Fröschling 1987 – Führmann 3/1988 – Gudjons u. a. 1986 – Kruse 2/2000 – Kruse/Jakobs/Ruhmann 1999 – Meueler 1999 – Meueler 4/1999 – Rico 1984 – Rodari 1992 – Schalk/Rolfes 1986 – Schneider 1994 – Vom Scheidt 1993 – Vom Scheidt 1995 – Von Werder 1988 – Von Werder 2/1993a – Von Werder 1993b – Von Werder 1994a – Von Werder 1994b – Von Werder 1995a – Von Werder 1995b – Von Werder 1995c – Von Werder 1996a – Von Werder 1996b – Waldmann 1988.

Interpretiere ich (Erwachsenen-)Bildung vom Standort des *Subjekts* aus (vgl. grundsätzlich Meueler 2/1998), dann kommt mit der Forderung nach eigenständigem Denken und Selbstbildung als erstes immer die Herausforderung und Unterstützung vernunftorientierten Denkens in den Blick: Der Mensch setzt sich *denkend* als Subjekt. Das ist die Tradition der *Aufklärung*. In der schon in der Aufklärungszeit beginnenden und sie dann um die Wende zum 19. Jahrhundert ablösenden Gegenbewegung der *Romantik* ging es um ein zweites Motto: Der Mensch setzt sich *empfindend* als Subjekt. In dem die Romantik bestimmenden Subjektivismus ging es darum, die erlebten Widersprüche in der freien, unbegrenzten Bewegung schöpferischer Phantasie aufheben zu wollen und den Künstler zum Prototyp des schöpferischen Subjekts zu stilisieren. Das romantische Erbe ist in der deutschen Bildungstradition nie sonderlich bestimmend gewesen. Immer ging es und geht es um die Entwicklung der analytischen, logisch folgernden Verstandeskräfte, um das Erlernen und Üben präzisen Denkens, korrekten Sprechens und Schreibens.

Erst in der letzten Zeit beginnt ein Umdenken, u. a. bewirkt durch die Kritik von Unternehmen, die bemängeln, dass deutsche Schulabgänger, gleich welcher Schulart, in ihrer Ausbildung zu stark auf Reproduktionsleistungen getrimmt worden seien. Sie fordern die ausdrückliche Förderung von schöpferischem Vermögen als der Fähigkeit, Neues zu erzeugen, seien es Ideen, Einfälle, Problemlösungen, sie fordern Flexibilität und Eigenständigkeit im Denken, Urteilen und Handeln. Wenn solche Fähigkeiten ab den 50er Jahren als Kreativität (von lat. 'creare' = erschaffen) bezeichnet wurden, dann sind Schlüsselbegriffe der hierauf gerichteten psychologischen Forschung vor allem: „Begabung, Originalität, Intuition, Inspiration, wissenschaftlich-technisches Erfinden, künstlerisches Schaffen" (Matthäus 1976, S. 1194). W. Matthäus stellte schon 1976 fest, dass der Begriff der 'Kreativität' zwar seit den 50er Jahren forschungsstimulierend und integrierend gewirkt habe, sich aber immer noch nicht zu einem wissenschaftlichen Begriff präzisieren lasse. Die wissenschaftliche Diskussion lasse erkennen, dass die beteiligten Autoren nicht alle über den denselben Sachverhalt redeten. 'Kreativität' werde wahlweise von Personen, Handlungen und Ergebnissen von Handlungen ausgesagt und häufig ohne Trennung dieser drei Aspekte verwandt. Auch gingen die Ansichten darüber auseinander, welche Merkmale jeweils Person, Prozess und Produkt haben müssten, um als kreativ zu gelten. Relative Übereinstimmung bestehe darin, dass folgenreiche Produkte, die bezüglich des Erwartungssystems der sie auswertenden Gruppe neu seien und dieses Erwartungssystem veränderten, Anspruch auf den Titel 'kreativ' hätten. Den Urhebern kreativer Produkte werde u. a. eine ebenso fein – wie scharfsinnig entwickelte Aufnahmefähigkeit, Freude an unkonventionellen Einfällen und Selbständigkeit des Denkens zugeschrieben (a. a. O., S. 1194f.).

Matthäus Feststellungen gelten weit über 20 Jahre später immer noch, vor allem seine folgende Vermutung: Es sei nicht ausgeschlossen, schrieb er damals, dass die unkreativste Bedeutungsvariante des vieldeutigen Wortes 'Kreativität' sich als die offizielle durchsetze, nämlich 'Kreativität als Arbeitsproduktivität zu verstehen' (a. a. O., S. 1204). Man studiere nur einmal gewerbliche Stellenangebote in den Tageszeitungen. Fast immer wird von der/dem zukünftigen StelleninhaberIn Kreativität erwartet.

Was die Entwicklung schöpferischer Potenzen angeht, die Inszenierung von Gelegenheiten, sich im Studium und in der allgemeinen Erwachsenenbildung als schöpferisches Subjekt zu erleben, so gelingt es mit Methoden des kreativen Schreibens, ganz neue Kräfte freizumachen, Spontaneität hervorzulocken und bewusst zu nutzen.

Kreatives Schreiben im Studium

In der didaktischen Anlage meiner theoretischen wie praktischen Uni-Seminare bevorzuge ich die Mischung von konventionellen und neuen Methoden des wissenschaftlichen Schreibens:

Da ist zum einen der ganze Bereich konventionellen wissenschaftlichen Schreibens, zu dem es eine Fülle von Erfahrungen und mustergültig systematisierten methodischen Ratschlägen gibt, die zusammengefasst sind in Lehrbüchern, wie z. B. von Umberto Ecco: „Wie man eine wissenschaftliche Abschlussarbeit schreibt. Doktor-, Diplom- und Magisterarbeit in den Geistes- und Sozialwissenschaften" (2/1989) oder Walter Krämer: „Wie schreibe ich eine Seminar- oder Examensarbeit?" (2/1999). Hier werden aus der reichen wissenschaftlichen Erfahrung der Verfasser heraus in systematisierter Form alle bewährten Regeln vorgestellt, die es erlauben, sich korrekt und redlich eines vorgefundenen Wissensschatzes für die Ausarbeitung eigener Schriften zu bedienen.

Die wenigsten Studierenden kennen und benutzen aber solche hilfreichen Handreichungen zur Vorbereitung und Erstellung wissenschaftlicher Arbeiten. Die meisten lassen sich von erfahrenen KommilitonInnen und dem Hochschulpersonal beraten, wie man sich Material beschafft, wie man die Bibliothek benutzt, wie man eine Hausarbeit aufbaut und wie man korrekt zitiert. Die Faustregel lautet: Entscheidend ist, dass Du lernst, korrekt mit gelesener und von Dir wissenschaftlich verwerteter Literatur umzugehen.

In Anpassung an die üblichen Formen der Literaturrezeption und des konventionellen Schreibens von Referaten und Hausarbeiten ergibt sich folgendes Lese- und Schreibverhalten:

Zu dem gestellten Thema recherchiere ich als Student die verfügbare und relevante aktuelle Literatur und fange an, mich kursorisch einzulesen, um herauszufinden, um was es eigentlich geht, was der Forschungsstand ist und welche Forschungstrends zu erkennen sind.

Diese gilt es dann bezogen auf die vorgegebene oder selbstgewählte Fragestellung darzustellen, die Ergebnisse der Lektüren zu systematisieren und aus eigener Sicht zu interpretieren.

Die starke Betonung der Tradition, die ich als wissenschaftlicher Leser und Verwerter zwar strukturieren, im Ausschnitt kommentieren und bewerten kann, die aber gleichwohl inhaltlich wie methodisch den absoluten Vorrang besitzt, ist ein Erbe aus Theologie und Philosophie und deren Umgang mit schriftlicher Überlieferung verpflichtet.

Als sich im Herbst 1995 der französische Philosoph Gilles Deleuze das Leben nimmt, druckt die 'Frankfurter Rundschau' am 8. November 1995 seinen „Brief an einen strengen Kritiker" ab. Hier schreibt er einem imaginären Freund:

„Ich gehöre zu einer Generation, einer der letzten Generationen, die man mehr oder weniger mit der Philosophiegeschichte umgebracht hat. Die Philosophiegeschichte übt in der Philosophie eine ganz offenkundig repressive Funktion aus, sie ist der eigentliche philosophische Ödipus: 'Du wirst doch wohl nicht wagen, in *deinem* Namen zu sprechen, bevor du nicht dieses und jenes gelesen hast, und dieses über jenes, und jenes über dieses.'

In meiner Generation sind viele nicht heil da rausgekommen, andere schon, indem sie eigenen Methoden und neue Regeln, einen neuen Ton gefunden haben." (Frankfurter Rundschau Nr. 260 vom 8.11.95)

Die eben genannten Lehrbücher zur Vorbereitung, Durchführung und formalen Gestaltung wissenschaftlicher Arbeiten bieten den studentischen LeserInnen keine direkte Hilfe zur Entwicklung einer eigenständigen Schreibqualifikation. Sie wird vorausgesetzt, auch wenn viele Studierende von der Schule noch nicht einmal eine ausreichende Sicherheit in der Zeichensetzung und Rechtschreibung mitbringen. Diese Lehrbücher stellen ebensowenig eine Hilfe bei der Bewältigung von Schreibstörungen und Schreibkrisen dar.

Mit Veranstaltungen zum „Kreativen Schreiben" soll daher ein Mehrfaches erreicht werden:

- Es wird bewusst die Fortentwicklung der lebensgeschichtlich bislang erreichten Standards hin zur wissenschaftlichen Schreibqualifikation angestrebt.

- Die wichtigsten Phasen des wissenschaftlichen Schreibens (Themenfindung, Entwicklung einer Fragestellung, Abgrenzung des Materials, Entwicklung einer Gliederung, Schreiben der Rohfassung, Beachtung formaler Standards, Endreaktion des Textes) werden eingeübt.

- Mit Methoden des Kreativen Schreibens (Assoziationstechniken und Findungs- Methoden, Schreibspielen) wird versucht, erst einmal das auszuholen, was ich als StudentIn selbst zu dem gewählten oder mir aufgegebenen Thema/ Problem schon weiß und assoziiere. Dies strukturiere ich, um mir erst einmal selbst festen Boden unter den Füßen zu verschaffen und mich als wissenschaftliches Subjekt zu konstituieren, bevor ich überhaupt themenzentriert fremde Texte aufschlage und für meine Zwecke auswerte. Durch diese Reihenfolge werden die Bücher und Aufsätze, die ich heranziehe, zu *Arbeitsmaterialien*, nicht aber zu den alles beeinflussenden Leitmedien meiner Untersuchung.

- Es wird empfohlen, eine *SCHREIBKLADDE* als *WISSENSCHAFT-LICHES JOURNAL* anzulegen.

- Schreibstörungen werden thematisiert und es werden Hilfen angeboten, sie zu überwinden.

- Der Aufbau und der Vortrag von Referaten werden eingeübt (*SECHS SÄTZE REFERAT).*

Diese Form der Anreicherung konventioneller Schreibtechniken mit Formen des kreativen Schreibens wird bei uns selten praktiziert. In den USA und Japan ist seit mehr als 20 Jahren „eine wissenschaftliche Schreib-Lern-Offensive als Teil moderner Hochschulreform" in Gang gekommen, an der bereits 1990 in den USA 1500 Hochschullehrer in 328 Studiengängen und 418 Forschungsprojekten beteiligt waren (Von Werder in: HDZ-INFO1994 Nr. 1, 3). Dem gegenüber ergab eine empirische „Umfrage zur Situation des wissenschaftlichen Schreibens an deutschen Universitäten" vom Sommer 1993, in der 50 Universitäten nach dem Stellenwert des wissenschaftlichen Schreibens befragt wurden, dass es zu diesem Zeitpunkt nur sechs Lehrende, unter ihnen drei Professoren gab, die wissenschaftliches Schreiben als Forschungs- und Lehrgebiet pflegten (Von Werder a. a. O., S. 6).

24 Prozent der befragten Rektoren und 12 Prozent der befragten Studienberater nahmen an, dass bei Studienabbrüchen Schreibprobleme im Spiel sein könnten (Von Werder a. a. O., S. 12). Gleichwohl bot fast die Hälfte der befragten Universitäten ihren Studierenden bislang keine Qualifizierung im wissenschaftlichen Schreiben an. In rund 48 % der lehrstuhlbezogenen oder fachbereichsbezogenen Veranstaltungen wurde unter Qualifikation im wissenschaftlichen Schreiben eine Einführung in die „Technik des wissenschaftlichen Arbeitens" verstanden, auch wenn in diesen Einführungen der wissenschaftliche Schreibprozess nur zum Teil interessiert. Nur an drei deutschen Universitäten, darunter Mainz, wird den Studierenden auf dem Erhebungsstand von 1993 wissenschaftliches Schreiben als konkrete Unterstützung ihrer Qualifizierung angeboten (L. von Werder in: HDZ-INFO 1994 Nr. 1, 4 ff.).

Kreatives Schreiben in der Erwachsenenbildung

Auf eine von Lutz von Werder im Februar 1997 mit dem HDZ / Berlin durchgeführte Untersuchung, in der er 200 Volkshochschulen großer und mittlerer Städte befragte, gab es 50 Rückantworten, denen zufolge in vielen Städten „knallvolle Kurse" und eine „Ausweitung des Angebotes" von *Schreibwerkstätten* an Volkshochschulen registriert werden kann (Von Werder o. J., S. 4): „Die Antworten ergaben, dass an 50 Volkshochschulen rund 95 Schreibwerkstätten im laufenden Programm angeboten werden. (...) 50 % aller befragten Volkshochschulen bieten eine Schreibwerkstatt an. 38 % bieten zwischen zwei bis 15 Schreibwerkstätten an und 12 % der befragten Volkshochschulen bieten überhaupt keine Schreibwerkstatt an."

Was die Ziele der Schreibwerkstätten angeht, so sehen 49 % der befragten Volkshochschulen im „kreativen Umgang mit Literatur" das entscheidende Ziel von Schreibwerkstätten. 33 % der Volkshochschulen geben die „Selbsterfahrung" und nur 10 % die „Ausbildungsförderung von Schriftstellernachwuchs" als Ziel an. Von Werder kritisiert, dass die Ziele von Schreibwerkstätten immer noch einen literarischen Schwerpunkt hätten, die Chance der Förderung des wissenschaftlichen und beruflichen Schreibens in der Dienstleistungsgesellschaft aber bislang nur von 5 bzw. 1 % der befragten Volkshochschulen erkannt sei (a. a. O., S. 8).

5.3 Meine eigenen Zugänge zum Kreativen Schreiben

Das erste, woran ich mich erinnere, ist, dass ich als Sieben- oder Achtjähriger mit meiner Schwester Christel, die ein Jahr jünger ist, Dialoge für ein Schattentheater schreibe. Wir spannen ein weißes Laken in den Hausflur, stellen zwei brennende Kerzen dahinter auf und bieten das „Stück" für 5 Pfennig Eintrittsgeld den Nachbarkindern dar. Wir haben Erfahrung in diesen Erfindungen, erzählen wir uns doch abends vor dem Einschlafen immer von einem zum anderen Zimmer durch die offene Tür kleine erfundene Gespenster-Geschichten.

Für solche Erfindungen ergeben sich in der Schule nur wenig Anlässe, zumal es in meiner Klasse einen unschlagbaren Großmeister der spontanen Lügengeschichte gibt, Wolfram H. Er hält z. B. im Unterricht über alte Geschichte einem damit hoffnungslos überforderten Assessor auf Anhieb gänzlich andere Schlachtverläufe und in diesem Augenblick erfundene aberwitzige Intrigen ägyptischer und römischer Herrscher und Feldherren vor, die dieser dann mangels detaillierter Sachkenntnis zum größten Vergnügen der Klasse nur resigniert bestätigen kann.

Ich finde meinen Platz in der kreativen Hackordnung der Klasse in der Verantwortlichkeit für die Klassenzeitungen, die ich zunächst von Vorlagen meiner ältesten Schwester abkupfere, dann aber zunehmend eigenständig zu gestalten lerne. Ich lege mir dazu ein Heftchen an, in das ich Sprüche und Versprecher von Lehrern und Mitschülern eintrage die erste von mehreren *SCHREIBKLADDEN*, die ich bis zur letzten Klasse im Gymnasium führe. Da ich durchs Abitur falle, kommt die von mir schon halb zusammengestellte Abiturzeitung nicht mehr zur Aufführung. Erst als wir 1998 40 Jahre nach dem Abitur zum ersten Mal wieder als Klasse zusammentreffen, kommt es zur verspäteten Uraufführung von Teilen der einst geplanten Abi-Zeitung.

In der Schule macht mir der Deutschunterricht sehr viel Spaß, ich schreibe gerne Aufsätze und bestehe sogar folgende Probe: In der neunten Klasse sollen wir zu Hause eine Bildbeschreibung anfertigen. Thema: eines der unvermeidlichen Van Gogh-Bilder. Ich vergesse dies und komme am nächsten Tag prompt dran. Um einen Rüffel der strengen Lehrerin zu vermeiden, stehe ich auf und beschreibe aus dem Stegreif das vor mir liegende Lesebuch-Bild. Dies glückt bis zu dem Moment, in dem mich die Lehrerin auffordert zu sagen, wo ich im letzten Satz meines soeben erfundenen Textes das Komma gesetzt hätte. Ich sehe mich außerstande, dieser Bitte nachzukommen. Sie meint: „Bring einmal das Heft nach vorne ...!", lobt aber mitnichten meine Fähigkeit zur spontanen Van Gogh-Interpretation, sondern trägt mich wegen Täuschungsversuch ins Klassenbuch ein, vermerkt in ihrem Notenheftchen eine 6 und bestellt meine Mutter zur Elternsprechstunde, um sie darüber zu informieren, wie „hinterhältig und verlogen" ich sei.

In Unterprima fragt uns eines Montags unser Deutschlehrer, ob jemand am Tag
zuvor die Dankesrede von Thornton Wilder für den Friedenspreis des Börsenver-
eins des Deutschen Buchhandels gehört habe. Niemand meldet sich, darauf er:
Diese Rede werde noch einmal eine Rolle spielen. Ich notiere in meiner Kladde:
Wilders Rede als Abiturthema! Ich besorge mir den Text und bin bestens vorbereitet, als sich diese Ahnung bestätigt. Der gediegene Aufsatz rettet den Autor
nicht mehr, als er wegen Mathematik und Französisch durchs Abitur saust.

Nach dem nachgeholten Abitur gestalte ich zwar noch mit einem Grafiker zusammen als Wehrpflichtiger auf kreative Weise die Kompaniezeitung, aber als
das Studium beginnt, versuche ich, den hier abgeforderten konventionellen Le-
se- und Schreib-Usancen gerecht zu werden. Schon sehr früh weiht mich ein Mit-
student Christian, Freiherr von K., in die Feinheiten des Karteikartensystems
ein, was ich von da ab, vor allem für die abschließende Hausarbeit zum Ersten
Staatsexamen, ständig nutze.

Als ab 1964 meine damalige Freundin und jetzige Frau Christiane im Weserberg-
land eine Stelle als Lehrerin übernimmt, schreibe ich ihr anderthalb Jahre lang
täglich einen Brief, in immer neuen Variationen, zumeist bebildert, vornehmlich
im DIN-A-4-Format. Sehnsucht macht schöpferisch.

In den beiden Jahren meiner Assistententätigkeit an der PH Göttingen erteilt
mir mein Chef Martin Stallmann mehrere Schreibaufträge, von denen mir vor allem zwei theologische Artikel für das Herder-Lexikon für Pädagogik insofern
zum Lehrstück geraten, als Stallmann mit keiner der abgegebenen Fassungen
einverstanden ist. Er verbessert nichts, sondern kringelt nur an. Für den einen
Text mutet er mir 9, für den anderen 7 Fassungen zu. Ich „krieche auf den Brust-
warzen", verinnerliche aber seine Anforderungen an Texte, was Genauigkeit der
Aussage und Kürze des Ausdrucks angeht.

Ich lerne die Regeln des wissenschaftlichen Schreibens und empfinde es als
selbstverständlich, genau zu belegen, welcher Gedanke und welche Formulierung von wem stammt.

Die Produktion und der Erfolg meines ersten Schulbuchs „Soziale Gerechtigkeit" (1971) animieren mich ungemein, so dass ich von nun an jeden Abend, jedes Wochenende lesend und schreibend in meinem Arbeitszimmer verbringe.
Dies setzt sich sogar noch fort, als ich ab Dezember 1974 in der Kirchenverwaltung der EKHN (vgl. 3.2) arbeite und dort (mit Stechkarte) ganztägig anwesend
sein muss. Als 1976 Kirchenpräsidenten Helmut Hild zu meinem Aufsatz über
die notwendige Entschulung der kirchlichen Erwachsenenbildung anmerkt
(1976), bei der Lektüre „Minkos" entwickelt zu haben, meint er auf meine Rückfrage „Minkos" seien „Minderwertigkeitskomplexe". Er habe vieles „schlicht
und einfach" nicht verstanden. Betreten gehe ich nach Hause: „Wenn schon ein
Bischof das nicht versteht, was Du schreibst, wie wird es dann anderen ergehen
…?"

Ich beschließe, nur noch so zu schreiben, dass jeder halbwegs Gebildete meine wissenschaftlichen Texte verstehen kann.

In diesen Jahren entstehen eine Reihe von Aufsätzen und Büchern, ich schreibe gelegentlich für das „Deutsche Allgemeine Sonntagsblatt" und bin so voll im Geschäft und so gut in Schwung, dass ich erst in meiner 'Kirchen-Neurose' 1978 (vgl. 3.2) innehalte und meine Produktionsweise umstelle.

Ich finde mitten in der Krise mittels der Methode *ASSOZIATIVE SELBST-AUFSCHREIBUNG* heraus, dass das Thema 'Leistung' bei mir ganz hoch besetzt ist. Ich führe daraufhin eine *THEMATISCHE ERKUNDUNG* zum Thema 'Leistung' durch. Wie im Rausch schreibe ich 13 Seiten in die Maschine, von den ersten Erinnerungen an Leistungsanforderungen insbesondere seitens meiner Mutter bis zum heutigen Tag. Ich verabrede mich mit meinem Freund Volkhard Hundsdörfer in der Feldmark hinter Wiesbaden. Wir machen einen Spaziergang, bleiben dann stehen und ich trage ihm meine Aufzeichnungen vor. Mit einem Mal bricht mir vor Selbstmitleid die Stimme. Er meint: „Erzähl es mir so …!" Ich tue dies kurz, breche dann aber auch dies ab. Daraufhin er: „Ich will Dir mal folgendes sagen: Ich für mein Teil, der ich Dich seit Jahren kenne und auch andere, die ich kenne, stimmen alle darin überein, dass wir Dich so, wie Du bist, lieben und dass es gar nicht all Deiner Anstrengungen bedarf, all der Bücher und Aufsätze, damit wir Dich gut finden …!"

Ich erlebe seine Sätze – theologisch gesprochen – als Evangelium. Ich fahre nach Hause und beschließe, nie wieder nach dem Abendessen zu arbeiten. Ich kann und will dies zwar in der Folge nicht immer einhalten, gewinne aber Abstand zu der Schreiberei. Ich will hinfort nicht mehr wie unter Zwang schreibend altes Wissen immer wieder neu organisieren. Ich will meine Anerkennungsarbeit von jetzt ab anders organisieren. Ich schreibe fortan nur noch über Themen und Probleme, die mich intensiv interessieren.

In dieser Zeit regt mich ein Rowohlt-Lektor an, mal einen „illustrierten" Krimi zu schreiben. Meine Frau Christiane und ich bilden aus unseren Vornamen den Namen „Christiane Erhard" und verfassen unter diesem Pseudonym den Krimi „Zwei rechts, zwei links", in dem von der abenteuerlichen Reise eines ehemaligen Gemeinschaftskundelehrers, heute Professor für Politische Bildung an einer PH, mit Freundin und einem ehemaligen Schüler nach Irland erzählt wird, Tote inbegriffen, illustriert in Bleistifttechnik mit zwei Bildergeschichten vom Architekten-Freund Dieter Blechschmidt. Sowohl Rowohlt als auch Ullstein lehnen das Manuskript ab, weil man nicht interessiert sei, eine eigenständige Reihe mit illustrierten Krimis zu entwickeln. Beide Verlage attestieren uns aber freundlich, dass der Roman routiniert geschrieben sei. Als auch noch der Eichborn-Verlag/ Frankfurt ablehnt, weil der Inhaber, wie er uns schreibt, Krimis an Dashiell Hammett und Raymond Chandler messe, geben wir auf.

1986 entdecke ich zufällig Lutz von Werders „Einführung in die Schreib- und Poesie-Therapie": „... triffst Du nur das Zauberwort" (1986) und lade ihn anlässlich einer DGfE-Tagung in Mainz im Herbst 1986 zu mir nach Hause ein. Beim Abendbrot erzählt er von seinem Weg zum Kreativen Schreiben, von seinen Experimenten und Erfahrungen. Ich bin aus doppeltem Grund fasziniert: Zum einen stellt sich heraus, dass ich, ohne mir dessen bewusst zu sein, schon seit langem eine ganze Reihe von kreativen Assoziations- und Schreibtechniken in der privaten wissenschaftlichen Schreiberei und in der Erwachsenenbildung anwende. Zum anderen entdecke ich bei ihm eine Fülle von Techniken und Schreibideen, die mir gänzlich neu sind und die ich sofort auszuprobieren beginne, nicht nur im Rahmen meiner eigenen Schreibpraxis, sondern vor allem in der Fortbildung von hauptamtlichen MitarbeiterInnen und Honorarlehrkräften der Erwachsenenbildung. Allerdings vergeht noch eine Weile, bis ich im SS 1990 zum ersten Mal eine Lehrveranstaltung zum Kreativen Schreiben an der Uni anbiete.

Seitdem sind die Techniken des kreativen Schreibens für mich ein unverzichtbarer Bestandteil meiner Praxis. Ich zehre von den Ideen anderer und entwickele selbst neue Verfahren (wie. z.B. *DIE UNI AUFSAGEN,* das *SECHS-SÄTZE-REFERAT* und den *HOCHSEILLAUF*).

5.4 Meine Versuche, Kreatives Schreiben an der Universität einüben zu lassen

Grundregeln

Beim kreativen (wissenschaftlichen) Schreiben in Gruppen halte ich mich an einige Faustregeln, die ich zum Teil von Lutz von Werder übernommen und ergänzt, zum Teil aufgrund eigener Experimente und Erfahrungen aufgestellt habe. Die wichtigsten Regeln in Kurzfassung:

1. Schreibwerkstätten sind keine literaturwissenschaftlichen Seminare.

2. Entscheidend ist zunächst einmal, dass die Beteiligten überhaupt den Mut fassen, die soeben geschriebenen Texte vorzulesen.

3. Die Schreibzeiten werden sehr kurz gehalten werden (5–8 Minuten).

4. Am Anfang jedes Seminars stehen einfache Schreib-Aufgaben, um den Weg zu komplexeren Schreibimpulsen zu bahnen.

5. Auch wenn ich in der Regel keine Hausaufgaben aufgebe, können doch je nach Interesse diese Übungen zu Hause fortgesetzt werden, indem die Studierenden z.B. Lutz von Werders Programm *VIERZIG TAGE SCHREIBEN FÜR ERSTSEMESTER* (Von Werder 1993b, S. 115ff.) zur Gänze oder in Auswahl bearbeiten. Die Effekte: Erlernen der Grundtechniken, Erweiterung des Repertoires alltäglicher Schreibpotenzen, Übung des Umgangs mit Schreibblöcken, Vertrautwerden mit einfachen Textsorten und Einführung in einfache wissenschaftliche Arbeit

6. Ich bitte zumeist die Schreibenden, mit ihren Übungen in der Gegenwart zu bleiben.

7. Es sollte eine *SCHREIBKLADDE* geführt werden, um sich in das *JOUR-NALSCHREIBEN* einzuüben, in dem persönliche subjektive Eintragungen, schriftlich formulierte Beobachtungen und Stellungnahmen zur Uni-Arbeit, fiktive und reelle Dialoge sowie wissenschaftliche Notizen, dies alles in Alltagssprache zusammengeführt werden (vgl. Von Werder, a. a. O., S. 139 ff.). Sie sollte nicht wie ein Tagebuch geführt werden.

8. Falls lebensgeschichtlich gearbeitet wird, sollte man nicht weiter als bis zum 16./17. Lebensjahr zurückgehen. Geht man weiter zurück in die Kindheit, kann die Regression zu stark werden. Über Papi und Mami sollte nach Möglichkeit nicht geschrieben werden.

9. Während der Schreibphasen muss völlige Ruhe herrschen. Es darf nicht mit den NachbarInnen gesprochen werden.

10. Es darf im Plenum nur vorgelesen werden, was im Seminar in der Anwesenheit aller geschrieben wurde.

11. Die Texte werden nicht zu Haus bearbeitet.

12. Jeder Text, vor allem Kurztexte wie das *ELF-WORTE-GEDICHT,* die *PYRAMIDE, KURZE PROSATEXTE, HAIKUS, RENGAS* etc. werden beim Vortrag langsam sprechend zweimal hintereinander vorgelesen. Diesen Brauch habe ich bei Hilde Domin gelernt, die ihre Gedichte jeweils zweimal vorträgt. Beim zweiten Mal hört man intensiver als beim ersten Mal zu. Will jemand aus der Zuhörerschaft den Text ein drittes Mal hören, sollte dieser Bitte entsprochen werden. Zwischen den einzelnen Vorträgen sollte es jeweils eine kurze Pause geben.

13. Die AutorInnen tragen ihre Texte stehend („Zu seinem Worte stehen!") vor, nachdem sie zuvor ihren Vornamen gesagt haben.

14. Es ist nicht erlaubt, den Vortrag der Texte mit Demutsformeln zu beginnen, wie z. B. den Äußerungen: „Ich habe so etwas noch nie gemacht. Es ist mir ganz und gar nicht geraten, was ich versucht habe. Ich traue mich gar nicht, mein Geschreibsel vorzulesen . . ." Es sollte nur purer Text ohne irgendwelche Kommentare zum Vortrag gelangen.

15. Nach dem Vortrag sollte es keinen Beifall geben. Da in jeder Gruppe, und sei sie noch so klein, die Gesetze des sozialen Vergleichs und der sozialen Kontrolle wirksam sind, genügen Intensitäts-Unterschiede zwischen Beifall A und Beifall B im Winzigbereich, um bei der/demjenigen, die/der mit einer minderen Beifallstärke auskommen muss, Kleinheitsgefühle auszulösen: „Mein Text taugt nichts. Das war gerade noch nur ein Höflichkeitsbeifall . . ."

16. Ich pflege nach dem Vortrag eines Textes die ZuhörerInnen zu fragen: „Welche Assoziationen hatten sie beim Zuhören? Was klingelt bei Ihnen?" Sie können emotional oder inhaltlich auf den vorgetragenen Text reagieren. Ihre hervor gerufenen Erinnerungen und assoziierten Bilder verdichten den thematischen Kreis.

Einübung in alltägliche Kulturarbeit: die Schreibwerkstatt

MS im SS 90

Ziele / Inhalte

Im *Seminarplan*, der erst nach der ersten Sitzung (vgl. deren Realverlauf) erstellt wird, werden die Absichten und die einzuschlagende Methode folgendermaßen erläutert:

Absichten mit diesem Seminar

In der Studentenbewegung kam die Programmformel 'Kulturarbeit' auf, mit der all die Bestrebungen gekennzeichnet wurden, die auf eine Entmythologisierung und Demokratisierung des herrschenden klassenbezogenen Kulturbegriffs zielten. Es war viel die Rede von Spontaneität, Kreativität und Sinnlichkeit. Auch wenn manche Kritiker davon sprechen, dass der kulturrevolutionäre Ansatz der Studentenbewegung versandet sei, so hat sich doch neben der staatlich hoch subventionierten Kultur des Bildungsbürgertums (Oper, Staatstheater, Konzerthäuser, Bibliotheken usw.) eine große Mannigfaltigkeit solcher Aktivitäten entwickelt, in denen an die Stelle des Kultur-Konsums die vorkünstlerische und künstlerische Eigentätigkeit getreten ist: Angeleitet und selbstorganisiert wird in Gruppen gemalt, musiziert, Theater gespielt, geschrieben (...)

Von daher soll in diesem Seminar in allererster Linie in das Kreative Schreiben selbst eingeübt werden, um sich selbst in dieser Arbeit erleben zu können. Erst in zweiter Linie soll über Ziele, Inhalte, Formen und Probleme solcher künstlerischen Laienpraxis informiert werden(...)

Zur Methode

In jeder Sitzung soll in zwei Runden geschrieben werden. Die Schreibanregungen wechseln, doch sollen immer vier Arbeitsabschnitte zustande kommen: Schreibanregung, Schreibpraxis, Vorlesen, Textdeutung und Textkritik.

Es wird grundsätzlich in Anwesenheit aller geschrieben. Alle Texte werden zum Zweck öffentlicher Kritik im Seminar geschrieben. Von zu Hause mitgebrachte Texte werden nicht verlesen.

Was die Bescheinigung erbrachter Studienleistungen (Schein) angeht, so gilt die Studienleistung unter folgenden Bedingungen als erfüllt:

• regelmäßige Teilnahme; mehr als einmal darf nicht gefehlt werden;

- unter der Annahme, dass in fünf Sitzungen jeweils in zwei Runden geschrieben wird, gibt jeder 10 selbst geschriebene Texte ab; bei kollektivem Schreiben gelten Einzelverabredungen;

- abschließend verfasst jeder eine *SCHRIFTLICHE SELBSTVERGEWISSE-RUNG* über das Seminar, in der der Verlauf jeder Sitzung protokolliert und kommentiert wird und in die eine nachträgliche Beschreibung der eigenen Schreib-Geschichte in diesem Seminar eingeht.

Als kollektive Abschlussleistung aller an der Schreibwerkstatt Beteiligten soll eine von den Teilnehmern selbst lektorierte *DOKUMENTATION SELBSTVER-FERTIGTER TEXTE* erstellt werden.*"*

Realverlauf

1. Sitzung

16 Teilnehmerinnen und Teilnehmer, mehr Frauen als Männer.

Ich leite knapp inhaltlich ein, verweise auf den Begriff „Kulturarbeit" als Programmformel der Studentenbewegung, erzähle von der Schreibpraxis in Volkshochschulen und an anderen Orten und bitte gleichzeitig darum, auf dem von mir mitgebrachten 5 cm breiten Tesakrepp die Namen aufzuschreiben und sich diese *NAMENSSCHILDER* an die Brust zu heften. Es gibt keine *KENNEN-LERN-SPIELE.*

Wir beschließen, nicht das von mir eigentlich vorgesehene *PARTNER-INTER-VIEW* durchzuführen, sondern sich im Plenum direkt vorzustellen. Da ich selbst meine Vorstellung sehr offen und bezogen auf meinen bisherigen Lebenslauf durchführe, sprechen auch die andern sehr direkt und offen über bewusst gewordene Defizite, Erwartungen an dieses Seminar und spezielle Befürchtungen.

Ich notiere in dieser Vorstellungsrunde Folgendes:

- Eine Studentin hat als Schülerin „grüne Bücher" geschrieben, weil das erste dieser Bücher grüne Seiten hatte. Sie hat in diesen Büchern selbst geschriebene Texte gesammelt, Gedichte, Lieder usw.

- Eine Frau schreibt „privat" und sie möchte wissen, wie sich dies in ein professionelles Schreiben als Pädagogin überleiten lässt.

- Eine 50-jährige Frau erzählt, dass das erste Wort, das sie geschrieben hatte, das Wort 'Popo' war. Die Buchstaben hatte sie auf einer Gewürzdose (Pfefferdose) gesehen. Als 5, 6-Jährige schrieb sie schon Texte für Kasperle-Puppen-Theater. Sie schreibe immer schon Lyrik und bezeichnet dies als äußerst mühselige Arbeit. Diese Teilnehmerin promoviert nach einem langen Berufsleben als Musikerzieherin. Sie erzählt davon, dass sie in Haifa / Israel ein Stipendium hatte und ihr die israelischen Kollegen gesagt haben, dass man in Israel sehr wohl ernsthafte wissenschaftliche Texte mit künstlerischem Anspruch schreiben würde, eine kulturelle Gewohnheit, die die Berichterstatterin in der Bundesrepublik nicht erkennen kann. Sie liest eine Passage aus G. Marques „100

Jahre Einsamkeit" vor. Ihre Selbstvorstellung endet mit der Frage: „Wer bin ich, wenn nicht ich?"

– Eine Teilnehmerin berichtet über Blockaden bei der kunsthistorischen Doktorarbeit, an der sie jetzt schon drei Jahre sitze. Sie möchte in dieser Schreibwerkstatt durch das Erlernen kreativen Schreibens ihre Blockaden durchbrechen.

– Eine Teilnehmerin klagt darüber, dass sie in der Schule immer schlechte Deutschnoten gehabt habe. Sie habe zwar gute Ideen gehabt, sei aber in der literarischen Gestaltung dahinter zurück geblieben, was stets mit „nicht ausreichend" bewertet wurde.

– Eine Teilnehmerin berichtet, dass sie immer schon gerne geschrieben habe. Sie schreibe kurze Dialoge. Sie sei eine leidenschaftliche Brief-Schreiberin, am liebsten mit einem kleinen Gläschen Sherry daneben.

– Eine Studentin berichtet, dass sie als Kind sehr gern geschrieben habe, worauf ihr Vater unsinnige Leistungserwartungen an sie entwickelt habe, die er immer weiter verstärkt habe. Sie sollte nicht weniger als die weibliche Heinrich Böll werden. Dies habe zu immer stärkeren Blockaden dem eigenen Schreiben gegenüber geführt, zumal sie lange Zeit mit einem wirklich begabten Journalisten verheiratet gewesen sei.

Ich habe während dieser Selbstvorstellung die konkreten Erwartungen der TeilnehmerInnen an das Seminar, ihre Lernwünsche und -bedürfnisse auf DIN-A-4-Zetteln mitgeschrieben, die ich an die Wand hefte. Alle treten vor die Wand und ordnen die Erwartungen in thematische Gruppen ein (*STRUKTURIERTES BRAINSTORMING*). Die Wandzeitung enthält folgende Erwartungen:

– Lernen, sich präziser zu fassen!
– Draht zum Schreiben wiederfinden.
– Blockade dem Schreiben gegenüber wieder aufheben.
– Mit anderen schreiben.
– Üben, „etwas von sich abzulassen".
– Texte nicht nur für die Schublade, öffentlich machen.
– Gespannt, was in mir steckt.
– Neugierde, was und wie andere schreiben.
– In der Gruppe zu lernen, Mut zu haben.
– Schreiben als Erinnerungsarbeit.
– Alternativen zum wissenschaftlichen Schreiben erarbeiten.
– Methoden.

Nach einer Pause schlage ich den TeilnehmerInnen vor, ein *STRUKTURIERTES SCHREIBGESPRÄCH* durchzuführen. Ohne zu sprechen, sollen immer zwei PartnerInnen, einander gegenüber sitzend, nur mit Hilfe eines unlinierten DIN-A-4-Heftes über folgende Fragen kommunizieren:

1. „Welche Rolle hat bisher das Schreiben in meinem Leben gespielt?
2. Wo engte es mich ein?
3. Wo befreite es mich?"

Ich selbst schreibe mit Tina.

Hatten die TeilnehmerInnen bei der Erklärung des Schreibspiels erst gemurrt, weil ihnen die in den Blick genommene Zeitstunde zu lang erschien, so stellt sich jetzt heraus, dass sie alle nach einer Stunde noch sehr intensiv am Schreiben sind. Sie erbitten eine Verlängerung von 20 Minuten. Dann beende ich das Schreibspiel durch den Tafelanschrieb: „Zielgerade! Endspurt!".

Wir machen ein kurzes *BLITZLICHT* dazu, wie die TeilnehmerInnen dieses Schreibspiel erlebt heben:

– „Das Schreibspiel war wie ein geschriebenes Gespräch.
– Es erinnerte an das Briefchen schreiben im Schulunterricht.
– Wer schreibt, der bleibt.
– Das Schreibspiel erzeugte eine hohe Emotionalität.
– Die Pausen wurden als hilfreich erlebt. Sie gaben Zeit zum Nachdenken.
– Als Experiment war es zu kurz."

Abschließend stellen wir fest, dass die Zeit wie im Nu verflogen ist. Wir haben gar keine Zeit gefunden, Teilnehmerlisten zu erstellen.

2. Sitzung

Die 16 Teilnehmer der ersten Sitzung haben sich auf 11 vermindert, ausschließlich Frauen.

Ich gehe einleitend noch einmal auf die Grundbedingungen des Seminars ein und nenne noch einmal die Ziele: Mehr Schreib-Praxis, denn theoretische Auseinandersetzungen *über* Schreibwerkstätten.

1. Schreibrunde:

Ich gebe die Schreibanregung, aus dem Buchstaben des Vornamens einen Text zu bilden (*AKROSTICHON*). Zeit: 7–10 Minuten. Als Beispiel schreibe ich eine Version meines Vornamens an die Tafel:

E   Enten
R   ruhen
H   heute
A   auf
R   rosa
D   Dächern.

Wer gut in Form ist, kann mehrere Versionen zum Vornamen schreiben. Jede/r liest zweimal stehend vor.

2. Schreibrunde:

Die Schreibanregung lautet, *PHANTASIEANZEIGEN* zu schreiben. Ich lese vier real erschienene Todesanzeigen vor, die unabsichtlich witzig und makaber geraten sind.

In Zweier- oder Dreier-Gruppen wird für die Zeitungs-Rubrik „Kontakte" geschrieben. Ich selbst schreibe mit einer Frau zusammen, die sofort mit einem deftigen Text in unserer Zweiergruppe die Führung übernimmt:

„Streunst Du auch am liebsten durch die Spielzeugabteilung von Karstadt?

Geiler Architekt, Spezialist für Lego-Bauweise und Höhlenforscher, 30, 191, 30, sucht exzentrische Alte für ausgefallene Spielpraktiken. Zusammenlegung der Playmobil-Bestände denkbar. Kinder mit Barbie-Puppen und Baukästen (außer Märklin) kein Hinderungsgrund. Treff: Montags bis samstagsmittags in der Spielwarenabteilung hinter dem Plüsch-Bär."

Nach der Schreibrunde werden die Texte jeweils zweimal vorgelesen.

Auf unseren Text „Geiler Architekt ..." reagieren einige Frauen sehr zurückhaltend. Bea, meine Mitschreiberin, findet die Reaktion der anderen Frauen auf ihre absichtlich provozierende Anzeigen-Idee überraschend, was ihr deutlich anzumerken ist. Sie hat wohl mit lebhaftem Gelächter gerechnet. Ich frage die Gruppe, ob dieser Text zu deftig gewesen sei und sie unangenehm berührt habe. Die Frauen verneinen dies erstaunlicherweise und sagten, der Text sei doch ganz gut gewesen.

Danach berichten die einzelnen Gruppen, wie sie gearbeitet haben:

1. Gruppe: Es kamen drei Ideen zustande. Die Ideen wurden aufgeschrieben. Die drei Frauen überlegten, was sie wollten, sollten sie die Anzeige satirisch verfremden, sollten sie eine Anzeige nach dem Muster „Harold and Maude' verfassen? Sie empfanden es schwierig, die Verfremdung durchzuhalten und unwirkliche Formulierungen zu suchen.

2. Gruppe: Nach einem *BRAINSTORMING* kam jemand eine plötzliche Idee. Der erste Satz wurde aufgeschrieben. Daran wurde gefeilt; dies nach dem Muster herkömmlicher Kontaktanzeigen.

3. Gruppe: Am Anfang stand eine Ideensammlung, dann wurde reihum geschrieben. Es wurde nach einem Gag gesucht. Es entstand ein ganz künstlerischer Text.

4. Gruppe: Die Anzeigenform in der Rubrik 'Kontakte' sollte unbedingt eingehalten werden. Probleme entstanden mit dem Anfang. Nach ersten Wortfetzen ging es über Anfangsatz nicht mehr hinaus.

3. Schreibrunde:

Wir schreiben *KOLLEKTIVE NONSENS-GESCHICHTEN*, unter anderem die folgende:

„Himmel, Arsch und Zwirn sagte der Bischof, als er bei der Eucharistiefeier entdeckte, dass der geweihte Wein gar keiner war.

Wo kriege ich jetzt'n Drink her, überlegte er.

Besorgt sah er auf seine Hände hinab, die unter den Gewandfalten bereits zu zittern begannen.

Doch dann hatte er die rettende Idee.

Er dankte Gott für sein immer gefülltes Geheimfach, zog den schweren Samtvorhang beiseite, schloss die kleine Holztür auf, aber was musste er da entdecken?

Statt des flaschengrünen erwarteten Weines fand er nur einen kleinen Zettel. 'Bordeaux 1986', was um alles in der Welt sollte das bedeuten?

Die Küsterin hatte anscheinend vergessen, bei Merkler's Getränkeshop die nötigen 7 Flaschen zu bestellen.

Jetzt half nur noch eines: eine nahende Ohnmacht markieren.

Erstens war das Zittern damit einigermaßen plausibel und zweitens waren heute viele auffallend junge Frauen in der Kirche.

Er freute sich schon darauf, von ihnen aufgefangen und umsorgt zu werden!

Am liebsten schaute er sich die an, die so richtig bauchig waren, denn das mochte er auch an den Flaschen so sehr.

Die rettende Idee war ihm also schon gekommen. Jetzt war nur noch die Frage, wo er sich am besten fallen lassen solle.

Welterfahren, wie er war, sank er vor einer werdenden Mutter nieder, die sich mit einer Mischung aus Entsetzen, Schadenfreude und Mütterlichkeit schwerfällig über ihn beugte.

Ehe er die Augen schloss, blickte er noch einmal wohlig in ihre warmen, braunen Augen – ein Blick, den er sich sonst zugunsten väterlich-herabblickender Weisheit nicht oft leisten konnte."

Wir lesen uns die 12 entstandenen Geschichten vor und geben uns wechselseitig ein Blitzlicht:

– „Ich habe freier geschrieben, als wenn ich alleine geschrieben hätte.
– Es hat mir einen Riesenspaß gemacht.
– Es war kein Druck zu spüren, da ich nur für einen Satz zuständig war.
– Ich empfand Macht, die Geschichte anders weiterzuführen, als sie beabsichtigt war. Ich habe meinen eigenen Text wieder bekommen.
– Ich war scharf auf das nächste Blatt, scharf darauf, zu erfahren, warum die Frauen vor mir so gekichert und geschnauft haben."

3. Sitzung

Diese Sitzung dient der Einführung in die Schreibphilosophie von G. L. Rico und der Einübung des von ihr erfundenen *CLUSTERNS*, das neben dem

SCHNELLSCHREIBEN zu den wichtigsten Grundtechniken des Kreativen Schreibens gehört.

Zunächst bitte ich die Teilnehmerinnen, das Sprichwort 'Lügen haben kurze Beine' als erstes einmal ganz knapp auf klassische Weise zu definieren. Sie tun dies, zum Teil etwas ächzend, doch alle werden mit der Definition in der vorgegebenen Zeit fertig. Meine eigene Definition lautet:

„Durch Lügen werden andere bewusst und arglistig getäuscht, auch in der Form, dass der wahre Sachverhalt verschwiegen oder entstellt wird. Die Täuschungen werden oft durch irgendwelche Umstände sehr schnell aufgedeckt."

Nachdem ich die Technik des *CLUSTERNS* erläutert und zu einem zugerufenen Stichwort an der Tafel exemplarisch vorgeführt habe, bitte ich die Studierenden, in einer zweiten Runde zu dem Text 'Lügen haben kurze Beine' in Form eines Clusters frei zu assoziieren.

Dies soll nicht länger als für 6–7 Minuten geschehen. Danach bitte ich, den *CLUSTER* in einen kleinen Prosatext von etwa einer halben Seite bis zu höchstens einer Dreiviertelseite Länge umzuwandeln. Der erste Satz dieses Textes soll mit dem letzten Satz des Textes identisch sein. Als Schreibdauer gebe ich 10 Minuten. Danach gibt es wieder ein kurzes Zwischen-Feedback:

Die Texte werden verlesen und einzeln kritisch besprochen. Zum Teil werden Korrekturen vorgeschlagen. Wir werden nicht ganz fertig, weil eine Teilnehmerin ihren Text zurückhält. Dies aus dem Grunde, dass sie nach dem Vortrag eines sehr lyrischen und sehr bilderreichen poetischen Textes ihren eigenen Text nicht mehr vorzustellen wagt.

Nachher beschwert sich eine Teilnehmerin bei mir, dass in ihrem Falle eine literarische Wertung unterblieben sei, sie wolle aber nun gern wissen, ob ihr Text gut oder schlecht gewesen sei. Zum zweiten hätte ich, der Seminarleiter, nur im Falle ihres Textes, sonst aber nicht, mit einer psychoanalytischen Deutung reagiert.

4. Sitzung

Ich breche die Zugfahrt von meinem Wohnort zur Uni nach Mainz unterwegs wegen plötzlicher Herzschmerzen ab. Ich rufe die Sekretärin des Prüfungsamtes an und bitte sie, den Studierenden den Schreibimpuls *SCHREIBEN ZU FOTOS* zu übermitteln:

Die 300 Schwarz-Weiß-Fotos im Format DIN-A-4 der *BILDKARTEI* sollen im Flur und im Seminarraum ausgelegt werden. Jede/r soll sich ein Foto aussuchen, sich still damit beschäftigen, dem Foto einen Titel zuordnen, zu diesem Titel/ Stichwort/Thema clustern, um abschließend einen freien Text dazu zu schreiben.

Die Übermittlung der Aufgabe gelingt. Die SeminarteilnehmerInnen sind zu dieser Sitzung nicht nur vollzählig erschienen, sondern haben noch Kommilitonen mitgebracht. Nachmittags rufe ich eine Studentin an. Sie erzählt mir, dass die Sitzung in großer Disziplin und sehr befriedigend verlaufen sei. Man habe bis 13.00 Uhr durchgearbeitet. Es seien aber nur drei Texte verlesen und besprochen worden. Dies habe daran gelesen, dass die Beteiligten entgegen der Regel (zeitlich kurze Schreibimpulse) eine Stunde lang geschrieben hatten.

5. Sitzung

Einleitend bitte ich um ein *ANFANGS-BLITZLICHT.* Dies unter drei Perspektiven:

1. „Wie ich mich heute morgen fühle?
2. Wie es mir mit der Schreiberei bisher ergangen ist?
3. Was ich mir von den beiden letzten Sitzungen erwarte."

Es kommt zu folgenden Statements:

- „Die Schreibwerkstatt hat gerade erst angefangen, da ist sie schon vorbei. Ich würde gerne in den Ferien weiterschreiben.
- Die Hälfte der Bildkartei müsste genügen. Diese letzte Sitzung habe ich sehr emotional erlebt.
- Ich gebe Nachhilfe in Deutsch. Die Jungs hatten, von mir mit der Cluster-Methode vertraut gemacht, damit großen Erfolg in der Schule. Ich würde die Schreibwerkstatt gerne im Rahmen der Uni fortsetzen.
- In einem Anschlussseminar sollten nicht mehr Teilnehmer als dieses Mal sein.
- Ich habe wieder Tagebuch geschrieben, mehr Briefe als sonst.
- Wie wäre es mit einem zusätzlichen Treffen zum Vorlesen?
- Ich möchte gerne spinnen lernen.
- Wir sollten zusammen musizieren, Guitarre und Mundharmonika mitbringen."

Die gesamte Sitzung wird in der Folge dazu verwandt, noch nicht verlesene Texte aus der 4. Sitzung vorzutragen und zu besprechen.

6. Sitzung

Nach dem gemeinsamen *ESSEN* (Abschlussfrühstück), zu dem alle etwas Ausgesuchtes mitgebracht haben, kommt noch einmal die Schreibwerkstatt zum Zuge. Ich stelle verschiedene Schreibanregungen zum gemeinsamen Schreiben zur Auswahl: *HAIKU, RENGA, NACHRUFE AUF FIKTIVE VERSTORBENE, KETTEN-GEDICHT, BUCHSTABENGEDICHT* und *DU-TEXT.*

Der DU-TEXT findet das größte Interesse. Wir beschließen; mit ihm zu beginnen, gefolgt von *RENGAS.*

Dagmar und Julia erleben diese Sitzung laut ihrer abschließenden gemeinsamen Selbstvergewisserung so:

„In unserer letzten Sitzung mit einem so harmonisch-gemeinsamen Frühstück und auch ein wenig wehmütiger Abschiedsstimmung empfand ich den 'Du-Text' als eine willkommene Idee, um dem mir liebgewonnenen Kreis Dankeschön zu sagen; wenn auch nur repräsentativ durch eine erwählte Person.

Meine Wahl fiel auf meine Nachbarin Sonja, die ich bis zu diesem Seminar nicht kannte und auch bis heute nicht viel mehr kenne, die mir aber auf ihre Art vertraut geworden ist. Ich war wohl gelaunt und dies schlug sich in einer 'idyllischen Sympathie-Kundgebung' nieder.

Das Geheimnisvolle dieses Spiels – Schreibende und Beschriebene müssen erraten werden – machte das Ganze für mich zu einer spannenden Expedition. Wird erraten werden oder nicht?

Spannend wurde es gleich zu Beginn. Mein Text wurde als erster verlesen.

Es war wahrhaft beeindruckend, mit welcher Treffsicherheit jede von uns entlarvt wurde. Ebenso verwundert wie erfreut entdeckte ich, wieviel Empathie zwischen uns entstanden war. Auch war ich sehr gespannt, ob ein Text für mich dabei sein würde. Umso größer war meine Freude, von gleich zwei Personen (...) zum Inhalt ihrer Texte gemacht worden zu sein. Zwei Menschen, die sich die Zeit genommen hatten, mich zu beschreiben. Ich fühlte mich sehr geehrt" (Dagmar)

„Den 'Du-Text' zu schreiben, kostete mich einiges an Überwindung und Sammlung. Ich hatte an unserer letzten Seminarsitzung keinen guten Tag und war sehr mit mir selbst beschäftigt. Daher hatte ich nicht viel Energie, mich auf andere einzulassen, und das ist es, was der 'Du-Text' verlangt.

Ich habe mir Katrin als Adressatin ausgesucht, sie war meine Partnerin in unserer schriftlichen Unterhaltung, ich kannte sie etwas besser als die anderen, und sie war mir sehr sympathisch. Dennoch blieb mein 'Du-Text' für sie ziemlich an der Oberfläche. Schade (...) Ich habe die Tendenz, halb zufriedenstellende Gedanken im Kopf sofort wieder zu verwerfen und nehme mir damit die Möglichkeit,

1. überhaupt etwas zustande zu bringen und
2. das Geschriebene auf eine befriedigende Weise verbessern zu können.

Das Verlesen der 'Du-Texte' war eine schöne Erfahrung, es kam fast eine gerührte Stimmung darüber auf, dass wir einander so viel (Nettes) zu sagen hatten; um so mehr bedauerte ich etwas meine eigene Unpersönlichkeit."   (Julia)

Kreatives Schreiben

MS im SS 91

Ziele/Inhalte

Gegenüber dem ersten Versuch mit einer Schreibwerkstatt haben sich die Ziele leicht verschoben. Daher heißt es im *Seminarplan,* es solle „in diesem Seminar in allererster Linie in das kreative Schreiben selbst eingeübt werden, um sich selbst als schöpferisches Subjekt in dieser Arbeit erleben zu können.

Erst in zweiter Linie soll über Ziele, Inhalte, Formen und Probleme solcher künstlerischer Laienpraxis informiert werden."

<u>Realverlauf</u>

Zwei Sitzungen sollen hier dargestellt werden:

<u>2. Sitzung</u>

Die TeilnehmerInnen schreiben zu folgendem Satz von Karl Kraus (in: Die Fakkel Nr. 309/ 310, 31. Oktober 1910, XII. Jahr, S. 31):

> „Man soll nicht mehr lernen,
> als man unbedingt gegen das Leben braucht."

Es entstehen u. a. folgende Texte:

„Ich hätt gerne eine Bärenhaut.
Man könnte mich nicht kränken.
Ich stände gut Konflikte durch
und wäre unverletzlich.
Das Ängstigen wäre ganz dahin.
Doch was wird aus dem Widerspiel
von Angst und kräftiger Freude?
Ohne dünne Haut kein Widerhall ...
Ich hätt gerne eine Bärenhaut."

(Erhard)

„Lernfähig von Anfang an
Zu kleine Stühle von Anfang an.
Lerne, darauf zu sitzen! Es gibt keine 'Extras'!
Schief sitzen von Anfang an.
Lerne, deine Rückenschmerzen zu ertragen!
Verspannungen spüren von Anfang an.
Lerne, deine Kopfschmerzen zu ertragen!
Tabletten schlucken von Anfang an.
Lerne, dass dir die Pharmaindustrie helfen kann!
Luftverschmutzung akzeptieren von Anfang an.
Bayer AG Leverkusen von Anfang an.
Atomenergie von Anfang an.
Golfkrieg von Anfang an.
Lernfähig von Anfang an."

(Karola)

„Musste ich nicht **für** das Leben lernen?
Das wurde mir gesagt, als ich zur Schule ging.
Du **musst** lernen, zuzuhören!
Du **musst** lernen, auswendig zu lernen!
Du **musst** brav jeden Tag alle Hausaufgaben machen!
„**Müssen**" und „**Lernen**", gehört das eigentlich zusammen?
Kann man diese Begriffe nicht trennen?

Wo blieb ich zwischen „**Müssen**" und „**Lernen**"?
Ich fragte mich, ob das immer so sein würde ..."

(Mathilde)

„Lernen ist wie Rudern
gegen den Strom –
sagt ein kluger Spruch.
Das klingt gut,
kostet aber nicht nur
viel Kraft,
sondern kann auch sehr
einsam machen.

Außerdem entspricht es
der Natur des Menschen
als sozialem Wesen,
mit dem Strom zu schwimmen.

Was nützt es dem Lachs,
wenn er sich gegen
die Strömung stellt –
er wird ja doch
gefangen.

Also, was jetzt,
eigene kluge Einsamkeit oder
gemeinsame einfältige Geborgenheit?
Lernen ist so schwer wie Rudern."

(Erika)

Sondersitzung im Rahmen der Minipressen-Messe
„Trommeln mit Diana"

Diana, eine Teilnehmerin des Seminars, bietet im Rahmen der 11. Mainzer einen „Literatur-Workshop" im Druckladen am Fischtorplatz an, einen Mix von Selbst-Musik-Machen und Kreativem Schreiben. Einige SeminarteilnehmerInnen machen mit.

Es liegen verschiedene Instrumente bereit, ein Cello-Spieler musiziert, auf dem Boden liegen Papierbahnen und farbige Stifte. Man kann sich melodisch und rhythmisch, malend und schreibend einbringen.

Zwei Texte, die dort in der Abfolge von Trommeln, Schreiben, Mitsummen, Lachen, Schreiben entstehen:

„treiben; weiter
trommeln
tönende Klänge
immer weiter
ohne Ende

versunken folgt jeder
seinem eigenen tempo
taucht manchmal auf,
um das tempo anderer zu empfangen,
treiben, treiben, treiben"

(Pia)

Pia erlebt diese Sitzung so:

„Sehr gespannt mache ich mich zu dem „Trommeln und Schreiben-Workshop im Rahmen der Minipressenmesse auf, mit dem Gedanken, dass ich heute sicherlich etwas für mich Neues erleben werde. Bisher hatte ich zu Trommeln gewaltige Berührungsängste. Ich merke, dass ich offen bin für das, was dort passieren wird und habe mir vorgenommen, einfach zu probieren.

Als ich sehe, dass kaum mehr Klopfinstrumente 'frei' sind, wird mir mulmig ... Ich kann mich mit keinem dieser Instrumente besonders anfreunden. Ich greife nach einer Trommel, versucht, diese gleich wieder einzutauschen, denke mir dann, dass ich es ja mal versuchen könnte und suche mir zögerlich und etwas schluckend einen Platz, an dem ich mich halb hinter jemandem verstecken kann.

Die Workshopleiterin ist mir zu offensiv, zu fordernd. Bei der Einführung in das Thema geht sie schon sehr stark aus sich heraus, was mich einerseits fasziniert, andererseits aber auch befremdet ... Sicherlich hat es den hilfreichen Effekt, dass wir recht schnell alle mit der Improvisation anfangen können. Die Vorstellung, einen Bach zu 'musizieren', finde ich sehr passend und schön. Langsam freunde ich mich mit meiner Trommel an und merke, dass es ganz gut geht. Irgendwann trommle ich irgendwie automatisch, kann auch ganz gut den Rhythmus wechseln. Das reicht mir für heute, eigentlich könnte ich entweder noch eine Weile weitertrommeln oder aufhören. Die Workshopleiterin stoppt unser Musizieren, und wir bekommen die Aufgabe, einen Text zu schreiben. Das geht mir nicht leicht von der Hand, obwohl ich nach dem Schreiben merke, dass er einen Teil meiner Erfahrungen während des Musizierens eingefangen hat. Schließlich sollen wir unsere Texte mit Musikuntermalung vorlesen. Das geht mir zu weit; ich merke, dass ich nicht weiter aus mir herausgehen will und kann. Ich bewundere andere, dass sie dies können, finde es auf der anderen Seite aber auch o.k., mich ein Stück zurückzunehmen und eher zu beobachten. Ich bin zufrieden, dass ich mich überhaupt einmal an eine Trommel herangewagt habe!"

Kreatives Schreiben

MS im SS 92

Der Ansturm ist so groß, dass ich das Seminar verdoppeln muss.

Inhaltlich konsolidiert sich allmählich für diesen Seminartypus eine bestimmte Abfolge bewährter Schreibübungen heraus.

Daher seien im Folgenden aus diesem Seminar einige studentische Äußerungen über einzelne Schreibphasen im Seminar und das Schreiben überhaupt wiedergegeben.

<u>Rückmeldungen</u>

Zum *OFFENEN SCHREIBGESPRÄCH*

„Wir sollten schreiben. Immer zwei Personen bekamen ein Heft, in dem sie miteinander kommunizieren sollten. Sprechen war verboten. Das Thema war allgemein formuliert: 'Schreiben'. Für mich war damit die Möglichkeit gegeben, meiner Schreibpartnerin mitzuteilen, warum ich an diesem Seminar teilnehme, was und wie ich bisher geschrieben habe, welche Bedeutung Schreiben für mich hat und damit natürlich einen Teil meiner Persönlichkeit und Weltsicht zu offenbaren.

Während des Schreibens spürte ich jedoch, dass ich diese Möglichkeiten nicht nutzen kann. Je länger wir schrieben, desto mehr vernahm ich eine Sperre in mir, mich zu öffnen. Ich wollte mich gar nicht offenbaren. Es entstanden Wut, Ärger und Einfallslosigkeit, mit der Situation umzugehen, in mir. Wut kam auf, weil ich das Gefühl hatte, es wird etwas von mir verlangt, was ich gar nicht will, Ärger, weil die Situation nicht toll und harmonisch war und ich keine Idee hatte, sie für mich zu retten. Das ganze Gefühlsdurcheinander bewirkte Aggression, die ich über die schriftliche Kommunikation herausließ. In beinahe brutaler Weise zerfetzte ich das, was meine Schreibpartnerin mir als ihre Vorlieben mitteilte. (...)

Ich hätte meiner Schreibpartnerin mitteilen können, dass ich mich jetzt nicht öffnen will und dass wir deshalb mit dem Schreiben aufhören sollten. In der gewonnenen Zeit hätte ich darüber nachdenken können, warum ich mich nicht öffnen kann. Ich hätte etwas über mich erfahren.

Dass ich es nicht getan habe, erkläre ich mir damit, dass ich dieses Schreiben einerseits zu sehr als eine Aufgabe betrachtet habe, die nun erfüllt werden muss, andererseits mein eigenes Bedürfnis und damit meine Gefühle nicht ernst genommen habe."

(Sofia)

„Die erste Sitzung zeigte mir, dass ich mit meinen Erwartungen in diesem Seminar richtig war.

Das Schreibgespräch, mit dem die Stunde begann, überwältigte mich. Ich wollte plötzlich meine Erfahrungen erweitern. Das Gespräch entlockte mir mehr, als ich preisgeben wollte. Wer hatte es geschafft, soviel aus mir herauszuholen? Eigentlich ich selbst. Es war das Gefühl wie das eines Sportlers, der hart und konzentriert trainiert hat. Man fühlt sich völlig fertig, aber doch frei und gut. (Alice)

Zum *CLUSTERN*

Die Text-Vorgabe des Seminarleiters:

„Hypothek
Er sagte: Ich glaube an die Dichtung,
die Liebe, den Tod;
gerade deshalb glaube ich an die
Unsterblichkeit.
Ich schreibe einen Vers.
Ich schreibe die Welt.
Ich existiere.
Die Welt existiert.
Aus der Spitze meines kleinen Fingers
strömt ein Fluss ...

Lorlovassi / Samos 31.3.69
Jannis Ritsos, griechischer Dichter,† im Nov. 1990
(abgedruckt in der taz vom 13.11.1990)

„Wir bekamen das Gedicht 'Hypothek' von Jannis Ritsos vorgelegt. Die Aufgabenstellung lautete: das Gedicht lesen; zu dem Wort, das uns am meisten an-
sprach, zu clustern und anhand des Clusters ein eigenes Gedicht zu schreiben.

Für mich war das das schönste Erlebnis des ganzen Semesters. Ich entschied
mich für 'Ich schreibe', nachdem ich erst überlegt hatte, das unpersönlichere
'schreibe' zu nehmen. Dann begann ich mit dem ersten Cluster meines Lebens
und war so fasziniert von dieser Methode, dass ich erst wieder zu mir kam, als gefragt wurde, wer noch einige Minuten Zeit für die Fertigstellung des Gedichts
brauche. Ich hatte damit noch nicht einmal angefangen und war etwas er-
schrocken, denn es schien mir unmöglich, in ein paar Minuten ein Gedicht zu
schreiben. Doch dann merkte ich, dass ich mich durch das Clustern so sehr mit
dem Begriff beschäftigt hatte, dass das Schreiben wie von selbst ging. Zu allem
Überfluss war ich mit dem, was ich produziert hatte, zum ersten Mal in dem Semester richtig zufrieden; da machte das Vorlesen viel Spaß.

Fazit: Das Clustern wird mich auch weiterhin begleiten!

Fazit des Seminars: Ich möchte den Kurs gerne wiederholen und am liebsten jeden, der mir wichtig ist, dazu überreden, mitzukommen. Es hat mehr Spaß gemacht als das meiste, was ich bisher absolviert habe und die Erfahrung, dass
mehr in mir steckt als nur Denkvermögen und Lernfähigkeit, war sehr wertvoll."

(Patricia)

<u>Zum Thematischen Schreiben (*Thema: 'Erziehung'*)</u>

Ich biete den TeilnehmerInnen *ZEHN KREATIVE SCHREIBTECHNIKEN*
an, um zum Thema 'Erziehung' zu schreiben. Jede / jeder sucht sich eine Schreibtechnik aus, mitunter auch zwei hintereinander. Die Ergebnisse werden vorge-

lesen und es wird danach gefragt, was von den AutorInnen durchgängig thematisiert wurde. Ein kurzer Austausch über die Geeignetheit bzw. Sperrigkeit der Methode schließt sich an.

Melanie notiert folgende Erfahrung:

„Ich habe es während des Seminars immer vorgezogen, Techniken auszuprobieren, bei denen mehrere Personen an einer Sache arbeiten, denn außerhalb des Seminars wird es sicher schwieriger sein, andere dazu zu bewegen, etwas mit mir gemeinsam auszuprobieren.

So testete ich die Möglichkeiten, die das schriftliche Frage- und Antwort-Spiel ((*STRUKTURIERTES SCHREIBGESPRÄCH*; E.M.)) bietet. Erst fanden mein Partner und ich es geradezu lächerlich: In 1 Std. sollte jeder 3 Fragen stellen und 3 Antworten geben; wir glaubten, das in höchstens der Hälfte der Zeit schaffen zu können. Doch dann war auf einmal die ganze Zeit um und wir hatten gerade 2 Fragen und 2 Antworten geschafft.

Die guten Erfahrungen, die ich mit diesem Schreibspiel machte, hatten mehrere Ursachen:

- Durch das Stellen einer Frage musste ich mir klar darüber werden, welcher Aspekt des Themas für mich am wichtigsten war.
- Hatte mein Partner die Frage dann erhalten, so verstand er sie zwangsläufig etwas anders, als ich sie gemeint hatte. Dementsprechend lenkte seine Antwort meine Gedanken in eine etwas andere Richtung.
- Auf die Fragen, die er mir stellte, wäre ich selber vielleicht gar nicht gekommen; so erhielt ich neue Denkanstöße.

Insgesamt hat diese Schreibtechnik den Vorteil, dass ich durch den Austausch mit einem Partner meine ausgefahrenen Denkschienen verlassen konnte, wobei die schriftliche Form gegenüber einem Gespräch den Vorteil hat, dass ich mir genauer meine Fragen und Antworten überlegen musste; Worte sind schließlich flüchtig.

Beim Vorlesen erfuhr ich dann auch noch einiges über die Schreibtechniken, die andere ausprobiert hatten und meine Neugierde war geweckt, das eine oder andere bald auszuprobieren.“

Zu den *KOLLEKTIVEN NONSENS-GESCHICHTEN*

„Die kollektive Einfallslust wirkt Wunder auf die eigene Kreativität: Die absurdesten Gedanken sind die besten, die phantasievollsten Namen die schönsten, die niedersten Instinkte die populärsten, die makabersten Einwürfe sind eine Delikatesse und die persönlichsten Passagen von besonderem Interesse. Plötzlich entpuppt sich der unbeschriebene Nachbar als Lieferant spektakulär witziger Obszönitäten. Die Szenerie verwandelt sich in eine Art kollektives Augenzwinkern. Ein fulminanter Einstieg, der für den weiteren Verlauf einiges versprach! Danach dann die Lesung der Geschichten. Eines steht fest und wird für mich immer bedeutsamer: Die Produktion eines (...) Werks ist wesentlich erquicklicher als dessen Rezeption."

(Björn)

Zu den *HAIKUS (*Fotos aus der *BILDKARTEI)*

„Dieses Schreiben hat mich sehr fasziniert, weil durch die formale Begrenzung der Silben eine ganz starke Verdichtung des Inhaltes zustande kam. Mir wurde hier richtig bewusst, wie wichtig jede noch so kleine Silbe für die Wirkung eines Textes sein kann und wie viele Variationsmöglichkeiten die deutsche Sprache bietet."

(Silke)

Zum Gesamten

„Ein Grund, warum ich an diesem Seminar im SS 91 bereits teilnahm, war der, dass ich schon immer, also sozusagen, seit ich schreibend denken kann, fasziniert war von der Kraft des geschriebenen Worts und dessen Macht über den Schreibenden. Damals hielt ich es für einen Vorteil, dass ich viel schreibe, auch außerhalb der schulischen/studentischen Anforderungen. Und ich glaubte, das, was mir 15 Jahre Tagebuchschreiben gebracht hatten, dort verfeinern zu können. Sprachlich genauer zu werden. Endlich die gröbsten Unzulänglichkeiten zu überwinden.

Stattdessen lernte ich, die Sorge über diese Unzulänglichkeiten zu überwinden und dadurch den Fluss der Ideen erst richtig zu befreien. Gut sein ist feige! All die selbstauferlegten Beschränkungen durften fallen.

Da avanciert ein weißes Blatt Papier vom erbitterten Gegner zur unendlichen Spielwiese. Das Schreiben wird bewusster (...) Wie beim Tanz, wie beim Musizieren, wie beim Singen ist der Klang, der Fluss der Bewegungen und die Kraft des Ausdrucks in erster Linie abhängig von der Kraft der Person, und die Sprache lechzt nach Befreiung des Menschen, der sich ihrer bedient. Es spricht das Herz, nicht die Hand."

(Susanne)

„Zum erstenmal habe ich mich selbst in jede Veranstaltung einbringen können, und obwohl mir das Vorlesen eigener Texte am Anfang sehr schwer fiel, gewöhnte ich mich im Verlauf des Seminars daran, mich ständig der Kritik anderer zu stellen. Dies halte ich persönlich für die wichtigste Erfahrung, die ich im Rahmen dieser Veranstaltung gemacht habe. Ansonsten hat sich meine Vermutung, dass man auf 'Abruf' nicht kreativ sein kann, nicht bewahrheitet. Viele Texte, in wenigen Minuten entstanden, haben mich mit ihrem Witz und ihrer sprachlichen Form verblüfft."

(Selma)

Kreatives Schreiben im Studium und in der Erwachsenenbildung

PS im SS 93

Ziele / Inhalte

Im bs*Kommentierten Vorlesungsverzeichnis* heißt es u. a.:

„In diesem Praxisseminar soll es um zwei Zugänge gehen:

– Während des gesamten Seminars soll das kreative Schreiben erprobt und erlernt werden.

Dabei soll in diesem Semester ein Schwerpunkt auf dem kreativen Schreiben im Rahmen alltäglicher wissenschaftlicher Arbeit im Studium liegen.

– Zum zweiten sollen zielgruppen-spezifische, didaktische und methodische Fragen zum Einsatz dieser Form alltäglicher Kulturarbeit in der Erwachsenenbildung bedacht werden. Es sollen Schreibformen erprobt werden, die in der Erwachsenenbildung Verwendung finden.“

Realverlauf

Statt der erwarteten 40 Personen, aufzuteilen in zwei Gruppen, erscheinen zum ersten Termin 110 Interessierte. Da ich niemanden abweisen will, entscheide ich mich spontan, in der vorlesungsfreien Pfingstwoche für zwei weitere Gruppen ein Blockseminar anzubieten. Es gelingt, für eine der beiden Extraveranstaltungen eine erfahrene Studentin, Susanne, als Leiterin zu gewinnen. In der Pfingstwoche führen wir in einem Seminarteil („Wissenschaftliches Schreiben kreativ angegangen“) beide Gruppen zusammen, arbeiten aber ansonsten getrennt in unterschiedlichen Räumen. Einen Vormittag lang hält uns ein Fernsehteam in der Arbeit auf. Der Produzent schreibt mit und erntet die Anerkennung der Studierenden.

Im Folgenden sollen vor allem die Partien beschrieben werden, in denen es um das wissenschaftliche Schreiben im engeren Sinne geht:

Von der zweiten Sitzung zur dritten Sitzung sollen die TeilnehmerInnen auf losen Zetteln (pro Zettel ein Gedanke) notieren, was ihnen am meisten Probleme beim wissenschaftlichen Schreiben macht. Abschließend sollen sie die Zettel nach Wichtigkeit ordnen (Wichtigstes Problem, zweitwichtigstes Problem etc.) und solcherart sortiert mit in die Sitzung bringen.

In der dritten Sitzung tun sich immer zwei, höchsten drei zusammen und gleichen ihre Zettel inhaltlich untereinander ab. Sie einigen sich jeweils auf die beiden wichtigsten Probleme/Störungen, die sie in großer Schrift auf DIN-A-4-Blättern notieren. Diese Blätter hängen sie an der Wand auf. Alle TeilnehmerInnen treten vor die Wand, sortieren die Blätter in thematische Problemgruppen ein und bewerten abschließend mit drei Punkten, die jedem zur Verfügung stehen, Einzelnennungen (*STRUKTURIERTES BRAINSTORMING*).

Die von allen als das wichtigste Problem bewertete Störung wird im Plenum als erstes besprochen: Erfahrungen mit diesem Problem, Struktur des Problems, Lösungsmöglichkeiten.

Das am meisten genannte Problem lautet „Gliederung einer wissenschaftlichen Arbeit". Ich gebe daher die *SKIZZE EINER FORMALEN GLIEDERUNG* aus, die sich für mich im Laufe der Jahre als sinnvoll herauskristallisiert hat und die ich bei der Beratung von wissenschaftlichen Arbeiten jeden Kalibers verbindlich vorschlage.

4. Sitzung

Ich gebe einen Begriff vor: „Selbstbestimmung". Die TeilnehmerInnen sollen hintereinander folgende Techniken anwenden, um sich sowohl selbständig, als auch auf ganz unterschiedliche Weise dem Thema einer denkbaren wissenschaftlichen Arbeit zu nähern, ohne als erstes ein Lexikon zur begrifflichen Selbstvergewisserung aufzuschlagen. Mit diesen Techniken sollen sowohl die linke, wie auch die rechte Gehirnhälfte aktiviert werden.

Die Abfolge der Aufgaben ist folgende:

1. 6 Minuten *SCHNELLSCHREIBEN* zum Thema.

2. 6 Minuten zu dem *GEGENSATZ-* oder *DOPPEL-CLUSTER* „Selbstbestimmung – Fremdbestimmung" schreiben.

3. 15 Minuten Zeit, um einen kleinen Text (drei, vier Sätze) aus 1. und 2. zu schreiben.

4. 10 Minuten lang zum Thema einen *BAUM ZEICHNEN* und in die Zeichnung zu jedem Bestandteil des Baumes eine Nuance des Themas eintragen: zum Untergrund, den Wurzeln, dem Hauptstamm, einem abgestorbenen Ast, den Hauptästen, Zweigen, Blättern, Früchten usw.

5. 6 Minuten lang *ALLE WAHRHEITEN – ALLE LÜGEN* , die einem zum Thema einfallen, in zwei Rubriken eintragen.

6. In 10 Minuten einen *BRIEF AN DIE BEWOHNER EINES ANDEREN STERNS* formulieren, in der der Begriff „Selbstbestimmung" erläutert wird.

7. In dem aus den Übungen 1–6 vorliegenden Material sollen in 6 Minuten diejenigen Überlegungen zum Thema unterstrichen werden, die man/frau am wichtigsten erachtet.

8. In weiteren 10 Minuten soll aus dem also gesichteten Material eine erste grobe Gliederung auf der Basis der vom Seminarleiter vorgegebenen formalen Gliederung erstellt werden.

9. Diese Gliederungen werden von einzelnen auf Freiwilligkeitsbasis vorgetragen und einer *DESTRUKTIVEN WIE KONSTRUKTIVEN KRITIK* durch alle SeminarteilnehmerInnen unterzogen.

10. Ein *BLITZLICHT* beendet das Ganze.

Zu dieser Sitzung folgende Rückmeldung:

„Die Sitzung am 11. Juni beschäftigt mich noch immer. Das Thema war 'Selbstbestimmung'. Mit Hilfe von sechs verschiedenen Methoden des 'Kreativen Schreibens' näherten wir uns dem Begriff der 'Selbstbestimmung' an (...). Die fast
dreistündige Auseinandersetzung hatte zur Folge, dass ich innerlich aufgewühlt
und durcheinander war (...) Die Verschiedenartigkeit der methodischen Annäherung an den Begriff hat eine Bandbreite von Gefühlen ausgelöst. Ich merkte,
mit welchen Methoden ich verdrängte/unbewusste Gefühle freilegen kann (Clu-
stern/Schnellschreiben/freies Assoziieren) und wo ich eher schreibblockiert bin
(Haiku/Renga/Lügen-Wahrheiten/Baum), weil ich meine Gedankenflut in ein
System einordnen soll, was mich dann verkrampfen lässt. Mit Hilfe des Schnellschreibens verfasste ich den Text '... oder auch Selbstbestimmung'. (...) Es kostete mich große Überwindung, ihn vorzulesen, da er sehr persönlich ist. Der
Wunsch, mit den dort dargestellten Erfahrungen nicht alleine zu bleiben, war
größer. Die offene Reaktion den Plenums, sowie das Gefühl, ernstgenommen
und verstanden zu werden, machten mich sehr betroffen. In dieser Sitzung hat
sich durch das Schreiben in mir etwas verändert und gelöst. Bewusstseinsprozes-
se wurden in Gang gesetzt und Probleme aufgedeckt, die ich nun auch privat mit
Hilfe des 'kreativen Schreibens' zu bewältigen suche."

(Dagmar)

Zum gesamten Seminar

„Inspiriert durch des Proseminar bin ich an eine mit Erwachsenenbildung bei der
Arbeiterwohlfahrt betraute Freundin herangetreten mit dem Vorschlag, einen
eintägigen Work-Shop 'Schreiben für Frauen' durchzuführen. Die Idee finde ich
spannend.

Obwohl ich auch etwas Angst vor der eigener Courage habe, wäre es doch schön,
wenn es klappen würde. Eine grobe Absprache für nächstes Jahr haben wir
schon getroffen."   (Maria)

„Kreatives Schreiben, eine neue Welt tut sich auf.

Mir wurde bewusst, dass ich plötzlich zu kreativen Leistungen fähig bin, die ich
mir selbst niemals zugetraut hätte, z. B. das Verfassen von kurzen Gedichten.
Das graphische Ordnen von Wörtern in Clustern half mir, meine Gedanken fließen zu lassen und trotzdem einen *string* (Sinnstrang) zu haben, an dem ich mich
für eine weitere Ausarbeitung orientieren konnte. Ich hätte nicht gedacht, dass
das Schreibgespräch mit mir selbst mir so viel neue Erfahrungen bringt (...)
Kreatives Schreiben, eine neue Welt tut sich auf (...)

Kreatives Schreiben als Mittel gegen die Ohnmacht vor der Wissenschaft, als Le-
bens- und Lernhilfe; als Instrument, welches die Reduktion zum bloßen Objekt
verhindert; als Mittel zum Selbstbewusstsein. Wir schlossen das Seminar, so wie

wir es begonnen hatten, mit Poesie. In einem Schreibgespräch in der Gruppe wurden Renga-Gedichte als abschließende Reflexion über das Seminar erschrieben und vorgelesen. Für mich war dies ein schönes und sehr hilfreiches Wochenende, an das ich mich noch lange und gerne zurückerinnern werde. Dieses *neue Gefühl des Schreibens* werde ich nicht vergessen und dafür bin ich *dankbar.*"

(Torsten)

Varianten

In meinen Veranstaltungen an der Uni kann ich keine Ausbildung im Kreativen Schreiben anbieten, wie es z. B. Lutz von Werder mittels eines Präsenz- und eines Fernstudiums, dessen Grundlage seine drei Lehrbücher von 1992, 1993a und 1993b sind, tut. Ich kann in den sieben vierstündigen Sitzungen, die ich in den letzten Jahren jeweils im WS anbiete, allenfalls an bestimmte Formen des Kreativen Schreibens in der Erwachsenenbildung und in der Wissenschaft heranführen und zeitlich knappe Gelegenheiten bieten, diese ansatzweise einzuüben.

Dieses Seminar, das ich von meiner Kapazität her in jedem Studienjahr nur einmal (zumeist im WS) in zwei Parallelgruppen anbieten kann, findet so viel Interesse, dass der Zugang jeweils eingeschränkt werden muss.

Dieses Seminar soll mehrere Funktionen erfüllen:

- Im Studienverlaufsplan des Diplomstudiengangs Erziehungswissenschaft an der Uni Mainz rangiert es unter „Allgemeine Pädagogische Handlungskompetenz", angeboten ausschließlich für Studierende im dritten und vierten Semester des Grundstudiums.

- Ich möchte zu Beginn des Seminars jeweils einen leichten und begeisternden Zugang zum Kreativen Schreiben ermöglichen, dies anhand von Schreibspielen unterschiedlichster Art. Die Studierenden sollen Mut fassen, sich in dieses Feld hinein zu wagen.

- Darauffolgend möchte ich in ganz wenigen Sitzungen einige Tipps zum wissenschaftlichen Schreiben geben und einige wenige Formen des Kreativen wissenschaftlichen Schreibens einüben lassen.

- Zum dritten gebe ich Schreibimpulse, die in der allgemeinen Erwachsenenbildung Anwendung finden können.

- Ich selbst wende in all meinen übrigen Seminaren und in Fortbildungskursen für MitarbeiterInnen der EB ständig Formen des Kreativen Schreibens an.

Vom SS 93 an entwickelt sich ein bestimmter inhaltlicher und methodischer Rhythmus des Seminars, den ich immer dann variiere, wenn es mir selbst von der Wiederholung schon öfter eingesetzter Elemente her langweilig wird; das Gefühl der Langeweile ist nun mal ein untrügliches Signal für Unterforderung.

Die Varianten, die sich ergeben, seien im Folgenden in einer bunten Liste aufgeführt:

Bunte Liste der Varianten

– Ein sehr beliebtes Schreibspiel lautet: *PSEUDOWISSENSCHAFTLICHE DEFINITIONEN VON FREMDWÖRTERN*. Ich schreibe eine Anzahl von Fremdwörtern an die Tafel, so z. B. Kataklysmentheorie, kurulisch, Rekurrensfieber, Jingo, Jarowisation, Krepitation, Pyranometer, Taxidermie, Stridulation, Sukkulenz. Die TeilnehmerInnen wählen sich einen Begriff aus und erfinden in 10 Minuten eine pseudowissenschaftliche Definition oder mehrere, wobei es passieren kann, dass die tatsächliche Bedeutung des Fremdworts noch phantastischer klingt als die erfundene anmutet:

„**Stridulation**: (lat. Stridulus: Hanfseil, leichter Strick) Frühantike Selbsterdrosselungstechnik, wiederentdeckt und im ersten öffentlich, vielfach literarisch gewürdigten Selbstversuch an sich selbst angewandt von Franz Xaver Gweihstängle / Wien (1856 – 1929). G. hatte sich zuvor schon als akademischer Förderer und vielfacher Herausgeber von Forstlyrik, vor allem als Entdecker des Elchs im deutschen Forstgedicht, unter Germanisten wie Förstern einen Namen gemacht.

Lit.: F. X. Gweihstängle: Wege im Unterholz. Ein lyrisches Brevier für Brombeersammler. Wien 1894, 142. Auflage Mainz-Finthen 1974; Lady Elisabeth Cashew-Ashmere: My Xaverl. Cambridge 1918; Franz Joseph Hofer: Die Stridulation zu Wien. Bozen 1931"   (Erhard)

– *GEDICHTE SCHREIBEN*: Ich gebe Blätter aus, auf denen jeweils zwei, drei Gedichte einer Autorin / eines Autors (u. a., Judith Herzberg, Tomas Tranströmer) abgedruckt sind. Die TeilnehmerInnen lesen die Gedichte unter den beiden Fragen „Welches Gedicht gefällt mir? Wozu habe ich einen Zugang?" durch und unterstreichen ein Wort, eine Wendung, die sie positiv oder negativ anzieht und berührt. Zu diesem Wort, dieser Wendung schreiben sie für 6 Minuten einen *CLUSTER* oder schreiben automatisch *(SCHNELLSCHREIBEN)* in der gleichen Zeit dazu auf, was ihnen gerade an Assoziationen einfällt, dies als Rechtshänder zunächst mit der linken, als Linkshänder zunächst mit der schreibungewohnten rechten Hand. Das entstehende Wortmaterial wird auch wieder daraufhin durchgesehen, welcher Begriff, welche Wendung den stärksten Eindruck macht. Von diesen Formulierungen angeregt, unterstützt durch das weitere selbst assoziierte Wortmaterial und Formulierungen des Originalgedichts wird nun in weiteren 10 Minuten ein Gedicht geschrieben, dies ohne Endreim, in offener Form.

In einem Seminar sind eine Chinesin und eine Brasilianerin. Ich bitte beide in der Pause, ihr Gedicht jeweils in der Heimatsprache zu Gehör zu bringen, es danach, wenn dies gewünscht wird, ins Deutsche zu übersetzen, um es abschließend noch einmal in der eigenen Sprache vorzutragen.

Als die Chinesin ihr Gedicht vorträgt, sind die Zuhörer sichtlich bewegt, gerührt von Klang und Rhythmus. Abschließend merkt sie an, sie studiere jetzt schon einige Jahre in Deutschland, aber sie sei noch nie aufgefordert worden, etwas in der eigenen Heimatsprache vorzutragen.

– *TEXTE SCHREIBEN NACH RODARI*: Am 6. Oktober 1993 druckte die 'Frankfurter Rundschau' (S. B 13–16) über die ganze Zeitungsfläche eine Collage von Lothar Baumgarten, bestehend aus der Aneinanderreihung zusammengesetzter Wörter, entnommen dem Katalog zur Ausstellung Nr. 52 der Kunsthalle Portikus vom 2.10.–14.11.93 in Frankfurt. Diese großformatige Folge von zusammengesetzten Begriffen (z. B. Zerlegebetrieb, Schachtelhalm, Mülldiät, Mahnstufe, Zusatzschutz, Erfolgsnische, Sofortgeld, Männertreu etc.) präsentiere ich den TeilnehmerInnen. Sie suchen sich ein Doppelwort aus und ich lasse sie Rodaris Schritte, bezogen auf die beiden zusammengesetzten Wörter im jeweils ausgesuchten Begriff, folgen. Ist genügend Wort- und Bildmaterial vorhanden, schreiben die Beteiligten für 20 Minuten unter Benutzung des also vorbereiteten Materials entweder einen freien Text oder Kindergeschichten.

– Zu Beginn einer Sitzung lade ich gerne zur *SCHREIBSTAFETTE* ein. Es werden zwei gleich starke Mannschaften gebildet. Es geht darum, wer am schnellsten fertig ist, mit dem 'Staffelholz' der Kreide pro Mannschaft je einen Satz (der erste schreibt das erste Wort, der zweite das zweite Wort etc; Vorsagen ist nicht gestattet) anzuschreiben. Den jeweils letzten Schreiber lasse ich den von ihm/ihr vollendeten Satz langsam und mit Pathos vortragen. Dann bitte ich im katholischen Land Rheinland-Pfalz diejenigen, die über Erfahrungen als Ministranten verfügen, den Satz ihrer Mannschaft im liturgischen Stil vorzutragen, worauf alle Beteiligten im gleichen Stil als Chor antworten.

In der zweiten Variante werden die Sätze konkurrierend vom letzten Wort her nach oben/vorne aufgebaut. Auch diesmal muss die Schluss-Schreiberin zunächst einmal den Satz aufs Feinste deklamieren. Danach wird ein Rap-Rhythmus aufgebaut (vgl. *NAMEN RAPPEN*), an dem sich alle mit Lauten, leichtem Taktschlagen, Summen etc. beteiligen sollten. Wenn der Rhythmus steht, muss sich jemand finden, der/die erst den einen Satz, dann den anderen Satz rappt. Alle steigen ein und rappen den ganzen Satz, einzelne Worte, Satzstücke, mal lauter, mal leiser werdend etc.

– *SCHREIBEN IN DER STADT* praktiziere ich in zwei Versionen:

Die erste Version: Einer Idee von F. W. Bernstein folgend flanieren die Studierenden durch die Stadt und schreiben, durch ihre Eindrücke angeregt, kurze Texte.

Die zweite Version: Während des Studentenstreiks im WS 97/98 werde ich in der Vollversammlung der Studierenden gefragt, ob ich bereit wäre, mein Seminar im Kreativen Schreiben am 28.11.97 öffentlich in der Stadt abzuhalten. Ich finde diese Idee sehr gut und so treffen um cirka 11 Uhr auf dem Mainzer Schillerplatz 50, 60 Leute zusammen. Ich lasse Achter- oder Zehner-Kreise bilden, in denen geschrieben wird.

Der erste Schreibimpuls lautet 'Schreiben in zwei Rubriken': In die linke Rubrik werden aus der erlebten Krise heraus aktuelle Gefühle notiert. In der rechten Spalte soll die sozialen Situationen notiert werden, die diese Gefühle ausgelöst haben.

Als zweites wird nach 6 Minuten *SCHNELLSCHREIBEN* ein *ELF-WORTE-GEDICHT* zum Studentenstreik geschrieben. Die Ergebnisse beider Runden werden, je nach Lust und Laune, von einer Sitzbank herab vorgetragen. Die Elf-Worte-Gedichte werden an Passanten verschenkt, wobei ihnen die Streikanliegen erläutert werden.

In der dritten Runde geht es nach 6 Minuten *SCHNELLSCHREIBEN* über den 'Eurofighter' oder die Umverteilung des gesellschaftlichen Reichtums in den letzten 16 Jahren durch die Steuerpolitik der Regierung Kohl darum, aus diesem Wort- und Gedankenmaterial zündende Sprüche zu kreieren. Diese werden jeweils in den Schreibkreisen, die auch als *STEHKONFERENZEN* verstanden werden können, vorgetragen und verfeinert. Die originellsten Sprüche werden der gesamten Zuhörerschaft laut vorgetragen und gemeinsam von allen rhythmisch intoniert.

Zwei Germanistikstudenten tragen zur gleichen Zeit einen literarischen politischen Text und eine lange Politikerrede vor, die sie, beide Texte wie zwei Melodien übereinander gelegt, gleichzeitig sprechen.

Nach meiner Bemerkung, vor dem Schreibenkönnen sei gattungsgeschichtlich wohl das Reden anzunehmen und davor die Verständigung über Laute, fassen sich alle auf dem Platz wechselseitig an den Händen, gehen in die Hocke und erheben sich langsam mit einem gewaltigen *URSCHREI.*

– *VIERZIG TAGE SCHREIBEN FÜR ERSTSEMESTER*, dieses Schreibprogramm von Lutz von Werder (1993b, S. 115ff.) setze ich im *KONTRAKT-LERNEN* ein. Diese Idee entsteht im WS 96/97, als ich plötzlich erkranke und nach den beiden ersten Sitzungen die beiden parallel laufenden Seminare im Kreativen Schreiben nicht fortsetzen und beenden kann. Damit all diejenigen, die einen Leistungsnachweis (Schein) in diesem Seminar erbringen wollten, zurecht kommen, biete ich ihnen folgende Kontrakt-Möglichkeiten an.

Erste Möglichkeit: Sie arbeiten Lutz von Werders Programm *VIERZIG TAGE SCHREIBEN FÜR ERTSEMESTER* durch, soweit sie kommen und verfassen im Nachgang eine Hausarbeit, in der protokolliert wird, welche Schreibübungen sie durchgeführt haben und wie sie dies erlebt haben (Selbsterfahrung).

Zweite Möglichkeit: Sie arbeiten das Von Wedersche Buch im Ganzen durch und schreiben dazu eine Rezension. Dritte Version: Sie kombinieren die Erledigung der ersten und zweiten Aufgabe miteinander.

„Wenn ich versuche, mich an das Gefühl zu erinnern, das mich während des Lesens dieses Buches begleitet hat, dann fällt mir immer wieder die Wut ein. Die Wut darüber, ein Buch lesen zu müssen, das teilweise aufgebaut ist wie ein Lexikon, das es unmöglich macht, einen Lesefluss entstehen zu lassen, das es keinem Thema erlaubt, sich vorzustellen und den Leser gefangen zu nehmen. Da waren hunderte von guten Tipps, die man sich keinesfalls alle merken konnte und es gab viele, viele Übungen, die zu machen ich mir im Anschluss an das Lesen vorgenommen hatte. 'Was will der Autor mit diesem Buch erreichen?' war die Frage, die sich mir immer wieder stellte. Mit dieser Frage war ich (...) so sehr beschäftigt, dass ich nicht merkte, wie sich die Absicht des Autors erfüllte. All diese Beschreibungen von Schreibmöglichkeiten, von Übungen, die es erleichtern sollten, die innere Stimme zum Ausdruck zu bringen, verursachten in mir den Wunsch und die Lust *zu* schreiben (...) Gedanken, die man niedergeschrieben hat, kann man getrost vergessen. Sie sind jederzeit nachlesbar. Gefühlschaos ließ sich schreibend ordnen, Blockaden, die meist darin bestanden, dass ich nichts zu sagen bzw. zu schreiben wusste, lösten sich auf, indem ich ziel- und planlos einfach anfing zu schreiben. Wenn es sein musste, übers Wetter oder über die neue Frühjahrsmode. Schrieb ich erst einmal, kamen die wichtigen Gedanken unkontrollierter hervor, sie wurden bewusster, man musste ihnen einfach nur folgen und vertrauen, dann kam man wie von selbst an den wichtigen Punkten an (...)

Ich verstand auf einmal, was das Anliegen des Autors war: Schreiben lernen durch Schreiben." (Michaela)

– *FIKTIVE LEBENSGESCHICHTE* zu einem Foto: Diese Arbeitsform kommt so zustande, dass ich bei der Sparkasse in Groß-Umstadt einen großen Werbeposter entdecke, auf dem eine ältere Dame, angetan mit einem dunklen Kostüm und einem Hut mit einer auffälligen großen Brosche, sehr selbstbewusst und ein wenig kokett an einen Straßenbaum gelehnt, in die Kamera schaut. Mir gefällt das Foto ungemein, der Werbetext weniger. Er lautet: „Sie vertraut uns ihr Geld an. Und manchmal sogar ihr Lieblingsrezept." Ich erbitte den großformatigen Poster und entwickle die Idee, über die Werbeagentur, die das Plakat entwickelt hat, in Kontakt mit dieser Dame zu treten, um sie nach Mainz einzuladen. Im Seminar würde ich ihr Plakat präsentieren und darum bitten, eine fiktive Lebensgeschichte dieser Frau zu schreiben. Nach getaner Arbeit würde *sie* dann den Seminarraum betreten, einige ausgesuchte Geschichten hören, um dann ihre authentische Lebensgeschichte dagegen zu halten.

Soweit meine dramaturgische Idee. Die Realisierung gibt freilich Probleme auf:

Die betriebseigene Werbeabteilung, der Deutsche Sparkassen Verlag, zeigt sich an der Aktion sehr interessiert, teilt mir aber mit, dass das Originalfoto zu dieser Anzeige („Oma") von einer amerikanischen Agentur angekauft worden sei. Ich bitte sie, Kontakt zu dieser Agentur aufzunehmen, um etwas über die dargestellte Frau und die Umstände des Fototermins zu erfahren. Die New Yorker Fotografin Janette Beckman sendet daraufhin folgendes Fax:

„Dear Anna (...),

I got a message from Retna about my photo ot the old lady for Sparkasse.

Please tell the professor that we think the old lady has passed away however this is what she told me on the day I stopped her to take her photograph:

She told me that she had just returned from a visit to the doctor and was feeling a bit depressed and worried about her health but she was very cheered up by my stopping her to talk and take a photograph. She told me that I had made her feel very special.

She also told me that she has been in the Marines (the navy) and had led a very exciting life. She had several children and had lived in the West Village for many years. Also I admired her brooch which she had made herself.

I later sent her some prints to give to her children. She tried to pay for them, I would not accept her check but promised to take her out for lunch. This was our last conversation, I never found out what had happened to her.

Wish the professor good luck with the project, I am so glad that my photograph is so inspiring ...

Best wishes

Janette Beckman (Photographer)"

Im Seminar präsentiere ich den Poster und folgendes, durch L. von Werders Buch „Erinnern, Wiederholen, Durcharbeiten" (1996b) angeregtes Arbeitsblatt:

– „6 Minuten Schnellschreiben mit ersten Eindrücken zum Foto der alten Lady

– Namen geben, zum Namen spontan 29 weitere Worte assoziieren, denkbare Schlüsselworte einkreisen und ein assoziatives Leitmotiv feststellen

– Vom Namen ausgehend eine halbe Seite mit der schreibungewohnten Hand schreiben: jetzige Fotosituation und Imaginationsreise in die Vergangenheit

– Suchbegriffe: Abstammung, Nation, Alter, Erziehung, Ausbildung, körperliche Beschaffenheit, Schicksal, soziale Stellung, Charakter, Wesen, Beruf, Neigungen

– Kindheit, Jugend, junge Erwachsene, mittlere Erwachsene, Altsein

– Erste Erinnerungen an Vater und Mutter; die erste Strafe in der Schule, ihr erstes Abenteuer, der erste Kuss, die erste Lebenskrise, die glücklichste Zeit als Schulkind, der beste Freund, die beste Freundin während der Schulzeit, im Beruf, heute

– Krisen: Erste Begegnung mit dem Tod, Erfahrungen mit der Religion, Sitzen-
  bleiben in der Schule, Verlust des Arbeitsplatzes, Kriegszeit, erste Scheidung,
  Tod des Partners

– Wichtige Themen des Lebens: Tod, Sexualität, Arbeit, Macht, Aggression,
  Geld, Kinder, Gott, Krankheit, das Böse, Politik, Liebe, Kreativität

– Lebensbilanz in Bezug auf: Erotik, Beruf, Karriere, soziale Lage, Resultate

– Portrait: Wann und in welcher Familie geboren, Kinderfotos, Kinderbriefe,
  wo zur Schule gegangen, mit welchen Abschlüssen, ein Unfall, Schulzeugnisse
  mit guten und schlechten Noten, Berufswunsch als Kind, tatsächlicher erster
  Beruf, der erste Partner, erste Ehe, Rentenalter, die besten Freunde einst und
  jetzt, Lieblingsessen, höchste Werte, was sie nicht toleriert, Träume, Situation
  dieses Fotos.

– TEXT!"

Die TeilnehmerInnen nehmen diese Anregungen zur Kenntnis und schreiben fiktive Lebensgeschichten der alten Dame.

Erst danach erzähle ich die bisherige Vorgeschichte dieser Arbeiten und lese die
Botschaften von Janette Beckman vor. Die ZuhörerInnen sind betroffen.

Ich sende dem Deutschen Sparkassen Verlag die entstandenen Geschichten zu.
Sie sind zum Teil recht sparkassen-kritisch ausgefallen. Der Verlag winkt ab: „Da
wir dieses Anzeigenmotiv zum Thema 'Kundennähe' demnächst durch eine neue
Kreatividee ersetzen werden, können wir die uns überlassenen 'Storys' leider
nicht mehr abdrucken bzw. veröffentlichen."

„Zeit spielt keine Rolle mehr

Der Spiegel warf ihr ein befriedigendes Bild entgegen. Sie hatte lange ausgesucht, bis sie das für diesen Anlass passende Kostüm gefunden hatte.

Ein kleines Schwarzes, nicht zu freizügig und nicht zu aufdringlich und dazu die
schon in Vergessenheit geratenen Lackschuhe. Ein verträumtes Lächeln huschte
ihr über das Gesicht. Wann hatte sie diese Schuhe das letzte Mal getragen? Welche Gelegenheit war es gewesen?

Sie schlüpfte erst mit dem linken und dann mit dem rechten Fuß in die Schuhe
und ein beschwingendes Gefühl stieg in ihr hoch. Es war, als würde in ihrem Blut
wieder der Tango kochen. In der Nachkriegszeit, als die Amerikaner kamen, hatte sie sich oft in dunklen Kellerbars herumgetrieben. Sie hatte Nächte lang
durchgetanzt und sie hatte es geliebt.

Es war ihr Leben gewesen und jetzt schien alles wieder zurückzukommen.

Sie spielte kurz mit dem Gedanken, ein dezentes Make-up auf zu legen, verwarf
ihn aber schnell wieder. In ihrem Kopf formte sich das Bild der typischen rüsti-
gen Rentnerin, deren Falten sich durch den pudrigen Belag in unermessliche Tie-
fen einzugraben schienen. Zwischen den Furchen weiteten sich speckig glänzen-

de Wohlstandshügel, die sich durch die Jahre und die stetig bleibende Erdanziehung nach unten ausdehnten.

Sie lachte über ihre verrückten Gedanken und freute sich über ihre Natürlichkeit und ihr erfülltes Leben. Sie war fast stolz auf ihr leicht verlebtes Gesicht, die unzähligen kleinen Lachfältchen um ihre Augen und die liebevollen Grübchen um den Mund.

Nachdem sie den Sitz ihrer schwarzen Nylonstrümpfe, die sich an ihre schlank gebliebenen Beine schmiegten, überprüft hatte, zog sie ihren Hut auf, schnappte sich ihre Handtasche und schmiss die Haustüre wie ein junges Mädchen bei ihrer ersten Verabredung hinter sich zu ..." (Beate)

6. Wissenschaftliche Texte kreativ lesen

Dies ist denn auch die Quintessenz meines Lebens: Das Lesen
kann die Vereinzelung überwinden. Der Reichtum an Gedanken
und Bildern ist in den Seiten der Romane zu finden.
Jean-Claude Izzo

Im Großen und Ganzen besteht die Arbeit an der Uni aus Referaten,
die eine Zusammenfassung einer Zusammenfassung darstellen,
und Hausarbeiten, die diese Zusammenfassung
höchstens um einige Details erweitern.
Dani

„Kreativ Lesen", diese Programmformel stammt meines Wissens von Lutz von
Werder, der damit ein Doppeltes erreichte: Er konnte an seine Veröffentlichungen zum „Kreativen Schreiben" nahtlos anknüpfen und eine Reihe seiner dort
bewährten Techniken erneut verwenden. Er konnte ein neues Buch platzieren:
„Wissenschaftliche Texte kreativ lesen" (1994a).

Ich nehme seine Formulierung auf, um mich als erstes etwas intensiver mit dem
Lesen in der Uni zu beschäftigen.

6.1 „Lehre ist Anstiftung zu einer langen Reise"

Ich lese Romane, um mich zu unterhalten.

Ich lese Zeitungen, um mich zu informieren und um angeregt zu werden, mich
mit Sachverhalten und Entwicklungen zu beschäftigen, die mir sonst entgangen
wären.

Ich wende mich immer dann „hilfesuchend an die Wissenschaft" (Holzkamp
1993, S. 182), wenn ich berufliche Aufgaben und sonstige komplizierte Orientierungsprobleme mit meinem eigenen Wissen nicht zu lösen vermag. Handlungs-
problematiken werden zu Lernproblematiken. Es sind, um mit Klaus Holzkamp
(1993) zu sprechen, „meine Gründe", also Gründe erster Person, die mich ver-
anlassen, mich lernend in Bewegung zu setzen, zu lesen und lesend zu lernen.

Eine ganz andere Situation entsteht, wenn ich die Studierenden, die meine Uni-
Veranstaltungen besuchen oder sich sonst von mir beraten lassen, zum Lesen
veranlasse oder ihnen die Lektüre von bestimmten Texten zur verpflichtenden
Aufgabe mache. Sie werden zunächst einmal veranlasst, unter von mir gesetzten
Zielen zu lesen und lesend zu lernen. Klaus Holzkamp hat diese Problematik un-
tersucht. Seine Einsichten seien im Folgenden wiedergegeben, wobei ich aus
Gründen der Vereinfachung die Seiten seines Buchs „Lernen" (1993) jeweils in
Klammern angebe.

Im Zentrum von Holzkamps Überlegungen steht die „elementare subjektive
Notwendigkeit, Verfügung über individuell relevante gesellschaftliche Lebens-

bedingungen zu gewinnen bzw. zu bewahren". „Lebensinteressen" setzt er mit
den Lerninteressen des Subjekts gleich (189), gerichtet darauf, sich lernend die
Welt aufzuschließen, die Verfügung über Lebensbedingungen zu erweitern und
damit erhöhte Lebensqualität zu erzeugen (190). Dies bezeichnet er als *expansives Lernen*. Die Motivation zu expansivem Lernen wird nicht durch didaktische und methodische Vorkehrungen hergestellt, sondern kommt so zustande,
dass das Lernsubjekt einen Zusammenhang zwischen dem angestrebten Lernresultat und der Erweiterung seiner Verfügungs- und Lebensmöglichkeiten erkennt (423). Ein solches Lernen als „zentrales Mittel meiner Lebensbewältigung" wird nach Holzkamp immer dann für mich aktuell, wenn ich einer bestimmten Handlungsproblematik nicht gerecht werde, ihr nicht direkt beikom-
men kann. Ich muss dann eine „Lernschleife einlegen, also die Handlungsproblematik als Lernproblematik übernehmen" (445).

Für Holzkamp ist die Einsicht zentral, dass das Subjekt die Welt aktiv umgestalten kann und dies aus Gründen, die „je meine Gründe" sind (1. Person) (23). Dabei treffe ich stets auf „widerständige Realität" (24). Lern*anforderungen* werden
nur dann zu Lern*handlungen*, wenn ich sie bewusst als Lern*problematiken* übernehme, was wiederum mindestens voraussetzt, dass ich einsehe, wo es sich hier
für mich lohnt, etwas aus Gründen erster Person zu lernen (185). Wenn Holzkamp von „Lernen" spricht, dann grenzt er (182 f.) ausdrücklich das „Mitler-
nen", also das beiläufige Lernen, das mehr oder weniger jeden Handlungsvoll-
zug im Alltag begleitet, aus. Für ihn kommt zur Spezifizierung von Lern*problematiken* nur der Bezug auf absichtliches Lernen, also „Lernen aufgrund einer
speziell darauf gerichteten Handlungsvornahme", in Betracht (183). Nur dann
könne von Lernen im engeren Sinne gesprochen werden, „wenn in der Lernin-
tention die Gewinnung einer die jeweilige Situation überschreitenden Perma-
nenz und Kumulation des Gelernten mitintendiert ist, d. h. das Erworbene nicht
sofort wieder verloren geht, sondern transsituational derart erhalten geblieben
ist, dass nun im weiteren an diesem neuen Niveau angesetzt werden kann"
(ebd.).

Holzkamp erläutert im vierten Kapitel seines Buches (339 ff.) institutionelle
Lernverhältnisse, ansetzend an der Institution „Schule". Er sieht – und das lässt
sich auf die Hochschule übertragen – in den institutionellen Bedeutungsstruktu-
ren der Schule

„'disziplinäre' Grundstrukturen (...), die die Begründungsprämissen für schulische Lernhandlungen darstellen, durch welche die hier gegebenen Lernmöglichkeiten in spezifischer Weise eingeschränkt, kanalisiert, zurückgenommen sind"
(359). Über zur Pflicht gemachte Lektüren wird die jeweilige Aufgabenstellung
vor dem Hintergrund bewerteter Leistungsnachweise zum sanktionierten
Zwang. Die „*Totalität des Bewertens*" wird als Maßstab der „je eigenen Daseins-
bewältigung von allen Beteiligten praktisch mitgetragen und reproduziert"

(379). Da der Subjektstandpunkt der Lernenden im Selbstverständnis der Schuldisziplin samt der daraus abgeleiteten Praxis offiziell unberücksichtigt bleibt, kommt es für Holzkamp zu „der Funktionalität und der Widersprüchlichkeit der Verkürzung intentionalen Lernens auf Lernen ohne Lernproblematik, d. h. subjektloses Lernen" (387).

Nach Holzkamp kann „Lernmotivation" nicht durch „(wie immer psychologisch aufgemachte) didaktische Vorkehrungen 'hergestellt' werden (…), sondern ((kann)) nur aufgrund der Erfahrung des Zusammenhangs zwischen dem antizipierten Lernresultat und der Erweiterung meiner Verfügungs-/Lebensmöglichkeiten – also durch expansive Lerngründe" zustande kommen (423).

Die schulische Normalform ist deshalb das defensiv begründete Lernen, da ja das schulische Lerngeschehen nicht wesentlich durch die von Schülerseite eingebrachten Lernproblematiken initiiert und strukturiert wird, sondern administrativ vorgeschriebenen Lehrplänen untergeordnet ist. Von daher ist Motivation der unausgesetzte Versuch, die SchülerInnen dazu zu bringen, freiwillig das zu tun, was sie tun sollen (447 ff.). Wird kein Zusammenhang zwischen lernendem Weltaufschluss und dadurch erreichter Lebensqualität erkenntlich, sehen sich Schüler zu defensivem Lernen gezwungen, um der Bedrohung ihrer Handlungsfähigkeit durch „externe Machtträger" (451) auszuweichen.

Dem Lehrer als administrativ eingesetztem Subjekt des Schülerlernens stehen „die strategischen und taktischen Mittel zur Verfügung, um sich mit seinem Unterricht immer wieder gegen den Eigenwillen der Schülerinnen/Schüler als wirklicher (entöffentlichter) Lernsubjekte zu behaupten". Damit findet sich „der Lehrer gleichzeitig in immer neuen Erscheinungsformen dem Widerspruch zwischen seinen eigenen pädagogischen Intentionen und den als Schulfunktionär von ihm abverlangten disziplinären Regulationsaktivitäten ausgesetzt, den er in seiner Person irgendwie 'austragen' muss" (447).

Unter schuldisziplinärem Aspekt ständen sich mit Lehrer und Schülern zwei Parteien gegenüber, die sich immer wieder zu übervorteilen versuchten (449).

Das defensive Lernen in der Schule kann freilich in das expansive übergehen. Dies geschieht so, dass ein vom Lehrer im Unterricht dargestelltes Problem mich als Schüler so nachhaltig betroffen gemacht hat und interessiert, dass ich es als *meine* Lernproblematik übernehme. Ich baue wie ein Forscher meine eigene Struktur von Informationsmöglichkeiten und Quellen auf. Zum Lernen im eigenen Interesse gehören Unbedrohtheit, Entlastetheit, Unbedrängtheit, Vertrauen und Ruhe (485).

Kann die Uni zu einem Ort dominant expansiven Lernens werden?

Holzkamps subjektwissenschaftliche Analyse des Lernens eröffnet neue Perspektiven, über das traditionelle Lehren und Lernen nachzudenken.

Ein wirklich expansives Lernen findet in Reinkultur nur im Alltagsleben statt.

In allen Formen organisierten Lernens treten die unübersehbaren Widersprüche zwischen normativem Anspruch der Lehrenden und den Organisationsformen traditioneller Erziehung mittels Unterricht auf (vgl. 2.1). Auch dann, wenn ich als Lehrer emanzipatorische Absichten habe und keine *Lehr*veranstaltungen abhalten, sondern *Lern*gelegenheiten inszenieren möchte, in denen sich die Subjekte frei entwickeln können, ist dies immer nur in einem Mischungsverhältnis von Fremdbestimmung und Selbstbestimmung möglich, wobei deren Proportionen jeweils wechseln.

In der allgemeinen Erwachsenenbildung ist es eher als an der Uni möglich, eine demokratische Beteiligung aller und die Anmeldung je subjektiver Lernproblematiken mittels der Methode des *LEHR-LERN-VERTRAGS* zu erreichen. In der Uni sind die strukturellen Bedingungen ungünstiger. Hier muss ich von meinen Dienstaufgaben her ständig Prüfungen durchführen, um der Prüfungsordnung und der Studienordnung Genüge zu tun. Aus der Sicht der Studierenden ist daher jede Interaktion mit dem Hochschullehrer eine Begegnung mit dem potenziellen Prüfer, in dessen Psyche es sich einzufühlen gilt.

Viele der Studierenden arbeiten permanent, um ihren Lebensunterhalt, ihr Studium, aber auch Platten, Bücher und Reisen zu finanzieren, schließlich gilt es, jetzt das Leben zu leben. Da dies viel Zeit kostet, müssen sie die Zeitgestaltung des Studiums ganz pragmatisch unter Kosten-Nutzen-Perspektive betrachten. D.h. sie studieren zum großen Teil so, dass sie nur die Veranstaltungen besuchen, die sie zur Erlangung der Mindestgrenze von Leistungsnachweisen (Scheinen) benötigen. Als Teilzeit-Studierende versuchen sie, ihre inhaltliche Beteiligung so ökonomisch wie möglich zu organisieren. Wenn aus Gründen permanenten Jobbens kaum Zeit zum Studieren bleibt, kann keine Muße zum intensiven expansiven Lesen zu Stande kommen. Jeder zur Lektüre aufgegebene Text wird dann als Belastung empfunden.

Wie seht es in der Erwachsenenbildung aus?

Überall dort, wo die Lehre wichtiger ist als der Lernende, bestimmen die Erwachsenenbildungsinstitution und die sie vertretenden Lehrerinnen von vornherein und ohne Beteiligung der erwachsenen Lernenden, was inhaltlich und methodisch „durchgezogen" werden muss. Hier sieht sich der Erwachsenenlehrer als sozialer Mittelpunkt des Geschehens. Als Subjekt einer nur von ihm entfesselbaren Dynamik des Voranschreitens verplant er die fremden Subjekte. Treten diese aus der ihnen zugemuteten Rolle der Objekte von Belehrung heraus und verhalten sich gegenüber der Leitungsmacht als widerständige Subjekte, wird dies von ihm/ihr oft genug als Bedrohung erlebt.

Immer mehr Erwachsenen-LehrerInnen haben jedoch inzwischen erkannt, dass Lernangebote, mit denen die Erwachsenen nicht als eigenständige Subjekte ihres Lernens ernst genommen und in die gemeinsame Planung der Arbeit einbezogen werden, Bildung als Subjektentwicklung verhindern, anstatt sie zu ermöglichen. Die Risiken einer subjektorientierten Erwachsenenbildung sind größer als in instrumentell organisierten Lernverhältnissen, aber die Befriedigung, die ein gelingendes kooperatives Lernen auslöst, in dem die Lernfortschritte meines Gegenübers mit Genugtuung erlebt werden, gleicht dies wieder aus.

Um zum expansiven Lernen zu provozieren und es tatkräftig zu unterstützen, empfehlen sich die Sozialformen der *Begleitung* (vgl. Meueler 2/1998, S. 223 ff.) und des *Erfahrungsaustauschs zwischen Lehrenden und Lernenden* (a. a. O., S. 215 ff.).

Die Sozialwissenschaftlerin Annelie Keil/Bremen erhält im WS 92/93 den zum ersten Mal vergebenen „Lehr-Preis" der Universität. In ihrer Dankesrede sagt sie u. a. folgendes:

> „Wenn wir lehren,
> sind wir immer nur die zweite Stimme,
> die die erste zu erreichen sucht.
> Wir sind Ergänzung,
> wenngleich neu und überwältigend,
> versuchen nur zu landen,
> wo schon längst gestaltet ist (...)
> Lehre
> lebt von der Teilhabe,
> muss sich getragen fühlen (...)
> Das Lehren allein trägt nicht,
> die Lehre und das Lernen tragen,
> wie 'das Wasser und das Schwimmen'.
> Lehre
> ist Anstiftung
> zu einer langen Reise
> mit unbekanntem Ziel
> und vielen Karten.
> Fragen sind das Schiff des Wissens.
> Unwissen und Suche sind die
> Antriebskraft (...)
> Durch fremdes Wissen zugemauert,
> wie lernen wir zu wissen,
> wer wir sind, was in uns steckt?
> Wo ist der Spiegel,
> in dem wir uns erkennen?
> Viele sagen, er sei blind (...)
> Wie lehren wir das Recht
> auf eigene Gedanken,
> auf Kritik,

> wie lehren wir den Mut zu
> Ko-Existenz?
> Ehrfurcht, Kooperation, Teilhabe –
> Wie lehrt sich das?"
> (Keil 1992)

Ich verweigere mich an der Uni solchen Arbeitsformen, die den Studierenden nur konsumtive (Vorlesung) und reproduktive Tätigkeiten erlauben (Referate). Ich setze auf das Lesen und das intensive Gespräch über das Gelesene, dies unter bestimmten Aufgabenstellungen, die mal traditioneller Art sind, mal auf „Kreatives Lesen" drängen, um so die Aneignung herauszufordern. Damit entspreche ich der Position meines Lehrers Martin Stallmann, der meinte, zum Verstehenlernen gehöre das Gegenüber von Lehrer und Schüler. Es müsse einer da sein, der die Dinge zur Sprache bringe.

6.2 Lesen und Verstehen

Zum alltäglichen Leben gehört das Verstehen wie das Atmen, Essen und Trinken.

Aber was ist das 'Verstehen'?

In der Alltagssprache, die viel breiter und reicher als die Wissenschaftssprache ausdifferenziert ist, hat 'Verstehen' unterschiedliche Bedeutungen (vgl. Duden Stilwörterbuch 1988, S. 775 f.; Deutsches Wörterbuch, 1995, S. 3722 f.).

Verstehen

1.) *(Gesprochenes) deutlich hören*: ich konnte alles, jedes Wort, keine Silbe verstehen

2.a) *den Sinn von etwas erfassen; etwas begreifen*: Das verstehst du doch nicht! Hast du ihn (*das, was er vorgetragen, gesagt hat*), seine Ausführungen verstanden? Das versteht doch kein Mensch (*das ist zu verworren, zu kompliziert, zu unklar o. ä.*). *Sich von selbst verstehen (keiner ausdrücklichen Erwähnung bedürfen; selbstverständlich sein)*

2.b) *in bestimmter Weise auslegen, deuten, auffassen*: Hast du das richtig verstanden? jemandes Verhalten nicht verstehen; versteh mich bitte richtig, nicht falsch (*lege meine Worte nicht falsch aus, nimm sie nicht übel*). Wie soll ich das verstehen? (*Wie ist das gemeint?*). Unter einer Demokratie versteht jeder etwas anderes *(jeder legt den Begriff anders aus)*.

2.c) *(verstehen + sich) ein bestimmtes Bild von sich haben; sich in bestimmter Weise, als jemand Bestimmtes sehen*: Gustav Heinemann hat sich als Bürgerpräsident verstanden.

2.d) (verstehen + sich) *etwas ist in bestimmter Weise aufzufassen; (von Preisen) in bestimmter Weise gemeint sein:* der Preis versteht sich mit/ohne Verpackung, mit Flasche, ab Werk, einschließlich Mehrwertsteuer; das versteht sich von selbst (*ist selbstverständlich*)

3.a) *sich in jemanden, in jemandes Lage hineinversetzen können; sich in jeman-den, in etwas hineindenken können; Verständnis für jemanden haben, zeigen:* Keiner versteht mich!; sie ist die einzige, die mich versteht.

3.b) *(eine Verhaltensweise, eine Haltung, eine Reaktion, ein Gefühl eines ande-ren) vom Standpunkt des Betreffenden gesehen, natürlich, konsequent, richtig, normal finden:* Ich verstehe Deine Reaktion, Deinen Ärger sehr gut; ich kann bei Ihnen keine Ausnahme machen, das müssen Sie (schon) verstehen (*einse-hen*)

4. (verstehen + sich) *mit jemandem (weil er einem sympathisch ist, weil man sei-ne Anschauungen teilt, weil man wie er empfindet) gut auskommen, ein gutes Verhältnis haben:* sich glänzend, prächtig, überhaupt nicht verstehen; ich verste-he mich sehr gut mit ihm

5.a) *gut können, beherrschen:* seinen Beruf, sein Handwerk, Fach, Geschäft, seine Kunst, Arbeit, Sache; er hat es so gut gemacht, wie er es versteht; er ver-steht (*hat die Gabe)* zu genießen; er versteht es nicht besser (*er tut das nur aus Unbeholfenheit).*

5.b) *(in etwas) besondere Kenntnisse haben, sich (mit etwas auf einem bestimm-ten Gebiet) auskennen (und daher ein Urteil haben):* er versteht etwas, viel, eine ganze Menge von Musik, Literatur, Politik

5.c) (verstehen + sich) *zu etwas befähigt, in der Lage sein:* er versteht sich aufs Dichten, Geschäftemachen

5.d) (verstehen+ sich) *mit etwas Bescheid wissen, etwas gut kennen und damit umzugehen wissen:* er versteht sich auf Pferde, auf diese Apparatur, aufs Schrei-nern

All diese Bedeutungs-Varianten von 'Verstehen' sind als Aneignungsformen bei der Lektüre bislang fremder wissenschaftlicher Texte und dort formulierter An-liegen und Argumentationsformen denkbar und wünschenswert.

Entscheidend aber sind die Anlässe, aus denen heraus an der Uni gelesen wird:

Der Idealfall ist derjenige, dass Studierende wie Lehrende aus Neugierde und In-teresse an der Sache von sich aus zu bestimmten Sachverhalten bibliographieren und sich in die wissenschaftliche Diskussion einlesen.

Dies geschieht immer wieder, dürfte aber unter den Studierenden aus den weiter oben erörterten Gründen die Ausnahme sein.

Es geschieht bewusst und konzentriert in kleineren oder größeren Forschungs-vorhaben, wenn für eine Diplom- oder Magisterarbeit, eine Dissertation von ei-ner bestimmten Fragestellung her deren bisherige literarische Bearbeitung er-forscht wird.

Diese Formen der Aneignung wissenschaftlichen Schrifttums könnten mit Holzkamp als expansives Lernen bezeichnet werden, vor allem dann, wenn Siefkes
Bedingung für nachhaltiges Lernen der Art erfüllt wird, dass das Erforschte
selbst wieder zum Gegenstand von Verständigung mit Dritten wird (vgl. 5.1).

Die Regelform des Lernens von Studierenden an der Uni ist aber wie in der
Schule defensiv. Es wird die Lektüre bestimmter Texte vorgeschrieben, sei es in
der schon besprochenen Form, dass eine schriftliche Kurzfassung hergestellt
werden soll (Standardform des Referats als Information ohne ausdrückliche eigene Interpretationsleistung) oder sei es in der Form, dass von Seminar-Sitzung
zu Seminar-Sitzung seitens der Leitung unter je spezifischen Aufgabenstellungen
Texte zur verbindlichen Lektüre als gezielte und gründliche Vorbereitung von Erörterungen im Seminar aufgegeben werden.

Das Verstehen von schriftlichen oder sonst wie geformten Lebensäußerungen,
aber auch von Erfahrungszusammenhängen, die zur Sprache kommen, geschieht durch Auslegung oder Interpretation. Die Lehre von der wissenschaftlich fundierten Auslegung wird als Hermeneutik bezeichnet. Dabei geht es mir
darum, daß die Studierenden lernen, in den Texten allgemeine Strukturen zu
entdecken, im Gespräch das eigene Vorverständnis der behandelten Sache refle-
xiv zu machen, Stellung zu beziehen, selbst Praxisbezüge herzustellen.

Gegenüber Kunstwerken heißt Verstehen in aller Regel anerkennen und gelten
lassen: „Begreifen, was uns ergreift", so formulierte es der Literaturwissen-
schaftler E. Staiger. Dieses Verstehen hat sowohl seine Voraussetzungen bei
dem, was unter wissenschaftlichem Aspekt als verfügbares Wissen zur Erklärung
herangezogen werden kann, wie bei dem, der als der Verstehende seine eigenen
Voraussetzungen (Vorverständnis; Motivation der Nachfrage: Grenzen dessen,
was man wissen, erfahren, verstehen möchte) mit ins Spiel bringt. „Der produktive Beitrag des Interpreten gehört auf eine unaufgebbare Weise zum Sinn des
Verstehens selber" (Gadamer 1974, S. 1070).

Alle unsere Weltorientierung ist sprachlich verfasst. Alle unsere Welterkenntnis
ist sprachlich vermittelt. Unsere entwicklungsgeschichtlich gesehen erste Weltorientierung vollendete sich im Sprechenlernen. Wir bilden unsere Welterkenntnis ständig kommunikativ fort. Thema der Kommunikation, die wir sprechend,
aber auch mit nicht-sprachlichen Mitteln vollziehen und in der sich Verständnis
und Einverständnis, aber auch Kritik und Ablehnung aufbauen, ist die Erfahrung mit uns selbst und der Welt um uns herum. Die Kommunikation ermöglicht
neue Erfahrungen, ist vielfach Erkenntnis von schon Erkanntem oder eigenständige Produktion von Sinn.

Zentral für unseren Zusammenhang ist die allgemeine hermeneutische Erkenntnis, dass das Verstehen des Gesprächs und der Verständigung bedarf. Die Rede-
wendung „Er/sie versteht sich auf etwas ..." drückt Vertrautsein mit einer be-

stimmten Sache, die Anerkennung eines praktischen Könnens aus. In der Formulierung „Das versteht er nicht, das geht eindeutig über seinen Verstand!" wird dem Verstehen eine sehr eindeutige Beziehung zum Verstand zugeschrieben, wie ja auch die Verfasser etymologischer Wörterbücher eindeutig das Verb „verstehen" und das Substantiv „Verstand" dem gleichen Entstehungszusammenhang zuschreiben.

Auslegung, Verstehen, Sinnermittlung geschehen nie voraussetzungslos, sondern haben immer zu tun mit dem Bezug zum eigenen Leben und sind bestimmt von lebensgeschichtlich erworbenen Beurteilungsgesichtspunkten, Weltbildern, sozialen Deutungsmustern, Realitätsauffassungen. Dieses Vorverständnis bedeutet immer schon Verstanden-Haben. Da der Standpunkt des Betrachters auch immer seine Erkenntnis bestimmt, entsteht zumeist ein Zirkel des Verstehens, der zwar durch die Konfrontation unterschiedlicher Realitätsauffassungen gestört werden, aber nie aufgehoben werden kann. Für keine Interpretation kann beansprucht werden, sie sei die einzig denkbare.

Diesem Sachverhalt entspricht am ehesten die didaktische Sozialform des *Erfahrungsaustauschs*. In ihm arbeiten sich die Studierenden mit ihren historisch vermittelten Zugangsmöglichkeiten am Text ebenso ab, wie der akademische Lehrer mit seinem Erfahrungsvorsprung.

Da Erwachsenenbildung ebenso wie das Lernen an der Uni im Seminar-Zusammenhang immer in Gruppen stattfindet, gilt das didaktische Denken stets der Frage, wie es vom individuellen Begreifen und Verstehen zu einer wechselseitigen Orientierung in der Gruppe kommen kann.

6.3 Kreativ Lesen

Alles Lesen löst kreative Prozesse aus, fordert schöpferisches Vermögen ab. Dies ist am deutlichsten bei der Lektüre von Romanen und Kochbüchern:

Ich lese z.B. Stendhals 'Rot und Schwarz': Der Hauslehrer Julian Sorel, die Hausherrin Frau von Renal und deren Freundin Frau Derville „lustwandeln" am Abend im Park. „Ein schwüler, schwerer Wind ging und trieb dunkel Wolken über den Himmel. Es lag ein Gewitter in der Luft". Sie nehmen endlich Platz, Frau von Renal neben Julian, er bringt kein Wort über die Lippen, sein Vorhaben, ihre Hand zu ergreifen, nimmt ihn völlig in Anspruch. Als die Turmuhr dreiviertel zehn schlägt, gelobt er sich, empört über seine Feigheit: „Im Augenblick, wo es zehn Uhr schlägt, führe ich das aus, was ich mir den ganzen Tag über befohlen habe, zu tun – oder ich gehe in mein Zimmer und schieße mich tot." Die letzte Viertelstunde ist voller Hangen und Bangen. Seine Erregung wächst so mächtig, dass er fast von Sinnen ist, als die Turmuhr hoch über ihnen die zehnte Stunde verkündet. Als der letzte Schlag verhallt, erst da streckt Julian seine Hand aus und ergreift Frau von Renals Hand. Sie zuckt zurück. Ohne zu wissen, was er tut, erfasst er sie abermals.

Ich sehe als Leser die nächtliche Szenerie vor mir, sehe die beiden Frauen, mich selbst als Julian, zaudere mit ihm, bange mit ihm und bin erlöst, als sie ihm ihre eisigkalte Hand zwar zunächst entzieht, dann aber doch überlässt (vgl. Stendhal 1956, S. 46 ff.).

Ein anderes Bild: Bei der Lektüre des Rezepts 'Tagliatelle con salmone' sehe ich nicht nur die frischen Bandnudeln vor meinem geistigen Auge, den Italiener, der sie mir verkaufen wird, den Espresso, den ich an einem kleinen Stehtischchen bei ihm trinken werde, sondern auch den Lachseinkauf auf dem Markt, die Zutaten, als da sind ungespritzte Zitrone, Sahne, etwas Sherry, Estragon etc., ich sehe die Farbe der Sauce vor mir, imaginiere den Zeitpunkt, wo ich erst ganz zum Schluss den in kleine Stücke geschnittenen Lachs hinzugebe und schmecke den unverwechselbaren Geschmack dieses Gerichts, zu dem ich einen trockenen Riesling aus Kaub kredenzen werde.

Meine Imaginationskraft kommt aber selbst schon bei der Lektüre eines Einkaufszettels in Gang, bei der Zeitungslektüre, geschweige denn, wenn ich einen handgeschriebenen Brief öffne und zu lesen beginne.

„Lesen ist Handeln (. . .) Beim Lesen muss man sich das alles *vorstellen*. Lesen ist ein permanent kreativer Akt" (Pennac 1994, S. 27). Daniel Pennac beschreibt, wie sein Sohn als Erstklässler in der Schule das Schreiben lernt und eines Tages ganz unvermutet in der Lage ist, „Mama" zu schreiben:

„Kurzum, eines schönen Morgens oder eines Nachmittags, wenn ihm die Ohren noch vom Tumult in der Schulkantine dröhnen, erlebt er das lautlose Erblühen des Wortes auf dem weißen Blatt, da, vor ihm: *Mama*.

Er hatte es natürlich schon an der Tafel gesehen, mehrmals wiedererkannt, aber da, vor seinen Augen, mit seinen eigenen Fingern geschrieben . . .

Mit zunächst unsicherer Stimme liest er stockend die beiden Silben getrennt: 'Ma-ma'.

Und plötzlich:

'Mama!'

Dieser Freudenschrei feiert die Krönung der gigantischsten intellektuellen Reise, die man sich vorstellen kann, ist so etwas wie der erste Schritt auf den Mond, der Übergang von der völligen graphischen Willkürlichkeit zur gefühlsseligsten Bedeutung! Bögen, kleine Brücken, Haken, Kringel, und da ist Mama! Da steht es, vor seinen Augen, aber in ihm erschließt es sich! Das ist keine Kombination von Silben, es ist kein Wort, es ist kein Begriff, es ist nicht *irgendeine* Mama, es ist *seine* Mama, eine magische Verwandlung, unendlich vielsagender als das getreueste Foto, nichts als kleine Kringel, kleine Kringel allerdings, die plötzlich und für immer aufgehört haben, sie selbst zu sein, um diese Präsenz, diese Stimme, dieser *Duft,* diese Hand, dieser Schoß, diese Unendlichkeit von Einzelheiten zu werden, dieses Ganze, das so innig absolut ist und dem, was da, auf den

Schienen der Seite, zwischen den vier Wänden der Klasse geschrieben steht, so absolut fremd.

Der Stein der Weisen.

Nicht weniger und nicht mehr.

Er hat gerade den Stein der Weisen entdeckt." (Pennac 1994, S. 46 f.)

Schreiben und Lesen, beides sind magische Praktiken, dem Denken selbst Gestalt zu geben und sich in das fremde Denken und Erzählen hineinzubegeben, sich fremde Welten und darin sich selbst zu erschließen. Daniel Pennac zitiert Gustave Flauberts Aufforderung an seine Freundin Louise Collet: „Lesen Sie, um zu leben!" (a. a. O., S. 80). Als Lehrer empfindet er das Dilemma, zum lustvollen Lesen animieren zu wollen und gleichzeitig zu erwarten, dass die SchülerInnen gute Inhaltsangaben zu den Romanen abliefern, die *er* ihnen vorschreibt und dass sie Gedichte seiner Wahl richtig 'interpretieren' (ebd. S. 84).

Dies ist auch mein Dilemma als Hochschullehrer. Ich gebe wie ein Lehrer in der Schule Texte zur intensiven Bearbeitung und Aneignung auf. Ich vertraue darauf, dass die Studierenden in ihrer bisherigen Lebensgeschichte soziale Chancen hatten, die Lust am Lesen zu entwickeln.

Da die aufgabenbezogene Lektüre wissenschaftlicher Texte eine benotete Studienleistung darstellt, habe ich keine Möglichkeit „Lesen als Geschenk" zu offerieren. Denn das hieße nach Pennac (1994, S. 141), nichts als Gegenleistung zu verlangen, es hieße, das Warten zu lernen, nicht die geringste Frage zu stellen, nicht die kleinste Hausaufgabe zu geben, den gelesenen Seiten kein einziges Wort hinzuzufügen: „kein Werturteil, keine Worterklärung, keine Textanalyse, keine biographische Angabe" (ebd.).

Das alles ist aber nur vorstellbar, wenn ich Freunden einen guten Roman empfehle oder schenke.

Es geht also wieder mal um das Grunddilemma aller Pädagogik: Wie kann ich als Lehrender die Lernenden dazu herausfordern und sie darin unterstützen, vom rein defensiven Lesen, nur um einen „Schein" zu bekommen, zum expansiven Lesen voranzutreiben?

Ich kann immer nur neue Ideen dazu entwickeln, unvermeidliche Leseaufgaben so zu präsentieren, dass sie Freude machen, die Bereitschaft wecken, sich einer zugleich intellektuellen wie schöpferischen Aufgabe zu stellen und die Lese-Erlebnisse und -Ergebnisse mit anderen auszutauschen.

6.4 Meine eigenen Zugänge zum Kreativen Lesen

Ich werde in eine Familie hineingeboren, in der zwar gelesen wird, aber u. a. auch aus Geldnot (bis heute wundere ich mich, wie meine Eltern bei dem winzigen Gehalt meines Vaters fünf Kinder großziehen, satt kriegen und ausbilden konnten) nur sehr wenige Bücher den kleinen Bücherschrank im Wohnzimmer füllen. Mein Vater, der, sicherlich gerne protestantischer Theologe anstatt mit seinem Volksschulabschluss Katasterobersekretär geworden wäre, beschäftigt sich vor den wöchentlichen Bibelstunden stets sehr intensiv mit Dächsels Bibelwerk, einem voluminösen mehrbändigen Bibelkommentar, in gedecktes Rot eingebunden.

Erst durch Zutun der Kinder wird ein zweiter Bücherschrank aufgestellt, gefüllt mit einigen Romanen.

Ausgesprochene Kinderliteratur besitze ich nicht und lese ich nicht. Meine Eltern haben kein Geld, um sie eigens zu kaufen. Meinem Lesehunger erschließen sich aber gleichwohl nach und nach üppige Futterstellen:

Als Acht-, Neunjähriger verbringe ich die Sommerferien bei Tante Luise, Kleinbäuerin mit zwei Kühen, einigen Hühnern, Gänsen und einem Schwein in Hermesdorf, bei denen ich auf dem Dachboden ganze Stapel von Kriegsheften aus der Nazizeit entdecke und diese auch lesen darf. Beim obligatorischen abendlichen Erbsendöppen in der Küche direkt neben dem Kuhstall baue ich mir eine Art Lesepult auf einem Stuhl auf, um beides zugleich tun zu können.

Als ich elf Jahre bin, heiratet meine älteste Schwester Ruth in eine Familie ein, die eine kleine Bibliothek besitzt, die ich für wenige Jahre, bis zu Ruths Wegzug nach Köln, aufs eifrigste nutze. Hier lese ich querbeet Jules Vernes Romane, Hans Dominiks Sciencefiction-Romane, die Klassischen Sagen, Gustav Freytag „Ahnen" und „Soll und Haben", Gertrud Bäumer „Adelheid, Mutter der Königreiche" und „Der Berg des Königs", Felix Dahn „Ein Kampf um Rom", Thomas Mann „Buddenbrocks", Stefan Zweig „Sternstunden der Menschheit", Elisabeth Langgässer „Das unauslöschliche Siegel", Walter Flex „Der Wanderer zwischen beiden Welten", Jakob Wassermann „Der Fall Maurizius" und „Das Gold von Caxamalca", Werner Bergengruens Romane „Der Großtyrann und das Gericht" und „Der Starost" sowie andere Romane, die mir heute nicht mehr so präsent sind.

Meine Oma mütterlicherseits ist ein kleines Hutzelweibchen ganz in Schwarz, gänzlich wortkarg und unfähig zu irgendeiner Liebesbezeugung. Man kann sich ihr nur mit der Ehrfurcht nähern, die allgemein Amtsautoritäten gilt.

Sie lebt in Hermesdorf in zwei Zimmern im Haus von Tante Hedwig und Onkel Paul mit meiner Tante Maria zusammen, einer Kaiserswerther Diakonisse, die ihretwegen den Krankenpflegedienst aufgegeben hat und in der Hermesdörfer Volksschule unterrichtet, immer in Ordenstracht.

Onkel Paul ist Schneider und schneidert mit verschränkten Beinen auf einem großen Tisch sitzend, wenn er nicht an der Nähmaschine zugange ist. Der braune Anzug, den er mir 1951 zur Konfirmation schneidert, hat zwar einen feinen weißen Nadelstreifen, kratzt aber wie wild.

Besuche ich meine Oma, ist das Höchste der Gefühle, dass sie mich fragt: „Willst Du en Dung?", was bedeutet: „Willst Du ein Butterbrot?" Auf mein Nicken hin nimmt sie dann einen Laib Brot, meist selbstgebackenen Blatz aus Hefeteig mit Kartoffeln, vor die Brust und schneidet eine dicke Scheibe ab, die sie mit Butter beschmiert. Wenn ich sie nicht von mir aus frage, gibt es auch kein Butterbrot. Ihre Pflegerin, Tante Maria, ist es, die meine größte Aufmerksamkeit beansprucht: eine groß gewachsene hoch talentierte Frau mit einer Riesenstimme, sehr dominant und temperamentvoll, für jeden noch so kleinen intelligenten Witz dankbar, den sie mit einer volltönenden Lache beantwortet, die garantiert bis hinunter in die Schneiderstube von Onkel Paul schallt und ihn wohl regelmäßig zusammenzucken lässt.

Ihr Schreibtisch ist in einer Höhe von nicht ganz einem Meter mit Briefen, Zeitschriften, Zeitungen, Büchern bedeckt, darunter auch die AKZENTE, eine Literaturzeitschrift, die sie, frage ich sie nach einem ganz bestimmten Jahrgang und einer ebenso bestimmten Heftnummer, zielsicher aus den archäologischen Schichten des Schreibtischstapels herauszieht.

Tante Maria suche ich aber auch deshalb auf, weil sie in ihrem Bücherschrank hinter den Büchern eine Rarität versteckt hat, die es weder unten im Haus bei Tante Hedwig, geschweige denn bei mir zu Hause gibt: Graham- Brot. Sie bestreicht es mit Butter, belegt es mit Käse und lässt so den geistigen Genüssen die leiblichen zur Seite treten.

Als ich, 14/15jährig, Nachhilfestunden in Deutsch und Englisch gebe, setze ich meinen ganzen Verdienst in Bücher um, Romane, aber auch Sachbücher, wie z. B. Joachim Ernst Berendt „Das Jazzbuch", dessen Erstauflage ich mir 1953 als 15jähriger kaufe. Ich schreibe spontan einen freien Aufsatz: „Der Jazz und seine Zuhörer", die erste gestalterische Reaktion auf das ständige AFN-Hören. Zum anderen lege ich mir, bestückt mit Abbildungen zu Musiksendungen aus der „Hör Zu", ein „Album" über Jazzmusiker an.

Es ist für mich selbstverständlich, nach dem Abitur Deutsch zu studieren, was, bezogen auf mein intensives Lesen, mehrere Konsequenzen zeitigt:

Der erste Aspekt: Ich verliere meine naive Unschuld, mich in Romane emotional wie intellektuell hineinfallen zu lassen, aufgesogen zu werden von der jeweiligen Dramatik. Die wissenschaftliche Ernüchterung im Umgang mit Literatur geht so weit, dass ich das Lesen von Romanen ganz einstelle, um es erst viele Jahre später, nach abgeschlossenem Studium, wieder zu entdecken.

Der dann aber ganz heftig erwachte Hunger auf Romane hält bis heute an: Meine Frau und ich sehen seit vielen Jahren kein Fernsehen, um Zeit zum Lesen zu haben. Die Zeit zwischen dem Abendessen und der Nachtruhe widme ich entweder der Lektüre der vier Tageszeitungen oder dem Lesen von Romanen. Es gibt einen extra Tisch, auf dem die noch nicht gelesenen neuen Romane lagern. Immer wenn ich das Zimmer betrete, höre ich ihre leisen Rufe: „Komm, lies mich! Komm, lies mich doch bitte!"

Die in jüngster Zeit von Lutz von Werder benannten Formen Kreativen Lesens benutze ich wissentlich und sehr bewusst das erste Mal, als ich im Verlauf meiner Kirchen-Neurose beginne, mich in psychologische, insbesondere psychoanalytische Literatur und Beratungsliteratur sonstiger Art hineinzulesen. Ich schreibe auf losen Zetteln das heraus, was die AutorInnen anscheinend ganz speziell nur für mich in ihre Bücher und Aufsätze hineingeschrieben haben.

Als ich durch Lutz von Werders Buch „Wissenschaftliche Texte kreativ lesen" (1994a) mit der Programmformel „Kreatives Lesen" in Berührung komme, beginne ich, wie die folgenden Berichte zeigen werden, in Fortführung meiner eigenen Vorgehensweisen vorsichtig mit seinen Vorschlägen zu experimentieren und sie fort zu entwickeln.

6.5 Meine Versuche, an der Uni in Kreatives Lesen einzuüben

Ausgewählte Texte zu selbstbewusster und selbstbestimmter Lebenspraxis
OS im SS 91

Ziele

Im *Seminarplan* heißt es:

„1. Absichten mit diesem Seminar

In der neueren Philosophiegeschichte seit der Aufklärung hat es einen glänzenden Aufstieg der Subjekt-Idee gegeben, die dann nach und nach so in Frage gestellt wurde, dass heute schließlich mit guten Gründen vom Tod des Subjekts gesprochen wird.

Gleichzeitig wird heute wieder sehr lebhaft danach gefragt, unter welchen Bedingungen und mit welchen Einschränkungen doch vom Subjekt und in unserem Falle von einer subjektorientierten Erwachsenenbildung gesprochen werden kann.

Diesen Fragen soll anhand einiger ausgewählter Texte nachgegangen werden (…)

Dabei sollen ganz unterschiedliche Formen des Umgangs mit Texten erprobt und auf ihre Verwendbarkeit in der Erwachsenenbildung geprüft werden.

2. Zur Methode

Da das Seminar nur gelingen kann, wenn alle Beteiligten die vorgelegten Texte wirklich zu den einzelnen Sitzungen lesen und die gestellten Hausaufgaben tatsächlich erfüllen, sind die wichtigsten durchgängigen Arbeitsformen die der gezielten, unter wechselnden Perspektiven im einzelnen variierenden Lektüre und die Erstellung eigener Texte zum Thema."

Realverlauf

Zur ersten Sitzung erscheinen 34 Personen. Nach der ersten Sitzung bleibt durchgehend ein kleinerer, aber dafür treuer Stamm von 25 TeilnehmerInnen erhalten.

1. Sitzung

Wir beginnen damit, dass für 7 Minuten zu dem Stichwort „Selbstbestimmtes Leben" ein *CLUSTER* geschrieben wird, der in Zweier-Gruppen ausgewertet wird und offene Fragen für das Plenum ergibt.

Einer kurzen inhaltlichen Einführung in die Subjekt-Objekt-Dialektik durch den Seminarleiter lasse ich eine zweite Schreibübung folgen: Bezogen auf „Fühlen, Denken, Wollen und Handeln" sollen auf einem querliegenden Blatt drei Spalten angelegt werden, deren erste überschrieben ist „Ich als Subjekt", die dritte mit „Ich als Objekt"; die zweite Spalte ist einem Zwischenfeld von Übergängen zwischen den beiden äußeren Feldern, also einem Feld der Unentschiedenheit und der Dynamik des Wechsels von Bedeutungen, vorbehalten. Die TeilnehmerInnen füllen, jeweils bezogen auf sich selbst, für 7 Minuten diese Spalten aus und teilen sich danach, wer dies möchte, in der schon vertrauten Zweier-Gruppe von vorhin der/dem anderen mit.

Der dritte Arbeitsimpuls besteht im *VISUALISIEREN* eines kurzen Textes von Bert Brecht:

„Über das Denken

Me-Ti lehrte: Das Denken ist ein Verhalten des Menschen zu den Menschen. Es beschäftigt sich viel weniger mit der sonstigen Natur: denn zu ihr geht der Mensch stets den Umweg über den Menschen.

Bei allen Gedanken muss man also die Menschen suchen, zu denen hin und von denen her sie gehen, dann erst versteht man ihre Wirksamkeit."

(Brecht 1965, S. 20 f.)

Die TeilnehmerInnen visualisieren für 10 Minuten diesen Text jeweils für sich auf einem Blatt, dann stellt jemand ihr/sein „Bild" an der Tafel vor. Es wird vom Plenum mit der Brainstorming-Methode *DESTRUKTIVE UND KONSTRUKTIVE KRITIK* bearbeitet. Nach der kritischen Bearbeitung eines zweiten Bildes bleibt nur noch knapp Zeit, den Seminarplan auszuteilen und die Hausaufgabe zu erläutern:

Die TeilnehmerInnen erhalten abschließend Kants Aufsatz „Beantwortung der Frage: Was ist Aufklärung?" von 1784 im Faksimile-Druck (Was ist Aufklärung? 3/1981, S. 452–465) mit folgendem Arbeitsblatt:

„Arbeitsblatt zu den Hausaufgaben zur 2. Sitzung

Zu lesen und in mehrfacher Weise zu interpretieren ist ein Text von J. Kant, „Beantwortung der Frage ... „Was ist Aufklärung (wird verteilt). Die von jedem erwartete Vorbereitung der 2. Sitzung besteht zum ersten in der Inhaltsanalyse dieses Textes. Ziel der Inhaltsanalyse ist aber nicht nur eine reine Textanalyse, wie der Begriff suggerieren mag, sondern der Schluss vom vorgegebenen Material auf soziale Realität. „Inhaltsanalyse ist eine Methode zur Erhebung sozialer Wirklichkeit, bei der von Merkmalen eines manifesten Textes auf Merkmale eines nicht manifesten Kontextes geschlossen wird" (K. Merten, Inhaltsanalyse. Opladen 1983, S. 57). Diesem Verständnis von Inhaltsanalyse sind die folgenden Einzelaufgaben verpflichtet (vgl. Ph. Mayring, Qualitative Inhaltsanalyse. In: G. Jüttemann (Hrsg.), Qualitative Forschung in der Psychologie. Heidelberg 1989, S. 187–211).

1. Zusammenfassung

Reduzieren Sie bitte Kants Text so, dass die wesentlichen Inhalte erhalten bleiben. Dies durch Auslassen (bedeutungsgleiche Aussagen werden weggelassen), Konstruktion (aus mehreren spezifischen Aussagen wird eine globale Position konstruiert, die den Sachverhalt als Ganzes kennzeichnet) und Bündelung (inhaltlich eng zusammenhängende, im Text aber weit verstreute Aussagen werden als Ganzes, in gebündelter Form wiedergegeben).

2. Explikation

Ziel der Analyse ist es, zu einzelnen fraglichen Textteilen (Sätzen, Begriffen) zusätzliches Material heranzutragen, das das Verständnis erweitert, die Textstelle erläutert, erklärt, ausdeutet. Dies zu Kant, zur Aufklärung, zum Absolutismus in Preußen zur Zeit Friedrichs II. etc. Es geht damit um die Erhellung des nicht manifesten Kontextes dieses Textes, des sozialgeschichtlichen Hintergrunds.

3. Eigene Einschätzung

Bitte formulieren Sie zu den Anliegen Kants im Zusammenhang des von Ihnen ermittelten zeitgeschichtlichen sozialen Kontextes eine eigene kritische Einschätzung in wenigen Thesen.

4. Ein letztes:

All diese Aufgaben sollten so vorbereitet werden, dass jede(r) Einzelne in der Lage ist, ihre/seine Ergebnisse dem Seminar vorzutragen."

2. Sitzung

Es wird eine dichte und inhaltlich sehr ergiebige Sitzung. In den vier Stunden, die zur Verfügung stehen, gilt eine erste Runde zwei Textkritiken, bearbeitet nach der Methode *DESTRUKTIVE UND KONSTRUKTIVE KRITIK*, dann haben die „Fachreferenten" das Wort. Als erstes geht ein Geograf an die Tafel und zeichnet kurz Preußen samt angrenzenden Ländern auf. Er berichtet, dass Friedrich II. seinem Vater Friedrich Wilhelm I. an dessen Totenbett versprochen habe, das stehende Heer nie offensiv einzusetzen, dann aber sofort nach dessen Tod (1740) die unberechtigte Forderung auf Abtretung Schlesiens an Habsburg gestellt und den Ersten Schlesischen Krieg begonnen habe. Andere skizzieren die Entwicklung Friedrichs II., die Staatsauffassung des Aufgeklärten Absolutismus, den preußischen Militär- und Beamtenstaat, die Verteilung der Steuerlasten auf Bürger und Bauern bei weitgehender Steuerfreiheit für den Adel, das Leben Kants, die Rolle der Universität beim wirtschaftlichen und intellektuellen Erstarken des Bürgertums usw. Immer wieder verweisen sie auf den gelesenen Text und einzelne Aussagen.

Die *Hausaufgabe zur dritten Sitzung* lautet, sich methodisch in ähnlicher Weise wie zu dieser Sitzung mit dem Artikel „Gesellschaft" von Theodor W. Adorno (1987) auseinander zu setzen. Der vereinfachte Kriterienkatalog zur Text-Kritik lautet jetzt so:

● Zusammenfassung
● Explikation: erweiternde, unterstützende, erläuternde Zusatz- Informationen
● Interne Widersprüche im Text
● Eigene kritische Einschätzung in wenigen Thesen.

Ich teile mit, in der nächsten Sitzung solle nach der Methode *LITERATUR NIMMT GESTALT AN* ein Gespräch mit Adorno gesucht werden und die TeilnehmerInnen sollten sich überlegen, wen sie dabei darstellen wollten.

3. Sitzung

Als erstes besprechen wir die Versuche, den Text zusammen zu fassen. Einer trägt vor, ergänzt und kritisiert durch andere. Dann gehen wir den Text abschnittweise gemeinsam durch, wobei die einzelnen TeilnehmerInnen die von ihnen ermittelten Zusatz-Informationen einbringen. Dies verläuft nicht so ergiebig wie im Falle von Kants Text.

Das fiktive Gespräch mit Adorno kommt nicht zustande, zu intensiv beschäftigt uns die ganze Sitzung über der dicht geschriebene Text, die Frage danach, inwieweit unsere eigenen Einschätzungen der Tauschgesellschaft von '91 von Adorno schon in seinem 1966 veröffentlichten Text vorweg genommen wurden und wie sein Pessimismus, bezogen auf die Realisierung von freiheitlicher Subjektivität, einzuschätzen sei.

Der Schluss der Sitzung gilt der Frage nach Konsequenzen aus Adornos Analyse für die Erwachsenenbildung.

Ich schlage den TeilnehmerInnen vor, zu Hause eine *SEMINARKLADDE* zur Subjekt-Objekt-Dialektik anzulegen und sechs Wochen lang Einfälle und Einsichten einzutragen, die zu einem Text zusammengefasst in der 5. Sitzung abschließend besprochen werden sollen.

4. Sitzung

Für diese Sitzung haben sich die TeilnehmerInnen anhand des schon genutzten Kriterien-Katalogs mit dem Text „Das vergebliche Subjekt. Verbrauch und Verweigerung" des Paderborner Philosophen Hans Ebeling (1990) beschäftigt. Die zu Hause vorbereitete Zusammenfassung des Textes wird in Dreier-Gruppen so bearbeitet, dass offene Fragen an das Plenum verabredet werden. Das Gespräch verläuft engagiert.

Ich halte zu Ebelings Thematik ein kurzes Referat, auf das die ZuhörerInnen das Verfahren *DESTRUKTIVE UND KONSTRUKTIVE KRITIK* anwenden. Dies ergibt eine sehr lebhafte Diskussion, in der vor allem die Frage nach den Bildungskonsequenzen einer subjektwissenschaftlichen Anthropologie erörtert werden.

5. Sitzung

In dieser Sitzung werden meine beiden Texte „Vom Teilnehmer zum Subjekt. Ist das Postulat der Mündigkeit im Lernen Erwachsener einlösbar?" (4/1990) und „Hauptsache: Selbstbestimmt – Über Sozialformen und Methoden einer subjektorientierten Erwachsenenbildung" (1990), auf die nämliche Weise vorbereitet wie die Texte bisher, einer intensiven *DESTRUKTIVEN UND KONSTRUKTIVEN KRITIK* unterzogen, wobei vor allem die Möglichkeiten und Grenzen der Praktikabilität dieses Ansatzes lebhaft diskutiert werden.

6. Sitzung

Einige von TeilnehmerInnen selbst verfasste Texte zum Thema werden vorgetragen und ebenfalls einer *DESTRUKTIVEN UND KONSTRUKTIVEN KRITIK* unterworfen.

Ausgewählte Texte zur Selbstbestimmung

MS im SS 94

Ziele

Im *Kommentierten Vorlesungsverzeichnis* heißt es:

„(...)Den Fragen nach möglicher Selbstbestimmung und der Bildung zum Subjekt soll anhand einiger ausgewählter Texte nachgegangen werden. Dabei soll es darum gehen, zum einen sehr diszipliniert die Texte selbst, die in ihnen aufgeworfenen Fragestellungen und die dort angegebenen Antworten in den Blick zu nehmen, zum anderen selbst zu den angesprochenen Problemen mit eigenen Erfahrungen, Ideen, Zweifeln und Annahmen zu Wort zu kommen.

Das Seminar soll nicht nur einen inhaltlichen, sondern auch einen methodischen Ertrag abwerfen: Die TeilnehmerInnen sollen sich von Sitzung zu Sitzung darin üben, Textkritiken nach einem zu verabredenden Muster zu schreiben, diese vorzutragen und sich der Kritik auszusetzen. Abschließend sollen eigenständig Thesen zur behandelten Thematik formuliert werden."

Realverlauf

Ich bin träge und kopiere im Großen und Ganzen den Seminarablauf vom SS 91. Die Abweichungen seien im Folgenden notiert:

Alle TeilnehmerInnen müssen in der Sitzung die schriftliche Textkritik und eventuelle Zusatzinformationen in schriftlicher Form bei mir abgeben. Da immer nur wenige Textkritiken im Plenum vorgetragen und kollektiv bewertet werden können, nehme ich von Sitzung zu Sitzung alle Texte mit nach Hause, korrigiere sie durch und gebe sie, mit schriftlichen Anmerkungen versehen, in der nächsten Sitzung zurück.

1. Sitzung

Ich schlage zu Beginn der Sitzung vor, eine *SEMINARKLADDE* zum Thema 'Selbstbestimmung' anzulegen, um das ganze Semester über Einfälle, Ideen dazu, Lesefunde einzutragen, die dann abschließend, d. h. zur letzten Sitzung, in einem eigenen Text verwertet werden können.

Um sich untereinander kennen zu lernen, lasse ich ein *AKROSTICHON ZUM NAMEN* schreiben. Die kleinen Texte werden von jedem stehend zweimal ohne irgendwelche Kommentierung vorgetragen, um danach die eigenen Erwartungen an das Seminar zu schildern. Ich schildere meine Vorstellungen zum Ablauf des Seminars, sie werden akzeptiert.

Danach lasse ich für 45 Minuten nach zehn verschiedenen Methoden des *KREATIVEN SCHREIBENS* zum Thema „Selbstbestimmung" schreiben. Nach der Pause werden die Texte vorgetragen und wir arbeiten bis zum Schluss der Sitzung heraus, was durchgängig thematisiert wurde.

2. Sitzung

Zu Kants „Aufklärungs-Aufsatz" haben die TeilnehmerInnen sehr breit und differenziert Zusatz- Informationen recherchiert. Zu den von mir ausgegebenen Stichwörtern für Recherchen (Kant, Friedrich II., Preußen im 18. Jahrhundert, geopolitische Lage der deutschen Lande im 18. Jahrhundert, Aufklärung, Aufgeklärter Absolutismus, Friedrich Wilhelm I. von Preußen, Descartes, Sanscouci, Kadavergehorsam, Pietismus) haben sie zusätzliche Stichwörter nach eigener Wahl bearbeitet. Manche können mit zwei oder drei zeitgeschichtlichen Exkursen, z. B. zur Alltagsgeschichte, aufwarten. Die Studierenden sind merklich zufrieden damit, dass sich ihre Anstrengungen zu Hause in der Form auszahlen: Alle können die erarbeiteten Fakten, Zusammenhänge und Entwicklungen zur Sprache bringen und stoßen damit auf großes Interesse bei den anderen. Es kommt etwas ganz Seltenes zustande: ein intensiver und dichter wissenschaftlicher Austausch von Untersuchungs-Ergebnissen.

3. Sitzung

Zu Beginn der Sitzung zu Adornos Lexikonartikel „Gesellschaft" (1987) erbitte ich ein *BLITZLICHT* zu folgenden beiden Fragen:

- Wie ist es mir mit der Lektüre dieses Textes ergangen?
- Worauf sollte in dieser Sitzung inhaltlich der Schwerpunkt liegen?

Sehr viele klagen, dass sie den Text als sehr schwierig bis „gewalttätig" empfunden hätten. Manche sprechen von einer Überforderung („superwissenschaftliche Sprache"). Einer bekennt sich als „Adorno-Hasser". Alle aber haben sich der Anforderung gestellt, den Text auf meine Fragen hin durchzuarbeiten. Übereinstimmend sind sie der Meinung, dass sich diese Anstrengung gelohnt habe, weil sie die inhaltlichen Feststellungen Adornos zwar als sehr pessimistisch, aber doch überaus als einleuchtend und von aktueller Brisanz erlebt hätten.

Zwei schriftliche Textkritiken werden zum Vortrag gebracht und unter den Gesichtspunkten der *DESTRUKTIVEN UND KONSTRUKTIVEN KRITIK* diskutiert und bewertet.

Die zusätzlich erarbeiteten Informationen, z. B. zum Leben Adornos, zur Studentenbewegung, zum Positivismusstreit, werden mit großem Interesse aufgenommen. Ein Student erhellt den zeitgeschichtlichen Kontext der Entstehungszeit dieses Textes, indem er sämtliche Spiegel-Titelgeschichten der Jahre 1965 und 1966 vorstellt und erläutert.

Ich lese einige zusätzliche Texte vor:

- das letzte Interview, das Adorno 1969 dem Spiegel gegeben hat („Die Philosophie ändert, indem sie Theorie bleibt". In: Wolff 1971, S. 155–164),
- Monika Plessners Erinnerung „Ein Abend bei Adornos" (1991),
- den Nachruf von Ernst Herhaus „Tod des Philosophen" (Herhaus 1984, S. 33–36).

Die Studierenden hören sehr aufmerksam und gespannt zu.

4. Sitzung

Die in schriftlicher Form für diese Sitzung zu erstellende Textkritik galt einem Buchkapitel von Carl Rogers: „Lernen und Freiheit – Philosophische Aspekte: Freiheit und Engagement" (1989, S. 211–232).

Die Vorteile des gewählten Verfahrens treten deutlich zutage:

Alle Beteiligten sind gründlich auf die Sitzung vorbereitet. Sie haben den Text mehrfach gelesen, um ihn zu gliedern, zu systematisieren und kritisch bewerten zu können.

Sie kennen seine Stärken und Schwächen und haben genügend Distanz gewonnen, darüber mit den übrigen in einen gleichberechtigten Diskurs einzutreten.

Sie haben sich in Nachschlagewerken und sonstigen Quellen über Psychoboom, Humanistische Psychologie, Carl Rogers und Merkmale der hauptsächlich von ihm entwickelten Klientenzentrierten Therapie informiert.

Einige kommen in den Genuss einer intensiven Besprechung und Bewertung ihrer Texte durch die Gruppe.

Die anderen wissen inzwischen, dass ihre Ausarbeitung in jedem Fall vom Seminarleiter aufmerksam und kritisch in Augenschein genommen und von ihm schriftlich unter inhaltlicher wie handwerklicher Perspektive kommentiert wird.

Die gesellschaftlichen wie individuellen Bedingungen von 'Freiheit' wie von 'Engagement' werden sehr lebhaft diskutiert. Es wird gelobt, dass Rogers eingängig und mit Pathos schreibt. Er wolle das Lernen aus der Verwaltung durch die Lehrer in die Verantwortlichkeit der lernenden Subjekte zurückholen. Das selbstverantwortete Lernen schließe persönliches Engagement ein; es sei selbst initiiert; es durchdringe den ganzen Menschen, ändere sein Verhalten, seine Einstellungen; es werde vom Lernenden selbst beurteilt, da er weiß, ob es sein Bedürfnis trifft oder nicht, und sein wesentliches Merkmal sei Sinn (Rogers 1974). Es gehe ihm um eine enthierarchisierte, produktiv emotionale Atmosphäre zum Gegenüber, das er bedingungslos zu akzeptieren lehrt. Jedes Individuum sei für ihn prinzipiell autonom und kompetent. Dies alles wird gelobt, aber auch die Kritik an Rogers fällt sehr entschieden aus:

Seine Grundannahme, dass jeder Mensch das, was er zur Lebensbewältigung und Sinnproduktion brauche, im Grund bei sich trage und jeder von Geburt an einem mitgegebenen Ziel folge und weitgehend für sich und mit sich alleine lebe, wird als ideologisch bewertet.

Wenn Rogers den Menschen als fähig zu freien Entscheidungen darstelle, so übersehe er, dass diese Freiheit immer auch gesellschaftlich eingeschränkt und mitgestaltet ist. Bei ihm erscheinen Individuum und Gesellschaft als getrennte Welten.

Sein hymnisch überhöhter Subjektbegriff stößt bei den Studierenden auf Skepsis.

5. Sitzung

Für dieser Sitzung haben sich die TeilnehmerInnen in doppelter Weise vorbereitet: Sie haben zum einen anhand der bislang angewandten Kriterien eine schriftliche Textkritik zu Ingrid Herlyns und Ulrike Vogels Aufsatz „SPÄTSTUDENTINNEN. Ausdruck einer Individualisierung des weiblichen Lebenslaufs?" (1988) verfasst. Sie haben zum zweiten versucht, ein Interview mit einer realen „Spätstudentin" an der Uni Mainz zu führen, um sich selbst einen Eindruck zu verschaffen.

Das *ANFANGS-BLITZLICHT* steht unter folgenden vier Fragen:

- Wie habe ich die Arbeit mit den bisher gelesenen Texte erlebt?

- Wie hat mir in diesem Zusammenhang der für heute zu bearbeitende Text gefallen?

- Habe ich es geschafft, ein Interview mit einer „Spätstudentin" zu führen?
- Wie sollten wir heute methodisch vorgehen?

Der Zusammenhang der bisher gelesenen Texte wird ganz unterschiedlich beurteilt:

- „Alle Texte waren mir sehr fremd. Ich habe unendlich viel Zeit dafür verwenden müssen, sie durchzuarbeiten.
- Unterschiedliche Texte mit ganz unterschiedlichen Hintergründen, das hat mir gefallen. Inhaltlich gesehen, besteht voller Konsens.
- Ich habe mich noch nie so lange vorbereiten müssen. Im Laufe der Zeit fiel es mir dann leichter.
- Es war ein Wechselbad der Botschaften. Kant: Der Mensch ist frei. Adorno: Er ist nur Objekt. Rogers: Die Freiheit ist ihm zurückgegeben. Was ist die Wahrheit?"

Was den für heute bearbeiteten Text angeht, so meinen viele, dass er hinter die anderen Texten stark zurückfalle. Während manche ihn als sachlich und logisch, in sich schlüssig empfinden, erscheint er einigen, verglichen mit der Tiefe des selbst durchgeführten Interviews als „sehr oberflächlich", „langweilig" und „schwammig".

Bei einigen ist das Interview nicht zustande gekommen, andere, selbst „Spätstudentinnen", haben sich selbst im inneren Dialog befragt: „Wie ist es Dir ergangen? Wie ergeht es Dir heute?"

Nach der Verlesung von zwei Textkritiken und deren Kritik kommt ein nuancenreiches Gespräch über folgende Fragen in Gang, die Claudia so zusammenfasst:

- „Inwieweit beeinflusst die Umwelt der 'Spätstudentinnen' den Studienwunsch negativ?
- Welche Probleme entstehen in der Beziehung zum Partner und/oder zu den Kindern?
- Ist der Preis für Bildung emotionale Vereinsamung der „Spätstudentinnen"?
- Welche Meinung ist bei Männern in bezug auf die Bildung und damit vielleicht auf die Individualisierung der Frau dominant?"

Ausgewählte Texte zur Selbstbestimmung
OS im SS 98

Ziele

Der *Seminarplan* enthält folgende Ankündigung:

„1. Absichten mit diesem Seminar

'Das Subjekt in der Moderne meint den Streitfall, ob wir auf die Selbstbestimmung des Menschen als Menschen setzen sollen oder ob wir dies nicht sollen. Keine Realität der Fremdbestimmung kann diesen Streitfall entscheiden. Nur der Mensch selbst, unangesehen aller sonstigen Realität. (...)

Am Ende der nicht absehbaren Schrecken unseres Jahrhunderts, das sich mit seinen herausragenden Verbrechen an Mensch und Natur wie selbstverständlich in das nächste prolongiert, bleibt uns nur ein Festes: das Beharren auf uns als Subjekten' (Ebeling 1993, S. 9).

Wenn in diesem Seminar Fragen der Selbstbestimmung und Subjektentwicklung anhand einiger ausgewählter Texte angegangen werden, dann soll es dabei um ein Doppeltes gehen:

– Zum einen soll es darum gehen, sehr diszipliniert die Texte selbst, die in ihnen aufgeworfenen Fragestellungen und die dort gegebenen Antworten in den Blick zu nehmen.

– Zum anderen sollen alle Beteiligten zu den angesprochenen Fragen mit eigenen Erfahrungen, Ideen, Zweifeln und Annahmen zu Wort kommen.

2. Zur Methode

Das Seminar kann nur gelingen, wenn alle Beteiligten die vorgelegten wenigen Texte tatsächlich zu den einzelnen Sitzungen lesen und sich mit ihnen auseinandersetzen (…)"

Realverlauf

In diesem Seminar nehme ich einige bewährte Elemente erneut auf und füge neue hinzu, insbesondere folge ich ab der vierten Sitzung Anregungen von Lutz von Werder, die er als „Kreatives Lesen" bezeichnet (1995c, S. 43–52).

1. Sitzung

Als ich in der Eröffnungssitzung mittels mehrerer unterschiedlicher Schreibtechniken zum zentralen Begriff „Selbstbestimmung" schreiben und die Ergebnisse vortragen lasse, entsteht folgendes Bild:

● „Gesamtstimmung: eher negativ
● Ein positiver Begriff, zu dem einem nur negative Dinge einfallen
● Es gibt keine wirkliche Unabhängigkeit
● Unfähigkeit zu wissen, was man wirklich will"

2. und 3. Sitzung

Ich lege die Sitzungen zu Kants Aufklärungs-Aufsatz und Adornos Artikel „Gesellschaft" ebenso wie in den vorangegangenen Seminaren an. Das didaktische Kalkül geht auf. Die Studierenden liefern zu den Sitzungen schriftliche Textkritiken und schriftlich verfasste zeitgeschichtliche Miniaturen ab, bieten ihre Arbeitsergebnisse dar, setzen sich der Kritik aus und diskutieren die ihrer Meinung nach wichtigsten Widersprüche. So bilden sich z. B. in der zweiten Sitzung zu Kant ganz deutlich zwei Fraktionen aus: Die einen bezeichnen Kant in seiner Argumentation als Feigling ohne Mut vor Königsthronen, die anderen bewerten seine Haltung so, dass sein Text einen für die damalige Zeit ungeheuren Mut erfordert habe.

Das bewährte Verfahren, alle schriftlichen Ausarbeitungen meinerseits durchzu-korrigieren und in der nächsten Sitzung mit einem schriftlichen Kommentar ver-sehen zurückzugeben, wird von den Studierenden, wie sie mir sagen, als intensi-ve Zuwendung erlebt, durch die sie sich einerseits bestätigt und andererseits er-neut motiviert erleben.

4. Sitzung

In dieser Sitzung ist ein Essay von Roland Topor (geb. 1938), dem französischen Romancier, Zeichner und Bühnenbildner polnischer Abstammung, zum Thema „Mut" vorzustellen und zu besprechen: „Die Politik des Archipels. Allein auf der Straße" (1993). Die Studierenden konnten folgende Möglichkeiten der Texterar-beitung nutzen: Sie konnten die schon bewährte Form der Textkritik erstellen oder aus zehn vorgelegten „kreative(n) Lesetechniken" Lutz von Werders (1995c, S. 43–52) ein bis zwei anwenden.

Einige der BearbeiterInnen wählen das *ELFCHEN-LESEN* als Methode, ande-re das *BRAINSTORMING-LESEN* und das *INTUITIVE LESEN*, das Gros die traditionelle Weise der Textkritik, um sich mit Topors Text auseinander zu set-zen. Eine Frau schreibt eine märchenhafte Geschichte über den Mut, eine ande-re einen Brief an den Autor, dritte schreiben Gedichte. Hier zwei Texte:

„Der Held, und wie alles anfing

Mal ehrlich, wer von uns würde denn heute noch für eine Idee sterben? Ein Held sein wollen?

Höchstens weltfremde Deppen, unverbesserliche Idealisten, die offensichtlich die gesellschaftliche Entwicklung verpasst haben oder zumindest dem Wahnsinn näher stehen als viele andere. (...)

Mal unter uns, ist es denn nicht der Wunsch einer Mehrzahl der Menschen, eben gerade nicht aufzufallen, sich bedeckt und unauffällig zu verhalten? Mag sein, doch ob der Wunsch nach Gleichmache, nach Uniformierung tatsächlich dem Kleingeist des Individuums entfleucht oder einer Manipulation seitens der Ge-sellschaft entsprungen ist, bleibt unbeantwortet.

Einerlei, denn für unseren zukünftigen Helden ist es sowieso eher ratsam, sich mit *der* Sorte von Menschen zu befassen, die nicht nur noch Wünsche haben, sondern diese auch kennen und diese zu wünschen trauen, also irgendwie ganz anders sind (...)

Falls diese Fähigkeit in dem Prozess der Einebnung aller Besonderheiten der menschlichen Gattung wider Erwarten doch erhalten werden konnte, erst dann kann unser Held geboren werden, so ein weltfremder Depp, ein Daseinsverbes-serer. Viele werden lachen, lächeln zumindest, nur der Held nicht, denn er hat Unvergleichliches erreicht.

Er ist Mensch, er wurde Mensch.

Unser Held erinnert sich an Zeiten und Situationen, als er sich selbst noch nicht Held nannte, in denen er nach Anerkennung und Lob, nach Beurteilung hechelte, Eltern, Vorgesetzte und sogar Freunde umgarnte, um die tröstenden Worte zu ergattern.

Doch kann Gesagtes der anderen wirklich Wahrheit über mich verkünden, können sie mich und meine Wahrheit überhaupt kennen, fragte sich der Held, der noch keiner war. Denn bisher bevorzugte er eher die Lügen über sich und andere, die tun auch nicht so weh (...)

Dem Selbstfinden sagt ja schon das Wort geht logischerweise eine Suche voraus. Also, noch mal für die Blöden: Wer suchet, der findet (...)

Mal ganz ehrlich, manchmal wäre er am liebsten in den Schoß der Bequemlichkeit zurückgekehrt, hätte sich gerne der Mutter der Gleichmache an den Hals geworfen, um erneut in den Reigen der Gleichen unter Gleichen aufgenommen und vereinnahmt zu werden. All dies konnte er erfolgreich bekämpfen, sogar gewinnbringend in die Entwicklung aufnehmen, um sich (endlich angekommen) in den kleinen Kreis der Wahnsinnigen einreihen zu können, und zwar mit Freuden, denn dort war er Held, dort durfte er es sein.

Natürlich, diese uralte Frage schwingt mit, *wer* hat eigentlich die Paranoia, unser Held, (...) oder die vielen anderen, denen je nach Sichtweise eine ganze Menge entgehen könnte oder auch erspart bleibt?

Eins ist jedenfalls klar, Helden sind *die* nicht (...)" (Helma)

„Zuspruch

Eine märchenhafte Geschichte über den Mut

Ich möchte euch eine Geschichte erzahlen, ja vielleicht sogar ein Märchen, von einem sehr mutigen kleinen Mädchen. Die Geschichte heißt einfach 'Zuspruch'. Der Titel stammt von einem Gedicht, welches ein Freund mir vor langer langer Zeit einmal geschrieben oder sogar gewidmet hat ... Aber das ist eine andere Geschichte. Das Gedicht jedenfalls lautet:

,Zuspruch

Mut für den Zagenden.
Licht für den Wagenden.
Trost für den Klagenden.
Echo für den Sagenden.
Antwort für den Fragenden.'

Und nun die Geschichte:

In einem wunderschönen friedlichen Dorf lebte ein kleines Mädchen. Es war kein sehr glückliches Kind; obwohl es liebende Eltern hatte. Das Mädchen zog sich immer ganz in sich zurück. In ihrer Einsamkeit wurde sie keineswegs glück-

licher, doch konnte sie so über alles in Ruhe nachdenken. In aller Stille trauerte
sie um alle Tiere und Pflanzen, die um sie herum von den Menschen zerstört wurden, und in aller Heimlichkeit bewunderte sie einige wenige Menschen, die in ihrem jungen Leben von Bedeutung waren. Die Dorfschule war für sie das Aller-
schlimmste. Wie eine dunkle Gewitterwolke verdeckte sie ihr die Sicht zur Sonne. Mit Bauchweh ging sie jeden Tag zur Schule und zu Hause gab es deswegen
viele Tränen. Zum Glück gab es aber gerade dort einige Lehrer und Lehrerinnen, die die Kleine in ihr unruhiges Herz geschlossen hatten. Auf dem Schulhof
stand sie jedoch immer alleine in einer Ecke. Das Gekicher und Gegacker der
anderen Mädchen fand sie widerlich. Am liebsten hätte sie mit den Buben gespielt, aber, nun ja, dafür war sie jetzt doch ein bisschen zu alt geworden. Ver-
dammt! Tief betrübt stand sie so Tag für Tag in einer Ecke des Schulhofes und be-
obachtete. Wie konnten die Kinder bloß so heiter spielen? Merken sie denn nicht
was um sie herum passiert? Ach, sie gehörte einfach nicht hierher.

Später, sehr viel später, traf sie auf einer Feier eine alte Klassenkameradin. Diese
wurde von einigen Gästen spaßeshalber gefragt, wie denn das Mädchen früher
so war. Die ehemalige Klassenkameradin erzählte:

'Stellt euch vor, wir sind auf einer Klassenwanderung und der Weg im Wald gabelt
sich. Wir alle gehen den rechten Weg und nur sie geht den linken Weg. Wir haben
uns dann immer über sie lustig gemacht, aber im tiefsten Innern habe ich sie immer bewundert. Sie war stark und wusste, was sie nicht wollte. Dass sie dabei un-
glücklich war, wusste niemand. Ich hatte jedenfalls immer viel zu viel Angst, meinen eigenen Weg zu gehen. Das lerne ich jetzt erst.'

Dies wurde dem Mädchen erst viel später erzählt. Auf dem Pausenhof wurde es
ihr indes vor Einsamkeit kalt ums Herz. Sie sagte sich, dass es auf dieser Welt
nichts zu lachen gäbe und hörte einfach mit dem Lachen auf. Der Klassenlehrer
ging betroffen zu den Eltern, doch diese wussten auch keine Antwort darauf.
Auch das Mädchen machte sich Gedanken darüber. Abends lag sie in ihrem Bett
und wunderte sich traurig darüber, warum sie so ist, wie sie ist. So fing sie wieder
an zu träumen:

Sie träumte von einer Schiffsfahrt über einen endlosen Ozean. Doch dann kam
ein Sturm auf und das Meer tobte. Im Traum fielen ihr die Worte der Ballade
'John Maynard' ein:

> *John Maynard!,*
> *'Wer ist John Maynard?'.*
> *John Maynard war unser Steuermann;*
> *aushielt er, bis er das Ufer gewann,*
> *er hat uns gerettet, er trägt die Kron,*
> *er starb für uns, unsre Liebe sein Lohn.*
> *John Maynard.*

Doch im Traum wurde sie dann über Bord gespült und rettete sich auf eine kleine Insel. Weit und breit war nichts als Meer, aber sie hatte überlebt und neue Zuversicht kam in ihr auf.

Doch auf dem Pausenhof stand sie weiterhin alleine in der Ecke. Sie bekam einige Gespräche mit und es fiel ihr auf, dass alle vom Tanzen sprachen. Jeder wollte jetzt die Tanzschule besuchen und ihre Klassenkameraden fragten sie, ob sie nicht auch Lust dazu hätte. Oh, wie fing sie an mit sich zu kämpfen … Ja …, oder eher doch nicht, wäre aber schon schön …, ach, lieber nicht … Doch sie machte mit. Die Mädchen sollten sich nun gut anziehen und das war das erste Problem. Sie hasste Röcke und feine Klamotten. Wie eine Marionette kam sie sich darin vor. Das Tanzen selber machte ihr viel Spaß, doch das nachträgliche Ausgehen bereitete ihr weitere Qualen. Da saß sie dann zwischen zurechtgemachten, hübschen und gutgelaunten Mädchen und vielen attraktiven jungen Männern. Sie selber kam sich wie das hässliche graue Entlein vor. Langsam sackte sie wieder in sich zusammen und verließ heimlich schleichend diese Geselligkeit. Sie sprach sich selber Vertrauen zu:

'Wenigstens habe ich es versucht, aber ich passe eben nicht dazu'. Abends lag sie wieder in ihrem Bett und träumte:

'Die Dörfer waren vom Krieg zerstört. Eine Straße führte, wie ein ausgetrocknetes Flussbett durch eine Wüste, ins Nirgendwo. Eine Frau, in alten Kleidern und mit zwei Kindern an den Händen, ging müde die Straße entlang. Eine Wegkreuzung kam und sie bog rechts ab. In der Ferne sah man einen Jungen aus der gleichen Richtung herbeilaufen. Er kam näher und näher. Er hatte ein Baby auf dem Arm und schien nach etwas Ausschau zu halten. Er suchte seine Mutter. An der Wegkreuzung lief er geradeaus weiter. Das Baby fing an zu weinen und Bauern gaben den beiden etwas Milch und Brot. An einem Feuer konnten sie sich wärmen. Mit seinem Bruder in den Armen schlief der Junge ein. Morgen würde er weitersuchen. Eine sanfte Stimme sprach:

> *Beflügelt von des freien Geistes Schwingen*
> *vermag an unbekannte Grenzen ich zu dringen,*
> *vermag zu entheben mich der Zeit.*
> *Ist das Träumen oder Wirklichkeit?*
> *Vermag zu entfliehen diesem Erdenraum.*
> *Ist das wirklich oder Traum?*

In der Klasse kam die Zeit, in der ein großes Theaterstück auf die Beine gestellt werden sollte. Der Klassenlehrer wählte sich 'Cymbelin' von Shakespeare aus. Viele Schüler der gesamten Schule mussten mitmachen, da so viele Schauspieler benötigt wurden. Aus der Klasse des Mädchens sollten aber die Hauptdarsteller kommen. Da es sechs Mädchen und drei Buben waren, es jedoch mehr männliche Rollen als weibliche gab, war die Verteilung der Rollen sehr schwierig. Alle Mädchen wollten entweder die Prinzessin oder die Königin sein. Auch das kleine

Mädchen wollte eine der Rollen, doch sie bekam keine davon. Stattdessen musste sie den Bellarius spielen, einen alten Mann, der in einer Höhle im Wald lebte. Zuerst war sie bitter enttäuscht, doch dann fing sie an, die neue Rolle zu lieben. Ein dicker Bart wurde ihr ins Gesicht geklebt und die Haare wurden ihr grau gefärbt. Ja, als alter Mann fühlte sie sich wohl. Auch er wurde verkannt, ausgestoßen und überlebte. Vor allem die erste Szene, in der er auftrat, liebte sie.

Ja, Bellarius war tapfer, wenn auch mit gebrochenem Herzen und zweifelnd. Abends im Bett träumte sie wieder von dem einsamen alten Mann. Er saß in mitten eines Waldes auf einem Felsen und bat um Hilfe. Eine sanfte Stimme sprach zu ihm:

> 'Zweifle an der Sonne Klarheit,
> zweifle an der trüben Wahrheit,
> zweifle an dem Augenschein,
> zweifeln macht das Denken rein.'

Die Pausen auf dem Schulhof waren immer noch einsam, aber die Schulzeit näherte sich immer mehr dem Ende. Mit Ach und Krach und vielen Tränen quälte sie sich durch alle Prüfungen. Überall war sie die Schlechteste, aber nach allen bestandenen Prüfungen die Glücklichste. Tief atmete sie auf. Was würde jetzt auf sie zukommen?

Kurze Zeit später lag sie auf ihrer Koje an Bord eines großen Schiffes inmitten des Indischen Ozeans. Sie las gerade den Brief eines Freundes. Darin stand:

> 'Nichts für Stehende.
> Wenig für Gehende.
> Manches für Sehende.
> Viel für Gebende.
> Alles für Strebende.' "

(Kerstin)

Letzte Sitzung

Fast alle SeminarteilnehmerInnen sind an Deck. Ein *ANFANGSBLITZLICHT* gilt der Hausaufgabe, der Produktion von eigenen Thesen zur Selbstbestimmung: „Wie ist es mir ergangen?"

- „Es ist mir nicht leicht gefallen. Ich habe zu den Begriffen Assoziationen gebildet. Das half mir.
- An Wörterbüchern orientiert.
- Thesen, z. T. in Gedichtform.
- Keine Thesen, ich habe Elfchen gebildet.
- Seit jeher haben in der neuen Kulturgeschichte Thesen etwas Besonderes. Ich erinnere an Luthers Thesenanschlag. Daher habe ich auch Thesen formuliert. Das hat mir außerordentlichen Spaß gemacht.

• Ich habe immer mehr Mut entwickelt, zu schreiben. "

Danach schlage ich vor, folgendermaßen zu verfahren: In Gruppen zu dritt bis
fünft sollen die Studierenden ihre zu Hause verfassten Thesen zu den Schlüsselwörtern 'Selbstbehauptung, Selbstbestimmung, Selbstverwirklichung' vorlesen,
sie diskutieren, um dann nachher im *FISHBOWL zu einem Begriff zwei entge-
gengesetzte Auffassungen oder die Deutungsrichtung, auf die sie sich geeinigt
haben, samt abweichlerischer Meinung vorzutragen.*

Als ich nach einer Stunde zum FISHBOWL einlade, werden weitere 10 Minuten
Zeit verlangt. Selbst danach ist niemand bereit, sich auf die leeren Stühle in der
Mitte des Sitzkreises zu setzen. Schließlich erklärt sich eine Gruppe spontan bereit, zum Thema eine Pantomime vorzuführen, die freilich reichlich hermetisch
ausfällt, was wohl am Abstraktionsgrad der Schlüsselwörter liegt.

Ich lasse die Zuschauer beschreiben, was sie gerade gesehen haben, was gut
klappt, dann lasse ich sie das Erlebte deuten. Abschließend erläutern die SpielerInnen selbst ihr inhaltliches Anliegen.

Auf meinen erneuten Appell hin traut sich eine Gruppe von Frauen in die Mitte.
Sie beginnen ein sehr direktes und lebhaftes Gespräch über männliche und weibliche Subjekte, ungeschützt und zu Beginn auch so naiv und plakativ, dass eine ältere Teilnehmerin mit Berufserfahrung deutlich zu erkennen gibt, dass diese
Form des Gesprächs für sie eindeutig „unter dem Strich" ist. Sie schaut sich scha-
denfroh („Das darf doch wohl nicht wahr sein!") nach Komplizinnen für ihre
Entrüstung um, aber die anderen scheinen ganz fasziniert, was sich noch stei-
gert, als sich weitere Frauen wie Männer, mit ins Aquarium begeben. Dort hat inzwischen die Diskussion Dichte und Tiefe erreicht, da sich ja alle durch ihre intensive schriftliche Vorbereitung auf diese Sitzung wie auch durch den Verlauf
des Gesamt-Seminars inhaltlich versiert wie Fische im Wasser bewegen können.
Wir enden erst, nachdem einige schon gegangen sind und ich das Gespräch aus
Zeitgründen abbrechen muss.

Nach der Pause lasse ich zum Thema 'Selbstbestimmung' folgenden Brief herum-
gehen, den die Viertklässlerin Diana einige Tage zuvor an ihre Lehrerin, meine
Frau, geschrieben hat:

„An Frau Meueler

Ich sehe ein das ich mich im Unterricht nicht mit Carmen oder jemand anderes
streiten soll. Aber ich finde, in der Frühstückspause kann es auch etwas lauter zu-
gehen und lassen sie den Streit unsere sache sein. Dennoch lasse ich mir nicht sagen das ich Carmen immer wieder treten würde. Denn sie ärgert mich und sagt
'Brillenschlange' oder 'Hohlenuß'. Also ich habe die Strafarbeit trotzdem gemacht.

Von Diana"

Im Folgenden seien einige Auszüge aus den studentischen Thesenpapieren für diese Sitzung zu den drei Schlüsselwörtern „Selbstbestimmung Selbstbehauptung Selbstverwirklichung" wiedergegeben:

„Selbstbestimmt

Selbstbehauptung

Selbstverwirklichung

a) *Selbstbestimmung* kann nur in enger Betrachtung mit Fremdbestimmung verstanden und eingeordnet werden. Das Leben und die Erforschung der Daseinsberechtigung wird stets dann schmerzhaft, wenn das Individuum erkennen muss, dass selbst Bereiche, die vermeintlich selbstbestimmt geglaubt waren, in Wirklichkeit und letztendlich genau so fremdbestimmt sind wie die meisten Ideen, Situationen, Meinungen und Entscheidungen, die schon von jeher als Resultat der Lenkung von außen verstanden und eingesehen wurden. Der Mensch als ein ausschließlich von außen determiniertes, formbares und verrückbares Wesen also ein Spielball seiner Umgebung und Biographie. Trotz allem ist es notwendig, diesen Begriff und die Idee der Selbstbestimmung in aller Munde zu belassen, als Trost, als Ziel, vielleicht als Traum, der so, wie er angedacht ist, niemals in Erfüllung gehen kann, zumindest nicht für den, der realistisch an die Analyse von Selbst- und Fremdbestimmung herangeht. Doch existiert in uns dann und wann so ein Gefühl, eine Ahnung, ein Stück Geborgenheit und genau in diesen Moment ruhen wir in uns selbst, sind wir eins mit uns selbstbestimmt. Diese Bruchteile unseres Lebens wahrzunehmen, sie zu erkennen und als schön zu erleben, gehört zu den Privilegien derjenigen Menschen, die gelernt haben, zu reflektieren, sich selbst zu analysieren, sich erkennen zu wollen und dies auch ohne Scheu tun. Genau diese Situationen sind es, die der Mensch als vermeintlich selbstbestimmt erlebt und gleichzeitig sehr wohl weiß, dass er sich damit belügt. 'Sich selbst in die Tasche lügen' ist der geläufige Ausdruck für diese Form der Überlebensstrategie und wird dann zu einer liebenswerten 'Macke', wenn sie wissentlich und bewusst als Strategie eingesetzt wird.

b) Die *Selbstbehauptung* lässt prinzipiell Aktivität vermuten, meist gegen Personen, Dinge oder Situationen, die das eigenen Selbst einschränken oder beschneiden. Die Aktivität entspringt entweder einer erlittenen Verletzung oder weil das Selbst das Gegenüber falsch eingeschätzt hat und somit missachtet wird, d. h. es kommt zu Selbstbehauptung aufgrund einer persönlichen inneren Verletzung, die von außen zugefügt wurde und das Individuum zu einer entsprechenden Reaktion veranlasst. Sich selbst zu behaupten kann aber auch mittels der Anwendung verschiedener Techniken erlernt werden, wird also zu einer Aktivität, die nun im Gegenzug aufgesetzt, gespielt und nicht dem Ausgleich von erlittenen Ungerechtigkeiten dient, sondern vielmehr mit einer Überlebensstrategie gleichzusetzen ist, welche dem Individuum ermöglicht, unauffällig im gesellschaftlichen Strom mit zu schwimmen, gesellschaftlichen Ansprüchen gerecht zu werden, ohne wirklich noch ein eigenes Selbst empfinden zu können (zu wollen?) und das Bedürfnis nach Verteidigung zu empfinden. Bedenkenswert in diesem Zusammenhang ist die Tatsache, dass der Auslöser für Selbstbehauptung in den Vorstellungen der Mehrheit von außen an das Individuum herangetragen werden muss und selten ohne äußeren Anlass zutage tritt.

c) *Selbstverwirklichung* kann als der krönende Abschluss einer gelungenen Selbstbestimmung und Selbstbehauptung betrachtet werden. Leider wurde und wird der Begriff mehr als überstrapaziert und ihm haftet insbesondere im Zusammenhang mit der Selbstverwirklichung der Frau 'Negatives' an, denn der Frau wird bewusst suggeriert, dass sie mit ihrer Selbstverwirklichung, also der Gewinnung von Freiräumen, automatisch die Freiräume anderer beschneidet. Die Befreiung aus diesem Teufelskreis, bestehend aus dem Wunsch nach Selbstverwirklichung und der gleichzeitigen Beschneidung der eigenen Wünsche aufgrund der Bedürfnisse der umgebenden Bezugspersonen kann nur mit einer gesunden Portion Egoismus und der Bereitschaft der Umwelt, diesen Egoismus als Garant und Basis für Glück und Zufriedenheit anzusehen, funktionieren."

(Helma)

„Zehn Thesen zur Selbstbestimmung und Freiheit

1. Zur Selbstbestimmung bedarf es zweier grundlegender Voraussetzungen: Zum einen braucht der Mensch eine Erziehung, die es ihm ermöglicht, die Werte und Anlagen zur eigenen Freiheit zu entwickeln, zum anderen bedarf es einer Gesellschaft, in der eine selbstbestimmte individuelle Lebensführung möglich ist und Freiräume bestehen.

2. Selbstbestimmung fordert den je einzelnen Menschen dazu auf, sich selbst zu entwickeln; in diesem Sinne gibt es kein Menschsein, sondern immer nur ein Menschwerden.

3. Selbstbestimmung ist keine absolute Freiheit. Die Freiheit ist immer im Miteinander in dem jeweiligen System bestimmt In diesem Sinne geht es nicht um das Erlangen der absoluten Freiheit, die allen alles ermöglicht, sondern um eine Freiheit, die nach einem Ziel strebt; dieses Ziel kann menschliche Freiheit oder ein menschlicher Umgang sein. (...)

7. Freiheit und Selbstbestimmung sind nur ohne Angst möglich. 'Freiheit, das heißt, keine Angst vor Nichts und Niemandem zu haben.' (Konstantin Wecker) (...)

10. Freiheit bedeutet eine permanente Auseinandersetzung mit mir selbst, also Selbstreflexion."

(Konstanze)

7. Küchenlexikon der Methoden und Sozialformen

> *Man nehme außer 308 Bund Petersilie, 436 Eiern, 100 kg Gemüse*
> *noch mehrere Zentner anderer Zutaten, koche 190 Tage lang alle Rezepte,*
> *die man in den letzten dreißig Jahren für besonders*
> *gut befunden hat und verpflichte einen Protokollführer,*
> *der jede Verrichtung am Herd notiert: Ohne diese Vorarbeit*
> *kann man heute kein anspruchsvolles Kochbuch mehr schreiben.*
> *Dazu gehört auch, alle guten Kochbücher deutscher Sprache*
> *der letzten 150 Jahre als Ratgeber mit heranzuziehen und*
> *auch mal die Ergebnisse wochenlanger Küchenarbeit zu verwerten.*
> *Erst dann kommt der Augenblick, in dem man sagen kann:*
> *Ich garantiere für das Gelingen dieses Rezeptes. Wer als*
> *Anfänger genau dem Rezeptablauf folgt, wird bisher*
> *unbekannte Erfolgserlebnisse haben: „Wie hast du das gemacht?" –*
> *„Kann ich das Rezept haben?" Diese Art Bestätigung ist ein*
> *Genuss, gegen den man nie abstumpft.*
> *Wolf Uecker*

Eines meiner Lieblings-Kochbücher ist „Das neue Küchenlexikon" von Erhard Gorys (1994), in dem in über 7 500 Stichwörtern jeweils ganz knapp alles Wichtige und Interessante erklärt ist, was zur Zubereitung deftiger bis exquisiter Speisen und raffinierter Getränke erforderlich oder nützlich ist, was Zunge und Gaumen reizt und erfreut.

Wenn ich im Folgenden über 100 bewährte, zum Teil selbst entwickelte Methoden und Sozialformen aus meiner hochschuldidaktischen Arbeit in einer ganz knappen Form vorstelle, dann geschieht dies in erster Linie, um die im Text genannten Arbeitswege zu dokumentieren.

Ob und inwieweit sie als geneigte/r LeserIn sich dieses kleinen Kochbuchs für Ihre eigene Arbeit bedienen, ist und bleibt Ihre Entscheidung.

Die Seitenangaben hinter den Methoden verweisen auf die Stellen im Buch, in denen diese Methode oder Sozialform praktisch angewandt wird.

Akrostichon zum Namen

(gr. Akron = Spitze, stichos = Vers: erster Buchstabe eines Verses), ursprünglich magische, später literarische Praxis, aus den ersten Buchstaben (Silben, Wörtern) aufeinanderfolgender Verse oder Strophen ein Wort, einen Namen oder einen Satz zu bilden. Zur Vorstellungsrunde zu Beginn den Buchstaben des Vornamens (evtl. auch des Familiennamens) je ein Wort zuzuordnen, wobei das Ganze ein kleines Gedicht oder einen Nonsensvers ergibt. Z. B. ERHARD: Enten ruhen heute auf rosa Dächern.

Jede / Jeder liest seine(n) Vers(e) zweimal im Stehen („Zu seinem Worte stehen") vor, um danach etwas zur eigenen Person und den Motiven der Anwesenheit zu sagen.

Achten Sie beim Kreativen Schreiben grundsätzlich darauf, dass diese immer nur in wenigen Minuten entwickelten kleinen Texte nicht mit Demutsformeln („Ich habe so etwas noch nie gemacht, es ist mir auch nicht sonderlich gelungen, aber ich trage es doch einmal vor!") eingeleitet werden. Es ist nur der pure Text ohne irgendwelche Kommentierung gefragt.

Ebenso ist Beifall untersagt, da der Beifall für die / den andere / n immer mit dem selbst erzielten verglichen wird und aus der unterschiedlich ausfallenden Stärke Kleinheitsgefühle resultieren können. (Vgl. S. 143, 185)

Alle Wahrheiten, alle Lügen

Zu einem Thema werden in zwei Rubriken alle Wahrheiten und alle Lügen aufgeschrieben und vorgelesen. (Vgl. S. 157)

Anfangs- Blitzlicht

In allen Vorabplanungen muss der Gestaltung der Anfangssituation die größte didaktische und methodische Phantasie gelten. Hier fallen die Würfel für das Klima der weiteren Zusammenarbeit. Sie hat für das Ganze des Seminars zwei Funktionen: die Ängste untereinander abzubauen und sich über die inhaltliche Struktur des Vorhabens zu verständigen. Mir kommt es immer darauf an, vor allen inhaltlichen Verlautbarungen als erstes die Gruppe zusammen zu bringen, so dass die Beteiligten wechselseitig ihre Namen kennen lernen und mit den anderen auf lockere spielerische Art bekannt werden; dies u. a. mit folgenden Methoden *NAMEN RAPPEN, ZWIEBELSCHALE*.

In jedem Falle führe ich ein *ANFANGS-BLITZLICHT* durch, um aktuelle Befindlichkeiten, Interessen und Erwartungen zu erheben: Entweder reihum oder in beliebiger Reihenfolge äußert jede / r ein kurzes Statement zu vorher angesagten Themen, z. B. „Wie ich mich jetzt fühle und was ich für positive Erwartungen habe." Keine Diskussion zwischen den einzelnen Aussagen. Nach Abschluss des Blitzlichts kann die Gruppe überlegen, ob sie wichtige Themen aufgreifen und gemeinsam diskutieren möchte.

Die wichtigste Variante in Seminaren, für die Texte gelesen werden mussten, lautet, reihum vorgetragen: „Wie ich mich auf diese Sitzung vorbereitet habe und wie ich mir die Gestaltung der heutigen Sitzung didaktisch wie methodisch vorstelle." (Vgl. S. 77, 147, 187, 194)

Aquarium

In Großgruppen geeignete Sozialform, anstelle des in dieser Menge nicht möglichen Gruppengesprächs in der Mitte des Raumes eine Gesprächsbühne der Art herzurichten, dass in einem Innenkreis auf den dort aufgestellten vier oder fünf

Stühlen jede/r, die/der möchte, für eine kurze Frist Platz nehmen kann, um sich (stellvertretend für das Plenum oder einzelne Arbeitsgruppen) am Gespräch zu beteiligen, um danach wieder ins beobachtende und zuhörende Plenum (Außenkreis) zurück zu kehren. (Vgl. S. 70, 195)

Arbeit mit Bildern

Fotos aber auch Bilder in einer Ausstellung werden zum Anlass für kreatives Schreiben genommen; vgl. als Techniken *CLUSTERN; PYRAMIDE, SCHNELLSCHREIBEN, ELF-WORTE-GEDICHT.* Vgl. des weiteren *BILD-KARTEI.*

Arbeitsblätter

Neben knapp gehaltenen Informationen in Form von Schaubildern, Übersichten dienen Arbeitsblätter vor allem der problemorientierten Falldarstellung oder der Zusammenstellung von Thesen samt Erschließungs-Fragen. (Vgl. S. 70)

Arbeitsgruppen

Zeitlich befristete Aufteilung in arbeitsteilige oder mit gleicher Thematik beschäftigte Gruppen, die jeweils ganz exakten Arbeitsaufträgen zu genügen haben und deren Ergebnisse durch eine(n) Berichterstatter/in gesichert und vorgetragen werden. Die Gruppen sollten höchstens aus drei und fünf Beteiligten bestehen. Um bei der Gruppenbildung Irritationen zu vermeiden, die dadurch entstehen, dass man sich nicht so recht für ein Gruppenthema entscheiden kann oder nicht so gerne mit XY in einer Gruppe zusammen sitzen möchte, empfiehlt es sich, dies dem gesteuerten Zufall zu überlassen; meine Lieblingsvorschläge: 1. mein Geburtsdatum und angrenzende Daten — 2. Einzelkinder — 3. zerschnittene Postkarten, die verteilt werden und zusammengesetzt werden müssen — 4. *TIERNAMEN:* Jede/r erhält ein Kärtchen mit einem Tiernamen. Die 'Tiere' suchen durch spezifische Laute ihresgleichen zu identifizieren und finden so zu einer Arbeitsgruppe zu einander. (Vgl. S. 36, 70)

Arbeitstexte

Hier schlägt jeder in Gestaltung und Einsatz andere Wege ein. Mein Grundsatz lautet: Immer eine Herausforderung präparieren.

Assoziative Selbstaufschreibung

Abends eine Stunde für sich alleine, ohne Alkohol und Zigaretten mit einem Packen Papier und einem guten Schreibstift alles niederschreiben, was einem in den Sinn kommt: Absurdes, Belangloses, Peinliches, Unerhörtes, Unanständiges. Man geht jedem Nebengedanken nach. Immer neue Assoziationszusammenhänge tun sich auf, die notiert werden. Eine Methode, die täglich praktiziert, zum Abbau von Ängsten und Depressionen beiträgt (vgl. Meueler 1999, S. 96f.). (Vgl. S. 137)

Atomspiel

Ein Spiel am Anfang oder in Phasen der Müdigkeit und Unlust zwischendurch: Alle bewegen sich als 'Atome' frei im Raum. Der/die SpielleiterIn gibt die Geschwindigkeit der Bewegung mit Temperaturangaben (0 Grad = still stehen; 40 Grad = schnell gehen ; 60 Grad = laufen; 100 Grad = hüpfen) vor. Aus Atomen bilden sich Moleküle, deren Größe wiederum angegeben wird (2 = 2 Teilnehmer umarmen sich; 5 = fünf tun dergleichen usw.). Auf das Stichwort „Atomzerfall" trennen sich die TeilnehmerInnen wieder und bewegen sich wieder durch den Raum (Steiner Arbeitshilfen 1978, 1/6). Eine Variante, die ich gerne spiele: Alle tanzen auf eine flotte Musik aus dem Recorder. Dann stoppe ich plötzlich die Musik und rufe eine „Molekül-Zahl", worauf sich jeweils die TeilnehmerInnen in der entsprechenden Anzahl zusammenballen. Dann geht's wieder weiter mit der Musik. (Vgl. S. 35)

Baum zeichnen

Eine Methode des thematischen kreativen Schreibens und Zeichnens: Auf einem hoch gestellten DIN-A-4-Blatt wird ein Baum mit Untergrund, Wurzeln, Hauptstamm, Ästen, Zweigen, Blättern und Früchten als Folie für die Skizzierung eines beispielsweise historischen Problemzusammenhangs gezeichnet. Aus welchem 'Untergrund' ist das Problem entstanden, was ist sein Hauptstamm, was sind einzelne Äste etc.? Dem Hauptstamm und den sich verzweigenden Haupt und Nebenästen werden die einzelnen Aspekte des Themas zugeordnet. Die Zuschreibungen werden in die Skizze eingetragen und gegebenenfalls für die übrigen Beteiligten auf Postergröße gebracht. (Vgl. S. 157)

Bildkartei

Die Studienstelle der Deutschen Evangelischen Arbeitsgemeinschaft für Erwachsenenbildung (DEAE) hat vor Jahren eine Bildkartei produziert. Sie enthält 300 Schwarz- Weiß-Fotos aus der ganzen Breite gesellschaftlicher Situationen und Interaktionen, die zum Teil durch das Entstehungsdatum der Fotos schon etwas Patina angesetzt haben, aber immer noch ein faszinierendes Medium darstellen.

Alle 300 Fotos werden in einem Flur und/ oder auf den Tischen des Seminarraums ausgelegt. Die TeilnehmerInnen gehen umher und suchen sich je nach Arbeitsaufgabe ein Foto aus, von dem sie sich angezogen oder abgestoßen fühlen, kurz: das Emotionen in ihnen freisetzt, das sie dann zur Bearbeitung mit den Seminarraum bringen. Jede/r legt das Bild vor sich und versucht, es zu benennen. Zu diesem Titel/Thema wird in Einzelarbeit für 6 Minuten ein *CLUSTER* oder *SCHNELLGESCHREIBEN*. Aus dem auf diese Weise geschaffenen Wortmaterial wird ein *HAIKU* geschrieben.

Eine Spielart ist, immer zu dritt, so, wie man nebeneinander sitzt, zu jedem Foto ein *RENGA* zu schreiben. Der/die erste beginnt und schreibt zum selbst gewählten Foto zwei Zeilen á je 7 Silben und gibt beides nach links weiter. Die Nachbarin schreibt den zentralen *HAIKU (*5 Silben, 7 Silben, 5 Silben) und gibt beides an die linke Nachbarin weiter, die dann mit zwei Zeilen á je 7 Silben den *RENGA* vervollständigt.

Ob nun ein Haiku oder ein Renga entstanden ist, in beiden Fällen wird die Bildvorlage gut sichtbar platziert und die AutorInnen präsentieren jeweils ihre Texte zu ihrem Foto, indem sie sie jeweils zweimal langsam vorlesen. Die ZuhörerInnen schildern ihre Empfindungen beim Hören der Texte oder äußern sich zu den Fotos, wenn ihnen abweichende Assoziationen zum Bewusstsein gekommen sind.

Eine Variante: Die TeilnehmerInnen suchen sich je nach Arbeitsaufgabe ein oder zwei Fotos aus, die sie dann zur Bearbeitung mit den Seminarraum bringen.

Zum Beispiel kann die Aufgabe darin bestehen, in der Eröffnungssitzung zum Seminar „Kirchliche Erwachsenenbildung" unter den beiden folgenden Fragestellungen je ein Foto auszusuchen: 1. Was fasziniert mich an der Kirche? Welche positiven Assoziationen oder Erinnerungen verbinde ich mit „Kirche"? 2. Welche kritischen Assoziationen oder Erinnerungen an unangenehme Erlebnisse verbinde ich mit „Kirche"?

Oder spezieller: 1. Welche Freiräume erwarte ich mir von einer Mitarbeit in der Kirchlichen Erwachsenenbildung? 2. Mit welchen Einschränkungen und Zwängen dürfte ich in der Kirchlichen Erwachsenenbildung zu rechnen haben?

Es wird das Setting eines Auditoriums gebildet, vorne wird zentral ein Stuhl platziert. Nacheinander präsentieren alle, die dies wollen, ihre beiden Fotos und sprechen dazu. Sie dürfen nicht unterbrochen werden, es darf keine Kommentare, kein Flachsen, keine Rückfragen geben. Sobald alle durch sind, wird gemeinsam zusammengestellt, welche Eindrücke, Erfahrungen, Mutmaßungen durchgängig bei vielen aufzufinden waren. Diese werden fokussiert und ansatzweise unter historischem Aspekt wie strukturell diskutiert. (Vgl. S. 35, 77, 104, 146, 155)

Blitzlicht

Vgl. *ANFANGS-BLITZLICHT* und *SCHLUSS-BLITZLICHT.*

Als Zwischen-Blitzlicht, um die Gründe für deutlich spürbare, aber unausgesprochene Spannungen in der Gruppe zu ermitteln, eignet sich die *MOTORIN-SPEKTION* und die Übung 'Ich rühme mich, ich beklage mich':

Alle können nacheinander oder je nach Laune emotional getönte Statements abgeben, eine Diskussion ist nicht vorgesehen. *Erste Runde:* Ich beklage mich … *Zweite Runde:* Ich rühme mich. (Vgl. S. 51, 143, 158, 186)

Brainstorming

(engl. brain = Verstand + storming = das Stürmen). Durch das Sammeln und Auswerten spontan vorgebrachter Ideen und Einfälle der TeilnehmerInnen zu einem vorgegebenen Problem, einem Thema, einer Fragestellung soll eine kreative kollektive Bearbeitung ermöglicht werden. Die Einfälle werden an der Tafel oder auf einem Flipchart gut sichtbar notiert. Es ist nicht erlaubt, die Äußerungen anderer zu kommentieren oder zu kritisieren. Je flotter das freie Spiel der Einfälle läuft, desto besser. Alles, was gesagt wird, gilt, keine Qualitätsauslese zwischendurch. Alle geäußerten Ideen gehören allen. Abschließend wird das Wortmaterial gesichtet, bewertet und auf die zugrundeliegende Fragestellung hin gewichtet und weiterführend ausgewertet. Zu Brainstorming-Varianten im Kreativen Schreiben, insbesondere zum Schreibstart vgl. von Werder 1995 a, S. 46 f. (Vgl. S. 144)

Brainstorming-Lesen

Lesevorbereitung: BRAINSTORMING zum Titel des gelesenen Textes. Anlage einer Liste von Einfällen zum Titel.

Lesebegleitung: Identifikation der Hauptidee des Textes. Anlage einer Liste von Einfällen zur Hauptidee.

Lesenachbereitung: Bearbeitung der Listen aus Stufe 1 und 2. Herstellung von Beziehungen zwischen den Listenideen.

Leseverwertung: Gliederung der vier besten Listenideen. Abfassung eines Textes, in dem die vier Ideen im Zusammenhang dargestellt werden (von Werder 1995c, S. 44). (Vgl. S. 190)

Brief an die Bewohner eines anderen Sterns

Eine Methode des thematischen kreativen Schreibens: Den fiktiven Bewohnern eines anderen Sterns wird nach einem vorbereitenden *CLUSTERN* oder *SCHNELLSCHREIBEN* (je 6 Minuten) das in Frage stehende Problem brieflich vorgestellt. (Vgl. S. 130, 157)

Buchstaben-Gedicht

Buchstabengedicht: Ein Gedicht nach Art der konkreten Poesie, in dem der knappe Inhalt durch die Form repräsentiert wird. (Dagmar / Julia) (Vgl. S. 147)

Cartoons

Ich sammle privat Cartoons und stelle mir aus den schönsten jeweils in einer Sechser-Auflage Briefpapier her, das ich ganz themenzentriert nutze, wenn ich Freunden schreibe oder Studierenden mitteile, dass ich ihre Hausarbeit nachgesehen habe und sie zur Besprechung in meiner nächsten Sprechstunde erwarte. Wenn ich Cartoons (auf Folie über den Tageslicht-Schreiber oder abgezogen auf Papier) didaktisch einsetze, halte ich strikt folgende Reihenfolge ein: 1. Alle schauen sich den Packen der an jede/jeden ausgehändigten unterschiedlichen themenbezogenen Cartoons (z. B. 20 Stück) an und freuen sich daran. 2. Man sucht sich ein besonders eindrückliches Blatt aus. 3. Drei, vier Minuten lang wird schriftlich festgehalten, was tatsächlich zu sehen ist. 4. Für 6 Minuten werden wird dann wahlweise mit Hilfe der Methoden des *CLUSTERNS* oder *SCHNELLSCHREIBENS* schriftlich zu den Darstellungen assoziiert. 5. Aus diesem Material werden wahlweise ein *ELF-WORTE-GEDICHT,* eine *PYRA-MIDE,* ein *KURZER PROSATEXT* geschrieben und 6. zweimal stehend vorgetragen. 7. Ich frage das Publikum jeweils, was bei ihnen zusätzlich zu der vorgetragenen Deutung „klingelt". (Vgl. S. 50)

Clustern

(cluster engl. = Traube, Büschel, Haufe, Menge, Schwarm, Gruppe). In Kenntnis der unterschiedlichen Funktionen der beiden Gehirnhälften entwickelte Gabriele Lusser Rico (1984) die Methode des Clustering, das einen kreativen Start des Schreibens durch gelenkte Assoziation ermöglicht: Sie wählen ein Startwort, schreiben es mitten auf ein quergelegtes Blatt und kreisen es ein. Nun lassen Sie entspannt die Einfälle kommen und verbinden für 6, 7 Minuten in Form von Assoziationsketten jeden der Einfälle mit dem eingekreisten Kernwort. Dann sehen Sie sich das Wortmaterial an und ziehen eventuell einige Verbindungslinien zwischen zusammen gehörenden Einfällen. Eine Schreibidee stellt sich ein. (Vgl. S. 79, 129, 145, 146, 152, 160, 181)

Destruktive und konstruktive Kritik

Dies ist eine Form des Feedback (engl. = Reaktion, Rückkopplung). Die Regeln für eine Rückmeldung für Lehrende und Lernende besagen in Kürze: aktiv zuhören, Ich-Botschaften formulieren, Bewertungen der Person vermeiden, sich auf konkrete Aussagen beziehen, freundliche und unterstützende Rückmeldungen in kurzen Statements versuchen, selber um ein Feedback bitten, sich nicht auf lange zurückliegende Situationen beziehen, keine weitschweifigen Diskussionen und Erörterungen zulassen. Erhalte ich ein Feedback, gilt es zuzuhören, Kritik auszuhalten und mich nicht zu verteidigen oder zu rechtfertigen (vgl. Siebert 1996, 305). Wer eine Bestrafungsgeschichte hinter sich hat und dementsprechend heute noch Angst vor öffentlicher Kritik hat, sollte ein offenes Feedback vermeiden und sich ein strukturiertes Feedback zu ganz bestimmten Fragen und Aspekten erbitten.

Überaus witzige und kreative Formen des Feedbacks auf selbst geschriebene Texte finden sich bei von Werder 2. Aufl. 1993a, S. 88 f.

Meine Lieblingsmethode des Feedback ist die *DESTRUKTIVE UND KON-STRUKTIVE KRITIK:*

Fällt in einer kritischen Diskussion einer Idee, einer These, eines Referats eine scharfe kritische Bemerkung, wird dies oft als kränkend erlebt. Dies wird mit dieser Brainstorming-Technik vermieden: Destruktive und konstruktive Kritik werden in zwei hintereinander liegende Abschnitte aufgeteilt. Bewertungen der Person sind untersagt. (Vgl. S. 79, 117, 157, 181, 182, 184, 186)

Die Uni aufsagen

Der Schweizer Schriftsteller Paul Nizon hat folgenden kleinen Text geschrieben: „Das Haus *aufsagen* /Das Haus hat seine Straße/Das Haus hat sein Gerücht/ Das Haus hat seine Hausbewohner/Das Haus hat seine Gegenden/Das Haus hat seine Todesfälle/Das Haus hat seine Landschaften/Das Haus hat seine Schicksale"(1994, S. 11). Nach diesem Muster lasse ich z. B. *die Uni aufsagen*, was so vorbereitet wird, dass sich jede/r für drei vier Minuten einige Sätze zur Uni nach dem Nizonschen Muster notiert. Dann stellen sich alle im großen Kreis auf und sagen hintereinander ihre Sätze auf. Zum rituellen Abschluss sagen alle: „Die Uni, die Uni, die Uni . . ." Anschließend kann jede/r in einem Blitzlicht zum Ausdruck bringen, wie sie/er sich und die anderen eben erlebt hat. (Vgl. S. 120, 138)

Dokumentation selbstverfertigter Texte im Kreativen Schreiben

Zu Beginn meiner Seminare im 'Kreativen Schreiben' bildet sich eine studentische Redaktionsgruppe, die alle im Seminar geschriebenen Texte sammelt und sie abschließend in einer angemessenen Auswahl systematisch geordnet und mit einem ansprechenden Layout versehen für alle dokumentiert. (Vgl. S. 141)

Doppel-Cluster

Vgl. *CLUSTER*. In dieser Version werden statt eines Kernworts zwei zusammenhängende Begriffe (z. B. Therapie und Erwachsenenbildung) in einen Kreis in der Mitte des quergelegten DIN-A-4-Blatts geschrieben und es werden zu beiden Begriffen Assoziationsketten gebildet. (Vgl. S. 157)

Doppeldecker fliegen

Einen Doppeldecker fliegen heißt dem Anspruch zu genügen, beispielsweise nicht nur *über* kreative Methoden zu informieren, sondern diese sogleich so erlebbar zu machen, dass die Beteiligten sich in deren Anwendung einüben können. (Vgl. S. 67)

Du-Text

Entscheiden Sie sich für eine Person aus der Gruppe und schreiben Sie für sie einen kurzen charakterisierenden Text. Nach der Übung werden alle Texte eingesammelt und verlesen. Autorin und 'Betextete' sollen anschließend von der Gruppe erraten werden.

„Der Du-Text ist ein sehr persönlicher Text. Er kann am Anfang wie auch am Ende eines Schreibkurses eingesetzt werden und ist ein guter Weg, um persönliche Nähe herzustellen. Im günstigsten Fall schreibt jede/r einen Text und bekommt jede/r einen Text. Hierbei ist ein gewisses Einfühlungsvermögen gefordert."(Dagmar/Julia) (Vgl. S. 147)

Elfchen-Lesen

Lesevorbereitung: Lesen Sie den Titel und die Untertitel des ausgewählten Textes. Schreiben Sie aus diesem Textmaterial ein *ELF-WORTE-GEDICHT* (= Elfchen).

Lesebegleitung: Verwandeln Sie alle wichtigen Ideen des gelesenen Textes in ein Elfchen. Das können ruhig mehrere sein.

Lesenachbereitung: Fassen Sie alle Elfchen in einem einzigen Elfchen zusammen.

Leseverwertung: Verwandeln Sie das letzte Elfchen in einen wissenschaftlichen Diskurs, der alle Ihre diskursiven Leseresultate wiedergeben kann (von Werder 1995c, S. 46) (Vgl. S. 190)

Elf-Worte-Gedicht

Auch 'Elfchen' genannte kurze Textform. Erste Zeile: ein Wort / zweite Zeile: zwei Wörter / dritte Zeile: drei Wörter / vierte Zeile: vier Wörter / fünfte Zeile: ein Wort. (Vgl. S. 50, 129, 139, 162)

Enrichment-Verfahren

(enrichment engl. = Anreicherung, Bereicherung). Wenn Einzelne oder mehrere Arbeitsgruppen die Bearbeitung eines Problems, einer Frage, eines Themas vorbereitet haben, wirkt es ermüdend, hintereinander mehrere Ergebnis-Präsentationen anhören zu müssen. Ich lasse daher oft eine Gruppe mit einer knappen Sachdarstellung beginnen und bitte die Übrigen, diese Sicht themenzentriert mit Statements (keine Diskussion) zu ergänzen. Dies geschieht jeweils zeitlich befristet. (Vgl. S. 118)

Essen, gemeinsames

Jede/r weiß, wie's geht und doch wird diese Kommunikationsform eines gemeinsam bestrittenen Essens oder üppigen Frühstücks, die von der kulinarischen Kreativität und Gastfreundschaft aller Beteiligten getragen wird, in der Uni, z.B. zu Beginn oder zum Abschluss eines Seminars, an einem Wochenendseminar, viel zu selten praktiziert. (Vgl. S. 147)

Fiktiver Dialog

Der *imaginäre Dialog*, stets in schriftlicher Form, kann für viele Zwecke eingesetzt werden: z.B. als Dialog mit Ratgebern (Geschwistern, Eltern, Freunden, Kollegen etc.) in einer Entscheidungssituation. Ich zeichne einen großen Tisch als Ratgeberrunde auf und notiere zu jedem Ratgeber, was er/sie entweder schon zu meinem Problem gesagt hat oder typischerweise sagen würde. Ich prüfe diese Ratschläge im Hinblick auf die eigenen Interessen der Ratgeber und stelle sie meinen Interessen gegenüber (mehr dazu Meueler 1999, S. 159ff.). (Vgl. S. 129)

Fiktive Lebensgeschichte

Zu Fotos die Lebensgeschichte dargestellter Personen erfinden, wobei die unterschiedlichsten Perspektiven Berücksichtigung finden können (vgl. Kap. 5, letzter Abschnitt) (Vgl. S. 163)

Fish- Bowl

(engl. = Fischglas). Synonym für *Aquarium*

Frankfurter Frauen-Foren

Anfang der 70er Jahre in den Frauenforen der VHS Frankfurt entwickelte Methode, in Gesprächskreisen den Alltag der beteiligten Frauen zum Thema strukturierter Selbsterfahrung zu machen. Die Gesprächsabläufe folgen festen Regeln, die aber durchaus von jeder Gruppe ihren eigenen Bedürfnissen gemäß verändert werden können; Hauptsache, sie halten sich an die selbst gesetzte Form. „Regeln für Selbsterfahrung: 1. Gemeinsam wird ein THEMA festgelegt. —— Es wird reihum gesprochen. —— Jede Frau berichtet nur über ihre eigenen Erfahrungen. —— Es gibt dabei keine Leiterin, sondern nur eine 'Regelwärterin'. —— Es darf nicht unterbrochen, rückgefragt oder kritisiert werden. —— 2. Das Feststellen der GEMEINSAMKEIT IN DEN EINZELERFAHRUNGEN —— 3. ANALYSE, das Aufdecken der gesellschaftlichen Zusammenhänge —— 4. BLITZLICHT" (Lenke/Volhard 1977, S. 270). (Vgl. S. 34)

Freewriting

Andere Bezeichnung für *SCHNELLSCHREIBEN.*

Gedichte schreiben

GEDICHTE SCHREIBEN, das geht unter anderem so: Ich gebe Blätter aus, auf denen jeweils zwei, drei Gedichte einer Autorin/eines Autors stehen. Die TeilnehmerInnen lesen die Gedichte durch und unterstreichen ein Wort, eine Wendung, die sie positiv oder negativ berührt. Zu diesem Wort, dieser Wendung schreiben sie für 6 Minuten einen *CLUSTER* oder schreiben automatisch (*SCHNELLSCHREIBEN)* in der gleichen Zeit dazu auf, was ihnen gerade an Assoziationen einfällt, dies mit der linken oder/und rechten Hand. Das entstehende Wortmaterial wird wieder daraufhin durchgesehen, welcher Begriff, welche Wendung den stärksten Eindruck macht. Von diesen Formulierungen anregt, unterstützt durch das weitere selbst assoziierte Wortmaterial und das Originalgedicht, wird nun in weiteren 10–15 Minuten ein Gedicht geschrieben, dies ohne Endreim, in offener Form. (Vgl. S. 160)

Gegensatz-Cluster

Vgl. *CLUSTER* und *DOPPEL-CLUSTER*

Haiku

(jap. = humorist. Vers, Posse), Gattung der japanischen Dichtung, bestehend aus drei ursprünglich humoristischen, später naturbezogenen Versen (= Zeilen) eines Kurzgedichts. Gilt heute als die typische traditionelle Form der japanischen Dichtkunst, vor allem als Ausdruck einer authentischen Vertrautheit mit der Natur und in der Betonung der Bedeutung des Augenblicks. Denkbare Anwendung in Erinnerung an einen Satz von Peter Bichsel „Stil entsteht nur unter Beschränkung": Ein vorgegebenes Thema wird auf drei Zeilen abgehandelt, wobei die erste Zeile fünf, die zweite sieben und die dritte wiederum fünf Silben ausweisen. (Vgl. S. 139, 147, 155)

Hochseillauf

Eine Methode der angeleiteten Selbstaufklärung über die lebensgeschichtlichen wie strukturellen Bedingungen der eigenen beruflichen Arbeit, das Verhältnis zu sich selbst, zu den KollegInnen und dem 'Publikum' in der Dialektik von angestrebter Selbstbestimmung und Angewiesensein auf andere. (ausführlich beschrieben in: Meueler 1999, 146ff.) Diese Methode, in der der Hochseillauf als zentrale Metapher für die berufliche Arbeit genutzt wird, fiel mir angesichts eines Fernsehberichts über die Performance des französischen Drahtseilkünstlers Philippe Petit am 12. Juni 1994 in Frankfurt/Main (1200 Jahr-Feier) ein. (Vgl. S. 138)

Impulsreferat

„Man darf über alles reden, nur nicht über zehn Minuten!" Dieser alte Satz aus der Erwachsenenbildung stellt das Gesetz dar, unter dem Impulsreferate, mit denen interessante Fragestellungen und Diskussionsimpulse für die nachfolgende Arbeit übermittelt werden sollen. Das Impulsreferat, das aus einem erweiterten *SECHS-SÄTZE-REFERAT* bestehen kann, bietet sich zum Einsatz zu Beginn oder als *ZWISCHENHALT* an. In ihm sollte nichts dargestellt werden, was die ZuhörerInnen selbst erarbeiten können. (Vgl. S. 35)

Innerer Monolog

Sieben Minuten Clustern, daraus einen 'inneren Monolog' erstellen; z. B. zum Thema: Eine StudentIn erlebt ein bestimmtes Seminar, eine Vorlesung (von Werder 1994b A 3.2, 4) (Vgl. S. 129)

Inneres Ich

Eine interessante Variante des *ROLLENSPIELS:* Je nach Absprache werden die einzelnen Rollen mit einem 'Inneren Ich' ausgestattet, das den Strom der Gedanken, die nicht ausgesprochenen Emotionen bis hin zu scharfen und lästerlichen Kommentaren zum Gegenüber und der gespielten Situation äußert. (Vgl. S. 77)

Intuitives Lesen

Lesevorbereitung: Lassen Sie sich von Ihrer Intuition bei der Auswahl des Textes leiten.

Lesebegleitung: Treten Sie beim Lesen neben sich. Achten Sie auf die Einfälle, die der Text in Ihnen hervorruft. Halten Sie die wichtigsten Einfälle schriftlich fest.

Lesenachbereitung: Verschriftlichen Sie die wichtigsten Ideen.

Leseverwertung: Verwandeln Sie Ihre Ideen in einen wissenschaftlichen Kurztext über den gelesenen Text (von Werder 1995c, S. 52). (Vgl. S. 190)

In zwei Rubriken schreiben: Alle Lügen, alle Wahrheiten

Zu einem umstrittenen Thema werden für 7 Minuten in zwei Rubriken des längs geteilten Blatts alle 'Lügen' und alle 'Wahrheiten' aufgeschrieben und nachher unkommentiert vorgelesen (von Werder 1994b, A 3.2,4). Siehe auch: *ALLE LÜGEN, ALLE WAHRHEITEN* (Vgl. S. 129)

Journalschreiben

In einer *SCHREIBKLADDE*, am besten einer unlinierten dicken Kladde, für ein bestimmtes Seminar angelegt, werden alle themenrelevanten Einfälle und Notizen, Fragen, ansatzweise Gliederungen für die Hausarbeit, Alltagsbeobachtungen, Zitate aus wissenschaftlichen Aufsätzen und Büchern, Romanen und Zeitungen, dem Fernsehen, dem Internet, denkbare Aufgaben, Kommentare zu gelesenen Texten, eigene Produktionen und Ideen zu weiteren Produktionen gesammelt (vgl. grundsätzlich von Werder 1995a, S. 45 f. u. Register). Vgl. S. 111, 112, 113, 133, 139, 183, 185)

Kennenlern-Spiele

In Anfangssituationen von neu gestarteten Seminaren ist es äußerst wichtig, dass sich alle Beteiligten so intensiv kennen lernen, dass sie sich fortan zumindest mit dem Vornamen ansprechen können. Meine Lieblingsspiele sind das *AKROSTICHON ZUM VORNAMEN, NAMEN RAPPEN* und *MEIN RECHTER, RECHTER PLATZ IST LEER*. Da jeder gerne in fremden Umgebungen seinen Namen hört, mache ich es zur Pflicht, dass jede/r im Seminar zu Beginn eines Beitrags ihren/seinen Vornamen sagt. Werden diese Bemühungen um wechselseitiges Kennenlernen miteinander verknüpft, kommt eine vertraute Atmosphäre auf. (Vgl. S. 141)

Kettengedicht

Es wird ein Kettentext geschrieben, in dem jede Zeile mit dem gleichen Wort beginnt und gegebenenfalls mit einem Reim endet, zum Beispiel: Rund ist der Käse, der rollt.

Rund ist der Mund, der schmollt. (Dagmar/Julia) (Vgl. S. 147)

Kollektive Nonsens-Geschichten

Es werden Gruppen von 8–11 Personen gebildet, die sich zu Schreibrunden zusammensetzen. Jede/r am Tisch beginnt auf einem Extra-Blatt eine Geschichte zu schreiben. Das Blatt wird nach der Niederschrift des ersten Satzes nach links weitergegeben. Der Nachbar ergänzt den zweiten Satz und gibt das Blatt wieder weiter an den Nachbarn zu seiner Linken. Die Regeln lauten: „Schreib die angefangene Geschichte nicht einfach brav weiter, sondern versuche ihr eine möglichst anarchische Wende (sex and crime passen immer) zu geben. Erfinde Handlungen und notiere möglichst wenig Reflexionen!" Gibt es irgendwo einen Schreibstau, dann können weiterzuschreibende Geschichten im Ausnahmefall an diejenigen gegeben werden, die im Moment ohne Arbeit sind. Haben alle die Blätter mit dem eigenen Geschichten- Anfang wieder in der Hand, versucht jede/r, die entstandene Geschichte sinnvoll abzurunden. Verboten ist es, eine verworrene oder verrückte Geschichte mit dem Passepartout-Satz abzurunden: „Der Wecker klingelte und es war alles nur ein Traum gewesen." Ich setze diese Übung vor allem auch deshalb gerne in der ersten Sitzung von Kursen zum Kreativen Schreiben ein, weil die Gemeinschaftsproduktion verrückter Geschichten die Angst nimmt, sich beim Vorlesen des entstandenen Textes zu „blamieren". (Vgl. S. 144, 154)

Konfliktgespräch

Konflikte sind Interessen-Auseinandersetzungen, deren Bearbeitung in Gruppen vor allem deshalb so viel Mühe macht, weil sie mit Gefühlen, z.B. von Ohnmacht und Macht, belegt sind. Daher sollten zu Beginn einer strukturierten Konfliktbearbeitung, der *Klage-Phase*, immer die Gefühle, die anlässlich einer Störung aufgekommen sind, in Form von Statements (ohne Diskussion) zum Ausdruck gebracht und summiert werden („Welche Klage bestimmt durchgängig alle Äußerungen?") . In der nachfolgenden Phase sollten die Klagen in *Wünsche* umgewandelt werden. Diese Phase kann in Form eines *BRAINSTORMINGS* durchgeführt werden. Abschließend sollen die formulierten Wünsche daraufhin überprüft werden, welche von ihnen hier und jetzt realisierbar sind (*Phase der Lösungen*). (Vgl. S. 110)

Kontrakt-Lernen

Ist ein Seminar überfüllt, schlage ich vor, dass diejenigen, die außerhalb des Seminars in einer Studiengruppe selbständig die anstehende Problematik bearbeiten wollen, sich melden. Ich handele mit ihnen die Bedingungen aus, unter denen sie für ihre Arbeitsergebnisse einen Leistungsnachweis erhalten können und erkläre mich bereit, ihnen innerhalb meiner Sprechstunde oder zu besonders verabredeten Zeiten beratend zur Seite zu stehen. Einen solchen Kontrakt kann auch jemand erbitten, der/die aufgrund besonderer Lebensumstände verhindert ist, regelmäßig am Seminar teilzunehmen. (Vgl. S. 162)

Konzentrische Kreise

Macht es die Bearbeitung irgendeines Themas nötig, Prioritäten herauszuarbeiten, setze ich, dazu angeregt durch Reiner Czichos (1993, S. 41), das einfache Ordnungsprinzip konzentrischer Kreise ein, die als erstes in einer Dreierformation auf ein DIN-A-4-Blatt gezeichnet werden. Ich lasse danach beispielsweise zum Thema „Aufgaben von ErwachsenenlehrerInnen" für 6 Minuten *SCHNELLSCHREIBEN* oder *CLUSTERN,* um dann die Ergebnisse dieses individuellen *BRAINSTORMINGS* in folgender Abstufung innerhalb von sieben Minuten in die Kreise eintragen zu lassen. *Innerster Kreis:* Kernaufgaben —— *Zweiter angrenzender Kreis:* unterstützende Aufgaben —— *Dritter äußerster Kreis:* angrenzende Aufgaben —— Außerhalb des dritten Kreises können noch weitere Aufgaben eingetragen werden, die aber in dieser Prioritäten-Liste nicht vorkommen. Für weitere 10–15 Minuten lasse ich dann jeweils zu zweit oder dritt die Prioritäten-Setzung miteinander abgleichen und durchdenken. Verbleibende Zweifel werden im anschließenden Plenum behandelt. (Vgl. S. 76)

Kreatives Schreiben, 10 unterschiedliche Formen

Beginne ich ein Seminar beispielsweise zu den Begriffen „Bildung / Erziehung", vermeide ich es, in der ersten Sitzung (die stets vierzehntäglich vierstündig stattfinden) das Ganze mit einem Lehrervortrag beginnen zu lassen. Stattdessen fordere ich die TeilnehmerInnen dazu auf, zu einem der beiden Begriffe oder zu beiden wahlweise eine oder mehrere der im Folgenden genannten Schreibtechniken zu nutzen, um sich selbst erst einmal zu diesem Thema, das ja lebensgeschichtlich und alltagstheoretisch hoch besetzt ist, in schriftlicher Form auszuholen, zu meditieren. Ich stelle dazu folgende 10 Techniken, die ich zum Teil bei Lutz von Werder entdeckt habe, zur Auswahl. 1. *SCHNELLSCHREIBEN* oder *CLUSTERN* oder *DOPPELT-CLUSTERN* für 6 Minuten, um aus dem Material ein *ELF-WORTE-GEDICHT* entstehen zu lassen. —— 2. Mit gleicher Vorbereitung eine *PYRAMIDE* mit bis zu 10 Zeilen. —— 3. Mit gleicher Vorbereitung einen *KURZEN PROSATEXT* von einer Drittelseite, wobei der erste und der letzte Satz identisch sein sollten, um dem Text einen Rahmen zu geben. —— 4. *ZETTELLAWINE* zum Thema, wobei abschließend die Zettel entweder nach Wichtigkeit nummeriert oder in Form einer denkbaren Gliederung für einen Essay ausgelegt werden. —— 5. *AKROSTICHON* zu beiden Begriffen —— 6. Zu je zwei Personen für 45 Minuten *OFFENES SCHREIBGESPRÄCH.* —— 7. Zu je zwei Personen für 45 Minuten ein *STRUKTURIERTES SCHREIBGESPRÄCH.* —— 8. Einen *BAUM ZEICHNEN* und beschriften. —— 9. *ALLE LÜGEN, ALLE WAHRHEITEN* zum Thema. —— 10. *BRIEF AN DIE BEWOHNER EINES ANDEREN STERNS.*

Danach werden die Texte in Auswahl verlesen, die kollektiv verfassten Texte mit verteilten Stimmen. Das Publikum ist zur Aktivität aufgerufen, nämlich das Durchgängige in allen Texten herauszuhören und abschließend zu benennen. (Vgl. S. 76, 153, 185)

Kurze Prosatexte

Nach einer Vorbereitung von 6 oder 7 Minuten des *SCHNELLSCHREIBENS* oder *CLUSTERNS* zu einem Thema wird für 10–15 Minuten ein kurzer Text von einer Drittelseite geschrieben, dessen erster und letzter Satz identisch sein sollten (Rahmung). (Vgl. S. 139)

Kurzfilm als Starter

Einsatz eines Kurzfilms anstelle eines *IMPULS-REFERATS,* wobei arbeitsteilig einige wenige gezielte themenorientierte Beobachtungsaufgaben gestellt werden sollten. (Vgl. S. 71)

Lehr-Lern-Vertrag

Als Ausdruck wechselseitiger Anerkennung von LehrerInnen und TeilnehmerInnen der EB/WB, aber auch in Uni-Seminaren fungiert der *Lehr-Lern-Vertrag* , in dessen Aushandlung die Lernsubjekte ihre Lernbedürfnisse und – wünsche, die Lehrsubjekte ihre Auffassung von den je spezifischen Lernerfordernissen als dem notwendigerweise zu Lernenden einbringen (vgl. Meueler 2/1998, 229 ff.). Alle sind potentielle Subjekte der gemeinsamen Arbeit und Objekte der daraus erwachsenden inhaltlichen wie psychosozialen Anforderungen zugleich. Der *Erfahrungsaustausch* und die gemeinsame Bearbeitung bedeutsamer Themen und Probleme ersetzen das alte Belehrungskonzept. Das Verhältnis der Beteiligten zueinander ist idealerweise dialogisch. Es zielt auf Gleichheit bei gleichzeitiger Differenz im mitgebrachten Wissen, pädagogischen Kompetenzen und in den hier zu verkörpernden sozialen Rollen. Die PädagogInnen geben zwar die methodische Grundanregung zum Aushandeln des Lehr-Lern-Vertrags, bleiben aber Teil des gemeinsam zu gestaltenden sozialen Systems, das permanent jene Bedingungen zu schaffen versucht, die für die Bewältigung der gemeinsam definierten Aufgaben notwendig sind. *Vorbereitung:* durch *STRUKTURIERTES BRAINSTORMING.* (Vgl. S. 3, 14, 33, 71, 86, 104, 170)

Literatur nimmt Gestalt an

Methode aus der Gestaltgruppenarbeit: Wird ein Aufsatz zur häuslichen vorbereitenden Lektüre aufgegeben, wird zugleich das Seminar mit einer Handbewegung in zwei Hälften aufgeteilt. Die eine Hälfte der Seminarteilnehmer erhält die Aufgabe, sich mit dem Autor dieses Aufsatzes so zu identifizieren, dass sie in der Lage sein wird, in der nächsten Seminarsitzung, in der der Aufsatz ausgewertet werden soll, diesen Autor als Person zu verlebendigen. Die andere Gruppe des Seminars soll die Kritiker dieses Aufsatzes stellen. In der Seminarsitzung selbst sitzen sich der in der Gruppe gestaltgewordene Autor des Aufsatzes und seine Kritiker gegenüber. Es beginnt ein Gespräch zwischen dem (kollektiven) Autor des Aufsatzes und seinen Kritikern. Die Phantasie und Vorstellungskraft aller Beteiligten wird mobilisiert. Es entwickelt sich eine kritische und schöpferische Auseinandersetzung mit dem Aufsatz.

Abschließend gibt es neben der inhaltlichen Ergebnissicherung eine kurze Verständigung darüber, wie sich die Beteiligten in den Spielrollen erlebt haben und darüber, ob diese Form der Auseinandersetzung dem Thema und den eigenen Erwartungen an eine lebhafte Auseinandersetzung gerecht geworden ist. (Vgl. S. 48, 183)

Mein rechter, rechter Platz ist frei

Beliebtes Spiel an Kindergeburtstagen, aber auch sehr geeignet, um sich zu Beginn von Seminaren möglichst schnell die Vornamen der Beteiligten einzuprägen: Die/der Leiter/in stellt im Stuhlkreis rechts von sich einen leeren Stuhl auf. Dann gibt sie/er einen Rhythmus vor. Man schlägt mit beiden Händen zuerst auf die Oberschenkel, dann klatscht man in die Hände, um danach mit den Fingern zu schnipsen, erst rechts, dann links. Dieser Vierer- Rhythmus wird als erstes eingeführt. Wenn er steht und die ganze Runde ihn vollzieht, sagt die/der LeiterIn im Rhythmus: „Mein rechter, rechter Platz ist frei. Ich wünsche mir die XY herbei." Die Aufgerufene wechselt auf den leeren Stuhl. Der Rhythmus läuft weiter. Die/der linke NachbarIn des geräumten und damit leeren Stuhls fährt nun ihrerseits/seinerseits fort: „Mein rechter, rechter Platz ist frei ..." Zum Abschluss können auf den freien Platz auch alle Giselas, Stefans, alle Raucher, Nichtraucher, Golffahrer, Internetnutzer etc. geladen werden, was Stimmung macht.

Motorinspektion

Bei merkbarer Unruhe und Unzufriedenheit oder auch in der zeitlichen Mitte des Seminars als *ZWISCHEN-BLITZLICHT*: In die Mitte des Raumes wird ein farblich auffälliges Brillenetui, ein Buch oder dergleichen gelegt. Alle werden gebeten, sich im Raum und in den Flur hinein bis auf Sichtweite so aufzustellen (die Türe wird geöffnet), dass sie den Grad ihrer aktuellen Nähe zum Seminargegenstand demonstrieren können. Haben alle einen festen 'Standpunkt' eingenommen, gibt es zwei Feedback-Runden, wobei die folgenden Äußerungen jeweils durch die Nennung des Vornamens eingeleitet wird. *Erste Runde:* „Aus welchen Gründen stehe ich in diesem Abstand vom Thema?". Die/der SeminarleiterIn notiert die Äußerungen in einer an den Namen orientierten Synopse. *Zweite Runde:* „Was sollte sich an der inhaltlichen, methodischen wie sozialen Seminargestaltung ändern, damit ich näher an das Thema herankomme?" Abschließende Einigung über die Konsequenzen aus dieser Interaktion.

Nachrufe auf fiktive Verstorbene

Amüsantes Schreibspiel: In Kleingruppen sollen für fiktive Verstorbene Nachrufe erstellt werden. Je skurriler, umso besser. (Vgl. S. 147)

Namen rappen

Diese Interaktion bietet die Möglichkeit, gleich zu Beginn in einer lebhaften und rhythmischen Form in einer gemeinschaftlichen Aktion sowohl die Namen der anderen kennen zu lernen als auch in einen lebhaften sozial-emotionalen Kontakt mit ihnen zu treten. *Erster Schritt:* Alle stellen sich in einem Kreis auf. Reihum werden die Vornamen bekannt gegeben, wobei zwischen den Namensnennungen eine rhythmisch betonte Pause in der Form gesetzt wird, dass ein einfacher Rhythmus entwickelt und gemeinsam von allen eingehalten wird. *Zweiter Schritt:* Jede/jeder spricht seinen Vornamen ein zweites Mal, diesmal im vorgegebenen Rhythmus, worauf der Name von allen aufgenommen und rhythmisch wiederholt wird. Dies für eine kleine Weile. Dann kommt der nächste Vorname, der wieder aufgenommen wird, wobei ein Teil der Runde aber weiterhin im Rhythmus den ersten Namen wiederholt. So werden alle Namen eingebracht und es steht jedem frei, alleine für sich oder mit anderen zusammen schon vorher gefallene Namen rhythmisch zu wiederholen. Sind alle durch, tanzen die Leute zum Rhythmus durch einander und sprechen sich rhythmisch rappend mit ihren Vornamen an. (Vgl. S. 161)

Namensschilder auf Tesakrepp

Für die – unabschließbare – Arbeit des Sich-Kennenlernens ist der Name wichtig, der eigene, wie der der anderen. Da in fremden Umgebungen der eigene Name das schönste Wort zu sein scheint, was ich hören möchte, muss dieser Name sichtbar werden. In der üblichen Reihum-Vorstellung in der Gruppe verweht der Name in dem Moment, in dem er ausgesprochen wurde. Dem gilt es entgegenzuwirken.

Es empfiehlt sich, den Namen mit großen Buchstaben (jeder kann für sich entscheiden, ob er den Familiennamen oder den Vornamen für die anderen bekannt geben will) mit einem Filzstift auf ein leicht ablösbares Klebeband (z.B. 5 cm breites Tesakrepp) zu schreiben und es sich über die Brust zu kleben. (Vgl. S. 104, 141)

Nasa-Spiel

Eine immer wieder der amerikanischen Luft- und Raumfahrtbehörde NASA (National Aeronautics and Space Administration) zugeschriebene Form der Gruppenarbeit, in der eine bestimmte Fragestellung in jeweils kurzen Zeitfristen erst in einer individuellen Selbstaufschreibung, dann in einer Zweiergruppe, dann in einer Vierer-Gruppe, gefolgt von einer Achtergruppe usw. bearbeitet wird. Ich handhabe diese Methode so, dass ich hier einen methodischen Stop mache und die Viereregruppen in *STEHKONFERENZEN* übergehen lasse, die im Umfang von 8, 9 Personen abschließend je ein Kommuniqué verkünden. (Vgl. S. 38)

Nur in Farben, nur in Gefühlen

Eine Idee von Lutz von Werder (1994b, A 3.2,4), die Hochschule nur in Farben und Gefühlen zu beschreiben.

Offene Lerngelegenheit

Ist die didaktische Entscheidung getroffen, keine *Lehr*veranstaltung mit eindeutiger Lehrer-Dominanz, sondern eine *Lern*gelegenheit zu organisieren, muss überlegt werden, für was sie alles geöffnet werden soll: z.B. für *LEHR-LERN-VERTRÄGE,* in denen Lehrende und Lernende gemeinsam über die Ziele, Inhalte, Methoden und Sozialformen der Arbeit entscheiden, für kreative Methoden, für den Ausdruck von Gefühlen, für die offene Bearbeitung von Konflikten etc.(vgl. Meueler 5/1998, S. 125ff. und 149ff.) (Vgl. S. 36)

Offenes Schreibgespräch

Zwei einander gegenüber sitzende Personen führen, ohne zu reden, über ein festgelegtes Thema mittels eines großen möglichst unlinierten (damit man auch etwas hinein kritzeln kann) Heftes ein schriftliches Gespräch; dies für eine Zeit-Stunde. (Vgl. S. 104, 129, 152)

Partner-Interview

Die beiden wichtigsten sozial-emotionalen Erwartungen der teilnehmenden Erwachsenen scheinen wohl folgende zu sein: Werde ich als Person sichtbar? Werde ich von den anderen akzeptiert und freundlich angenommen? Diesen unbewussten Fragen kann schon gleich zu Beginn des Seminars positiv entsprochen werden

Jeder möge sich in der Runde jemanden suchen, der ihm bislang am unbekanntesten ist. Die beiden Partner, die sich so zusammenfinden, interviewen einer den anderen für jeweils 15 Minuten. Sie fragen den anderen nach dem Namen, den familiären wie beruflichen Lebensbedingungen, nach den Erwartungen an dieses Seminar, danach, was sie hier gerne und was sie hier unter keinen Umständen erleben möchten. Nach der Interview-Runde setzen sich die beiden nebeneinander ins Plenum und stellen sich wechselseitig der Gesamtgruppe vor. *Variationen:* Bei der Vorstellung im Plenum stellt sich der jeweilige Sprecher hinter den Stuhl seines Partners, legt beide Hände auf dessen Schulter und tut so, als sei er der Partner, der sich selbst vorstellt. Derjenige, der so verfremdet vorgestellt wird, kann die gemachten Angaben korrigieren, ergänzen und bestätigen. In der Kennenlern-Runde können über das Partner-Interview auch Seminarbedingungen wie die der Anreise, des ungünstig gelegenen Wochentags, Widrigkeiten, wie schlechtes Wetter und ähnlich thematisiert werden. Der/die DozentIn beteiligt sich an diesem Partner-Interview. (Vgl. S. 47, 141)

Pausen

Pausen müssen gleichmäßig über die Arbeitszeit verteilt werden. Ihre Länge kann ganz allgemein, bezogen sowohl auf die Arbeit für sich alleine, wie beim Lernen in der Gruppe, wie folgt festgelegt werden: *Die Fünf Minuten-Pause:* Alle 30 Minuten sollte ganz bewusst eine Pause von dieser Länge eingelegt werden. Sie sollte nicht mit Gesprächen zum Thema, sondern mit Aufstehen vom Arbeitsplatz und etwas Bewegung gefüllt werden. — *Die Entspannungspause:* Wenn eine bis anderthalb Stunden gearbeitet worden sind, sollte zusätzlich eine längere Pause von etwa 20 Minuten Dauer eingelegt werden. Der Arbeitsplatz sollte verlassen werden, um sich entspannen zu können. — *Die Erholungspause:* Nach zwei, drei Zeitstunden Arbeit muss eine gründliche Entspannung ermöglicht werden, die mindestens eine, nicht aber mehr als zwei Stunden dauern sollte, da sonst der Wiedereintritt in die Arbeit zu schwer fällt. (vgl. Arbeitsgemeinschaft Lernmethodik 1980, 5. S. 51 ff.) (Vgl. S. 78)

Phantasieanzeigen schreiben

Methode des Kreativen Schreibens: „Für Nonsens-Zeitungsannoncen sollte etwas mehr Zeit zur Verfügung stehen, wenn nicht schon geübte Schreiber/innen am Werk sind. Die Schwierigkeit hierbei liegt in dem Anspruch, einen gelungenen witzigen Text zu erstellen; doch ein gelungener Wortwitz ist entweder ein 'Geschenk' oder harte Arbeit." (Dagmar/Julia) (Vgl. S. 144)

Podiumsdiskussion

Eine Sozialform, die ich möglichst wenig nutze, weil die Verführung zu groß ist, dass diejenigen, die auf dem Podium sitzen, *stellvertretend* für ihre Zuhörer das Thema abhandeln und diese zur Passivität, zum Abschalten verdammen. Gleichwohl kann diese Form mitunter genutzt werden, um durch bis zu maximal vier Personen ein kontrovers beurteiltes Problem für eine befristete Zeit (strenge Zeitmoderation ist unerlässlich) zu diskutieren, um es dann ans Plenum abzugeben, oder um Arbeitsgruppen ihre Ergebnisse präsentieren zu lassen. Der/die GesprächsleiterIn muss klare Fragen stellen, deutlich strukturieren und sich vor allem mit eigenen inhaltlichen Beiträgen ganz zurückhalten. (Vgl. S. 34)

Pseudowissenschaftliche Definitionen von Fremdwörtern

Vergnügen ist pure Energie, daher sollte bei sehr trockenen und ermüdenden Arbeiten ab und zu ein kleines Zwischenspiel eingebaut werden, so z. B. dieses, wo aus einem Fremdwörterlexikon fünf, sechs sehr fremd anmutende Begriffe ausgewählt und an die Tafel geschrieben werden. Jede/r sucht sich einen oder mehrere dieser Begriffe aus und schreibt nach 6 Minuten *SCHNELLSCHREIBEN* als Vorbereitung eine pseudowissenschaftliche Definition des Begriffs/der Begriffe. Vortrag wie beim *AKROSTICHON*, wobei immer abschließend die Originaldefinition des Lexikons präsentiert wird. (Vgl. S. 160)

Pyramide

Kurztext, durch *SCHNELLSCHREIBEN* oder *CLUSTER* vorbereitet: *Erste Zeile:* 1 Wort — *Zweite Zeile:* 2 Wörter usw. bis, je nach beabsichtigter Länge der *sechsten Zeile* mit sechs Wörtern bzw. der *zehnten Zeile* mit 10 Wörtern. (Vgl. S. 129, 139)

Reih-Um-Text: Jeder einen Satz

Eine Idee von Lutz von Werder(1994b, A 3.2,4); z. B. zum Thema: Körpererfahrungen an der Hochschule. (Vgl. S. 129)

Renga

Erweiterter Haiku: Das japanische Kettengedicht besteht aus sieben Zeilen mit der Silbenaufteilung 7-7 für die erste Strophe, 5-7-5 für die zweite und wieder 7-7 für die letzte Strophe. Ich lasse *Rengas* zu Themen oder zu Fotos der *BILDKARTEI* schreiben, wobei jede/r, vorbereitet durch 6 Minuten *SCHNELLSCHREIBEN* oder *CLUSTERN* eine *RENGA* –Strophe schreibt und den Text zum Weiterschreiben (samt dem Foto) an den linken Nachbarn gibt. (Vgl. S. 139, 147)

Rollenspiel

RUNDUMSPIELE (jemand beginnt eine Geschichte zu erfinden, der Nachbar muss das Beschriebene pantomimisch darstellen, dann weitererzählen etc.) und KLAMAUKSPIELE (eine verrückte Alltagskapriole wird in Szene gesetzt) bieten die Chance, sich in fremde Rollen zu versetzen. Sie dienen der Kommunikation und dem Vergnügen. Das ANGELEITETE ROLLENSPIEL mit vorgegebenem Konflikt und vorgegebener Rollen-Charakteristik wird oft in der betrieblichen WB eingesetzt. Hier interessieren drei Varianten des SPONTANEN ROLLENSPIELS (vgl. Müller 1982, S. 202 ff.): 1. Variante: ERFAHRUNGS-ROLLENSPIEL (Darstellung, Analyse, Verarbeitung von früheren Erfahrungen, als Konflikt dargestellt) —— 2. Variante: ERLEBNISROLLENSPIEL (Impuls für nachfolgende Diskussion) —— 3. Variante: ENTSCHEIDUNGS-ROLLENSPIEL (Vorbereitung, Durchführung, Lösungsfindung, Reflexion und Korrektur von rollengebundenen Entscheidungen; z. B.: „Soll ich weiter studieren oder einen praktischen Beruf erlernen?"). Dies als KETTENROL-LENSPIEL mit mehreren kleinen hintereinander folgenden Szenen, in denen dargestellt wird, dass die Entscheidung in mehreren Phasen vor sich geht. ARBEITSSTUFEN: 1. Die TeilnehmerInnen werden aufgefordert, sich für 5, 6 Minuten einen relevanten Konflikt bzw. eine anstehende Entscheidung auszudenken. —— 2. Diese werden dem Plenum ganz knapp mitgeteilt, wobei schon angegeben wird, wie viele Rollen (u. U. unter Einsatz des *INNEREN ICHS)* zu besetzen sein dürften. —— 3. Die TeilnehmerInnen entscheiden sich für je eine bestimmte Spiel-Konstellation, an deren Erarbeitung sie gerne mitmachen würden.—— 4. Die Spielgruppen gehen auseinander und verteilen die Rollen. —— 5. Jede/r meditiert erste einmal mittels 6 Minuten *SCHNELLSCHREIBEN* über ein eigenes Rollen-Konzept, die notwendige Argumentation etc. —— 6. Die Gruppenmitglieder raufen sich mit ihren Rollen-Konzepten zusammen und erstellen ein kleines Drehbuch mit Argumentationsablauf und -möglichkeiten. —— 7. Die Rollenspiele werden, u. U. wiederholt, aufgeführt, wobei die Regel gilt, das Ganze nur knapp anzudeuten und nicht breit spielerisch auszuwalzen. Die ZuschauerInnen machen sich aktiv Notizen und können, je nach grundsätzlicher Vereinbarung, auch mit Nebenrollen das Spiel ergänzen, stören, lähmen. Sie sollten das Feld jeweils verlassen, wenn ihr Part um ist. —— 8. In der Auswertungs-Phase nennen alle Beteiligten, SpielerInnen wie BeobachterInnen ihre Beobachtungen und Empfindungen. Diese Äußerungen werden diskutiert und in einen Zusammenhang mit den strukturellen Bedingungen des dargestellten Konflikts sowie des Rollenverhaltens gebracht. Es werden Verbesserungsvorschläge gemacht. ——9. Gegebenenfalls Spielrevision, Erfahrungsaustausch und Realitätsbezug. (Vgl. S. 70, 77)

Schlussauswertung

Die Schlussauswertung eines Seminars kann mit Methoden des Kreativen Schreibens beispielsweise so geschehen: Jede/r schreibt für sieben Minuten bis zu 20 Begriffen auf, die im nunmehr beendeten Seminar eine Rolle gespielt haben und unterstreicht den subjektiv bedeutsamsten Begriff. Dieser Begriff kann (auch in Kombination mit anderen) als Kern einer wichtigen gewonnenen Einsicht, einer hier gemachten Erfahrung für ein *ELF-WORTE-GEDICHT,* eine *PYRAMIDE,* einen *KURZEN PROSATEXT* genutzt werden. Nach jedem verlesenen Text kann mit der Frage „Was klingelt bei Ihnen?" Gelegenheit zu verwandten oder entgegengesetzten Statements gegeben werden. (Vgl. S. 71)

Schluss-Blitzlicht

Um den Schlussäußerungen zum abgelaufenen Seminar den Charakter eines nachträglichen kollektiven Richterspruchs über Misslingen und Gelingen zu nehmen, bevorzuge ich eine kurze konstruktive schriftliche Meditation darüber, was von den intellektuellen wie sozialen Erlebnissen und Ergebnissen ich mir in der Form angeeignet habe, dass es für meinen Alltag „ab morgen" wichtig sein dürfte. Dies wird in einem *SCHLUSS-BLITZLICHT* als Statement vorgetragen. Jede/r ist frei, dem Gesagten auch eine Kritik am Seminar anzufügen, doch sollte diese konstruktiv ausgerichtet sein: „Wenn das Seminar in dieser Form noch einmal wiederholt werden sollte, schlage ich folgende Änderungen vor ..." (Vgl. S. 130)

Schnellschreiben

Grundtechnik des Kreativen Schreibens, auch oft als AUTOMATISCHES Schreiben oder FREEWRITING beschrieben: In sechs oder sieben Minuten wird zum vorgegebenen Thema ganz schnell, ohne anzuhalten und ohne auf Grammatik und Zeichensetzung zu achten, in einzelnen Wörtern, Halbsätzen und Sätzen aufgeschrieben, was einem in den Sinn kommt. (Vgl. S. 50, 118, 129, 146, 157, 160, 162)

Schnellskizze

In einer dem *SCHNELLSCHREIBEN* vergleichbaren Form werden in sechs, sieben Minuten denkbare Stufen eines mehrteiligen Arbeitsplans skizziert.

Schreibbuch (siehe auch „Seminarkladde")

„Die Anschaffung eines Schreibbuches birgt viele Vorteile in sich: ein gebundenes 'Leerbuch' stellt zunächst eine geschlossene Einheit dar. Das Buch wird von der ersten bis zu letzten Seite von einer einzelnen Person geschrieben, einer Person, die sonst nicht unbedingt 'Bücher' schreibt. Die Scheu und Ehrfurcht vor dem weißen Papier verliert sich schnell. Im 'eigensten' Buch darf auch 'Eigenstes' stehen. Der Anspruch, daß in solch ein Buch nur ausgereifte und vollkommene Schreibprodukte gehören, muß schnell fallengelassen werden. Es wird konzipiert, konstruiert, umgestellt, umformuliert und es darf/muß durchgestrichen werden. Die Parole: 'Besser nichts schreiben als etwas Schlechtes' gilt nicht mehr; Hauptsache Schreiben. Das Schreibbuch, als prozesshafte Schreibstudie, das den im Unterbewußtsein lebenden 'Kritiker' und 'Zögerer' überlistet." (Dagmar / Julia) (Vgl. S. 135)

Schreiben in der Stadt I

Einer Idee von F. W. Bernstein (das „Straßenlesen") folgend flanieren die TeilnehmerInnen eines Seminars zum Kreativen Schreibens für anderthalb Stunden durch die Stadt und versuchen, Lese-Eindrücke als Schreibimpulse wirken zu lassen und auf der Straße niederzuschreiben. Einzufangende Eindrücke können sein: Firmenlogos, Werbesprüche, aber auch im Kaufhaus oder Bahnhof mitgehörte Gesprächsfetzen, Personen, die man beobachtet und die einen zu einer *FIKTIVEN LEBENSGESCHICHTE* anregen. Die Textformen sind beliebig. Die entstandenen Texte werden beim anschließenden Treffen aller nach den üblichen Regeln vorgetragen. (Vgl. S. 161)

Schreiben in der Stadt II

Eine mehrstündige Schreibsession auf einem städtischen Platz, die ich im Studentenstreik im WS 97 / 98 das erste Mal ausprobiert habe und bei der die Passanten nach Möglichkeit einbezogen werden sollen. (Vgl. S. 161)

Schreiben zu Fotos

Vgl. *BILDKARTEI*

„Die Anregung zu einem Text durch Bilder aus der Bilderkartei ist besonders wirkungsvoll, da mit dem Auge ein anderer Sinn angesprochen wird als bisher. Dadurch, daß kein Thema vorgegeben wird und sich jede/r sein/ihr eigenes Thema erwählt, werden die Texte tiefgründiger und individueller. Jeder Text wird zur 'verschlüsselten Offenbarung' einer Persönlichkeit." (Claudia / Gisela) (Vgl. S. 146)

Schreibkladde

Vgl. *SCHREIBBUCH „* vor allem *JOURNALSCHREIBEN*

Schreibspiel

Zu den unendlich vielen Schreibspielen, die dem Schreiben allgemeiner Alltagstexte, von Prosa und Lyrik, aber auch von wissenschaftlichen Texten gelten, vgl. von Werder 2. Aufl. 1993a, 101 ff. Vgl. in diesem Küchenlexikon z. B. *AKROSTICHON ZUM NAMEN, BAUM ZEICHNEN, BRIEF AN DIE BEWOHNER EINES ANDEREN STERNS, ELF-WORTE-GEDICHT etc. (Vgl. S. 68)*

Schreibstafette

Eine witzige Übung zum Kennenlernen oder als Zwischenspiel bei Müdigkeit und Unlust zwischendrin: Zwei gleichstarke Mannschaften stellen sich vor einer Tafel oder einem Flip-chart als Staffelläufer auf. Das Staffelholz ist jeweils ein Stück Kreide resp. ein dicker Filzstift. Auf ein Kommando stürzen die beiden ersten los und schreiben je das erste Wort eines denkbaren Satzes an, die jeweils zweiten das zweite Wort usw. Mit dem letzten Wort muss der jeweilige Satz sinnvoll beendet werden. Gewonnen hat die Mannschaft, die als erste fertig ist. Es darf nicht vorgesagt werden. *Erste Variante:* Die beiden Sätze werden mit dem jeweils letzten Wort begonnen. Ich schließe beide Übungen wie folgt ab: Als erstes hat der/die letzte SchreiberIn den Satz in bewusst gestalterischer Form zu deklamieren. Dann hoffe ich, da ja die Uni Mainz in einem überwiegend katholischen Land liegt, auf TeilnehmerInnen mit Ministrantenerfahrung, die den Satz auf liturgische Weise intonieren, woraufhin die gesamte Gruppe als Chor auf liturgische Weise antwortet. Die *zweite Variante* lasse ich dann rappen, wobei es gilt, erst einmal mit Auftreten, Summen, allen möglichen Geräuschen, Fingerschnalzen etc. einen Rhythmus aufzubauen, der von der ganzen Grippe gehalten wird, so dass sich dann eine/r traut, den Satz zu rappen. Wie die anderen den Rap-Gesang aufnehmen, fortentwickeln etc., bleibt ihrer musikalischen Phantasie und Erfahrung überlassen. (Vgl. S. 161)

Schriftliche Selbstvergewisserung

Form der Hausarbeit, in der die einzelnen Stadien der Arbeit von den verhandelten Problemen, dem Referat der herangezogenen Texte und sonstigen Daten bis hin zur Vergewisserung über die Intensität der eigenen innerlichen wie äußerlichen Teilnahme beschrieben werden. Dies geschieht z.B. in einem Seminar „Kreatives Schreiben" so, dass auf der Basis von Notizen in der *SCHREIB-KLADDE* alle Schreibimpulse samt der Dynamik, die sie auslösten, beschrieben werden und die eigene Schreibgeschichte im Seminar abschließend reflektiert wird. (Vgl. S. 141)

Sechs-Sätze-Referat

Obwohl ich in der Regel fast kaum Referate halten lasse, übe ich für den Fall, dass doch einmal eines nötig ist, z.B. als *IMPULS-REFERAT*, folgendes selbstentwickelte Referat ein: Das Referat soll aus sechs Sätzen bestehen, die jeweils idealerweise bis zu 14 Wörtern, allerhöchstens aber 20 Wörter haben dürfen. *Erster Satz:* Problemeröffnung —— *Zweiter Satz:* Fragestellung als Fragesatz mit Fragezeichen —— *Dritter Satz:* Erste Antwort auf die Frage —— *Vierter Satz:* Zweite Antwort auf die Frage (kontrovers zur ersten) —— *Fünfter Satz:* Interpretation der beiden Antworten —— *Sechster Satz:* Weiterführende Frage ans Publikum. *Vorgehen im Seminar:* Vor Beginn der Produktion dieses Referats denkt sich jede/r für den linken Nachbarn drei nicht als Fragen formulierte Themen aus, die ernsten oder skurrilen Charakters sein können. Aus den vom rechten Nachbarn erhaltenen Themenauswahl wählt nun jede/r ein Thema aus und schreibt für 20 Minuten, von denen 5, 6 Minuten dem *CLUSTERN oder SCHNELLSCHREIBEN* zur Vorbereitung gewidmet sein sollten, das Sechs-Sätze-Referat; dies ohne zu sprechen. Danach wird ein Auditorium hergestellt. Jede/r geht nacheinander nach vorne und trägt das Referat vor. *Auswertung:*

Gemäß der Methode der *DESTRUKTIVEN UND KONSTRUKTIVEN KRI-TIK* wird jedes Referat vom Publikum zum einen auf die Einhaltung der vorgegebenen Produktionsbedingungen (Anzahl der Wörter im Einzelsatz, Einhaltung der Systematik) wie auf den Augenkontakt zum Publikum, Stimmführung und Art der Performance kritisch wie lobend unter die Lupe genommen. *Varianten:* Zehn bis 15-Sätze-Referat, je nach Anlaß; *VIERZIG-SÄTZE-REFERAT* (unterzubringen auf ca. zwei Computer- Seiten). (Vgl. S. 6, 133, 138)

Selbstaufschreibungen

Unglückliche Formulierung für alle Formen meditativen kreativen Schreibens, zumeist auf eine vorgegebene Frage oder Aufgabe hin. (Vgl. S. 109)

Selbstständige Arbeitsgruppen

Vgl. *KONTRAKT-LERNEN*

Selbstvergewisserung

Vgl. *SCHRIFTLICHE SELBSTVERGEWISSERUNG*

Seminar-Kladde

Vgl. *JOURNALSCHREIBEN*

Serielle Prosa

Eine Idee von Lutz von Werder (1994b, S. 4): Ein unvollständiger Satz wird immer wieder neu ergänzt; z. B.: „Mein erstes Semester: Ich erinnere mich " dass …" (Vgl. S. 129)

Skizze einer formalen Gliederung

1.   Inhaltliche und methodische Einführung

1.1   Anlass und Problem der Arbeit
      [Knappe Problemskizze, möglichst in eigenen Worten, die den Leser und Gutachter in die Arbeit hineinzieht und aus der ihm deutlich wird, warum diese Arbeit unbedingt geschrieben werden muss]

1.2   Fragestellungen
      [Hauptfrage muss beantwortbar sein; als Fragesatz formuliert, nicht als Absicht oder Hypothese; ergänzt um eine Sequenz von Unterfragen, die im Idealfall später in den je einzelnen Abschnitten der Arbeit beantwortet werden]

1.3   Zur Materialabgrenzung
      [Hierher gehören Auskünfte dazu, welche Materialien benutzt wurden, reguläre wissenschaftliche Literatur, graue Literatur etc.]

1.4   Zur Methode
      [Hierher gehört eine Reflexion über die eingesetzten Methoden]

1.5 Zum Aufbau

[Zur Gliederung der Arbeit; keine Ergebnisse vorwegnehmen, nur den Leser neugierig machen]

1.6 Angrenzende, aber hier nicht behandelte Probleme

[Hier kann man zum Schluss sein schlechtes Gewissen unterbringen, was alles noch hätte thematisiert werden müssen. Für den Leser/Gutachter ist dieser Abschnitt sehr informativ, weil er sonst unter Umständen denkt: „Eigentlich müsste der Aspekt XY noch unbedingt behandelt werden!" Die Verfasserin/der Vf. hat dann aber hier schon deutlich gemacht, warum der Punkt XY nicht zur Sprache kommen wird].

2. *Hauptteil der Arbeit*

Hier folgt nun unter einer thematisch relevanten Überschrift der eigentliche Hauptteil, die Analyse, die Untersuchung, in der die oben genannten Fragen mittels der beschriebenen Methode(n) auf das Material angewandt werden. Schreibhaltung: Trocken-präzises Referat *ohne subjektive Bewertungen* seitens der Verfasserin/des Vf.

Dieser Teil kann mit einem historischen Überblick beginnen, kann aber auch mit Begriffsdefinitionen eingeleitet werden.

Die sich aufdrängenden subjektiven Bewertungen des Materials müssen sorgfältig aufbewahrt werden, weil sie später (im 3. Teil) noch gebraucht werden. Es empfiehlt sich, in den eigenen Notizen die Bewertungen in Doppelklammer zu setzen, so dass man sie später leicht herauslesen und zusammenstellen kann.

Dieser Teil sollte in einer knappen *Zusammenfassung der Ergebnisse* enden.

3. *Interpretation der Ergebnisse und Ausblick*

Hier erfolgt die Auswertung der Bewertungen, indem die gewonnenen Ergebnisse interpretiert werden.

Das Ganze endet mit einem Forschungsausblick, einem Praxisausblick oder dergleichen.

Präsentationsformen

- Im ersten Teil erweist sich der Vf./die Vf.in als jemand, der/die weiß, wie eine wissenschaftliche Arbeit zu gliedern und zu präsentieren ist.
- Im zweiten Teil geht es um das unbestechlich präzise Referat der recherchierten, Daten, Entwicklungen und Zusammenhänge.
- Im dritten Teil gibt sich die Vf.in/der Vf. als selbständige(r) Wissenschaftler/in zu erkennen. (Vgl. S. 157)

Stehkonferenz

Als ich in der Zeitung las, dass die Redaktionskonferenzen der französischen Zeitung *Le Monde* grundsätzlich im Stehen abgehalten werden, kam mir die

Idee zu dieser Sozialform, die so vorbereitet wird, wie unter *NASA-SPIEL* beschrieben. (Vgl. S. 162)

Strukturiertes Brainstorming

Ich setze diese Methode vor allem zur Vorbereitung des *LEHR-LERN-VER-TRAGS* ein; entweder aus dem *PARTNER-INTERVIEW* heraus oder nach dem *CLUSTERN* zum zentralen thematischen Begriff des Seminars. *Beispiel:* Im Seminar „Therapie und Erwachsenenbildung" lasse ich zu Beginn einen *DOPPEL-CLUSTER* zu diesen beiden Begriffen schreiben (7 Minuten). Dann stellen sich jeweils zwei TeilnehmerInnen wechselseitig ihren Cluster vor, in dem sie ein, zwei Punkte als der Diskussion bedürftig kennzeichnen. Jede der Zweier-Interview-Gruppen einigt sich auf zwei, bei kleinen Seminaren auf drei inhaltliche Schwerpunkte,die sie gerne im Seminar behandelt hätten. Sie notieren ihre Wünsche je Problem auf einem DIN-A-4-Blatt, dies in genügend großer Schrift, so dass man die Blätter aus zwei bis drei Metern Entfernung lesen kann. Diese Blätter werden an einer Wand mit Tesa- Krepp zunächst ungeordnet aufgehängt. Der Dozent hängt seine eigenen Vorschläge, erwachsen aus seiner Vorbereitung, ebenfalls an. Er sollte nicht zu viele Blätter anbringen, da er sonst die tastenden Versuche der Übrigen erdrückt. Danach treten alle zusammen vor die Wand. Jeder liest alle Vorschläge still unter dem Aspekt durch: „Was gehört inhaltlich zu meinem jeweiligen Vorschlag?"

Werden inhaltsverwandte Vorschläge entdeckt, kann man nach vorne gehen und Zettel zu thematischen Gruppen zusammenhängen, dies laut für die Gruppe kommentierend. Die übrigen verfolgen dies mit, kommentieren es laut, bejahend, zweifelnd, unterstützend oder mit Widerspruch.

Langsam beruhigt sich die Arbeit an der Zettelwand. Nun darf jeder auf Zetteln seiner Wahl pro Feld drei Striche oder Punkte anbringen. Diese Punkte/Striche können alle drei einem einzigen Vorschlag gelten oder aber verteilt werden. Abschließend werden die Punkte pro Zettel ausgezählt. Es wird festgestellt, welche Vorschläge am meisten Zustimmung gefunden haben. Binnen Minuten ist ein demokratisches Meinungsbild darüber zustande gekommen, was die Mehrheit der Anwesenden bearbeiten möchte und was nicht. Dieses Ergebnis wird festgehalten.

Variante: Dieses Verfahren kann auch zu Beginn einer mit gezielten Lektüren vorbereiteten thematischen Sitzung angewandt werden, um die Lernwünsche der Beteiligten auf demokratische Weise zum Zuge kommen zu lassen. (Vgl. S. 36, 106, 142, 156)

Strukturiertes Schreibgespräch

Für mindestens 45, besser 60 Minuten sitzen sich zwei SchreibpartnerInnen gegenüber und stellen sich auf losen Blättern, die sie einander zuschieben, wechselseitig schriftliche Fragen zu einem vorgegebenen Thema. Ohne zu reden, wird jeweils eine schriftliche Frage beantwortet, die bei der/dem LeserIn dann die nächste Frage auslöst. Die Auswertung geschieht so, dass das schriftliche Zwiegespräch anschließend mit verteilten Rollen vorgetragen wird. (Vgl. S. 142, 154)

Szene

Es wird in 10 Minuten schriftlich eine Situation skizziert, z. B. die Besprechung einer Hausarbeit mit dem Professor (vgl. von Werder 1994b, A 3.2,4) (Vgl. S. 129)

Tagesablauf: Fakten und Gefühle

Für 10 Minuten wird schriftlich folgendes Thema bearbeitet: Mein Tagesablauf im Studium (vgl. von Werder ebd.)

Talk-Show

Nach einer Vorbereitung wie der zum *ROLLENSPIEL* wird zu einem vorab verabredeten Thema eine Talk-Show nach den bekannten Mustern vorbereitet, aufgeführt und ausgewertet. (Vgl. S. 71)

Texte schreiben nach Rodari

Gianni Rodari (1920–1980) war schon über Italien hinaus als Kinderbuchautor bekannt, als er sich 1973 mit seiner „Grammatik der Phantasie" (1992) an Erwachsene wandte. Er beschreibt Möglichkeiten, Geschichten für Kinder zu erfinden und den Kindern zu helfen, sich allein ihre eigenen Geschichten auszudenken: „'Alle Gebrauchsmöglichkeiten des Wortes allen zugänglich zu machen' – das erscheint mir als ein gutes Motto mit gutem demokratischen Klang. Nicht, damit alle Künstler werden, sondern damit niemand Sklave sei" (Rodari). Dieses Bändchen bei Reclam/Leipzig ist eine wahre Fundgrube für alle, die ihrer Imagination wieder und weiter auf die Beine helfen wollen. Wer seine Kindergeschichten in „Das fabelhafte Telefon. Wahre Lügengeschichten" (1997) gelesen hat, versteht Italo Calvinos Huldigung: „Nur wenige Menschen besaßen einen fröhlicheren, großzügigeren und strahlenderen Humor als er." (Vgl. S. 161)

Thematische Erkundung

Ziel: Lebensgeschichtliche Ermittlung zu einem bedeutsamen Bereich Ihres Selbstverständnisses.

Begründung: Frühkindliche Prägungen bestimmen unser Fühlen, Denken und Handeln ein Leben lang. Um Distanz zu ihnen zu gewinnen, muss ich ihre Geschichte aufarbeiten.

Zeit: Eine Stunde, ohne Störungen. *Material:* Ein Packen Papier und Schreibstift. *Anleitung:* Die Aufgabe besteht darin, die soziale Entstehungsgeschichte eines als belastend empfundenen Konflikt-Themas zu rekonstruieren. Sie sollten versuchen, sich zu erinnern, wann dieses Thema in Ihrer Kindheit zum erstenmal wichtig wurde. Darauf aufbauend verfolgen Sie dieses Thema chronologisch in allen bisherigen Lebensstufen bis zum heutigen Tag weiter. Schreiben Sie die ent-

sprechenden Erlebnisse auf und kommentieren Sie sie dann (was Sie dabei gefühlt und was Sie gemacht haben). Versuchen Sie vor allem, sich in die unterschiedlichen Interessen und Bedürfnisse der Personen einzufühlen, die an diesen
Erlebnissen beteiligt waren oder es immer noch sind. Wie haben Sie und diese
Menschen in den rekonstruierten Konflikten Bedürfnisse vertreten und durch-
gesetzt, beziehungsweise zurückgehalten? Gehen Sie auch der Frage nach,
welche Tendenzen Sie in allen notierten Erlebnissen durchgängig feststellen
können.

Auswertung: Gespräch über diese thematische Selbstaufschreibung mit vertrauten Personen. (Vgl. S. 137)

Tiernamen

Vgl. *ARBEITSGRUPPEN*

Urschrei

Übung für Anfangssituationen oder bei Müdigkeit und Unlust zwischendurch:
Alle rotten sich eng zusammen, fassen sich an den Händen quer durcheinander,
gehen langsam in die Hocke, konzentrieren sich, 'pumpen', um dann langsam
mit einem ansteigenden Schrei bis an die Grenze des stimmlich Möglichen aufzu-
stehen. Nach der meist zu schüchtern verlaufenen ersten Version unbedingt ein
zweites Mal versuchen! (Vgl. S. 162)

Vierzig-Sätze-Referat

Diese ausgedehntere Version des *SECHS-SÄTZE-REFERATS* umfasst nicht
mehr als zweieinhalb, drei Computerseiten Text (anderthalbzeilig geschrieben,
12 Punkt Arial) und hat damit die ideale Länge für ein 10-Minuten-*IMPULS-
REFERAT.* (Vgl. S. 6)

Vierzig Tage Schreiben für Erstsemester

Ein MUSS für Erstsemester – Schreibübungen für 40 Tage, ersonnen von Lutz
von Werder (1993 b, S. 115 ff.) und dort im Detail nachzulesen. (Vgl. S. 138, 162)

Visualisieren

Da die denkbaren und verwendbaren Techniken des bildlichen Veranschauli-
chens von abstrakten Zusammenhängen ganze Bücher füllen (z. B. Stary 1997),
sei nur meine schlichte Lieblingsmethode genannt: Ich bitte die TeilnehmerInnen darum, auf einem quergelegten DIN-A-Blatt beispielsweise einen theoretisch erschlossenen Zusammenhang, einen Begriff oder dergleichen in einem
Schaubild darzustellen, das Striche, Strichmännchen etc., aber auch malerische
Elemente enthalten darf. Diese Bilder werden dann in Auswahl in Groß auf die
Wandtafel übertragen, erläutert und einer *DESTRUKTIVEN UND KON-
STRUKTIVEN KRITIK* unterzogen. (Vgl. S. 50, 69, 181)

Wandzeitung

Vgl. *STRUKTURIERTES BRAINSTORMING*

Werbezettel / Anzeigentext

Nach dem Muster von Anzeigen in Zeitungen und Werbezetteln wird ein Thema kreativ bearbeitet, z. B.: Die Leistungen meiner Hochschule (von Werder 1994b, A 3.2,4) (Vgl. S. 129)

Wissenschaftliches Journal

„Alle großen Wissenschaftler führen wissenschaftliche Journale, eine Mischung von Tage- und Notizbuch. Das Führen dieser Journale beginnt schon bei Leonardo da Vinci. Es findet sich bei Christoph Lichtenberg und wird im 19. Jahrhundert von Charles Darwin zu einer besonderen Blüte entwickelt (…)Journaltechniken: Bericht, Exzerpt, Traumanalyse, Tagtraumnotiz, Projektideen, Gedichte, Kritzelzeichnungen, Grafiken machen usw." (HDZ- INFO 1994 Nr. 1, S. 14). Vgl. *SCHREIBBUCH* und *JOURNALSCHREIBEN* (Vgl. S. 133)

Zehn kreative Schreibtechniken

Vgl. *KREATIVES SCHREIBEN, 10 UNTERSCHIEDLICHE FORMEN*

Zettellawine

Es werden kleine Zettel gerissen und alle Assoziationen zu einem Thema auf den Zetteln notiert, je Idee ein Zettel. Dann werden sie nach Wichtigkeit durchnummeriert oder, falls es um die Vorbereitung eines Referats oder einer Hausarbeit geht, auf dem leergefegten Schreibtisch so hintereinander ausgelegt, dass eine Struktur erkennbar wird. Dann werden sie in dieser Reihenfolge auf DIN-A4-Blättern festgetackert und die Gliederung steht. (Vgl. S. 50, 51)

Zipp-Zapp

Ein Spiel zum Kennenlernen: „Die Mitspieler fragen jeweils ihren rechten und linken Nachbarn nach dem Namen (je nach Vereinbarung auch nach weiteren Daten, z. B. Wohnort, Tätigkeit, Sternbild, Interessen usw.). Ein Spieler steht in der Mitte.

Dieser geht nun auf einzelne Spieler zu. Sagt er »Zipp«, so will er von diesem die Daten des linken Nachbarn hören, bei »Zapp« die des rechten.

Auf das Stichwort »Zipp-Zapp« wechseln alle ihre Plätze. Die Daten-Erforschung und das Spiel beginnen von neuem.

Wer sich verspricht oder die Angaben über den jeweiligen Nachbarn vergessen hat, löst den Mittelspieler ab." (Steiner Spielkartei 1987, 1/7) (Vgl. S. 34)

Zukunftswerkstatt

Die Idee der Zukunftswerkstatt wurde von dem österreichischen Wissenschaftspublizisten und Zukunftsforscher Robert Jungk (1913–1994) entwickelt. Es handelt sich um eine Methode, für bestehende Missstände und Probleme unter Nutzung der schöpferischen Phantasie der jeweils Beteiligten realisierbare Lösungen zu erarbeiten. Voraussetzung für das Gelingen ist die strikte Beachtung des folgenden Dreischritts: 1. Problemdefinition (Kritikphase), 2. Zielbestimmung (Utopiephase) und 3. Lösungsstrategien (Verwirklichungsphase).

In einer *vorgeschalteten Einstiegsrunde* wird das Thema noch einmal genau präzisiert, es werden die Arbeitszeiten festgelegt, die Regeln verabredet, die Rollen der Leitung abgeklärt und es wird versucht, eine kreative Grundstimmung herbei zu spielen, so z. B. mittels der Übungen *NAMEN RAPPEN* oder *SCHREIBSTAFETTE*.

In der *Kritikphase* werden zum vereinbarten Thema stichwortartig Sorgen, Klagen und Beschwerden der TeilnehmerInnen notiert bzw. visualisiert. Die Ausgangsfragen können z. B. lauten: „Wovor habe ich Angst? Was behagt mir an der jetzigen Situation überhaupt nicht? Was stört und ärgert mich? Was habe ich massiv zu kritisieren?"

Spielregeln für diese Phase:

1. Die Kritik wird in kurzen Worten auf DIN-A-4-Blätter geschrieben, die mit Tesakrepp an einer freien Wandfläche angeklebt werden.

2. Jede/r, die/der ein Blatt beschriftet, sagt dies laut an und hängt dann das Blatt auf.

3. Es können die *BILDKARTEI* oder *CARTOONS* zum Thema ausgelegt werden, um weitere Kritikpunkte zu assoziieren. Es können zum Thema *ALLE LÜGEN, ALLE WAHRHEITEN* mit dem gleichen Effekt notiert werden.

4. Es wird auf jegliche Diskussion von geäußerten Einzelklagen und die Flucht auf die Metaebene verzichtet.

5. Nach dem Verfahren des *STRUKTURIERTEN BRAINSTORMINGS* werden die Einzelnennungen an der Wand gemeinsam in Problemgruppen systematisiert und bewertet, um für die nachfolgende Phase eine Fokussierung auf die für die Gruppe wichtigsten Punkte zu erzielen.

Nach dieser Phase sollten alle Beteiligten einen *Spaziergang* machen, ohne zum Thema zu reden.

In der zweiten Phase, der *Phantasiephase,* geht es darum, die in der *Kritikphase* aufgedeckten Ängste, Schwierigkeiten, Probleme, Befürchtungen, die ausgearbeiteten wichtigsten Kritikpunkte ins Positive zu wenden, Klagen in Wünsche umzuwandeln. Unter der Perspektive eines generellen „Als ob" wird zu jeder beklagten Situation die ideale Gegensituation ausgedacht. Es werden utopische Szenarien unter der Maßgabe entwickelt, zu ihrer Verwirklichung ständen alle Macht, alle finanziellen Mittel und alle nur denkbaren Hilfsmittel zur Verfügung. Das hier in Szene gesetzte Brainstorming sollte unter dem Motto stehen, dass wie im Märchen alle Wünsche erfüllbar sind, dass sie aber zuerst einmal ausgesprochen werden müssen.

Spielregeln

1. Die in der ersten Phase als die wichtigsten Kritikpunkte identifizierten Problemkomplexe bilden den konkreten Ausgangspunkt der Phantasiephase. Sie werden nacheinander mittels eines *BRAINSTORMINGS* bearbeitet. Auch hier kann wieder die *BILDKARTEI* eingesetzt werden, um über die Assoziation zu Photos Lösungen zu entwickeln.

2. Die in Form von kurzen Statements vorgebrachten Vorschläge dürfen nicht diskutiert, kritisiert und abgewertet werden.

3. R. Czichos (1993, S. 254 f.) folgend werden Rollen übernommen, um aus deren Perspektive konstruktive Lösungen zu entwickeln, z. B. so: Wie würde ein Pfarrer das Problem lösen? Wie würde ein Astronaut das Problem lösen, wie ein Architekt, ein irischer Schafshirte, wie ein Fußballtrainer etc.?

4. Das Problemobjekt kann in Kleingruppen zu einem Lebewesen gemacht werden. Wie sieht es aus? Wie bewegt es sich? Welche Laute gibt es von sich? Wie fühlt es sich an? Man kann es gemeinsam aufmalen oder sich nach den phantasierten Vorstellungen wie dieses „Tier" im Raum bewegen. Abschließend werden wieder Verbindungen zur Aufgabe hergestellt und die Ideen notiert, die bei diesen Präsentationen durch die Kleingruppen aufgekommen sind (vgl. Czichos a. a. O. S. 225 f.)

In der *Verwirklichungsphase* werden die bis dahin entwickelten Lösungsvorschläge und Zukunftsentwürfe einer *DESTRUKTIVEN UND KONSTRUKTIVEN KRITIK* ausgesetzt. Hier geht es darum, herauszuarbeiten, was von den zusammen gekommenen Ideen unter welchen Bedingungen tatsächlich realisiert werden kann und welche Rolle die Beteiligten als je einzelne und als Gruppe bei einem ganz konkret zu verabredenden kleineren oder größeren Projekt spielen werden (Abgestufter Zielkatalog, Finanzierungsfragen, Maßnahmenplan, Zeitplan, auf eigene Beiträge verpflichten). Auch diese Arbeitschritte müssen für alle sichtbar schriftlich festgehalten werden.

Was die Zeitplanung für ein solches Vorhaben angeht, so sollte man ein bis anderthalb Tage ansetzen, in einer Miniversion ist die Zukunftswerkstatt aber auch in vier Zeitstunden möglich, Hauptsache, die drei Schritte und die genannten Spielregeln werden eingehalten. (Vgl. S. 79)

Zwiebelschale oder auch Kugellager

Eine Übung zum Kennenlernen in der Anfangssituation: Es wird im Stehen ein Innen- und ein Außenkreis gebildet, wobei jeder ein Gegenüber findet. Das Ritual geht so: Man begrüßt sich und unterhält sich für kurze Zeit über ein Thema, was der Leiter ansagt (Z. B. „Die ersten fünf Minuten heute morgen" —— „Essen, Trinken und Kochen" —— „Glauben Sie, dass Sie zu dick oder zu dünn sind?" „Was mir auf Anhieb an Ihnen gefällt!" etc.). Auf ein Kommando der Leitung geht der innere Kreis einen Schritt nach links. Es bildet sich eine neue Konstellation, das gleiche Ritual. Dann geht der äußere Kreis einen Schritt nach links usw. Dies geht so für 5–7 Runden. Die letzte Runde gestalte ich immer so, dass ich *beide* sich gegenüber stehende PartnerInnen bitte, in dieser Runde auf keinen Fall dem Anderen zuzuhören und ihm irgendetwas in immer größerer Lautstärke zu erzählen. Das Ganze schließe ich mit einem *BLITZLICHT* ab: „Wie ich mich und die anderen eben erlebt habe und wie es mir in der Schlussrunde ergangen ist."

Fast immer wird darüber berichtet, dass man die Schlussrunde ganz schrecklich (andere wiederum ganz wunderbar) erlebt habe, Anlass dazu, etwas über das ideale Gespräch zwischen Subjekt 1 und Subjekt 2 zu sagen, die einander zuhören und zwischen denen sich das Intersubjektive als gemeinsame Produktion aufbaut.

Variante: Diese Methode kann auch dazu verwandt werden, sich für eine begrenzte Zeit über einen thematischen Aspekt des Seminars auszutauschen.

Zwischen-Blitzlicht

Vgl. *BLITZLICHT* und *ZWISCHENHALT.* (Vgl. S. 70)

Zwischenhalt

Ist das Seminar etwa in der Mitte angekommen und beginnen sich langsam Ermüdungserscheinungen zu zeigen, mache ich einen Zwischenhalt der Art, dass ich entweder ein *ZWISCHEN-BLITZZLICHT* oder eine *MOTORINSPEKTI-ON* durchführe. Die verkürzte Form der *MOTORINSPEKTION* geht so, dass ich um eine kurze Meditation in Form des *SCHNELLSCHREIBENS* für die Dauer von 6 Minuten zu dem Thema „Woran sollten wir unbedingt noch weiter arbeiten?" bitte. Den wichtigsten Vorschlag bitte ich zu unterstreichen und in 1o Minuten mit einem oder zwei Kommilitonen abzugleichen. Dann äußern sich die Gruppen zu ihren Gesprächsergebnissen, ich notiere mir dies in einer Synopse, deren Ergebnisse ich dann bekanntgebe. Wir verändern dann gegebenenfalls den *LEHR-LERN-VERTRAG* auf der Basis dieser Wünsche.

8. Ausklang

> *Wissen Sie, mich haben in meinem Leben immer*
> *drei Ängste geplagt: Angst vor dem Tod, Angst vor*
> *dem Schmerz und die Angst, gelangweilt zu werden.*
> *Und am schlimmsten ist es, von der eigenen Arbeit*
> *gelangweilt zu werden. Deswegen versuche ich in meinen*
> *Romanen immer wieder etwas Neues.*
> *Lars Gustafsson*

Die letzten Jahre an der Uni habe ich eher gelassen erlebt, während ich anfänglich sowohl in der Vorbereitung, wie in der Durchführung meiner Lehrveranstaltungen eher unsicher war, gespannt darauf, wie diese sozialen Abenteuer verlaufen würden. Wie alle anderen KollegInnen ganz auf sich gestellt, erlebte und er-
litt ich das pädagogische Dilemma, das Lernen anderer planen zu sollen und
gleichzeitig zu wissen, dass es unmöglich ist, erwünschte Aktionen und Interaktionen, Lernen und Aneignung als Subjektleistungen erzwingen zu können. Sehr
oft galt das, was Peter Brook vom Theater-Regisseur sagt (1983, S. 53): „In ge-
wisser Weise ist der Regisseur ein Betrüger, ein Führer bei Nacht, der das Gelände nicht kennt, und doch hat er keine Wahl – er muss führen und den Weg beim
Gehen kennen lernen. Die Tödlichkeit liegt oft auf der Lauer, wenn er diese Situation nicht erkennt und das Beste hofft, wo er sich eigentlich auf das Schlimmste gefasst machen sollte.“

Ohne auf eine einleuchtende Theorie „richtigen“ professionellen Handelns ge-
stoßen zu sein, was ich als Hochschullehrer können müsste, für was ich verantwortlich sei und für was nicht, was ich zu tun und was ich zu unterlassen habe in
der Beratungstätigkeit, in der Lehre und bei Prüfungen, hangelte ich mich so
durch. Dem pädagogischen Dilemma versuchte ich so auszuweichen, dass ich
Formen dialogischer Verständigung über das von der Prüfungsordnung her Notwendige, über das von Seiten der Studierenden und meiner Seite Wünschbare
und Machbare suchte. Gleichwohl wurde diese Balance immer wieder von der
Ausbildungssituation, meiner Rolle als Prüfer und damit als Richter, aber auch
von den studentischen Erwartungen her, den vorgegebenen hierarchischen Rollen gerecht zu werden, erschwert, wenn nicht sogar vereitelt.

Selbst ein Teil der Macht des staatlich geregelten Ausbildungs- und Berechti-
gungs- Wesens, dessen Parzelle die Universität ist, wollte und will ich zugleich
mit dem Ziel größtmöglicher Selbstbestimmung der Studierenden, der Unterstützung ihrer Kritikfähigkeit, ihrer Imagination und kreativen Kräfte diese
Macht seismisch erschüttern und hier und dort für einen Moment aufheben.

Einerseits weiß ich, dass das, was politisch, didaktisch und in sozial-emotionaler
Hinsicht als kulturelle Errungenschaft einer subjektorientierten Erwachsenen-

bildung gilt, auch für meine Arbeit an der Uni ethischer Maßstab sein kann. Andererseits relativieren die immer stärkere Funktionalisierung der Universität für die Wissensindustrie, die völlige Unsicherheit der Studierenden, was ihre berufliche Einmündung in den Markt angeht und der universitäre Kontext lehrerzentrierter Lehre dies zu einer bloß individuellen Initiative. Welche Spuren sie bei den Studierenden hinterlässt oder ob sie gelegentlich sogar eine Tiefenwirkung entfaltet, bleibt ungewiss; gleichwohl möchte ich nicht ablassen, mich der Herabwürdigung aller menschlichen Kenntnisse, Fähigkeiten, Fertigkeiten, sozialen Kompetenzen und emotionalen Kraft auf ihren wirtschaftlichen Nutzwert entgegenzustellen und darin fortzufahren, zu mehr Lebensqualität im Studium beizutragen. Die Unterstützung der Subjektentwicklung der jungen Erwachsenen ist ein großes Ziel, doch können meine Beiträge dazu nur kleinteilig sein, indem ich soziale und pädagogische Probleme bearbeitbar mache und dies so zu inszenieren versuche, dass ein Gefühl aktueller selbständiger Gestaltung von Lebensaktivitäten zustande kommt, sich Festes verflüssigt: „Unabhängigkeit entsteht wie das Ausüben der Liebe aus dem Bedürfnis, zu verstehen und verstanden zu werden" (Raymond 1999, S. 429).

Mein Interesse gilt durchgängig der Ermöglichung von didaktischen Situationen, in denen sich die Beteiligten als Subjekte erleben können, sozial anerkannt, kompetent und kreativ. Sie benötigen eine gründliche Ausbildung, zu der ich bewusst und verantwortlich beitragen will. Richtig glücklich bin ich aber nur dann, wenn die Studierenden selbständig und selbstbewusst 'voll in den Gängen' sind. Manchmal kommt es zu einem magischen Moment, z. B. der Art, dass beim Kreativen Schreiben die ZuhörerInnen von einem kurz zuvor in wenigen Minuten niedergeschriebenen kleinen Text tief bewegt sind oder wenn ein Erfahrungsaustausch zwischen gründlich vorbereiteten GesprächspartnerInnen so dicht und intensiv verläuft, dass irgendjemandem wie bei einem feinen Essen ein genüssliches Schnalzen mit der Zunge entfährt.

Um das Pathos etwas zu mindern: Als der Hotelmagnat Hilton befragt wurde, was er als alter Mensch der jüngeren Generation als zentrale Lebenserkenntnis mit auf den Weg geben wolle, soll er gesagt haben: „Behalten Sie beim Duschen immer den Duschvorhang in der Wanne."

9. Literatur

Adorno, T. W.: Gesellschaft. In. R. Herzog/H. Kunst/K. Schlaich/W. Schneemelcher (Hrsg.),Evangelisches Staatslexikon. 3. neubearb. Auflage Bd. I Stuttgart 1987 (1966), Spalte 1103–1112.

Aebli, H.: Zwölf Grundformen des Lehrens. Eine Allgemeine Didaktik auf psychologischer Grundlage. Medien und Inhalte didaktischer Kommunikation, der Lernzyklus. Stuttgart 10. Auflage 1998 (1983).

Arbeitsgemeinschaft Lernmethodik: So macht Lernen Spaß. 3. Auflage Basel 1980.

Asselmeyer, H.: Selbsttätigkeit – Selbständigkeit. In: Lenzen 1989, 2. Bd. S. 1360–1366.

Ausubel, D. P./Novak, J. D./Hanesian,H.: Psychologische und pädagogische Grenzen des entdeckenden Lernens (2/1978). In. Neber 1981, S. 30–44.

Becker, H./Haller, H. D./Stubenrauch, H./Wilkending, G.: Das Curriculum. Praxis, Wissenschaft und Politik. München 1974.

Berendt, J. E.: das jazzbuch. Entwicklung und Bedeutung der Jazzmusik. Frankfurt 1953.

Beyer, M.: Brainland. Mind Mapping in Aktion. Paderborn 1993.

Biard, J.: Subjekt. In: Sandkühler 1990, 4. Bd. S. 474–480.

Bloch, E.: Das Prinzip Hoffnung. Kap. 1–32. Frankfurt 3. Aufl. 1990.

Böseke, H./Land. U.: Worte im Aufwind. 100 Schreibspiele und Schreibaktionen. Remscheid 1989.

Boltanski, L./Chiapello, È.: Befreiung vom Kapitalismus? Befreiung durch Kapitalismus? In: Blätter für deutsche und internationale Politik. Fünfundvierzigster Jhg. Heft 4/2000, S. 476–487.

Bourdieu, Sozialer Sinn. Kritik der theoretischen Vernunft. Frankfurt 1993.

Braun, V.: Es genügt nicht die einfache Wahrheit. Notate, Frankfurt/M 1976 (Leipzig 1975).

Brecht, Bert: Me-Ti. Buch der Wendungen. Fragment (Prosa V) Frankfurt 1965.

Brezinka, W.: Sozialisation. In: J. Ritter/K. Gründer (Hrsg.), Historisches Wörterbuch der Philosophie, Bd. 9 Darmstadt 1995, Sp. 1160–1166.

Brook, P.: Der leere Raum. Berlin 1983.

Bruner, J. S.: Der Akt der Entdeckung (1961).In: Neber 1981, S. 15–29.

Brunner, E. J.: Fachübergreifende versus fachspezifische Beratung. In: Ethik und Sozialwissenschaften 10 (1999) Heft 4, S. 494–496.

Bullens, Hendrik: Entwicklungspsychologie, Psychische Entwicklung. In: Sandkühler 1990, 1. Bd. S. 724–738.

Bundesministerium für Bildung, Wissenschaft, Forschung und Technologie (Hrsg.): Konzertierte Aktion Weiterbildung. Selbstgesteuertes Lernen. Möglichkeiten. Beispiele, Lösungsansätze, Probleme. Bonn 1998.

Bundesministerium für Bildung und Forschung (Hrsg.): Konzertierte Aktion Weiterbildung. Selbstgesteuertes Lernen. Dokumentation zum KAW- Kongreß vom 4. bis 6. November 1998 in Königswinter. Bonn 1999.

Bundesministerium für Bildung und Forschung: Bekanntmachung von Richtlinien über die Förderung von Vorhaben zur Förderung des Einsatzes Neuer Medien in der Hochschullehre im Förderprogramm „Neue Medien in der Bildung". Bonn 27.3.2000 (masch.).

Bundesvereinigung Kulturelle Jugendbildung (Hrsg.): Ich geb's Dir schriftlich. Junge Leute schreiben. Aktionen Werkstätten Wettbewerbe. Remscheid 1986.

Buscheck, O.: Klüger durch Klicken. In: com!online 8/2000, S. 27–30.

Com!online Heft 8/2000.

Csikszentmihalyi, M.: Das flow-Erlebnis. Jenseits von Angst und Langeweile: im Tun aufgehen. Stuttgart 1985.

Czichos, R.: Creaktivität & Chaos–Management. München Basel 1993.

Darmstädter Echo vom 10. August 2000, S. 1: Bis 2006 soll jeder Schüler einen Laptop besitzen.

Darmstädter Echo vom 29. August 2000, S. 11: Mit 94 das Surfen gelernt.

Dauerer, V.: Neue Werte und alte Systeme. In: die tageszeitung v. 18. Mai 2000, S. 17.

Deutsches Wörterbuch, hrsg. und bearb. vom Wissenschaftlichen Rat und den Mitarb. der Dudenred. unter der Leitung von G. Drosdowski, 3 Bde. Mannheim 1995 (Brockhaus-Enzyklopädie; Bd. 26–28), Bd. 3.

Dörner, D.: Die Logik des Misslingens. Strategisches Denken in komplexen Situationen. Reinbek 1992 (1989).

Dohmen, G.: Die Unterstützung des selbstgesteuerten Lernens durch die Weiterbildungsinstitutionen. In: G. Dohmen: Weiterbildungsinstitutionen, Medien, Lernumwelten. Rahmenbedingungen und Entwicklungshilfen für das selbstgesteuerte Lernen. Hrsg. vom Bundesministerium für Bildung und Forschung. Bonn 1999, S. 39–94.

Dreitzel, H. P.: Die gesellschaftlichen Leiden und das Leiden an der Gesellschaft. Frankfurt 1972.

Duden Stilwörterbuch der deutschen Sprache. Die Verwendung der Wörter im Satz. 7., völlig neu bearbeitete und erweiterte Auflage von G. Drosdowski u. a. (Duden Bd. 2) Mannheim Wien Zürich 1988.

Dürr, H.-P.: Ohne Vielfalt überlebt die Menschheit nicht. Gespräch zwischen K.-H. Karisch und H.-P. Dürr. In: Frankfurter Rundschau vom 30.12.1991, S. 6.

Dulisch, F.: Lernen als Form menschlichen Handelns. Eine handlungstheoretisch orientierte Analyse von Lernprozessen unter besonderer Berücksichtigung des Selbststeuerungsaspektes. Bergisch Gladbach 1986.

Ebeling, H.: Das vergebliche Subjekt. Verbrauch und Verweigerung. In: E. Gieseke/E. Meueler/E. Nuissl (Hrsg.), Nur gelegentlich Subjekt? Beiträge der Erwachsenenbildung zur Subjektkonstitution. Heidelberg 1990, S. 20–40.

Ebeling, H.: Das Subjekt in der Moderne. Rekonstruktion der Philosophie im Zeitalter der Zerstörung. Reinbek 1993.

Eco, U.: Wie man eine wissenschaftliche Abschlußarbeit schreibt. Doktor-, Diplom- und Magisterarbeit in den Geistes- und Sozialwissenschaften. Ins Deutsche übersetzt von W. Schick. 2., ergänzte Auflage der deutschen Ausgabe. Heidelberg 1989 (Milano 1977).

Ermert, K. (Hrsg.): Hoffnungen, Annäherungen durch Schreiben. Loccumer Schreibwerkstatt 1986. Rehburg- Loccum 1987.

Fischer, G.: Möglichkeiten und Grenzen Moderner Technologien zur Unterstützung des Selbstgesteuerten und Lebenslangen Lernens. In: Bundesministerium für Bildung und Forschung 1999, S. 95–146.

Flick, U. u. a. (Hrsg.): Handbuch Qualitative Sozialforschung. Grundlagen, Konzepte, Methoden und Anwendungen. Weinheim 2. Auflage 1995.

Frankfurter Rundschau Nr. 232 vom 6. Oktober 1993, S. B. 13–16.

Frankfurter Rundschau Nr. 260 vom 8. November 1995.

Freire, P.: Pädagogik der Unterdrückten. Stuttgart 1971.

Fröschling, J.: Expressives Schreiben. Untersuchungen des Schreibprozesses und seine Funktion als Grundlage für eine Laienschreibdidaktik. Frankfurt 1987.

Führmann, F.: Die dampfenden Hälse der Pferde im Turm von Babel. Ein Spielbuch in Sachen Sprache. Ein Sachbuch der Sprachspiele. Ein Sprachbuch voll Spielsachen. Darmstadt/Neuwied 3/1988.

Gadamer, H. G.: Wahrheit und Methode. Tübingen 4. Aufl. 1975.

Geertz, C.: Spurenlesen. Der Ethnologe und das Entgleiten der Fakten. München 1997.

Geulen, D.: Das vergesellschaftete Subjekt. Zur Grundlegung der Sozialisationstheorie. Frankfurt 1989.

Gieseke, W.: Habitus von Erwachsenenbildnern. Oldenburg 1989.

Gorz, A.: Eine ganz andere Weltzivilisation denken (Gespräch mit M. Zetzmann). In: Blätter für deutsche und internationale Politik 5'00 (Mai 2000), S. 607–617.

Gorys, E.: Das neue Küchenlexikon. München 1994.

Griese, H. : Sozialisationsprozesse. In: Grundlagen der Weiterbildung. Praxishilfen (GdW-Ph) 5 März 1991, 5.40, S. 1–15.

Groothoff, H.-H.: Didaktik und Methodik der Erwachsenenbildung. In: Wirth, I. (Hrsg.): Handwörterbuch der Erwachsenenbildung. Paderborn 1978, S. 150–157.

Gudjons, H./Teske, R./Winkel, R. (Hrsg.): Didaktische Theorien. Hamburg 6/1991 (1980).

Gudjons, H. u.a.: Auf meinen Spuren. Das Entdecken der eigenen Lebensgeschichte. Reinbek 1986.

HDZ-INFO 1994 Nr. 1 (Informationen des Hochschuldidaktischen Zentrums an der Alice-Salomon-Fachhochschule Berlin).

Heinrichs, H.-J.: Das Wechselspiel von Verdacht und Täuschung. Boris Groys und Paul Virilio über Medien und Wissenschaften im Gefolge fortschreitender Technisierung. In: Frankfurter Rundschau Nr. 137 vom 15. Juli 2000, S. 22.

Herhaus, E. Notizen zur Abschaffung des Denkens. Zürich 1984.

Herlyn, I./Vogel, U.: SPÄTSTUDENTINNEN. Ausdruck einer Individualisierung des weiblichen Lebenslaufs? In: Zeitschrift für Hochschuldidaktik und Hochschulforschung: – Hochschulausbildung –. 6. Jg., Heft 6/1988, S. 153–164.

Hinte, W.: Non-direktive Pädagogik. Eine Einführung in Grundlagen und Praxis des selbstbestimmten Lernens. Opladen 1980.

Holzkamp, K.: Lernen. Subjektwissenschaftliche Grundlegung. Frankfurt/New York 1993.

Huber, L.: Sozialisation in der Hochschule. In: K. Hurrelmann/D. Ulich (Hrsg.), Neues Handbuch der Sozialisationsforschung, 4. Völlig neubearbeitete Auflage. Weinheim und Basel 1991, S. 417–441.

Institut für Sozialforschung an der J. W.-Goethe-Universität Frankfurt (Hrsg.): Kritische Analyse von Schulbüchern. Zur Darstellung der Probleme der Entwicklungsländer und ihrer Positionen in internationalen Beziehungen. 2 Bde. Frankfurt 1970 (hektographiert).

Jakob, G.: Der Diplomstudiengang Erziehungswissenschaft. Untersuchungsergebnisse und daran anschließende Überlegungen zur Integration von Fallanalysen in das Curriculum. In: Sozialwissenschaftliche Literatur Rundschau 29 (1994), S. 47–56.

Jung, H. : Vergesellschaftung. In: Sandkühler 1990, 4. Bd. S. 694–698.

Kamper, D.: Theorie-Praxis-Verhältnis. In: Wulf, Ch. (Hrsg.), Wörterbuch der Erziehung. München Zürich 1974, S. 585–589.

Kapuscinski, R.: „Die Welt wird verrückt". R. Kapuscinski im Gespräch mit B. Kols. In: Frankfurter Rundschau vom 2. September 2000, Magazin S. 4f.

Keil, A.: „Lehre ist Anstiftung zu einer langen Reise" (Auszug aus einer Rede). In: Frankfurter Rundschau Nr. 287, vom 10.12.92, S. 6.

Klafki, W.: Das Elementare, Fundamentale, Exemplarische. In: H.-H. Groothoff/ M. Stallmann (Hrsg.), Pädagogisches Lexikon. Stuttgart 1961, Sp. 189–194.

Klein, M. J.: Der Stellenwert des Computers in Weiterbildungskonzepten. Eine Sichtung vorliegender Konzepte anhand einer empirischen Studie. Unveröffentlichte Diplomarbeit Mainz 2000 (masch.).

Kraus, K. (Hrsg.), Die Fackel Nr. 309/310 v. 31. Oktober 1910, XII. Jahr.

Krämer, W.: Wie schreibe ich eine Seminar- oder Examensarbeit? Frankfurt/New York 2. Aufl. 1999.

Kruse, O.: Keine Angst vor dem leeren Blatt. Ohne Schreibblockaden durchs Studium. Frankfurt/New York 8. Durchgesehene Auflage 2000.

Kruse, O./Jakobs, E.-M./Ruhmann, G. (Hrsg.): Schlüsselkompetenz Schreiben. Konzepte, Methoden, Projekte für Schreibberatung und Schreibdidaktik an der Hochschule. Neuwied/Kriftel/Berlin 1999.

Lenk, W./Rumpf, M./Hieber, L. (Hrsg.): Kritische Theorie und politischer Eingriff. Oskar Negt zum 65. Geburtstag. Hannover 1999.

Lenke, B./Volhard, B.: Selbsterfahrungsgruppen von Frauen als Beginn emanzipatorischer Veränderung. In. K. Bergmann/G. Frank (Hrsg), Bildungsarbeit mit Erwachsenen. Handbuch für selbstbestimmtes Lernen. Reinbek 1977, S. 267–282.

Lenzen, D. (Hrsg.) unter Mitarbeit von F. Rost: Pädagogische Grundbegriffe. 2 Bde. Reinbek 1989.

Lüders, Ch.: Der wissenschaftlich ausgebildete Praktiker: Entstehung und Auswirkung des Theorie-Praxis-Konzeptes des Diplomstudienganges Sozialpädagogik. Weinheim 1989.

Matthäus, W.: Kreativität. In: J. Ritter/K. Gründer, Hrsg.: Historisches Wörterbuch der Philosophie, Bd. 4. Darmstadt 1976, Sp. 1194–1204.

Mayring, Ph.: Qualitative Inhaltsanalyse. In: G. Jüttemann, Hrsg.: Qualitative Forschung in der Psychologie. Heidelberg 1989, S. 187–211.

McLaren, P.: Che Guevara und die Kritische Pädagogik.(Übersetzung aus dem Amerikanischen von Erika Richter). In: Sozialwissenschaftliche Literatur Rundschau 40 1/2000, S. 46–58.

Merten, K.: Inhaltsanalyse. Opladen 1983.

Meueler, E.: Soziale Gerechtigkeit. Einführung in die Entwicklungsproblematik am Beispiel Brasiliens und der Bundesrepublik Deutschland. 2 Bde. Düsseldorf 1971.

Meueler, E., Hrsg.: Lernbereich Dritte Welt. Evaluation der curricularen Arbeitshilfe 'Soziale Gerechtigkeit'. Düsseldorf 1972a.

Meueler, E.: Katechismus und Curriculum. Düsseldorf 1972b.

Meueler, E.: Unterentwicklung. Wem nützt die Armut der Dritten Welt? 2 Bde. Reinbek 1974.

Meueler, E.: Pädagogische Ansätze zur Entschulung kirchlicher Erwachsenenbildung. In: Theologia Practica, XI. Jahrgang Heft 2/April 1976, S. 107–124.

Meueler, E.: Hauptsache: Selbstbestimmt – Über Sozialformen und Methoden einer subjektorientierten Erwachsenenbildung. In: P. Faulstich (Hrsg), LernKultur 2006. Erwachsenenbildung und Weiterbildung in der Zukunftsgesellschaft. München 1990, S. 115–143.

Meueler, E.: Vom Teilnehmer zum Subjekt. Ist das Postulat der Mündigkeit im Lernen Erwachsener einlösbar? In: Erwachsenenbildung 36. Jg. 4/90, S. 153–158.

Meueler, E.: Erwachsene lernen. Beschreibung, Erfahrungen, Anstöße. Stuttgart. 5. veränd. Aufl. 1998 (1982).

Meueler, E.: Die Türen des Käfigs. Wege zum Subjekt in der Erwachsenenbildung. Stuttgart 2. Aufl. 1998 (1993).

Meueler, E.: Wie aus Schwäche Stärke wird. Vom Umgang mit Lebenskrisen. Milow 1999 (Reinbek 1987).

Meueler, E.: Was muss ich lernen? Was möchte ich können? Wie gehe ich vor? Studienmaterialien Nr. 2 zur Berufsbegleitenden erwachsenenpädagogischen Grundqualifizierung, hrsg. von der J. G.-Universität Mainz. Zentralstelle für universitäre Fort- und Weiterbildung. Mainz 4. Auflage 1999.

Meueler, E./Wember, Entwicklungspolitische Filme im Unterricht. Schule und Dritte Welt, hrsg. vom Bundesministerium für wirtschaftliche Zusammenarbeit. Heft 32. Bonn 1971.

Müller, P.: Methoden in der kirchlichen Erwachsenenbildung. München 1982.

Musil, R.: Der Mann ohne Eigenschaften. Erstes Buch Kap. 81–123 (Gesammelte Werke 2). Zweite verb. Auflage 1981.

Neber, H. (Hrsg.): Entdeckendes Lernen. Weinheim und Basel 3., völlig überarbeitete Auflage 1981 (1973).

Oehler, K.: Subjekt und Objekt. In: K. Galling u. a. (Hrsg), Die Religion in Geschichte und Gegenwart. Handwörterbuch für Theologie und Religionswissenschaft. Dritte, völlig neu bearbeitete Auflage, 6. Bd. Tübingen 1962, Sp. 448–451.

Ottomeyer, K.: Ökonomische Zwänge und menschliche Beziehungen. Soziales Verhalten im Kapitalismus. Reinbek 1977.

Pennac, D.: Wie ein Roman. Aus dem Französischen von Uli Aumüller. Köln 1994.

Plessner, M.: Ein Abend bei Adornos.In: Frankfurter Allgemeine Zeitung, Nr. 114 vom 18.Mai 1991.

Raymond, D.: Die verdeckten Dateien. Köln 1999 (London 1992).

Reiners, A.: Praktische Erlebnispädagogik. München 1993.

Ribeiro, J. U.: Brasilien, Brasilien. Frankfurt 3. Aufl. 1989 (1988).

Rico, G. L.: Garantiert schreiben lernen. Sprachliche Kreativität methodisch entwickeln – ein Intensivkurs auf der Grundlage der modernen Gehirnforschung. Reinbek 1984.

Rifkin, J.: „Die Zivilisation ist bedroht". Interview mit B. Pötter in: die tageszeitung vom 1. September 2000, S. 4f.

Rittershaus, S.: Wirtschaftliche Möglichkeiten und Grenzen von Curriculumprojekten am Beispiel der betrieblichen Aus- und Fortbildung. In: K. Frey, Hrsg.: Curriculum Handbuch, Bd. III. München 1975a, S. 152–157.

Rittershaus, S.: Curricula und Curriculumprojekte im Bereich der betrieblichen Aus- bzw. Fortbildung. In: K. Frey, Hrsg.: Curriculum Handbuch, Bd. III. München 1975b, S. 349–359.

Rodari, G.: Grammatik der Phantasie. Die Kunst, Geschichten zu erfinden. Leipzig 1992.

Rodari, G.: Das fabelhafte Telefon. Wahre Lügengeschichten. Berlin 1997.

Rodgers, C. R.: Lernen in Freiheit. München 1974.

Rodgers, C. R.: Freiheit und Engagement. Personenzentriertes Lehren und Lernen. Frankfurt 1989.

Sandkühler, H. J. (Hrsg.): Europäische Enzyklopädie zu Philosophie und Wissenschaften. 4 Bde. Hamburg 1990.

Schäffter, O.: Lernen in der Transformationsgesellschaft. Der gesellschaftliche Zwang zur Selbststeuerung. In: Bundesministerium für Bildung . . . 1999, S. 155–163.

Schaeper, H.: Lehrkulturen, Lehrhabitus und die Struktur der Universität. Eine empirische Untersuchung fach- und geschlechtsspezifischer Lehrkulturen. Weinheim 1997.

Schalk, G./Rolfes, B.: Schreiben befreit. Bonn 1986.

Scheilke, Ch. Th. u. a.: Lerntheorie – Lernpraxis. Lernkonzepte und alternative Lernmöglichkeiten. Argumente und Beispiele. Reinbek 1982.

Scherr, A.:Das Projekt Postmoderne und die pädagogische Aktualität kritischer Theorie. In: W. Marotzki & H. Sünker (Hrsg.), Kritische Erziehungswissenschaft – Moderne – Postmoderne. Weinheim 1991, S. 1–49.

Schneider, W.: Deutsch fürs Leben. Was die Schule zu lehren vergaß. Reinbek 1994.

Sennett, R.: Autorität. Frankfurt 1985.

Siebert, H.: Erwachsenenpädagogische Didaktik. In. Schmitz, E./Tietgens, H. (Hrsg.), Erwachsenenbildung. Bd. 11 der Enzyklopädie Erziehungswissenschaft. Stuttgart 1984, S. 171–184.

Siebert, H.: Didaktisches Handeln in der Erwachsenenbildung. Didaktik aus konstruktivistischer Sicht. Neuwied Kriftel Berlin 1996.

Siefkes, D.: Formale Methoden und kleine Systeme. Lernen, leben und arbeiten in formalen Umgebungen. Braunschweig/Wiesbaden 1993.

Stary, J.: Visualisieren. Ein Studien- und Praxisbuch. Berlin 1997.

Steiner Arbeitshilfen, hrsg. vom Bayrischen Mütterdienst der Evang.-Luth. Kirche e. V., Stein 1978.

Steiner Spielekartei. Elemente zur Entfaltung von Kreativität, Spiel und schöpferischer Arbeit in Gruppen. Münster 1987.

Stendhal, Rot und Schwarz. München 1956.

Stoll, C.: „Ein faustischer Pakt". Spiegel-Gespräch. In: Der Spiegel 42/1999 vom 18.10.1999, S. 302–304.

Sturzenhecker, B.: Wie studieren Diplom-Pädagogen? Studienbiographien im Dilemma von Wissenschaft und Praxis. Weinheim 1993.

tageszeitung, die, vom 10. August 2000, S. 6: Für jeden Schüler einen eigenen Laptop.

Topor, R.: Die Politik des Archipels. Allein auf der Straße. Übersetzt von B. Wilczek. In: R. Stäblein (Hrsg.), Mut. Wiederentdeckung einer persönlichen Kategorie. Bühl-Moos 1993, S. 33–43.

Türcke, Ch.: Vermittlung als Gott. Metaphysische Grillen und theologische Mucken didaktischer Wissenschaft. Lüneburg 1986.

Vom Scheidt, J.: Kreatives Schreiben. Texte als Wege zu sich selbst und zu anderen. Frankfurt 1993.

Vom Scheidt, J.: Kurzgeschichten schreiben. Eine praktische Anleitung. Frankfurt 1995.

Von Hentig, H.: Bildungspolitik und ihre Gegenstände „Bildung" und „Wissenschaft". In: Lenk/ Rumpf/ Hieber 1999, S. 449–456.

Von Werder, L.: . . .triffst Du nur das Zauberwort. Eine Einführung in die Schreib- und Poesietherapie. München Weinheim 1986.

Von Werder, L.: Lehrbuch des kreativen Schreibens. Berlin Milow 2. Aufl. 1993a.

Von Werder, L.: Lehrbuch des wissenschaftlichen Schreibens. Berlin Milow 1993b.

Von Werder, L.: Wissenschaftliche Texte kreativ lesen. Berlin Milow 1994a.

Von Werder, L.: Wissenschaftliches Schreiben. Die Grundübungen. In: Handbuch Hochschullehre Berlin 1994b, S. 1–19.

Von Werder, L.: Erfolg im Beruf durch kreatives Schreiben. Berlin Milow 1995 a.

Von Werder, L.: Grundkurs des wissenschaftlichen Schreibens. Berlin Milow 1995 b.

Von Werder, L.: Grundkurs des wissenschaftlichen Lesens (Innovative Hochschuldidaktik Band 12). Berlin Milow 1995 c.

Von Werder, L.: Einführung in das Kreative Schreiben. Berlin Milow 1996a.

Von Werder, L.: Erinnern, Wiederholen, Durcharbeiten. Die eigene Lebensgeschichte kreativ schreiben. Berlin Milow 1996b.

Von Werder, L.: Der Boom des kreativen Schreibens in Deutschland. Eine Umfrage an deutschen Volkshochschulen. (HDZ) Berlin o.J.

Wagenschein, M.: Wege zu einem anderen naturwissenschaftlichen Unterricht. Gespräch mit M. Wagenschein. In: Westermanns Pädagogische Beiträge. 2/82 (Februar 1982), S. 66–73.

Wahrig, Fremdwörterlexikon. München 1987 (1983).

Waldmann, G.: Produktiver Umgang mit Lyrik. Eine systematische Einführung in die Lyrik, ihre produktive Erfahrung und ihr Schreiben. Baltmannsweiler 1988.

Was ist Aufklärung? Beiträge aus der Berlinischen Monatsschrift. In Zusammenarbeit mit M. Albrecht ausgewählt, eingeleitet und mit Anmerkungen versehen von N. Hinske. Dritte, im Anmerkungsteil ergänzte Auflage. Darmstadt 3/1981.

Wehrle-Eggers: Deutscher Sprachschatz. Ein Wegweiser zum treffenden Ausdruck. Stuttgart 1961.

Weinert, F.E.: Selbstgesteuertes Lernen als Voraussetzung, Methode und Ziel des Unterrichts. In: Unterrichtswissenschaft, 1982, Heft 2, S. 99–110.

Weiß, R.: Selbstgesteuertes Lernen als Teil betrieblicher Kompetenzententwicklung. In: Bundesministerium für Bildung und Forschung 1999, S. 303–306.

Wizisla, E.: Walter Benjamin und das Zeitschriftenprojekt. In: Aber ein Sturm weht vom Paradiese her. Texte zu Walter Benjamin, Leipzig 1992, 270–302.

Wörterbuch, Deutsches, 26.–28. Bd. der Brockhaus Enzyklopädie, hrsg. und bearb. vom Wissenschaftlichen Rat und den Mitarbeitern der Dudenredaktion unter der Leitung von G. Drosdowski. Mannheim 1995.

Wolff, G. (Hrsg.): Wir leben in einer Weltrevolution. Gespräche mit Sozialisten. Mit einer Einleitung von D. Brumm. München 1971.

Matthew Appleton

Summerhill – Kindern ihre Kindheit zurückgeben
Demokratie und Selbstregulation in der Erziehung.

Hrsg. von Falko Peschel. Übersetzt von Hilla Müller-Deku
Grundlagen der Schulpädagogik Band 33. 2000. XVI, 190 Seiten mit zahlr. auch farb. Abb. Kt. ISBN 3896762508. FPr. DM 29,80

Matthew Appleton möchte in diesem Buch das Geheimnis der weltberühmten „Kinderschule" Summerhill aufspüren, faßbar und dem Leser zugänglich machen. Er beschreibt dabei mit sicherem und wachem Blick, unverfälscht und ohne Beschönigungen. Neben der genauen Beobachtung ist die Reflexion der eigenen Erfahrungen bzw. die anderer Menschen seine große Stärke, so daß seine Beschreibungen nicht nur höchst authentisch wirken, sondern beim Leser eine Nähe zur Sache erzeugen, die ein tieferes Verständnis der Zusammenhänge in dieser „Kinderrepublik" erst ermöglicht.

Matthew Appletons Buch ist neben den Büchern A. S. Neills das erste umfassende Werk, das den Alltag in Summerhill aus der Sicht des langjährigen Insiders beschreibt. Als Hausvater hat er durch seine Funktion und seine offene Art engsten Kontakt zu den ihm anvertrauten Kindern und dem, was diese bewegt, andererseits hat er als Mitarbeiter der Schule einen Einblick in die übergreifenden Beziehungen und Zusammenhänge. Seine ehrliche, engagierte Darstellung des Lebens in Summerhill lag in ihrem umfassenden Blick und ihrer Genauigkeit bislang so noch nicht vor.

Michael Pfitzner

„Kevin tötet mir den letzten Nerv"

Vom Umgang mit Unterrichtsstörungen. Grundlagen der Schulpädagogik Band 34. 2000. VIII, 254 Seiten. Kt. ISBN 3896762540. FPr. DM 36,—

Schulischer Alltag ist geprägt durch strukturierte Lehr- und Lernsituationen und den Umgang der Interaktionspartner untereinander. Dabei haben alle innerhalb eines komplizierten Leistungssystems unterschiedliche Erwartungen, Pflichten und Verantwortungen. Diese Unterschiede führen zu einer prinzipiellen Konfliktanfälligkeit des Lebens in Schule und Unterricht. Zusätzlich haben Schüler Defizite bei der Wahrung von Disziplin, bzw. müssen häufig erst lernen, sich adäquat zu verhalten. In einem ersten stärker theoretischen Teil wird darauf eingegangen, Begrifflichkeiten werden abgegrenzt und aktuelle theorien zu Unterrichtsstörungen dargestellt.

Störsituationen des Unterrichts situationsabhängig und werden von Lehrern und Schüler subjektiv bewertet. Dabei ist davon auszugehen, dass aus oftmals kleineren Problemen durch eine falsche individuelle Interpretation größere Differenzen entstehen, die die Beziehung von Lehrern und Schülern dauerhaft belasten. Aus sogenannten primären Unterrichtsstörungen entstehen sekundäre. Diese Annahme wird in einem 2. Teil anhand zahlreicher Einzelsituationen untersucht.

Im dritten Teil werden Anregungen zur präventiven Begegnung mit Unterrichtsstörungen in der Praxis gegeben. Hinweise sind keine Rezepte, sie bieten aber Handlungshilfen für und im Unterricht und fordern zur kritischen Auseinandersetzung heraus. Dem Praktiker bleibt die Erprobung im schulischen Alltag. Dazu dienen die Fallbeispiele und Arbeitsblätter.

Schneider Verlag Hohengehren
Wilhelmstr. 13; D-73666 Baltmannsweiler

Kees Both

Jenaplan 21

Schulentwicklung als pädagogische orientierte Konzeptentwicklung

Hrsg. von **Oskar Seitz**.

2001. VI, 254 Seiten. Kt. ISBN 3896763369. FPr. DM 36,—

In Gesamteuropa steigt das Interesse von Eltern und Lehrpersonen an reformpädagogischen Schulen. Dies zeigt sich in einer wachsenden Anzahl von Schulgründungen und einer ebenfalls ansteigenden Zahl von entsprechenden Publikationen. In den Niederlanden sind es vor allem Jenaplan-Schulen, die an der Spitze dieser schulischen Entwicklung stehen. Im Blick auf die positiven Erfahrungen in anderen Ländern, ist es deshalb wichtig und interessant, nach reformpädagogischen Impulsen für die aktuelle Schulentwicklung in Deutschland, Österreich und der Schweiz zu fragen.

Dabei sind keine Modelle aus der historischen Mottenkiste angesagt, sondern Schulkonzepte, die gegenwärtige Fragen klären und brennende Probleme lösen helfen. Für die Jenaplan-Pädagogik heißt dies, sich nicht blind-gläubig an Vorstellungen des Begründers, Peter Petersen, zu orientieren, sondern diese zu einer aktuellen Variante weiter zu entwickeln.

Kees Both hat dies in einer leicht verständlichen, aber auch wissenschaftlich begründeten Art und Weise geleistet: Es ist ihm der Nachweis gelungen, dass wesentliche Momente des Jenaplans aktuelle Gültigkeit besitzen, aber auch Ergänzungen der historischen Position Petersens als Folge neuer Entwicklungen erforderlich sind. In einer sehr gründlichen Analyse werden gesellschaftliche Trends und ihre Wirkung auf die Schule analysiert und dabei die Ansatzpunkte der heutigen Jenaplan-Pädagogik überzeugend herausgearbeitet.

Das Zentrum von Lehrplan und schulischer Arbeit bildet im Jenaplan „Weltorientierung": Kinder werden in ihrem Interesse, die Welt zu befragen, sie aktiv zu erkunden, sich selbst forschend auf den Weg zu machen, ernst genommen. In jahrgangsübergreifenden Gruppierungen, den Stammgruppen, lernen sie dabei aber auch, wesentliche soziale Kompetenzen im natürlichen täglichen Umgang miteinander zu erwerben.

Unterrichtsarbeit heißt nicht monotoner Lerndrill, sondern lebendige Begegnung, sinnorientiertes Handeln. Kinder und Jugendliche werden nicht auf einen borniertes Leistungsbegriff reduziert, sondern umfassend („Denken, Fühlen, Wollen, Können") und nachhaltig gefördert. Wesentliche Formen des Lernens werden in den Basisaktivitäten Gespräch, Spiel, Arbeit und Feier pädagogisch genutzt und praktisch in einer aktualisierten Weise umgesetzt. Neben dem Erwerb von bedeutsamen Kompetenzen und Qualifikationen liegt der Akzent aber auch auf in Kursarbeit erworbenem Grundwissen und Grundfertigkeiten. Von dem Kerngedanken einer rhythmisierten Wochenplanarbeit aus entsteht systematisch das Bild einer einheitlichen, am Kind orientierten pädagogischen Konzeptentwicklung von Schule. Im Jenaplan-Konzept werden das Bild des Schülers als einzigartigen, wertvollen Menschen, die Aufgaben der Sozietät und aktuelle gesellschaftliche Ansprüche zusammengebracht.

In der Praxis der Schulgemeinde (Schüler, Lehrerteams und Eltern) erweist sich die Jenaplan-Schule als Modell einer „Schule aller Beteiligten".

Wie Jenaplan sich in allen Ecken der Schule bemerkbar machen kann, wie Kollegien beginnen können, jenaplanorientiert zu arbeiten, wie Ergebnisse der pädagogischen Arbeit sinnvoll zu evaluieren sind, dazu liefert dieses Buch wichtige Anregungen, fundierte Begründungen und kritische Überlegungen. Es kann insofern auch als eine aktuelle Version der Basisprinzipien verstanden werden, nach denen in niederländischen Jenaplanschulen seit 20 Jahren erfolgreich gearbeitet wird. Und nicht nur in niederländischen.

 Schneider Verlag Hohengehren
Wilhelmstr. 13; D-73666 Baltmannsweiler